国家出版基金项目
NATIONAL PUBLICATION FOUNDATION

“十三五”国家重点图书出版规划项目

陈支平 主编

台湾通史

[第四卷]

清代（下）

林国平
马海燕 著

海峡出版发行集团
福建人民出版社

本书由闽南师范大学策划并组织撰写

出版说明

这部六卷本《台湾通史》，是由海峡两岸学者通力合作、共同完成的全景式展示台湾从远古到现代的通史性著作。

全书梳理、展现了我国台湾地区政治、经济、社会、文化等各个方面的历史进程，上起距今约5万～3万年前的台湾史前文化时期，下至21世纪初期的当代台湾，分为六卷：第一卷，上古至明代；第二卷，明郑时期；第三卷，清代（上）；第四卷，清代（下）；第五卷，日本殖民统治时期；第六卷，现代。

由于书稿涉及方方面面的史料，时间跨度大，内容复杂，因此在使用和处理过程中可能会存在一些不妥之处，希望读者提出宝贵意见，以便今后再版时修订。

目　录

第一章

清代台湾的移民政策与定居社会的形成

第一节　清代台湾移民政策的变迁

康熙二十二年（1683年），清政府削平明郑政权，郑克塽率众归降，次年，台湾正式归入清朝统治。在明郑政权消亡之际，清廷中关于台湾弃留有过激烈争议，有人主张徙台岛人民而弃其地。施琅坚决主张留守台湾，并向朝廷上疏，详尽论述台湾在东南海防中的重要地位，严厉驳斥弃守台湾论调。他指出“（台湾）实肥饶之区，险阻之域”，一旦纳土归命，“此诚天以未辟之方舆，资皇上东南之保障，永绝边海之祸患，岂人力所能致”?[①] 他

① 施琅：《请留台湾疏》，见《台湾府志》卷十，“台湾文献丛刊”第65种，台湾银行经济研究室，1960。

还对台湾军政民生等诸多问题提出周详的“善后之计”。[1] 康熙采纳了施琅的建议，康熙二十三年设台湾府，下辖台湾、凤山、诸罗三县，隶属福建省。

康熙统一治理台湾后，于次年十月下令展复沿海边界，同时开放四省海禁，听商民贸捕。一时“沿海内外多造船只，飘洋贸易捕采，纷纷往来，难以计算”[2]。随着往返台湾的船只和人员迅速增多，私贩、私渡等弊端愈加严重。清政府采纳施琅等人建议，重新制定一系列渡台政策。[3]

清初渡台政策主要有三条规定：

> 一、欲渡航赴台湾者，先给原籍地方之照单，经分巡台厦兵备道之稽查，依台湾海防同知之审验许之，潜渡者处以严罚；
>
> 二、渡航台湾者，不准携伴家眷，既渡航者不得招致之；
>
> 三、粤地（广东）屡为海盗渊薮，以其积习未脱，禁其民之渡台。[4]

一、渡台给照政策

该政策制定之后便得以长期施行，而且随着移民数量的增多

---

① 施琅：《请留台湾疏》，见《台湾府志》卷十，“台湾文献丛刊”第65种，台湾银行经济研究室，1960。

② 施琅：《海疆底定疏·靖海纪事》，福建人民出版社，1983，第132页。

③ 李祖基：《论清代移民台湾之政策》，《历史研究》，2001年第3期。

④ （日）伊能嘉矩：《台湾文化志》中卷，台湾省文献委员会，1991，第409页。有学者指出，这些限渡政策不应是开始便制定的，而是不同时期政策的集合。见邓孔昭：《台湾移民史研究中的若干错误说法》，《台湾研究集刊》，2004年第2期。

及台湾社会的变化而趋于严厉。

台湾统一初期，由于明郑文武官员及兵丁人等，相率回归原籍，台湾汉人人口锐减，地方官员不得不以招徕移民垦殖为要，此种情形之下，渡台照单查验政策的执行较为宽松。[①] 之后，为严防闽粤百姓私渡入台，政府三令五申，严厉禁止私渡。如康熙五十年（1711 年），台湾知府周元文发布《申禁无照偷渡客民详稿》云：

> 嗣后凡有内地人民欲来台郡，必于原籍该县具呈开明：其入籍者，必开明前赴台湾某县某里或某坊、某社，倚傍亲友某人；其探亲友者，亦必开明所探亲友之住址、姓名；其贸易者，亦必开明住宿之铺户姓名，方准给照。其探亲友并贸易之照内，仍开明回籍限期。此外，凡文武衙门非奉公差遣，不许滥给照票，仍照现行之例，俱由厦门防厅验明出口；到台，经台防厅验明，转发该县查明。照内开载取具所探之亲友或住宿之铺户结存案。其入籍者，即追销照票，准其入籍；其探亲友并贸易者，仍查照前限驱回。如此，既不阻其来路，又可慎其稽查。倘仍有不请县照偷渡者，必非良民，俱照私越关津例，逐名惩处，押回原籍。则立法严，而奸民庶知敛迹矣（五十年三月十二日详）。[②]

政府制定渡台给照政策，表面上看是为了维护渡台秩序，加强对渡海贸易及相关船只人员的管理，而真正的目的是控制大陆渡台人数，严防“奸宄之徒”入台作乱，保持台湾社会的稳定。

---

① 李祖基：《论清代移民台湾之政策——兼评〈中国移民史〉之“台湾的移民垦殖”》，《历史研究》，2001 年第 3 期。

② 《重修台湾府志》卷十，“台湾文献丛刊”第 66 种，台湾银行经济研究室，1960。

因此，清政府十分重视查验照单这关键的一环，在主要港口设官盘验，如康熙二十六年（1687 年）起任职台湾的林谦光在其《台湾纪略（附澎湖）》中言及："台湾，为海中孤岛。地在东隅，形似弯弓。中为台湾市，市以外皆海。由上而北，至淡水鸡笼城界，与福建相近；其东，则大琉球也，离湾稍远……复有北线尾、鹿耳门，为台湾之门户；大线头、海翁窟，为台城之外障。舡之往来由鹿耳，今设官盘验。"[①] 又康熙四十一年担任台湾知县的陈瑸在其《条陈台湾县事宜》中论及驱逐游手好闲之徒以靖地方的方法说：

> 逐之法有二。有已至而逐之法，有未至而逐之法。已至而逐，不过于清保甲内查有本保本甲邻佑人等不肯互相保结者，即系匪类，当即逐押过水，不得容留片刻，以致潜匿别保别社。其未至而逐，则在宪牌申饬厦门、金门、铜山把口各官，于商船载客渡海，不得因有货物，便轻填上报单，须把口官逐名验有本地方官照票或关部照牌，方许渡载。至台湾把口官悉照原报单内逐名验明，方许登岸，仍著本人带照单、照牌赴台湾所属该县印官验明记簿，以便安插查考。日后有非为作歹，即查照原簿逐回本籍收管。如此不但本人有所顾忌而不敢轻为非法，并一切逃仆、逃厮与内地无籍奸棍，假客渡海之计，亦无处躲闪矣。[②]

这里明确提到，申饬厦门、金门、铜山把口各官对于商船载客渡海，不得因有货物便轻填上报单，把口官必须逐名验看，携有地

① 《台湾纪略（附澎湖）》，"台湾文献丛刊"第 104 种，台湾银行经济研究室，1961。

② 陈瑸：《陈清端公文选》，"台湾文献丛刊"第 116 种，台湾银行经济研究室，1961。

方官照票或关部照牌者方许渡载。达到台湾之后，台湾把口官悉照原报单内逐名验明，方许登岸。显然，当时领照渡台政策是比较系统、完备和严密的，具有较好的操作性。

乾隆时期，渡台给照的规定仍得到严格执行，对于执行不力的地方官员、兵将依情节轻重予以处罚：

> 二十六年奏准：内地民人无照偷渡台湾者，该地方官拿获人犯，详报该总督、提督讯明由何处出口、入口，一名至九名者，将守口员弁罚俸一年；十名以上，降一级留任；二十名以上，降一级调用。其兵目、澳保在本管汛地拿获者，毋庸给赏。如在洋面拿获偷渡人犯十名以上同船户、客头并获者，赏银四两；每十名以上，照数递加。如偷渡船只尚未出洋，别汛兵目、澳保盘获者，减半赏给。所赏银两，即令地方官先行垫给；俟定案后，于偷渡船只变价充公银内给还。守口员弁拿获一起，准其记功一次注册；积至十次者，查其平日居官果属才优，即量予拔擢。若非偷渡之人，而员弁、兵役敢于妄拿图功邀赏者，一经审出，即行严参，从重治罪。
>
> 又奏准：厦门为渡台之总路，而台属淡水厅及台湾、凤山、诸罗（今改嘉义）、彰化四县所辖各小港，均为进台咽喉；拿获偷渡人犯，究明由何处出口、入口，将失察纵放出入之口岸员弁，一并严行参处。①

乾隆四十九年（1784 年）再奏准："内地民人往台湾者，该地方官给予照票，由厦门盘验出口；其无照偷渡者，严行禁止。"②

---

① 《清会典台湾事例》，"台湾文献丛刊"第 226 种，台湾银行经济研究室，1966。

② 《清会典台湾事例》，"台湾文献丛刊"第 226 种，台湾银行经济研究室，1966。

乾隆五十四年再严申此例："若查出胥吏、兵役人等婪索私放，即行严办示惩；不得视为具文，久而生懈。自此次立定章程之后，再有多索搭载船租饭食银两、故意刁难及得赃放行、私越海口诸弊，惟该督、抚及镇、道等是问，不仅将海口文武员弁从重治罪已也。"① 嘉庆六年（1801 年）奏准："台湾南、北一带口岸如有私越之人，将不行查禁之口岸员弁罚俸一年。"②

道光年间，渡台领照政策未曾改变："其内地渡台人等，俱照例由地方官给发照票，查验放行，严防偷渡。"③ 到了同治元年（1862 年）以后该政策才发生了实质性的变化。当时日本侵略台湾，清政府授沈葆桢为钦差办理台湾等海防兼理各国事务大臣，在其建议下清政府革除旧例，从前不准大陆民人渡台各种禁令一律消除，以广招徕。

倘若是洋人入台，也必须持照，而且管控更为严厉："各国洋人持照来台游历，例由台湾府委员护送。"④ 名为护送，实则是监管："仰台湾道转饬经过各地方官，速派妥人，密为防范。并查探该洋人逐日举动情形，据实通报查考。"⑤ 据美国传教士史蒂瑞《"福尔摩沙"及其住民》一书记载："1873 年我从秘鲁出发，历经七十二天的海上旅程，终于在 8 月抵达中国的香港。……大概在 9 月 1 日，我启程前往厦门，那里是离'福尔

① 《清会典台湾事例》，"台湾文献丛刊"第 226 种，台湾银行经济研究室，1966。

② 《清会典台湾事例》，"台湾文献丛刊"第 226 种，台湾银行经济研究室，1966。

③ 《清宣宗实录选辑》，"台湾文献丛刊"第 188 种，台湾银行经济研究室，1964。

④ 刘璈：《巡台退思录》，"台湾文献丛刊"第 21 种，台湾银行经济研究室，1958。

⑤ 刘璈：《巡台退思录》，"台湾文献丛刊"第 21 种，台湾银行经济研究室，1958。

摩沙’最近的中国港口。……为了让我能够前去‘福尔摩沙’，他（引者注：美国驻厦门领事韩德森）帮我向中国官方申请旅行证照。”[①]

入台必须给照查验，而台湾流寓之民如果愿意返回原籍，则可能无须照单。乾隆四十九年（1784 年）奏准：“台湾流寓民人情愿回籍者，概免给照，准其自赴鹿耳门总口，将姓名年貌、在台湾在籍住址告知船户开列总单，由船户持交口岸员弁验戳挂号，随时放行。其南、北一带口岸不许内地船只往来之处，仍照旧例严禁，不许私越。”[②] 此处云“台湾流寓民人情愿回籍者，概免给照”，但在实际操作上，“嗣后凡有粤民回籍，赴厅填给照单”[③]。在发放台民回籍照单方面，清政府只是严令各相关部门给予方便，不得索取照费。[④] 否则，“按法重治，决不宽贷”[⑤]。

实际上，普通百姓要获得一张渡台路单并非易事，不但要诸多周折，还需要不少银两。一份 18 世纪末的文献提及粤民渡海来台遭遇的各种艰辛具有普遍性，略云：“其渡台也，经本县给领路单，年貌籍贯、十指斗箕，据实填清。由水路至平和县抵漳州府，奸徒借稽查名色，抢去路单，勒银赎回。至厦门，胥役凭验箕斗，声实不符，得遂其欲，了无一事。总之，给单、验单，

---

① （美）史蒂瑞：《“福尔摩沙”及其住民》，前卫出版社，2009，第 31—32 页。

② 《清会典台湾事例》，“台湾文献丛刊”第 226 种，台湾银行经济研究室，1966。

③ 《台澎兵备道谕告碑》，见《台湾南部碑文集成》，“台湾文献丛刊”第 218 种，台湾银行经济研究室，1966。

④ 《台湾南部碑文集成》，“台湾文献丛刊”第 218 种，台湾银行经济研究室，1966。

⑤ 《台湾中部碑文集成》，“台湾文献丛刊”第 151 种，台湾银行经济研究室，1962。

动费银两，此有路单渡台之难也。”[1]

那些无法得到渡台路单的人只能选择私渡的方式渡台。清代福建人私渡台湾的方式主要有两种：一是冒充水手舵工前往，多是青壮年；二是由客头召集乘坐小船私渡，每客索银少则二三两，多的竟达七八两。厦门的曾厝垵、白石头、大担、南山边，同安的刘五店，金门的料罗、金龟尾，南安的东石、晋江的安海等地都是当年移民私渡的登舟之处。[2]

台湾海峡潮流湍急，海难频发，中间更有令人胆战心惊的“黑水沟”，即使正常的渡海也要冒相当大的风险，况且是私渡，所冒的风险不知又要高出多少倍，往往要付出惨重的生命代价。乾隆年间《重修台湾县志》记载：

> 内地穷民，在台营生者数十万，囊鲜余积，旋归无日。其父母、妻子俯仰乏资，急欲赴台就养。格于例禁，群贿船户，承顶冒水手姓名挂验。女眷则用小渔船夜载出口，私上大船；抵台，复有渔船乘夜接载，名曰“灌水”。一经汛口觉察，奸艄照律问遣，固刑当其罪；而杖逐回籍之愚民，室庐抛弃，器物一空矣。更有客头串同习水积匪，用湿漏小船，收载数百人，挤入舱中，将舱盖封顶，不使上下。乘黑夜出洋，偶值风涛，尽入鱼腹。比到岸，恐人知觉，遇有沙汕，辄赶骗离船，名曰“放生”。沙汕断头，距岸尚远，行至深处，全身陷入泥淖中，名曰“种芋”。或潮流适涨，随波漂溺，名曰“饵鱼”。在奸艄惟利是嗜，何有天良；在穷

① 《广东嘉应州义民监生古吉龙陈台湾事宜十二则》，转引自李文良：《清代南台湾的移垦与“客家”社会（1680—1790）》，台湾大学出版中心，2011，第200页。

② 黄叔璥：《台海使槎录》，“台湾文献丛刊”第4种，台湾银行经济研究室，1957。

民迫于饥寒，罔顾行险，相率陷阱，言之痛心！[①]

据当时文献记载，民众冒险私渡者，“经拿获者十之一，到台者十之二三，没于孤岛沙洲葬身鱼腹者十之四五”[②]。但由于台湾气候适宜，雨水充足，大片未开发的肥沃土地对闽粤沿海破产农民具有极大的吸引力，故“民之渡台如水之趋下，群流奔注”[③]，私渡入台之风有增无减，出现一波又一波的移民高潮。

当然，即使私渡成功后，清政府还有所谓“逐水”措施，即“游民衣食不继，伺掠行旅，地方官募派役勇分布巡拿时，有驱回内地者”[④]。也就是说，移民在台如不能安分立业，清政府还可以把他们遣送回原籍。

二、禁止携眷、搬眷入台

在清代早期，该政策一定程度上造成台湾部分地区、部分群体男女性别比例的严重失调，“男多于女，有村庄数百人而无一眷口者”[⑤]，产生诸多社会问题，饱受诟病。

首先是禁止携眷，“一切男妇仍遵例不许过台”[⑥]。据雍正二

---

① 《重修台湾县志》卷二，“台湾文献丛刊”第113种，台湾银行经济研究室，1961。

② 雍正十一年二月二十日福建总督郝玉麟奏，《宫中档雍正朝奏折》第21辑，台北“故宫博物院”，1978，第158页。

③ 沈起元：《条陈台湾事宜状》，《台湾理蕃古文书》，成文出版社，1983，第76页。

④ 唐赞衮：《台阳见闻录》，“台湾文献丛刊”第30种，台湾银行经济研究室，1958。

⑤ 《诸罗县志》卷十二，“台湾文献丛刊”第141种，台湾银行经济研究室，1962。

⑥ 吴士功：《题准台民搬眷过台疏》，见《续修台湾府志》卷二十，“台湾文献丛刊”第121种，台湾银行经济研究室，1962。

年（1724 年）蓝鼎元致吴昌祚论治理台湾书中提及：“客庄居民，从无眷属。合各府、各县数十万之倾侧无赖游手群萃其中，无家室宗族之系累，欲其无不逞也难矣。妇女渡台之禁既严，又不能驱之使去，可为隐忧。”① 另据雍正五年七月闽浙总督高其倬奏疏：“窃查，台湾各处居住人民，多系只身在彼，向皆不许携带妇女，其意以台地远隔重洋，形势险恶，人民众多，则良奸不一，恐为地方之害。”② 足见禁止携眷之政策已施行多年，而且甚为严格。

禁止携眷渡台导致台湾部分地区汉人移民之中女性屈指可数。雍正六年（1728 年），蓝鼎元谈及当时台湾汉人男女比例时说：“统计台湾一府，惟中路台邑所属有夫妻子女之人民，自北路诸罗、彰化以上，淡水、鸡笼山后千有余里，通共妇女不及数百人；南路凤山、新园、琅峤以下四五百里，妇女亦不及数百人。”③ 在诸罗县大埔庄的 257 名移民中，仅有“女眷者一人，年六十以上者六人，十六以下者无一人。皆丁壮力农，无妻室，无老耆幼稚”④。禁止携带妇女渡台的禁令，使得这些汉人移民在台多无妻室，亦无老幼，既有悖于人情伦理，也不利于社会稳定，“若终岁群居，皆无家室，则其心不靖，难以久安”⑤，给台湾社会造成极大的隐患。

---

① （日）伊能嘉矩：《台湾文化志》中卷，台湾省文献委员会，1991，第 411 页。

② （日）伊能嘉矩：《台湾文化志》中卷，台湾省文献委员会，1991，第 411 页。

③ 蓝鼎元：《经理台湾疏》，见《平台纪略》，“台湾文献丛刊”第 14 种，台湾银行经济研究室，1958。

④ 蓝鼎元：《纪十八重溪示诸将弁》，见《东征集》，“台湾文献丛刊”第 12 种，台湾银行经济研究室，1958。

⑤ 吴士功：《题准台民搬眷过台疏》，见《续修台湾府志》卷二十，“台湾文献丛刊”第 121 种，台湾银行经济研究室，1962。

禁止携眷政策于康熙、雍正二朝执行较为严厉，虽然屡有大臣奏陈其弊，建议“凡客民无家眷者，在内地则不许渡台”①。雍正二年（1724 年）闽浙总督觉罗满保甚至提出全面的禁渡政策，只允许“福建、广东内地人民现在入籍台湾住居”者及“福建、广东内地人民已经在台居住立有产业家口”者可以领取照票往来两岸，对于那些“偶因耕种觅食到台，既未入三县之籍，又无产业家口在台”者，只许返回大陆，不许“又行过台”。② 自此，单身男子领照渡台几无可能，但私渡者仍络绎不绝，台湾男多女少的问题并未得到根本的改善。

乾隆五十三年（1714 年），林爽文起事被清政府镇压。鉴于林爽文事件等暴露出的社会问题，时任钦差协办大学士、陕甘总督办理将军事务的福康安提议改革禁止携眷渡台的政策，认为大陆移民台湾“居住日久，置有田产，不肯将其父母、妻子仍置原籍，搬取同来，亦属人情之常”。如果一概禁绝，必然会导致私渡之风盛行。建议“嗣后安分良民、情愿挈眷来台湾者，由地方官查实给照，准其渡海，移咨台湾地方官，将眷口编入民籍”。③ 在此，福康安明确要求“准令给照携眷渡海”，后经大学士、九卿复议，乾隆皇帝谕准施行，携眷问题至此方才得以解决。值得注意的是，福康安在此议中还提出“其只身民人，亦由地方官给照移咨入籍”④。开放单身百姓渡台，标志着清代移民政策的重大

---

① （日）伊能嘉矩：《台湾文化志》中卷，台湾省文献委员会，1991，第 411 页。

② 邓孔昭：《闽粤移民与台湾社会历史发展研究》，厦门大学出版社，2011，第 11—12 页。

③ 《大学士公阿桂等奏折》，见《台案汇录庚集》卷二，“台湾文献丛刊”第 200 种，台湾银行经济研究室，1964。

④ 《大学士公阿桂等奏折》，见《台案汇录庚集》卷二，“台湾文献丛刊”第 200 种，台湾银行经济研究室，1964。

转变，其意义远较允许携眷渡台为大。[1]

其次是搬眷问题。所谓搬眷指的是已经在台定居者，其在大陆原籍的眷属如祖父母、父母或妻子等可以来台，编入民籍。

早在雍正十年（1732 年），朝廷就试图着手解决搬眷问题，规定：“流寓台民有祖父母、父母、子女以及子之妻与幼孙、幼女先在内地，有愿往台及欲来台探望者，许其呈明给照渡海。”[2]该规定在乾隆五年（1740 年）废止。

乾隆九年（1744 年），户科给事中六十七奉命巡台，目睹严禁携眷政策的各种弊端，又上疏清廷，建议：“嗣后内地游旷之民，仍照例严禁偷渡，不准给照外，其有祖父母、父母在台，而子孙欲来侍奉；或子孙在台置有产业，而祖父母、父母内地别无依靠，欲来就养；或本身在台置有产业，而妻子欲来完聚者，准其呈明内地原籍地方官，查取地邻甘结，给与印照来台。仍报明台籍厅县，俟到台之日，查取确实，令伊祖父母、父母、夫及子孙认令编入家甲安插。”[3] 其建议获得朝廷的采纳，同意由闽浙总督组织搬眷，但时限仅为一年，收效不是太大。

乾隆二十五年（1760 年），福建巡抚吴士功上《题准台民搬眷过台疏》，再次奏请朝廷准予台民搬眷过台，并提出开放搬眷的具体办法：“嗣后除只身无业之民及无嫡属在台者，一切男妇仍遵例不许过台，有犯即行查拿递回外，其在台有业良民，果有祖父母、父母、妻妾、子女、子妇、孙男女及同胞兄弟在内地者，许先赴台地该管厅县报明，将本籍住处暨眷口姓氏、年岁开

---

① 邓孔昭主编：《闽粤移民与台湾社会历史发展研究》，厦门大学出版社，2011，第18 页。

② 《续修台湾府志》卷二，“台湾文献丛刊”第 121 种，台湾银行经济研究室，1962。

③ 《台湾汇录丙集》卷七，“台湾文献丛刊”第 176 种，台湾银行经济研究室，1963。

造清册，移明内地原籍查对相符，俟覆到之日，总报明该管道府给与路照，各回原籍搬接过台。其内地居住祖父母、父母、妻妾、子女、子妇、孙男女及同胞兄弟等，如欲过台探视，相依完聚者，即先由内地该管州县报明造册，移明台地查确覆到，再行报明督、抚给照过台。仍责成厦门、台防两同知并守汛武员：凡遇过台眷口出入，均须验明人照相符，方准放行；如人照不符及不先行确查、滥行给照者，将该管官查参议处。汛口文武失察徇隐，一并分别处分。其只身无业之民并无亲属可依，客头、船户包揽偷渡者，仍照例严行查拿。”① 吴士功的奏疏也得到清廷的批准，搬眷期限自乾隆二十五年五月二十六日起，至次年五月二十五日止。此次搬眷仅 48 户，男女老少 277 人。

然而，搬眷政策在执行过程中存在大量营私舞弊等现象，所以前后三次的开禁搬眷，都收效甚微，直到乾隆五十三年（1788 年）之后，搬眷问题才得以逐渐解决。

三、禁止粤民入台

施琅主政之时力主此策，其理由是“惠、潮之地素为海盗渊薮”，故严禁惠州、潮州之民渡台。施琅所说的理由无法令人信服，打压粤人显然与防止闽粤械斗有关，同时也与施琅的闽南人乡土观念有关。康熙三十五年（1696 年）施琅逝世之后此禁渐弛。《台海使槎录》卷四引《理台末议》云：

> 台湾始入版图，为五方杂处之区，而闽粤之人尤多。先时郑逆窃踞海上，开垦十无二三。迨郑逆平后，招徕垦田报赋；终将军施琅之世，严禁粤中惠、潮之民，不许渡台。盖

① 吴士功：《题准台民搬眷过台疏》，见《续修台湾府志》卷二十，“台湾文献丛刊”第 121 种，台湾银行经济研究室，1962。

恶惠、潮之地素为海盗渊薮，而积习未忘也。琅殁，渐弛其禁，惠、潮民乃得越渡。虽在台地者，闽人与粤人适均，而闽多散处，粤恒萃居，其势常不敌也。康熙辛丑，朱一贵为乱，始事谋自南路，粤庄中继。我师破入安平，甫渡府治，南路粤庄则率众先迎，称为义民。粤庄在台，能为功首，亦为罪魁。今始事谋乱者既已伏诛，则义民中或可分别录用，以褒向义；加以严行保甲，勤宣圣谕，使食毛践土之众，一其耳目，齐其心志，则粤民皆良民也！何以禁为？[①]

以上三条政策并非孤立施行，相互间亦有所影响。如照单查验，即便是允许搬眷之时，愿携眷入台者仍然必须向地方官府申请领照，否则不得入台，查获遣返原籍。而在搬眷政策实施期间，有时于闽、粤之民是区别对待的：闽籍汉人准行搬眷，粤籍却不能，由此才引发了粤民也是良民，“何以禁为”的批评。

同治十三年（1874 年）牡丹社事件的爆发导致清政府移民渡台政策为之一变。此前台湾发生的历次较为重大的民变，虽然对清政府的移民渡台政策产生了一定影响，却未涉及根本。日本人的觊觎之心使得国人深刻意识到台湾海防的重要性。此次事件也暴露了以往清廷对待台湾在意识及政策上的不当。为巩固台湾海防，防止日本的侵占，时任钦差办理台湾等处海防兼理各国事务大臣沈葆桢奏请清廷“开山抚番”，他于同治十三年十二月上《台地后山请开旧禁折》奏称：

臣等查旧例称：……凡民人私入番境者杖一百；如在近番处所抽藤、钓鹿、伐木、采棕者杖一百、徒三年。又台湾

① 黄叔璥：《台海使槎录》卷四，“台湾文献丛刊”第 4 种，台湾银行经济研究室，1957。

南势、北势一带，山口勒石分为番界；如有偷越运货者，失察之专管官降调，该管上司罚俸一年。又台地民人不得与番民结亲，违者离异、治罪，地方官参处；从前已娶者，毋许往来番社，违者治罪。以上三条，皆严禁台民私入番界之旧例也。际此开山伊始、招垦方兴，臣等揆度时势，合无仰恳天恩，将一切旧禁尽与开豁，以广招徕，俾无瞻顾。①

奏折中，沈葆桢特别提出废除禁止汉民入少数民族地界的旧例，准许移民开垦，有利于将偏远之地纳入政府有效管控之中，巩固海防。清廷很快就采纳了沈葆桢之议。至此，实行二百多年的禁渡政策被废除。《清会典台湾事例》云："光绪元年谕：福建台湾全岛自隶版图以来，因后山各番社习俗异宜，曾禁内地民人渡台及私入番境，以杜滋生事端。现经沈葆桢等将后山地面设法开辟，旷土亟须招垦；一切规制，自应因时变通。所有从前不准内地民人渡台各例禁，着悉与开除；其贩买铁、竹两项，着一律弛禁，以广招徕。"②

开山抚番必须招徕众多的劳动力入台，与之前的招徕移民垦殖不同，此次开禁后政府在招徕移民方面可谓"因时变通"。各地设置抚垦局，招募并免费运送民人入台。连横《台湾通史》卷十五云："光绪元年，诏设台北府，置卑南、埔里社两厅，以南路同知驻卑南，北路同知为中路，驻埔里社，各加抚民，以办民番交涉之事。设恒春、淡水两县，改淡水厅为新竹县，噶玛兰厅为宜兰县。令福建巡抚春冬驻台，析疆增吏，抚垦并行，而番政一新。当开山之际，募民随往，与地使耕。至是乃设抚垦委员，

① 沈葆桢：《福建台湾奏折》，"台湾文献丛刊"第29种，台湾银行经济研究室，1959。

② 《清会典台湾事例》，"台湾文献丛刊"第226种，台湾银行经济研究室，1966。

分台东为三路，以总兵吴光亮办之。南为卑南，中为璞石阁，北为花莲港。而恒春别设一局，以知县兼之。厦门、汕头、香港各设招垦局，立章程，任保护，凡应募者与以便宜，日给口粮，人授地一甲，助以牛种农器。三年之后，始征其租。”① 又据光绪四年（1878 年）四月二十七日《申报》报道：“台湾山后绵亘数千里，中多土产。其地均系膏腴，果得开耕，诚能上裕国课而下利民生；本报已屡言之。兹闻闽省各大宪已招人往山后开耕，一片荒山将成沃壤。所有农具、耕牛均由官给，每月每人并给工食制钱二千四百文并白米三斗。除雇用土人外，另用船政局第十二号轮船驶往广东招广、潮两属人民；自去冬至今春，约已招到四五千矣。闻内有千余人系在该处防堵，余俱业农；俟满三年后始行起赋，而田亩为开垦者世业云。”② 由此可知，此次招徕移民也是以闽粤二省之人为主。

纵观清代的渡台政策，严防私渡是其核心，不仅要防止移民入台为乱，更要限制台湾人口数量，将台湾的移民与开发纳入官方的有序管理之中，防止孤悬海外的台湾再次沦为东南“无穷之害”。也即是说，制定相关政策的目的更多的是出于稳定社会大局的需要，而不是基于经济方面的考量。然开发台湾是闽粤百姓的共同愿望，故其禁虽严，而私渡之风甚盛，大量移民的入台，为台湾的经济发展与社会转型提供了最重要的条件。

第二节　清代台湾的人口增长

人口是一切政策实施的重点，在清代社会，不论是地方还是

① 连横：《台湾通史》卷十五，商务印书馆，2010，第 338—339 页。

② 《清季申报台湾纪事辑录》，“台湾文献丛刊”第 247 种，台湾银行经济研究室，1968。

中央政府对于人口的管控都是极为严格的。清代台湾人口的增长与沿海经济、社会发展及政府移民政策的施行、变动有关。

一、清代台湾人口增长的不同阶段

明郑时期的台湾人口，据《台海使槎录》卷四记载：明时，原住彭（澎）湖百姓五六千人，原住台湾二三万人，俱耕渔为生。顺治十八年（1661年），郑成功带大陆男女计三万有奇赴台。康熙三年（1664年）间，郑经复带男女约六七千人赴台。这两批人员中无家者十五六。[①] 此数据出自康熙七年施琅《尽陈所见疏》。[②] 然《台湾省通志》以为，明郑末期台湾汉人人口远不止此数，估计有12万之众，加上少数民族人口总计25万。[③] 康熙二十二年清廷统一台湾，开始了长达二百余年的治理。清代时期闽粤民人之移民台湾，大致分为三个阶段：康雍时期、乾嘉时期和道咸同光时期。

（一）康雍时期

如前所述，明郑时代台湾人口有12万左右。清初台湾人口可能有所下降，据施琅《请蠲减租赋疏》："自臣去岁奉旨荡平伪藩，伪文武官员丁卒与各省难民，相率还籍，近有其半。人去业荒，势所必有。"[④]《台湾纪略（附澎湖）》亦言："自郑成功开辟

---

① 黄叔璥：《台海使槎录》卷四，"台湾文献丛刊"第4种，台湾银行经济研究室，1957。

② 《台湾省通志》卷二《人民志·人口篇》，众文图书股份有限公司，1980，第51页。

③ 《台湾省通志》卷二《人民志·人口篇》，众文图书股份有限公司，1980，第51页。

④ 《续修台湾县志》卷六，"台湾文献丛刊"第140种，台湾银行经济研究室，1962。

二十余年，漳、泉之民逋逃其中，稍称沃野。自大兵吊伐，人多归籍。”[①] 以此来看，郑氏降清后大量人员回籍，人口一定有所减少，应在7万人左右。[②]

康雍时期的人口数据，台湾方志中有所记载，可供参考。成书于康熙二十八年（1689年）的蒋毓英《台湾府志》卷七《户口》记载当时台湾的户口数目，列表如下（单位：口）：

行政区域	实在民口	招徕民口	男子	妇女	番民
台湾府（不包括澎湖）	30229	3550	16274	13955	8108
台湾县（不包括澎湖）	15465	1496	8579	6886	
凤山县	6910	694	3496	3414	3592
诸罗县	7853	1360	4199	3650	4516

周元文《重修台湾府志》卷五记载，康熙二十二年（1683年）至康熙五十年间，台湾一府三县人口变化，如下表所示（单位：口）：

时　间	台湾府	台湾县	凤山县	诸罗县
康熙二十二年	16820	8579	3496	4199
康熙三十年	+630	+441	+118	+71
康熙三十五年	+323	+180	+98	+45
康熙四十年	+299	+139	+119	+41
康熙四十五年	+490	+302	+123	+65
康熙五十年	+265	+103	+124	+38

以上作为计算单位的“口”代表成年男子的人丁，并不包括

① 《台湾纪略（附澎湖）》，“台湾文献丛刊”第104种，台湾银行经济研究室，1961。

② 邓孔昭：《台湾通史辨误》，江西人民出版社，1990，第116—117页。

妇女与未满十六岁的小孩[1]，因此以上数据参考的价值并不高。而从康熙二十二年（1683 年）到康熙五十年中，约每隔五年一份数据，平均到每年，则每年新增丁口亦极为有限，户数登记甚至保持不变。这种官方登记人口的数字当然与实际情况一定有很大的差距。周元文在其《申请严禁偷贩米谷详稿》中就说台湾每年新增人口以十数万计，其中包括很多私渡者，较之《续修台湾府志》所载出入甚大："窃照台郡当初辟之区，地广人稀，菽粟有余，原称产米之地。自数十年以来，土著之生齿既繁，闽、广之梯航日众；综稽簿籍，每岁以十数万计。"[2]

康熙六十年（1721 年）朱一贵起事，当时蓝鼎元随军来台平朱，其《与施提军论止杀书》开首即提及参与朱一贵起事的民众多达 30 万[3]，显然是夸大其词，但台湾人口远远高出官方统计的数字应该是不争的事实，蓝鼎元所提供的数据也从某程度反映了这一点。

雍正朝较之康熙朝有着更为直接的人口记录。乾隆二十五年（1760 年）二月十日吏部移会，引雍正十年（1732 年）大学士鄂尔泰等议曰："台地开垦承佃、雇工、贸易均系闽粤民人，不啻数十万之众。"[4] 雍正十三年担任台湾道的尹士俍记录下当时台湾各地的人口数据如下：台湾县（不包括澎湖）108705 人，凤山县 91613 人，诸罗县 202458 人，彰化县 34653 人，淡水厅 3257 人，

---

① 而有些志作者认为，男十六曰丁、女十六曰口，男未十六亦曰口。见《新竹县志初稿》卷二。这应该是清代成例，如连横《台湾通史》卷七即说："清例凡有家眷者为一户，男子年至十六者为成丁，每丁征银四钱七分六厘；而妇孺为口。"见连横：《台湾通史》卷七，商务印书馆，2010，第 126 页。

② 周元文：《申请严禁偷贩米谷详稿》，见《重修台湾府志》卷十，"台湾文献丛刊"第 66 种，台湾银行经济研究室，1960。

③ 蓝鼎元：《与施提军论止杀书》，见《东征集》卷一，"台湾文献丛刊"第 12 种，台湾银行经济研究室，1958。

④ 《明清史料戊编》（下），中华书局，1987，第 107 页。

台湾府 440686 人。[①] 事实上，康熙朝和雍正朝台湾的实际人口远较官方认为的数目要大得多。

（二）乾嘉时期

乾嘉时期正是台湾移民大量涌入的阶段。乾隆三十四年（1769 年）闽浙总督崔应阶在奏折中提及："台湾流寓内，闽人约数十万、粤人约十余万，而渡台者仍源源不绝。"[②] 据学者推算，乾隆二十七年台湾人口总数在 73 万人左右。[③]

到了乾隆四十七年（1782 年），据福建巡抚雅德奏报称："台湾府属实在土著、流寓民户男妇大小共九十一万二千九百二十名口。"[④] 此人口数据在当时就有人质疑，福康安奏称："台湾为五方杂处之区，本无土著，只因地土膏腴，易于谋生食力，民人挈眷居住，日聚日多。仰蒙圣泽涵濡，生齿繁盛。虽系海外一隅，而村庄户口，较之内地郡邑，不啻数倍。人数既多，每年开报丁口，俱系任意填写，并不实力清查。"[⑤]

由于大量私渡等原因，台湾的人口增长很快，乾隆五十六年（1791 年）已突破百万。根据《黄册》的记录，乾隆五十四年记载福建省人口不算台湾府为 12234872 人，乾隆五十六年全省人口则为 13298394 人，相减之后所得 1063522 人应为台湾府大致人口数。[⑥]

嘉庆年间，台湾人口继续迅速增长，得出这一结论的主要资料来源有二，一是道光《福建通志》卷四十八记载，嘉庆十六年

---

① 许毓良：《清代台湾军事与社会》，九州出版社，2008，第 500 页。

② 转引自许毓良：《清代台湾军事与社会》，九州出版社，2008，第 26 页。

③ 陈孔立：《清代台湾移民社会研究》，九州出版社，2003，第 146 页。

④ 《明清史料戊编》（下），中华书局，1987，第 128 页。

⑤ 《大学士公阿桂等奏折》，见《台案汇录庚集》卷二，"台湾文献丛刊"第 200 种，台湾银行经济研究室，1964。

⑥ 许毓良：《清代台湾军事与社会》，九州出版社，2008，第 27 页。

(1811 年)台湾有 232000 户，1902000 口；二是《嘉庆一统志》记载台湾有 245000 户，1787000 口。两者人口数相差近 12 万。①而据连横《台湾通史》卷七："嘉庆十六年，有司汇报全台民户，计有二十四万一千二百十七户，男女大小凡有二百万三千八百六十一口，而土番不计也。比之清初，几增百倍。"②

(三)道咸同光时期

与乾嘉时期相比，这一时期清廷对台移民政策进行调整，此外，这一时期不少外国人进入台湾，官方对于人口资料的记载虽然不多，但西方传教士的人口记录值得参考。

道咸同光时期，清代史料中人口数据有两个，即道光四年(1824 年)人口总数为 250 万，光绪元年(1875 年)为 300 万。③嘉道年间任职台湾的姚莹，在其《东槎纪略》卷一中曾提及："台湾未可言安，则旷土之开，云胡得已。汉人蕃衍，丁口已二百五十余万，而生熟社番不及二十分之一，匪惟贫削，实亦丁衰。"④ 连横《台湾通史》记载："光绪十三年，巡抚刘铭传奏请清赋，先饬各厅县编查户口，颁行保甲。其时造报者计有男女三百二十余万人。虽编查未详，亦足以知其概矣。"⑤ 而《台湾省通志》则认为光绪十九年台湾人口为 255 万人较为接近事实。⑥

---

① 葛剑雄等：《中国移民史》，福建人民出版社，1997，第 329 页。按，民国《福建通志》记载嘉庆十六年(1811 年)男妇大小共计 1901833 口。

② 连横：《台湾通史》卷七，商务印书馆，2010，第 128、129 页。

③ 许毓良：《清代台湾军事与社会》，九州出版社，2008，第 524 页，表三十八。

④ 姚莹：《东槎纪略》卷一，"台湾文献丛刊"第 7 种，台湾银行经济研究室，1957。

⑤ 连横：《台湾通史》卷七，商务印书馆，2010，第 129 页。

⑥ 《台湾省通志》卷二《人民志·人口篇》，众文图书股份有限公司，1980，第 56 页。按，据张胜彦对于光绪十九年台湾人口的统计，台湾府州县人口总计为 2705014 人。见张胜彦等：《台湾开发史》，台北空中大学，1996，第 117 页。

而根据入台外国人的记录，咸丰以后台湾人口总数大致如下：咸丰十年（1860年）200万人，同治二年（1863年）300万人，同治四年300万人、熟番50万人，同治十年200万人，同治十一年300万人，光绪元年（1875年）400万人，光绪二年300万人，光绪十年360万人，光绪十一年300万人，光绪十二年300万至400万人，光绪十三年300万人，光绪十九年为255万人，光绪二十一年为250万人。① 以上记录出入甚大，如同治十年与同治十一年，相差一年，竟然有100万人的差距，而光绪元年和光绪二年，亦是如此。同治年间美国博物学家史瑞蒂入台，在其《“福尔摩沙”及其住民》一书中有一章专门谈论台湾的现状，其中《人口》谈及：“‘福尔摩沙’上的汉人人口，估计约在三百万到五百万人之间，后者应该比较接近真实的情况。”② 其数据较之以上更是惊人了。参照台湾被日本占据之后不久的人口统计，在经历战争伤亡及汉人返回大陆的形势下，加上入台外国人特别是日本人人口数，其时台湾人口总数为258万人，③ 则光绪十九年台湾有255万人的可信度较高。

综上，清代台湾人口数量的变化，总体处于较快增长的趋势，只是不同历史阶段增长的速度有所差异。整个清代台湾人口增长中比较值得关注的主要是以下三个历史时期：乾隆末年，人口总数突破百万；嘉庆朝，人口总数达到200万左右；道光至光绪以后，人数增长至250万以上。清代台湾人口增长最快的阶段是在嘉庆及道光朝。④

---

① 许毓良：《清代台湾军事与社会》，九州出版社，2008，第517页。

② （美）史蒂瑞：《“福尔摩沙”及其住民》，前卫出版社，2009，第194页。

③ 《台湾省通志》卷二《人民志·人口篇》，众文图书股份有限公司，1980，第56页。

④ 许毓良：《清代台湾军事与社会》，九州出版社，2008，第43页。

二、影响台湾人口增长的主要因素

（一）移民问题

如前所述，清代对台湾移民政策前后发生很大的变化，从迁界禁海到照票通行，从禁止携眷、搬眷到允许携眷、搬眷，再到招募开垦，每一次移民政策的变化都对台湾人口的增长产生重大的影响。另外，台湾经常发生动乱，在急剧的社会动荡之下，人口迁移数量是比较大的，还有一些虽然是区域性的动乱，但其影响也不可低估。如明郑政权灭亡之后，大批明郑官员、兵丁被强制遣返大陆，使得台湾人口减少“几近其半”。甲午战争之后，日本侵占台湾，也使得众多汉民迁离。

在整个清代的台湾移民中，来自不同祖籍地的人员在人口总数中所占的比例是大不相同的，日本殖民统治时期曾对台湾各地汉人祖籍进行调查，列表如下：

日本殖民统治时期台湾各地汉人祖籍调查表①

单位：百人

祖籍	台北	新竹	台中	台南	高雄	台东	花莲	澎湖	合计
福建	7161	2171	7362	9793	3871	37	99	670	31164
泉州府	3990	992	3418	5374	2388	23	47	582	16814
漳州府	2846	1065	3611	4238	1293	10	46	86	13195
汀州府	174	55	83	76	36	—	1	—	425
龙岩州	26	19	61	25	27	—	2	—	160
福州府	67	15	121	35	27	2	3	2	272
兴化府	5	17	5	32	33	1	—	—	93
永春州	53	8	63	13	67	1	—	—	205

① 葛剑雄等：《中国移民史》，福建人民出版社，1997，第332页。

续表

祖籍	台北	新竹	台中	台南	高雄	台东	花莲	澎湖	合计
广东	43	3533	1077	205	920	12	72	1	5863
潮州府	18	518	547	113	128	2	21	1	1348
嘉应州	19	1683	383	71	769	9	35	—	2969
惠州府	6	1332	147	21	23	1	16	—	1546
其他	56	117	99	106	106	—	—	5	489
合计	7260	5821	8538	10104	4897	49	171	676	37516

资料来源：转引自陈亦荣《清代汉人在台湾地区迁徙之研究》第四章。

从上表可以看到，在台湾人口构成中，祖籍地来自福建漳州、泉州的人最多，占绝大多数，清末的一些文献记载也印证了这一点，《安平县杂记》："台无土著。土著者，熟番与生番而已。其民人五方杂处，漳、泉流寓者为多，广东之嘉应、潮州次之，余若福建之兴化府、福州府，全台合计两府之人流寓台地者，不过万人而已。外此，更寥寥无几焉。计台之丁口，在二百万左右，生熟土番不过二十分之一。隶漳、泉籍者，十分之七八，是曰闽籍；隶嘉应、潮州籍者，十分之二，是曰粤籍；其余隶福建各府及外省籍者，百分中仅一分焉。"①

具体到台湾各个地区，各祖籍地人口所占比例也不尽相同，有些地区闽人占据多数，有些地区粤人占优势；或闽人之中漳州人占据多数，或泉州人占据多数等。如乾隆年间郑光策《上福节相论台事书》言："按全台大势，漳泉之民居十分之六七，广民在三四之间；以南北论，则北淡水南凤山多广民，诸、彰二邑多

① 《安平县杂记》，"台湾文献丛刊"第52种，台湾银行经济研究室，1959。

闽户；以内外论，则近海属漳泉之土著，近山多广东之客庄。”[①]再《东槎纪略》记载噶玛兰厅的情况说：“噶玛兰南北约长六七十里，东西约宽二三十里不等，漳人四万二千五百余丁，泉人二百五十余丁，粤人一百四十余丁，熟番五社九百九十余丁，归化生番三十三社四千五百余丁。”[②] 噶玛兰厅地区漳州籍人占绝对多数。[③]

（二）区域发展不平衡问题

入清以后，台湾各区域的开发是有先后快慢的。姚莹《东槎纪略》云：“台湾本海外岛夷，不宾中国。自郑氏驱除，狉獉始辟。入籍时止三县；半线以北，康熙之末，犹番土也。朱逆既平，乃增彰化，设淡厅，遂极其北境，至于鸡笼，山前之地尽矣。然南北袤不过一千二百余里，嘉、彰最中，腹内自山至海，宽乃百余里耳。入内供粟岁不过十万，而兵饷给外者倍之；其不能利益国家明矣。嘉庆中，又开噶玛兰，遂及山后，增幅员百里。”[④] 早期移民的开发集中在台湾西南部，清朝统一台湾之后，设一府三县，即台湾府、台湾县、凤山县、诸罗县，这些区域开发较早，半线（即其后的彰化）以北在康熙末年尚未开化，其后才有彰化、淡水、噶玛兰等的设置，台湾全岛的开发到清末仍在进行。开发的先后快慢程度不同，影响台湾各地的人口密度，具体如下表所示：

---

① 贺长龄：《皇朝经世文编》卷八十四，文海出版社，1972。

② 姚莹：《东槎纪略》卷三，“台湾文献丛刊”第7种，台湾银行经济研究室，1957。

③ 值得说明的是，这一数据与《福建通志台湾府》所载方维甸呈报的噶玛兰地方情形数据（除了少数民族数据不详之外）一模一样。

④ 姚莹：《东槎纪略》卷一，“台湾文献丛刊”第7种，台湾银行经济研究室，1957。

清代台湾人口区域性分布情况一览表①

嘉庆十六年（1811年）			光绪十九年（1893年）	
区域		人口数（千人）	区域	人口数（千人）
全岛		1946	全省	2546
北部	合计	258	合计	767
	淡水厅	215	淡水县	408
			基隆厅	88
			新竹县	157
	噶玛兰厅	43	宜兰县	114
中部	合计	342	合计	673
	彰化县	342	苗栗县	71
			台湾县	213
			彰化县	262
			云林县	111
			埔里厅	16
南部	合计	1346	合计	1101
	嘉义县	819	嘉义县	424
	台湾县	301	安平县	196
	凤山县	185	凤山县	394
	澎湖厅	41	澎湖厅	67
			恒春县	20
东部			台东州	6

① 蒋宗伟：《清代台湾人口、资源与环境变迁研究》，厦门大学博士学位论文，2008，第51—52页。编者注：表中数据与所引《台湾省通志》略有出入，已改。

资料来源及说明：为了便于对具体各厅县人口状况进行分析，本文沿用台湾学者陈绍馨关于光绪十九年（1893 年）的人口数量。参见台湾省文献会编：《台湾省通志》卷二《人民志·人口篇》，众文图书股份有限公司，1980，第 54、58 页。

（三）非自然死亡与人口减少问题

台湾是一个地质灾害频发的地区，地震、风灾、水灾、瘟疫等，都可能导致大规模的人员死亡；加上台湾动乱不断，所谓“三年一小反，五年一大反”，这种天灾人祸一方面导致人口死亡，数目减少，另一方面导致人口的大量迁离。

还有男女比例问题。台湾曾有“有唐山公，无唐山妈”之谚。当然，笼统地说“无唐山妈”是不符合历史事实的，早期台湾妇女人数固然较少，但早期移民中无妻者并不占多数。[①] 如前所述，蒋毓英《台湾府志》卷七《户口》记载当时台湾的户口数目中，台湾府男子 16274 人，妇女 13955 人，男女之比例失调并没有有些文献记载那么严重。文献记载中，男女比例悬殊者，多出现在客庄之中，因为这些客庄里的客仔大都是雇佣于人，不少属于入台谋生者，不一定在此成家立业。《诸罗县志》卷十二记载：“男多于女，有村庄数百人而无一眷口者。”[②] 该志卷八《杂俗》中又提及：“各庄佣丁，山客十居七八，靡有室家；漳、泉人称之曰客仔。客称庄主，曰头家。头家始借其力以垦草地，招而来之；渐乃引类呼朋、连千累百，饥来饱去，行凶窃盗，头家不得过而问矣。田之转移交兑，头家拱手以听，权尽出于佃丁。”[③]

---

① 陈孔立：《清代台湾移民社会研究》，九州出版社，2003，第 162 页。

② 《诸罗县志》卷十二，“台湾文献丛刊”第 141 种，台湾银行经济研究室，1962。

③ 《诸罗县志》卷八，“台湾文献丛刊”第 141 种，台湾银行经济研究室，1962。

第三节 清代台湾定居社会的形成

一、台湾移民与移民社会

移民社会有广义和狭义之分，凡有较多外来移民的社会都可称为广义的移民社会，而狭义的则指的是一个社会中人口构成主要以外来移民为主、是向定居社会过渡的一种社会形态。[①] 定居社会是指多数成员祖祖辈辈在一个地区居住下来的比较稳定的社会形态。清代台湾经历了从一个比较典型的移民社会向定居社会转型的过程。

移民社会，当然与移民密切相关。所谓“移民”是指“具有一定数量，一定距离，在迁入地居住了一定时间的迁移人口”[②]。一般来说，出现移民现象的原因较为复杂，受到社会、经济、自然环境等多方面因素的影响。清代台湾出现移民浪潮主要可以从迁出地的“推力”和迁入地的“拉力”来分析。

就推力而言，台湾之移民大都来自闽粤两地，两省中漳州、泉州、潮州、惠州四府属于典型的丘陵地带，山多地少，土壤贫瘠，人口稠密，加之时常遭遇台风、旱灾、水灾、瘟疫等自然灾害，对社会经济造成严重损害和破坏；而清初施行的“迁界”政策对闽粤沿海人民的生活更是造成极大的伤害。这些不利因素对百姓的生存形成巨大的压力，从而推动他们中的一部分背井离乡，到异地谋生，开辟新家园。例如，明清时期，“闽、广人稠地

---

① 陈孔立：《清代台湾移民社会研究》，九州出版社，2007，第14页。

② 葛剑雄等：《中国移民史》，福建人民出版社，1997，第10页。

狭，田园不足于耕，望海谋生，十居五六”[①]。特别是福建，人稠地狭的矛盾十分突出，“十五游食于外”[②]。生活所迫的闽人只能冒险向海外和台湾移民，所谓“闽省海壖，地如巾帨，民耕无所；且沙砾相薄，耕亦弗收。加以年荒赋急，穷民缘是走海如鹜。长子孙于唐市，指窟穴于台湾”[③]。当然，漳州、泉州地区民人渡台具备优良的条件（与台湾一水之隔，熟悉台湾海峡的海况、气候，掌握高超的航海技术等）也是他们纷纷选择入台的重要原因。

而从迁入地台湾来看，其生存境况中确有很多机遇。台湾有大量的土地尚未开发，吸引众多的垦殖者前来。周元文《重修台湾府志》云：“台郡乃海外荒区，地瘠民贫。当初开辟之始，人民稀少，地利有余；又值雨水充足，连年大有。故闽、广沿海各郡之民，无产业家室者，俱冒险而来。”[④] 清政府虽然实行各种禁渡政策，但“禁者自禁，渡者自渡”，巨大的利益驱动阻挡不了富有冒险精神的闽粤人入台的脚步。据《台案汇录庚集》卷二《大学士公阿桂等奏折》：“台湾为五方杂处之区，本无土著，只因地土膏腴，易于谋生食力，民人挈眷居住，日聚日多。仰蒙圣泽涵濡，生齿繁盛。虽系海外一隅，而村庄户口，较之内地郡邑，不啻数倍。”[⑤]

另一方面，从荷兰殖民者到明郑政权，再到康熙之后的清政

---

① 《福建通志台湾府》，“台湾文献丛刊”第 84 种，台湾银行经济研究室，1960。

② 谢肇淛：《五杂俎·地部》，中华书局，1959。

③ 《重修福建台湾府志》卷十九，“台湾文献丛刊”第 74 种，台湾银行经济研究室，1961。

④ 《重修台湾府志》，“台湾文献丛刊”第 66 种，台湾银行经济研究室，1960。

⑤ 《大学士公阿桂等奏折》，《台案汇录庚集》卷二，“台湾文献丛刊”第 200 种，台湾银行经济研究室，1964。

府，都曾推行招募开垦台湾的政策，吸引大批闽粤移民前来。荷兰殖民统治时期，荷兰人曾在中国沿海招募汉人入台垦殖，其中厦门的富商 Hamhuan、Cumbingh、Jaums 以及巴达维亚的华人甲必丹苏鸣岗等人，在招徕大陆移民开发台湾农业中起了相当重要的作用。1637 年《巴达维亚城日记》说："赤嵌及其附近各地之米作，颇见热心推行，诸如：Hamhuan，Cumbingh，Jaums 及居住当地之中国头人 Benkong 等有资格中国人，各选定二十'毛亨'（一毛亨为八五一六平方公尺）之大区城数所，将在此种稻。"① 同时还说："上述头人尚无意返回中国，已在台窝湾（安平）定住，忙于建筑华丽之石屋，所投经营不下五六千勒阿尔，彼为种稻曾自中国招徕多数中国人，似将长居此地以助其开发台窝湾（安平）。"② 明郑时期也曾招募东南沿海汉人入台务农。相传，崇祯元年（1628 年）福建发生严重的干旱，郑芝龙曾建议福建官员招募灾民去台垦荒，并给每人白银三两，每三人牛一头。③ 郑成功收复台湾后，命令部下招集并运载闽南沿海的居民中不愿内迁者移居台湾，有数万人之多。

台湾归入清朝版图后，人口锐减，不但有许多未垦之地，甚至连明郑时期已经开发的田地也荒废了，故而有官员提议招佃垦荒。如康熙二十四年（1685 年）十月开垦"垦照"文曰：

> 具禀人沈绍宏，为恳恩禀请发给告示开垦事。缘北路鹿野草荒埔原为郑时左武骧将军旧荒营地一所，甚为广阔，并

① 李汝和主编，郭辉译，王诗琅、王世庆校订：《巴达维亚城日记》第一册，台湾省文献委员会，1970，第 193 页。

② 李汝和主编，郭辉译，王诗琅、王世庆校订：《巴达维亚城日记》第一册，台湾省文献委员会，1970，第 193 页。

③ 黄宗羲：《赐姓始末》，"台湾文献丛刊"第 25 种，台湾银行经济研究室，1959。

无人请耕，伏祈天台批准宏着李婴为管事，招佃开垦，三年后输纳国课；并乞天台批发明示台道，开载四至，付李婴前往鹿野草草地起盖房屋，招佃开垦，永为世业，须至禀者。今开四至，东至大路及八撑溪，西至龟佛山及崁，南至抱竹及崁仔上，北至溪崁。康熙二十四年十月　日。垦荒，现奉上令，准速给照，以便招佃及时料理；候垦耕成熟之后，照例起科，照。①

这些招佃垦荒者大都是来自闽粤的移民，他们在台招募的对象也主要是祖籍地之民人。当然，台湾对于大陆不同阶层民人有着不同的吸引力。那些从事海上商贸者看重的是台湾丰富的米、糖等农产品，而台湾又需要从大陆输入一些生产、生活用品等，他们往来大陆与台湾之间，可以兴市获利。更有一些属于“科举移民”，他们看重的是台湾文化教育的落后，在台应试入学较为容易，如《诸罗县志》记载：“诸罗建学三十年，掇科多内地寄籍者。庠序之士，泉、漳居半，兴、福次之，土著寥寥矣。夫士农工贾各世其业，故易有成也。诸罗之人，其始来非商贾则农耳；以士世其业者，十不得一焉。……内郡之不得志于有司者，群问渡而东焉。科、岁两试，此邦之人拱手而让之；一登解额，即飞扬而归故里，海外人文何日而兴乎？”②

早期台湾移民谋生较为容易。雍正五年（1772 年）台湾知府沈起元称：“漳、泉内地无籍之民，无田可耕，无工可佣，无食可觅。一到台地，上之可以致富，下之可以温饱。一切农工商贾

① 《清代台湾大租调查书》，“台湾文献丛刊”第 152 种，台湾银行经济研究室，1963。

② 《诸罗县志》卷五，“台湾文献丛刊”第 141 种，台湾银行经济研究室，1962。

以及百艺之末，计工授值，比内地率皆倍蓰。”[①] 此后，经过垦荒移民的有意夸大溢美，便形成“作一冬吃三冬，台湾钱淹脚目，台湾好赚食”的谚语[②]，从而为从事私渡业务的客头游说沿海居民渡台提供了依据。许多移民就是被这些客头煽动、欺骗来台的。清代流传的《渡台悲歌》如是描绘早期移民的艰辛生活：

劝君切莫过台湾，台湾恰似鬼门关。
千个人去无人转，知生知死都是难。
就是窖场也敢去，台湾所在灭人山。
台湾本系福建省，一半漳州一半泉。
一半广东人居住，一半生番并熟番。
生番住在山林内，专杀人头带入山。
带入山中食粟酒，食酒唱歌喜欢欢。
熟番原系人一样，理番吩咐管番官。
百般道路微末处，讲着赚钱食屎难。
客头说到台湾好，赚钱如水一般了。
口似花娘嘴一样，亲朋不可信其言。
到处骗惑人来去，心中想赚带客钱。
千个客头无好死，分尸碎骨绝代言。
几多人来所信言，随时典屋卖公山。
单身之人还做得，无个父母家眷连。[③]

---

① 《条陈台湾事宜状》，见陈璸：《陈清端公文选》，“台湾文献丛刊”第116种，台湾银行经济研究室，1961。

② 蕃芋：《勇渡黑水沟：台湾先民奋斗开发血泪史》，台湾书房，2013，第44页。

③ 蕃芋：《勇渡黑水沟：台湾先民奋斗开发血泪史》，台湾书房，2013，第57页。

这首悲歌除告诫欲渡台谋生者理性抉择、谨防上当之外，也反映了当时台湾作为移民社会的一些典型特点：

首先，台湾人口以闽粤移民为主，所谓“台湾本系福建省，一半漳州一半泉。一半广东人居住，一半生番并熟番”。居民大多是漳州、泉州和广东来的汉族移民，郁永河《裨海纪游》中即说：“台民皆漳泉寄籍人。”[①]《海东札记》云：“台湾鲜土著之民，耕凿流落，多闽、粤无赖子弟。”[②]“台湾本岛夷境，只今林林总总，皆漳、泉、潮、惠之人，占居于此。”[③]连横言：“台湾之人，中国之人也，而又闽、粤之族也。”[④]台湾道姚莹在其《东槎纪略》中也提及：“汉人蕃衍，丁口已二百五十余万，而生熟社番不及二十分之一。”[⑤]

其次，早期移民中多数为候鸟式移民。“千个人去无人转，知生知死都是难。就是窖场也敢去，台湾所在灭人山”是对客死异乡的悲叹。死生事大，早期很多入台移民大都将台湾作为谋生之地，即便这里已有亲族眷属，仍普遍流行着落叶归根的想法。这些寓台“游子”，在台之时不免有疾病、灾祸，因此死亡者屡屡有之。《彰化县志》卷三云：“时县治新设，居民尚少土著。自内地寄籍者，十之六七，每虑死无葬地。”[⑥]据称，当时很多移民

① 郁永河：《裨海纪游》卷下，“台湾文献丛刊”第44种，台湾银行经济研究室，1959。

② 朱景英：《海东札记》卷二，“台湾文献丛刊”第19种，台湾银行经济研究室，1958。

③ 朱景英：《海东札记》卷三，“台湾文献丛刊”第19种，台湾银行经济研究室，1958。

④ 连横：《台湾通史》卷二十三，商务印书馆，2010，第455页。

⑤ 姚莹：《东槎纪略》卷一，“台湾文献丛刊”第7种，台湾银行经济研究室，1957。

⑥ 周玺：《彰化县志》卷三，“台湾文献丛刊”第156种，台湾银行经济研究室，1962。

死后的骸骨，是通过代运而得归故土："台湾古称荒服，土著者少。内地客民，骛利而来，其客死无依者，累累相望也。旧棺椁率寄顿城厢南北坛中，重洋远隔，音耗不闻，内地眷属，搬运为难。乾隆二十四年，台湾县知县夏瑚设法捐赀，代运客亡棺椁赴厦……既免涉险多费，自必争先恐后，而客死枯骸，庶得咸归故土。"①

移民台湾的汉人与祖籍地关系密切，除了因为眷属在祖籍地之外，更多的是对于祖籍地的祖坟、宗祠承担有相应的责任，故而在必要的时候会返回祖地祭祖，即便不能亲自前往，也必须派人办理。如发生于乾隆十二年（1747 年）的一起盗窃案件中，案犯唐宪等所盗走的财物就是粤人准备回祖籍修复祖坟之用的。②有些人还变卖在台财产供祖籍地修建祖坟、祠堂使用，如乾隆年间张士箱家族的张方大去世，归葬祖籍晋江，就置田作为宗族祭祀之用；嘉义刘姓家族在嘉道年间寄钱回福建南靖购置田产，作为祭祖业田。③

第三，每逢台湾遭遇天灾人祸特别是大规模械斗爆发之际，很多移民都会选择返回祖籍地避难，在他们的心目中，祖籍地才是真正的归宿。如朱一贵起事，"台中逃窜各官及避难民人，于壬戌、癸亥两日咸到澎湖。澎协将弁仓皇不知所措。见群情汹汹，而台中文武俱至也，亦各出家属登舟，将渡厦门。百姓妇女，争舟杂沓，哀声震海岸"④。乾隆四十七年（1782 年）漳泉

---

① 《福建通志台湾府》，"台湾文献丛刊"第 84 种，台湾银行经济研究室，1960。

② 《台案汇录已集》，"台湾文献丛刊"第 191 种，台湾银行经济研究室，1964。

③ 陈孔立：《台湾历史纲要》，九州出版社，1996，第 106 页。

④ 蓝鼎元：《平台纪略》，"台湾文献丛刊"第 14 种，台湾银行经济研究室，1958。

械斗中许多民众渡海返回，其中不免夹杂一些械斗参与者，官府盘查甚为严密："凡有实因本身事业回籍，或曾经保护本庄，因匪徒肆横之后，生理艰难，无可庸趁，渡还故里，讯无不法情事者，分别保释外。"[①] 可见，清代早期台湾移民频繁来往于台湾与祖籍地之间，相当多的人只是将台湾作为暂时的谋生之地，并非定居之地。

最后，汉族移民与当地少数民族各自成一个社会，相互间有所联系，但不混居。《东槎纪略》卷三记载，噶玛兰地区以外来移民为主，其中汉族移民 42890 余丁，少数民族 5490 余丁。汉人经常倚强凌弱，导致纷争甚至流血事件时有发生，故官方将移民以籍贯划分地界，且将汉族与少数民族分开，以杜绝争端。[②]

《渡台悲歌》中，"生番住在山林内，专杀人头带入山。带入山中食粟酒，食酒唱歌喜欢欢。熟番原系人一样，理番吩咐管番官"反映的则是少数民族与汉族移民截然不同的生活区域及生活方式。施琅《请蠲减租赋疏》亦云："台湾沃野千里，则壤成赋，因地为粮，宜称富足。但地处汪洋之中，化阻声教之外，弥山遍谷，多属土番；虽知怀服，习性未训，射猎是事，征供无几。所安于耕渔、可得按户而问赋者，皆中国之人，于数十年前生聚乎其间。及郑逆拥众盘踞，兵即为农，农即为兵，兼沿海数省之地方人民，有为其所掠而去者，有趋而附者，非习于渔，则与为佃。"[③] 可见，汉族移民以耕渔为主，少数民族住于山林之中，以狩猎为生，并有猎首习俗。郁永河《裨海纪游》也提及：

---

① 《福州将军永德等为报缉获台湾潜回各犯讯明械斗首犯并究出小刀会各情节事奏折》，乾隆四十七年十二月初九日。

② 姚莹：《东槎纪略》卷三，"台湾文献丛刊"第 7 种，台湾银行经济研究室，1957。

③ 《重修台湾县志》卷一，"台湾文献丛刊"第 113 种，台湾银行经济研究室，1961。

诸罗、凤山无民，所隶皆土著番人。番有土番、野番之别。野番在深山中，迭嶂如屏，连峰插汉，深林密箐，仰不见天，棘刺藤萝，举足触碍，盖自洪荒以来，斧斤所未入。野番生其中，巢居穴处，血饮毛茹者，种类实繁，其升高陟巅越箐度莽之捷，可以追惊猿、逐骇兽，平地诸番恒畏之，无敢入其境者。而野番恃其犷悍，时出剽掠，焚庐杀人；已复归其巢，莫能向迩。其杀人辄取首去，归而熟之，剔取髑髅，加以丹垩，置之当户，同类视其室髑髅多者推为雄。①

由于民族习俗有别，为避免争斗，有清一代从“护番保产”的政策出发，长期禁止闽粤移民入垦少数民族地界，直到光绪元年（1875 年）始有解除禁令之谕。② 连横《雅言》谓：“清代得台后，虑民之勾番作乱也，沿山一带，禁出入；筑土如牛，为界限。或砌以砖，长数丈，谓之红线。其后乃设隘戍勇，保卫耕农，内山之利拓矣。今界址虽湮，而台中之地尚有名‘土牛’者，则其迹也。”③ 但官方的禁令挡不住汉族移民入垦的决心，因此清廷多次重新厘定界线，避免发生不必要的纷争。在台湾，禁止闽粤汉人占垦的禁令碑甚为常见，如古令埔嘉庆二十年（1815年）《奉宪封禁古令埔碑》，碑存屏东县内埔乡内埔村天后宫，给示者为嘉庆十七年到任的台湾知府汪楠，明令古令埔永禁开垦，准少数民族民众自行垦耕，闽、粤人不得占垦，亦不许屯办、通事、土目按地私抽等。其碑文曰：

---

① 郁永河：《裨海纪游》卷下，“台湾文献丛刊”第 44 种，台湾银行经济研究室，1959。

② 《台湾省通志》卷二《人民志·人口篇》，众文图书股份有限公司，1980，第 109—111 页。

③ 连横：《雅言》第 194 条，“台湾文献丛刊”第 166 种，台湾银行经济研究室，1963。

照得凤属屯佃首伍和裕（即杨茂）具控粤庄职员钟麟江等“□垦古令埔、党众焚抢”及钟麟江等具诉“以该处一经杨茂开垦、设有意外之事、粤人前无生路、后无退门、呈请□垦”一案，经本府讯明：古令埔系无主荒地，虽不准闲人开垦，应听熟番自行垦耕，断令钟麟江将伍和裕所用工本减半缴还五百员，该处荒埔即归旧番耕种。详蒙臬道宪糜批：“既据讯明古令埔系属无主荒地，断令钟麟江将伍和裕所用工本减半，捐缴番银五百员，给还伍和裕承领；地归该社熟番自行垦耕，洵为妥协。”现据五品职衔钟麟江，廪生黄观光、黄鉴川，职员李连程、谢储贤、赖启杰，武生李琼林、管事钟泮东等具呈：已遵断缴银具结，联名恳请示禁，将古令埔山脚一带，不许围庄；只许社番自行栽种，闽、粤人不得占垦，亦不许屯办、通事、土目按地私抽等情；亦属杜绝争占之道。仰即查明给示，勒石永禁，仍将钟麟江所缴番银，给还伍和裕承领，并饬行凤山县勒石永禁外，合行晓谕。为此，示仰阖邑人等知悉：该处古令埔永禁开垦，准社番自行垦耕。不许军弁、通、土按地抽租，亦不许围庄，闽、粤人等亦不得侵占滋事。如敢故违，定即拿究不贷。各宜凛遵，毋违，特示。[①]

二、台湾定居社会的形成

清代后期，台湾逐渐完成从移民社会向定居社会的转变，主要标志有：

第一，不但有繁华的城市，而且在广大乡村形成安居乐业的

① 《台湾南部碑文集成》，“台湾文献丛刊”第218种，台湾银行经济研究室，1966。

聚落。台湾的开发从台南开始，逐渐向台中、台北发展，台东为最后开发地区。早在清初，台南就形成繁华的城市，但广大乡村尚未得到全面的开发，更没有形成稳定的聚落。文献记载：诸罗县“半线以北，山愈深，土愈燥，水恶土瘠，烟瘴愈厉，易生疾病，人民鲜至”①。“流移开垦之众，极远不过斗六门……虎尾、大肚，人已视为畏途”②。直到康熙三十六年（1697 年），“诸罗、凤山无民，所隶皆土著番人”③。清代中后期，台湾广大乡村得到全面开发，聚落星罗棋布，百姓安居乐业，如郑用锡的《桑麻铺菜》写道：“桑柘鸠民宅，丝麻雁户租。铺张班北地，菜郁汉西都。田舍茅龙换，沟塍稻蟹腴。荫周森栝柏，隰垣靖萑苻。陌上和风畅，邱中暖日晡。篝车真满野，荆棘不当途。猫虎迎年曲，鸡豚赛社图。万家鳞次乐，鼓腹诵皇谟。”林占梅在《游芝兰庄竹林石室诸胜》中亦描写当时的安居乐业的田园风光：“村连竹树人应雅，地产芝兰水亦香。舍舟携友同登陆，一带幽居枕山麓。土沃禾粱犬豕肥，水深溪渚鱼虾蓄。和风麦陇昼鸣鸠，细雨烟郊春叱犊。黄童白叟各怡然，相见依依成雍睦。上有松峰樵径奇，绝顶千寻逼九嶷。”

第二，人口由移民增长为主转为以自然增长为主，人口结构趋于正常。如前所述，清代前期，台湾人口主要从闽粤移民而来，青壮年单身男子较多，妇女、老人、儿童较少，人口结构失衡。嘉庆之后，台湾人口增长转为以自然增长为主，嘉庆十六年

---

① 《台湾府志》卷七《风土志·气候》，“台湾文献丛刊”第 65 种，台湾银行经济研究室，1960。

② 《诸罗县志》卷七，“台湾文献丛刊”第 141 种，台湾银行经济研究室，1962。

③ 郁永河：《裨海纪游》，“台湾文献丛刊”第 44 种，台湾银行经济研究室，1959。

(1811年)，台湾人口总数1901833人，[①]光绪十九年（1893年）为2545731人[②]。人口结构亦趋于正常，如嘉庆十六年人口统计中幼丁男女在总人口中的比例分别是：台湾县36.2%，凤山县41%，嘉义县49.3%，彰化县29.7%，淡水厅45.9%。[③]男女比例也趋向合理，如光绪二十二年台湾人口男女性别比例为119∶100。[④]职业结构也由清代前期的单一化向多样化发展，《安平县杂记》中开列的职业多达101种，各行各业应有尽有。

第三，形成新的家族及家族文化。随着台湾人口增长方式的改变和人口结构趋于正常，清代后期社会组织也发生变化，阄分字宗族逐渐取代合约字宗族成为社会组织的重要形态。合约字宗族祭祀大陆共同的祖先（所谓“唐山祖”），血缘纽带松弛，经济利益起主要作用。而阄分字宗族祭祀开台祖，可阄分祖先财产，血缘纽带密切。基于血缘关系的阄分字宗族出现，台湾民众从回本籍祭祖转变为在台建立宗祠。不少家族还编纂族谱，建构台湾家族文化。

第四，士绅阶层的形成与“文治社会”的产生。台湾前期，百姓居无定所，候鸟式的生活方式使得台湾社会文化不兴，中科举者寥寥，整个社会重武轻文，豪强称霸一方，所谓“习拳勇，喜格斗，倚恃护符，以武断于乡曲”[⑤]。一些边远地区连简陋的学校都没有，如淡水地区在乾隆时期还是“士之习于文者益寡。自

---

① 《福建通志台湾府》，“台湾文献丛刊”第84种，台湾银行经济研究室，1960。

② 《台湾省通志》卷二《人民志·人口篇》，众文图书股份有限公司，1980。

③ 《福建通志台湾府》，“台湾文献丛刊”第84种，台湾银行经济研究室，1960。

④ 《台湾省通志》卷二《人民志·人口篇》，众文图书股份有限公司，1980。

⑤ 黄叔璥：《台海使槎录》，“台湾文献丛刊”第4种，台湾银行经济研究室，1957。

大甲至鸡笼，绵亘几及千里，有司马以分刺，无校庠以育才，考课例彰邑录送书院之建于郡彰者，有志之士，负笈维艰”①。清代嘉道年间，随着台湾经济的发展，新书院纷纷建立，中举或进士人数大大增加。据《台案汇录丙集》载：嘉庆年间台湾府属四县应考的文童竟达 3000 多人，与大陆各县应考童生已经不相上下了。咸丰元年（1851 年）至光绪二十年（1894 年），全台中举人者多达 106 人，进士 21 人。② 随着读书人的增多，士绅阶层逐渐代替豪强势力在社会中发挥巨大的作用，“文治社会”逐渐形成。清末来台的传教士甘为霖描述说：“所谓的读书人的影响力……他们是以孔孟思想为主轴的士绅阶级，备受尊崇，寻常百姓把他们当成智慧的宝库，认为他们相当幸运，只要教书和做些吹毛求疵的琐事，就能赚得一大笔钱。”③

第五，祭祀圈和共同习俗的形成。神明信仰随着闽粤移民被带到台湾。早期渡台移民三五成群聚居，他们或在简陋的草寮，或在家中供奉神像或香火，祭祀仪式简单。随着村落的形成和发展，百姓开始集资建造宫庙，祭祀共同的保护神。清代后期，台湾宫庙的数量越来越多，规模越来越大，祭祀的仪式也越来越隆重，参与祭祀的居民和地域也相对固定下来，并形成与聚落密切相关的地域祭祀组织，学界称之为“祭祀圈”。祭祀圈的大量出现，标志着祭祀圈内居民已经形成命运共同体，实际上也是对其所居住村落的认同。与此同时，不同族群、不同区域还形成共同的习俗。《安平县杂记・风俗》云：“台南之地，民非土著，原系移居。闽之漳泉、粤之潮惠，五方杂处，皆无一姓。俗尚奢华，

① 《台湾教育碑记》，“台湾文献丛刊”第 54 种，台湾银行经济研究室，1959。

② 《台案汇录丙集》，“台湾文献丛刊”第 176 种，台湾银行经济研究室，1963。

③ （英）甘为霖：《素描“福尔摩沙”》，前卫出版社，2009，第 276 页。

南北不同。男辫发，女裹足，犹其俗例；尚黑齿而嗜槟榔，除老病而吃阿片，此则习俗之惯也。妇女知羞，以礼仪为重；男儿戒欺，以忠信为本。老人守旧例，童子善歌谣。其他打干辘、放纸鸢，俱是儿戏。祀神而焚香烛，祭祖而烧宝纸。上元夜共弄龙灯，七月祭曰盂兰会，清明曰踏青，上巳曰寒食。中秋制以月饼，端午蒸以肉粽。至于迎神宴会，则以鼓乐为重。除夕蒸年糕，迎春放爆竹，均为台俗之流传已久。近山之庄曰客庄，粤籍人也。风俗与漳、泉之移民小异。女不裹脚，男喜沐浴，语杳独别，均是潮、惠乡译。”①

应该着重指出，台湾从移民社会向定居社会的转变经过相当漫长而复杂的历史过程，台南、台中、台北、台东等不同地区乃至同一地区的不同县、不同乡村的定居社会的最后形成时间也存在较大的差别，很难明确断定这一历史过程何时开始又是何时结束。就具体的区域而言，台湾移民社会向定居社会的转变与台湾开发的先后次序基本同步，台南最早，台中次之，台北又次之，台东最后完成。就历史阶段而言，清代前期台湾社会的主体属于移民社会，清代中期开始加快向定居社会的转变，清代后期基本完成。

---

① 《安平县杂记》，“台湾文献丛刊”第52种，台湾银行经济研究室，1959。

第二章

清代台湾的族群关系与械斗

第一节　清代台湾的族群关系

族群（ethnic group）一词是广泛应用于社会文化研究的现代学术用语。族群从群体内部而言强调语言、种族和文化等共同特征；但它又不是孤立的存在，与其他族群必然有着各种互动关系，并以特定的文化特征限定自我与他人的“边界”。[①] 清代台湾

① 参阅周大鸣：《论族群与群族关系》，《多元与共融：族群研究的理论与实践》，商务印书馆，2011，第 23—25 页。按：族群理论有两个理论典范，即客观特征论与主观认同论，前者强调特定族群的共同体制、语言、文化、生活习惯等，后者专注于族群的边界维持与认同变迁。参见罗师烈：《客家族群与客家社会》，见徐正光：《聚落、宗族与族群关系》，“中央研究院”民族学研究所，2000，第 116 页。

是一个典型的移民社会，即便进入所谓的定居社会，它在移民时期所累积下来的不同族群间原生性的文化差异、因土地与商业利益而产生的冲突等，这些历史问题很难得到彻底解决。事实上，有清一代，台湾族群矛盾十分突出，尖锐的对立时常引发大规模的械斗，且愈演愈烈。族群问题一直是困扰台湾社会的顽疾，制约了清代台湾的社会发展。

一、台湾三大族群的形成

一般认为清代台湾社会中存在三大族群：河洛人、客家人与少数民族。其中河洛人主要是来自闽籍的漳州籍、泉州籍移民及其后裔，客家人则以粤籍客家移民及其后裔为主。有关汉人族群的区分在清末来台的外国人著作中皆有提及，如马偕牧师说道："在这个岛上住有约三百万的汉人。……这些汉人分为福佬人和客家人二类。在台湾北部的汉人中，八分之七是福佬人。……客家人，据推测是从中国北部某一族人，移到福建然后又移到广东的后裔"。①

由于大都是来自闽粤地区的移民，到达台湾之后，这些移民往往依据祖籍地缘关系形成了各自不同的社会群体。相比于大陆聚族而居的生活情形，台湾更多的是地缘聚落。台湾移民基本上以府为单位进行划分，可以分为漳州籍、泉州籍、粤籍三大系，姚莹曾指出："台地漳、泉、粤三籍，素分气类，动辄械斗。"②但实际上，这三大系的"分类"基本上是以语言的不同进行划分的，漳籍包括漳州府属各县和部分潮州籍移民；粤籍则是以广东客家人为主，加上福建汀州府各县客家移民。③

① （加）马偕：《"福尔摩沙"纪事》，前卫出版社，2007，第95页。

② 姚莹：《东槎纪略》卷四，"台湾文献丛刊"第7种，台湾银行经济研究室，1957。

③ 陈孔立：《清代台湾移民社会研究》，九州出版社，2003，第176页。

此外，汉人中的漳、泉、粤三大系在生活习惯、地理空间、信仰习俗等许多方面也存在较大差异，如《嘉义管内采访册》言及当地节庆习俗时说：“初四日，接神。漳人家家虔备牲醴菜料，奉祀神祇，泉人、粤人不然。”[①] 漳州籍与泉州籍虽然也不尽相同，但同属闽籍福佬族群，与客家族群相比，他们之间的关联更为紧密。美国人史瑞蒂曾探访客家村落，他说：“他们的体格比河洛人健壮，皮肤也比较黑。客家妇女并没有从小缠足的习俗，而全岛其他地方的河洛妇女几乎都沿袭了缠足的传统，这可能也是客家人体格比较健壮的原因。”[②] 巡台御史夏之芳有诗云：“闽人轻堕粤人勤，垦置田园内外分。”[③] 由上可见，福佬人与客家人的差异还是较为明显的。

因为闽粤民风习俗的不同，各自形象也随着表述者立场的不同而有所差异，如《重修凤山县志》卷三中的客庄，无异于败坏风俗之罪魁祸首：“佃田者多内地依山之犷悍无赖，下贫触法亡命，潮人尤多，厥名曰客；多者千人，少者数百，号曰客庄。朋比齐力而自护，小故辄哗然以起，殴而杀人，即匿其尸。先时，郑氏法峻密，窃盗以杀人论，牛羊露宿原野不设圉。国家政尚宽简，法网疏阔，自流移人多，乃渐有鼠窃为盗者。及客庄盛，盗益滋。庄主多侨居郡治，借客之力以共其租；猝有事，皆左袒。长吏或迁就，苟且阴受其私，长此安穷率？斗六以北客庄愈多，杂诸番而各自为俗，风景亦殊郐以下矣。”[④] 而与之不同，同书卷

① 《嘉义管内采访册》，“台湾文献丛刊”第58种，台湾银行经济研究室，1959。

② （美）史蒂瑞：《“福尔摩沙”及其住民》，前卫出版社，2009，第98页。

③ 谢崇耀：《月映内海湾：清领时期的宦游文学》，台湾文学馆，2011，第73页。

④ 《重修凤山县志》卷三，“台湾文献丛刊”第146种，台湾银行经济研究室，1962。

十二闽浙总督德沛则对客庄义民推崇有加，因为他们协助政府镇压叛乱："窃惟台湾一郡，为闽省海疆重地。番黎杂集，奸良不一。惟粤潮客民往台耕读，急公好义。"[①] 闽粤移民之间分类械斗的频发正反映了台湾移民社会以祖籍地缘关系组合为主的事实。

台湾汉人两大族群的形成主要是由于早期客观环境决定的。首先，当时来台的移民，大都是同一祖籍的人集中在一个地区从事开垦，而且也大都是招募同籍移民为主。如施世榜开发彰化，"当是时，彰化初建，淡水亦开，移住之民，尽力畎亩，而施世榜、杨志甲之流，且投巨资，凿陂圳，以大兴地利"[②]。其所招募的就是同籍移民。虽然也有不同祖籍移民共同开发的情况出现，但还是有先后、主次之别，如漳州籍人吴沙开发宜兰即是招募三籍之流民，连横《台湾通史》卷十五云："乾隆三十三年，淡水林汉生入垦，亦为番害。自是无有至者。漳浦人吴沙居三貂岭，任侠，通番市。以嘉庆元年，募三籍流氓千数百人，率乡勇二百余前进。"[③] 在其招募的流民之中，十分之九实为漳州人，姚莹《东槎纪略》卷三谓："沙虽首纠众入山，而助之资粮者，实淡水人柯有成、何缋、赵隆盛也。沙所召多漳籍，约千余。泉人渐乃稍入，粤人则不过数十为乡勇而已。"[④]

其次，早期来台之民，大都属于单身，因为携眷较为困难，他们大都是通过同乡关系结伴而来，很少有举家、举族而迁者，因而一旦有纠纷，大都是以同籍之人相呼应。从《台案汇录己集》所录参与变乱者的供讯中可见，当时台湾民众大都缺乏家

① 《重修凤山县志》卷十二，"台湾文献丛刊"第146种，台湾银行经济研究室，1962。

② 连横：《台湾通史》卷二十七，商务印书馆，2010，第490页。

③ 连横：《台湾通史》卷十五，商务印书馆，2010，第321页。

④ 姚莹：《东槎纪略》卷三，"台湾文献丛刊"第7种，台湾银行经济研究室，1957。

庭、宗族的拘束。家庭、宗族组织缺乏，这为同籍聚居的村落及各种地域组织的形成提供了条件。在当时的地域组织中，各地方村庙具有十分特殊的作用。它将全村人结合一起，形成一个祭祀单位，起到了维系移民精神纽带的重要作用，同时作为一个进行议事、调解纠纷等的聚会场所，它实际上是民间公共事务活动的中心。

这些村庙大都供奉来自原来家乡的神灵，往往就由同籍人士共同出资修建，如《续修台湾府志》卷十九《寺庙》所载庙宇中：“（诸罗县）三山国王庙：在县治西门内。乾隆十七年，粤民合建。圣王庙：在县治西门内，祀开漳陈圣王。乾隆二十六年，漳民合建。”[①] 台湾移民信仰的不同谱系正反映了地缘关系组合的现实，因为各籍移民都将自己祖籍地的神灵敬为保护神：三山国王庙祀潮州巾山、明山、独山之神，三山皆在揭阳县界，其信仰主要流行于粤民村落；开漳圣王为漳州籍人所信奉；漳州、泉州之人多信奉保生大帝（吴真人）。通过村庙所供奉的不同神灵及随之而来的系列民俗活动，同籍之间的亲密关系增进了，无形中也推动了族群分类现象的强化。

此外，清代台湾各种基层的社会组织如“庄”“六堆”“郊”等，反映了地缘组织协力开发、共同防卫的性质，也有着强烈的族群分类意识。

所谓“庄”即是同籍之民聚集一处，往往有数百人甚至上千人之众，他们共同生活，一致抵御外来侵扰。清代台湾客庄之设尤多，《续修台湾府志》卷十三云：“自淡水溪以南，番汉杂居，客庄尤夥；好事轻生，健讼乐斗。”[②] 实际上，粤庄或者客庄之设

---

① 《续修台湾府志》卷十九，“台湾文献丛刊”第121种，台湾银行经济研究室，1962。

② 《续修台湾府志》卷十三，“台湾文献丛刊”第121种，台湾银行经济研究室，1962。

立主要是防护性质的，而且有极强的针对性，即针对其他族群特别是闽人的侵袭。《诸罗县志》卷八称："佃田者，多内地依山之犷悍无赖下贫触法亡命，潮人尤多，厥名曰客；多者千人、少亦数百，号曰客庄。朋比齐力而自护，小故辄哗然以起，殴而杀人、毁匿其尸。"[①]《台阳笔记》也说："台地素无土著，皆漳、泉、广三郡之人徙居焉。地分南北，广人实居其南，别以主客之名，而庄以立（漳泉人呼粤庄曰客庄）。此疆彼界，判然畛域。故往往有漳人作乱而泉人攻之者，泉人谋逆而漳人揭之者。若漳、泉合谋不轨，则粤民必倡义以诛之，未有不成功者。"[②]

而所谓"六堆"是指左堆、右堆、前堆、中堆、后堆以及先锋堆，六堆地区是南台湾客家族群颇具代表性的地区。六堆是康熙末年客家人在祖籍地缘关系上建立的乡团组织，开始于应对朱一贵事件的自卫活动。《凤山县采访册》注提及：

> 下淡水在凤山东北六十里，东即山猪毛番社；雍正十一年，设都司一员，领兵三百名，驻扎山猪毛口，堵截生番。下淡水分港东、港西二里，棋布三百余庄，闽、粤错处。朱一贵之乱，粤人李直三等纠义民拒贼，号为怀忠里，建忠义亭表其功。林爽文自彰化南寇，台湾道永福、同知杨廷理，谋遣人赴下淡水招集义民，卫府城。有嘉应州举人曾中立、掌教海东书院者领往，永福乃檄台湾府教授罗前荫、粤人刘绳祖随之。曾中立等晚至下淡水，而凤山陷，即留寓其地。适贼首庄大田遣伙众涂达元、张载伯等正在滋扰港东、西二里，前来招诱粤人。粤人不从，并杀涂达元、张载伯，齐集

① 《诸罗县志》卷八，"台湾文献丛刊"第141种，台湾银行经济研究室，1962。

② 翟灏：《台阳笔记》，"台湾文献丛刊"第20种，台湾银行经济研究室，1958。

忠义亭，选壮丁八千余人，分为中、左、右、前、后及前敌六堆，设总理、副总理，以资管束，推曾中立为主。时乾隆五十一年十二月二十九日也。[①]

朱一贵，福建漳州府长泰县人，康熙末年移居台湾，后以养鸭为生，结交甚众。康熙五十九年（1720年），台湾府知府王珍代理凤山县事，其次子奉令在凤山收粮，勒索百姓，激起民愤。康熙六十年，朱一贵等52人结盟竖旗，砍竹为枪，举起“大元帅朱”“大明重兴”之旗。其时，广东潮州府海阳县杜君英召集粤民一千余人附从，后因事冲突，朱一贵整兵攻杀杜君英所部，并对粤民大肆屠杀，粤人尸首填塞街道，血流成河。据《续修台湾县志》卷五云：“自五月中……闽、粤屡相并杀。闽恒散处，粤悉萃居，势常不敌。南路赖君奏等所纠大庄十三，小庄六十四，并称客庄，肆毒闽人。而永定、武平、上杭各县之人，复与粤合。诸泉、漳人多举家被杀被辱者。六月十三日，漳、泉纠党数千，陆续分渡淡水，抵新园、小赤山、万丹、滥滥庄等处，图并客庄。王师已入安平，不之知也；连日互斗，各有胜负。”[②] 当时客家人集合13个大庄、64个小庄的居民，共13000余人会师，协助清朝政府平乱。这也是台湾历史上第一次大规模的分类械斗事件。闽粤移民之间冤冤相报，积下仇怨，导致此后分类械斗不断。道光九年（1829年），台湾林师圣评议说：

穷论台地闽人多而粤人少，闽人散而粤人聚，闽人贪而愚，粤人狠而狡，故粤人常得逞志于闽人焉。每叛乱，多属

① 卢德嘉：《凤山县采访册》，“台湾文献丛刊”第73种，台湾银行经济研究室，1960。

② 《续修台湾县志》卷五，“台湾文献丛刊”第140种，台湾银行经济研究室，1962。

闽人，而粤人每据上游，借义肆毒生灵，甚于叛贼。且粤庄既多，储粮聚众，以竹为城，以甽为池，盘石之安，孰逾于此。闽人攻且退，（粤人）复放耕牛、农具、衣服等物，散布于路以饵之。而伏人于僻近榛莽间，闽人利其有，大肆抢夺，伏起杀之，故闽人多死焉。其祸自朱逆叛乱以至于今，仇日以结，怨日以深，治时闽欺粤，乱时粤侮闽，率以为常，冤冤相报无已时。可胜道哉！①

朱一贵事件平定后，清廷对粤民参与平朱大加赞赏，授以武职，所谓“六堆”也就是在此后根据战斗的部署组织形成的。“堆”或说与“队”同音，或说与“塘”同，主要是为了说明其非官方正规部队。作为一种民间战斗组织，各堆设有总理，再由各堆公选大总理、大副总理，总管事务；每堆再分六旗，各旗壮丁 50 名，平时各自耕作，战时集中“出堆”。六堆这一特殊的乡团组织在此后的平定林爽文事件、蔡牵事件中，依然发挥不少作用，得到清廷的褒奖，逐渐成为南台湾的重镇。②《台湾南部碑文集成》中收录有六堆忠义亭的碑文，如同治十二年（1873 年）《重修忠义亭乐助缘碑》碑文云：

四十份庄纪渊源两次修宫，共题银一百八十大员，众议永归义民。倘有地方扰攘，依照粤籍旧规题派；不得另行私索。合立石碑为据。六堆总、副理邱鹏云、谢兆凤、林容照、钟月祥、中堆总理钟发春、前（堆总理）陈必廷、后（堆总

---

① 陈同瑛：《台湾采访册》，“台湾文献丛刊”第 55 种，台湾银行经济研究室，1959。

② 陈其南：《台湾的传统中国社会》，允晨文化实业股份有限公司，1987，第 98—99 页。按，另可参见林正慧：《六堆客家与清代屏东平原》（远流出版事业股份有限公司，2008，第 159—197 页），其论述甚为详尽。

理）钟里海、先锋堆总理林祥光、左（堆总理）赖茂长、右（堆总理）刘奇才。同治十二年小春月吉日，通粤绅士公勒。[①]

又同治十二年（1873 年）《忠义亭碑记》云：

重修忠义亭，海丰庄贡生郑元奎题银一百二十员。嗣于癸酉年竣功庆成，郑赞禄复捐银六十员。二次共题银一百八十大员。乐善助捐，诚为可慕！倘有地方扰乱，设堆防堵，只照粤规均派，不得另行私索；即平时有借端滋事者，亦宜出为排解，不得视为秦越。合立石碑为据。六堆总副理林容照、邱鹏云、钟月祥，先锋堆总理林祥光，左（堆总理）张金鳌，右（堆总理）刘奇才，中堆总理钟发春、李桂林，前（堆总理）邱绍华、陈必廷，后（堆总理）□孝先、钟里海。同治十二年十二月（缺）日，众绅士等立。[②]

碑文中的义民实际上指帮助清政府镇压起事者，这些义民在起事之际，除了树立大清旗号之外，还供奉“皇上万岁圣旨牌”，以此保证他们不被视为“叛军匪徒”。而忠义亭与后来的义民庙（如褒忠庙[③]）不同，它不是供奉义民骸骨，而是供奉皇帝圣旨牌的，一旦发生社会动乱，义民即集合于忠义亭，请出圣旨牌，举

---

① 《台湾南部碑文集成》，“台湾文献丛刊”第 218 种，台湾银行经济研究室，1966。

② 《台湾南部碑文集成》，“台湾文献丛刊”第 218 种，台湾银行经济研究室，1966。

③ 褒忠庙：在竹北二堡枋寮庄，称义民亭。先是朱一贵、吴福生等役，各县俱建义民祠，春秋致祭。而林爽文之役，庄人赴义而没者颇多，诏赐褒忠之额，乃建此亭。乾隆五十三年（1788 年），林先押等建庙，以祀粤籍义民，并祀三山国王。见连横《台湾通史》卷二十二。

行誓师仪式。[①] 粤人之所以重视忠义亭，甘于为义民，其目的乃是借助官府力量壮大自己，以抗衡强大的闽籍移民势力。

还有所谓的“郊”，这是一种既有经济性质又有社会性质的依据祖籍地缘关系相结合的特殊组织。《苗栗县志》卷七云：

> 商人择地所宜，雇船装贩；近则福州、漳、泉、厦门，远则宁波、上海、乍浦、天津以及广东，凡港路可通，争相贸易。所售之值，或易他货而还。账目，则每月十日一收。有郊户焉，或赎船、或自置船，赴福州、江、浙者，曰北郊；赴泉州者，曰泉郊，亦称顶郊；赴厦门者，曰厦郊：统称为三郊。共设炉主，有总、有分，按年轮流以办郊事。其船往天津、锦州、盖州，又曰大北；上海、宁波，曰小北。[②]

“郊”的职能主要是祭祀、商事、调解和善事四个方面，通过订立规约，行赏施罚，均衡势力，以达到维护全郊共同利益之目的。[③] 最初的郊行组织是以商业组织形式出现的，但随着商业的进一步发展，其功能得到不断增强，乾隆以后以其强大的经济实力逐渐成为城镇社会公共事务中具有重大影响力的民间自治团体。[④] 郊的主要参与者是商人，在经济事务之外，他们还往往因为殷富的财力而担负起出资组织义民、保卫地方的责任，如《安平县杂记》载：“光绪十年，法防之设，即以培元总局为团练总局。就安平一县而论，城内分为五段，段设练勇六十名，城外三

---

① 李文良：《清代南台湾的移垦与“客家”社会（1680—1790）》，台湾大学出版中心，2011，第193页。

② 《苗栗县志》卷七，“台湾文献丛刊”第159种，台湾银行经济研究室，1962。

③ 陈孔立：《清代台湾移民社会研究》，九州出版社，2003，第181页。

④ 唐次妹：《清代台湾城镇研究》，九州出版社，2008，第174—175页。

郊商户及南北段亦雇练勇三百名，一切费用均由绅商捐赀。”① 而在嘉庆年间，海盗滋扰台湾沿海各地，府城三郊就由总义首陈启良、洪秀文、郭拔萃等率领“三郊旗”参与守卫，令海贼闻风丧胆：“嘉庆乙丑、丙寅间，海寇犯郡城，岸贼应之，白甲旗复出，贼见白甲义民则走。而三郊旗陈启良、洪秀文、郭拔萃辈领之。油车旗苏丽水领之。名闻于海上。”②

此外，清代台湾还有各种秘密会社，这些会社既是大陆移植之物，也多少含有祖籍地缘分类的因素，台湾秘密会社成员大都是漳州籍人，也有部分泉州籍者，客家人一般不参与其中。如彰化的复兴天地会以漳州籍人张标为首，该会社就有着对抗泉州籍人的意图。③

二、台湾族群之间的关系

从总体上来看，清代台湾族群（包括同一族群内部不同分系）的关系是较为紧张的，严重时即表现为各种形式的械斗，故而官方行文中屡屡述及台地之民说：“台地民情浮动，械斗竖旗，层见叠出。”④“台湾孤悬海外，民情浮动，不逞之徒，动辄械斗，甚至谋为不轨。”⑤

台湾族群关系的紧张，其原因也是多方面的。第一，清代台湾地方统治的薄弱及官府的腐败、地方军事营伍的废弛导致民间

---

① 《安平县杂记》，“台湾文献丛刊”第 52 种，台湾银行经济研究室，1959。

② 《安平县杂记》，“台湾文献丛刊”第 52 种，台湾银行经济研究室，1959。

③ 陈孔立：《清代台湾移民社会研究》，九州出版社，2003，第 183 页。

④ 《道光年间韵珂奏疏》，见连横：《台湾通史》卷十五，商务印书馆，2010，第 335 页。

⑤ 《道光年间韵珂奏疏》，见连横：《台湾通史》卷十五，商务印书馆，2010，第 330 页。

冲突加剧。有学者即指出，由于贪官腐兵以致政府公权力不彰，人民往往无处申冤，自力救济变成当时台湾社会各族群生存的保障。①

地方吏治的腐败与械斗的关系，时人早有所见。同治十三年（1874 年）十一月，钦差大臣沈葆桢奏请移福建巡抚于台湾，认为此举之利甚多，其中之一即是可以加强台湾统治力量，肃清吏治，平息械斗："台民游惰可恶，而戆直实可怜。所以常闻蠢动者，始由官以吏役为爪牙，吏役以人民为鱼肉，继则人民以官吏为仇雠，词讼不清，而械斗扎厝之端起。奸宄得志，而竖旗聚众之势成。有巡抚则能豫拔乱本而塞祸源。"② 姚莹更指出台湾之兵尤其漳、泉之兵难治，他们械斗、娼赌、私载违禁货物，皆所不免，为害一方："台湾一镇，水陆十六营，弁兵一万四千有奇，天下重镇也。兵皆调自内地督、抚、提、镇、协水陆五十八营，漳、泉兵数为多。上府各营兵弱，向皆无事；兴化一营稍黠，多不法。其最难治者，漳、泉之兵也。人素勇健，而俗好斗，自为百姓已然，何况为兵？水提、金门两标尤甚。昔人惧其桀骜，散处而犬牙之，立意最为深远。然如械斗、娼赌、私载违禁货物，皆所不免。甚且不受本管官钤束，不听地方官申理。盖康熙、雍正之间尤甚，乾隆、嘉庆以后，屡经严治，乃稍戢。此兵刑二律所以于台地独重也。岂惟今日哉。"③ 更为可恶的是，一些地方文武官员对于处置械斗事件态度消极甚至放纵之，助长了械斗的混乱："嘉庆十四年，漳、泉械斗，蔓延数十庄，杀人越货，文武官且袖手，或以为利。"④ 有识之士对此是深恶痛绝，提出具体的

---

① 简炯仁：《台湾开发与族群》，前卫出版社，1995，第 386 页。

② 连横：《台湾通史》卷六，商务印书馆，2010，第 115 页。

③ 姚莹：《东槎纪略》卷四，"台湾文献丛刊"第 7 种，台湾银行经济研究室，1957。

④ 连横：《台湾通史》卷三十五，商务印书馆，2010，第 746 页。

对治措施。道光十八年（1838年）杨彦士所奏《通筹台湾利弊以靖海疆疏》，其中提出“积案宜清”：“台地民情刁悍，械斗命案，皆由户婚田土细故，激而成衅。风闻嘉、彰二属，积案繁多，或万余案，或数千案，以一原一被计之，控告在官者，一邑已万余家，况株连干及，不一而足。若延阁日久，雠怨相寻，必至酿成巨祸，应饬地方官及早断结，有冤者立为昭雪，诬告者重为痛惩，以清案牍而杜争端。”[①] 道光二十年大臣祁寯藻、黄爵滋、邓廷桢等奏请治理福建械斗，提出具体的治理方案，其中第一、二条即是整顿吏治、加强兵丁管制，所言虽系针对福建漳泉地区，然对于同时期的台湾而言，这些措施同样是适用的。[②]

第二，清廷在台湾一些军事策略的影响。严格说来，清廷在台湾并没有实行所谓分化政策，[③] 这只是在平定过程中充分利用不同祖籍民人之间的矛盾适时使用的一种权宜之计，并不是一贯施行的，但无形中也加深了族群分类之见。

此外，义民与非义民之间的矛盾也与这种军事策略有关。在康熙末年，粤籍民人协助清廷镇压起事，被褒为“义民”，此后闽粤之民不相和谐。台湾的义民未必都是粤人，但一般说来，在具体情形下，义民与非义民往往是按祖籍地划分的，也即是说，闽人变乱时，义民多为粤人；漳人变乱时，义民则多是泉籍或粤籍的。姚莹即说：漳、泉民人素分气类，林爽文之变，泉人为义民击之，陈周全以泉人谋逆，漳人亦为义民败之。民间颇以为口

---

① 《道咸同光四朝奏议选辑》，“台湾文献丛刊”第288种，台湾银行经济研究室，1971。

② 《台案汇录己集》，“台湾文献丛刊”第191种，台湾银行经济研究室，1964。

③ 孔立：《清代台湾分类械斗的若干问题》，见《台湾研究集刊》，1986年10月。

实，将谋械斗。[①]“义民”可以借机给对方冠上不义之名，肆意凌辱，甚至烧杀抢掠，无恶不作。这种政治的不平等地位，当然会加剧族群之间的仇恨，应该也是清代台湾械斗频发的重要原因之一。[②]

第三，各族群在经济利益上的冲突。戴炎辉认为械斗的“根本原因在于异类人争夺经济上之利益，尤其在清代农垦阶段，以争地抢水为其最”[③]。首先是土地的争夺。姚莹《东槎纪略》记载当时漳、泉、粤之民在噶玛兰持续数年的土地争夺，其间屡屡发生各种械斗：

> 二年，沙死，子光裔无能，侄吴化代理其事。复有吴养、刘贻先、蔡添福附之。渐开地至二围、汤围。亦时有争斗。四年乃与番和。沙与化皆能约束其众。番既听垦，亦不复侵扰，番喜，益进垦至四围。是时漳人益众，分地得头围至四围、辛仔罗罕溪。泉籍初不及二百人，仅分以二围菜园地，人一丈二尺。粤人未有分地，民壮工食仰给于漳。四五年间，粤与泉人斗，泉人杀伤重，将弃地走；漳人留之，更分以柴围之三十九结、奇立丹二处，人四分三厘。化及三人者戒约其众，毋更进，亦相安矣。七年，三籍人至益众。漳人吴表、杨牛、林碻、简东来、林胆、陈一理、陈孟兰，泉人刘钟，粤人李先，乃率众一千八百十六人进攻，得五围地，谓之九旗首，每人分地五分六厘。漳得金包里、股员山、仔大、三阄深沟地。泉得四阄、一四阄、二四阄、三渡

① 姚莹：《东槎纪略》卷五，“台湾文献丛刊”第7种，台湾银行经济研究室，1957。

② 孔立：《清代台湾分类械斗的若干问题》，见《台湾研究集刊》，1986年10月。

③ 戴炎辉：《清代台湾之乡治》，联经出版社，1979，第298页。

船头地，又自开溪洲一带。粤得一结至七结地。……十一年，山前漳、泉械斗，有泉人走入蛤仔难者，泉人纳之，亦与漳人斗，阿里史诸番及粤人本地土番皆附之，合攻漳人，不胜，泉所分地尽为漳有，仅存溪洲。斗几一年始息。阿里史诸社乃自开罗东居之，潘贤文为之长。十四年，漳、泉又斗，漳人林标、黄添、李观兴各领壮丁百人，吴全、李佑前导之，夜由叭哩沙喃潜出罗东后径攻之，阿里史众惊溃，走入土番社内，漳人遂有罗东；已复和泉人，乃自溪洲沿海开地至大湖。粤人乃至东势开冬瓜山一带。此皆十五年前事也。①

其次是水利的争夺。《凤山县采访册·义渡论》提及："凤山下淡水各溪，发源于傀儡山瀑，万顷汪洋，倾泻而下，分为数十重，虽地势使然，亦粤民筑坝截围所致也。闻前辈不许截围，欲使山泉顺流而放诸海，不为害于闽庄。惜粤民不肯，几成械斗。"②

当然也有其他利益的冲突，如矿产资源特别是金矿的开采。台湾在清代是以盛产金银矿产而闻名的，当时吸引了很多世界各地的"旅行家"前来。③ 蒋师辙《台游日记》言及土、客之间的刀刃相向："二十七日，晨，张敬甫来，余询以淘金用客民故。曰：'土人惰甚，且多不贫，故罕事此。'曰：'众至数万指，能相安乎？'曰：'不能画地而施畚鍤，□出则争，争不已则斗，挺刃相向，事亦时有。'曰：'脱亡所得，此曹能即解散乎？'曰：

① 姚莹：《东槎纪略》卷三，"台湾文献丛刊"第7种，台湾银行经济研究室，1957。

② 卢德嘉：《凤山县采访册》，"台湾文献丛刊"第73种，台湾银行经济研究室，1960。

③ （法）白尚德：《十九世纪欧洲人在台湾》，南天书局，1999，第96页。

‘地产金甚多，此不须过计也。’曰：‘以愚所闻，似不如君言。’敬甫默然。”①

另外，特定族群在经济上的绝对优势也容易成为族群关系中的不稳定因素，如闽粤族群之间，“在粤庄，民人油盐等物全靠民人流通卖给，其情实不欲与相争。而无赖闽人反以有事为能，未尽释然于心”②。

第四，台民习性使然。台湾时有械斗事件，这也是台民好斗轻生的故习使然，《海东札记》卷三：“好斗轻生，旧习故未殄也。每睚眦微隙，辄散槟榔，一呼哄集，当衢列械，横击不可向迩。陈肆者收所售物，如恐不及，盖稍需则乘机攫夺尽矣。”③

第五，好斗的民风导致台湾多“罗汉脚”。所谓罗汉脚本指居无定所且未成家立业的人，这些人常年居住于庙宇之内，躺在罗汉脚下休息，又常游食四方，衣衫不整，类似苦行罗汉，故名。④ 清代台湾将罗汉脚作为流浪汉的代称，而他们也大都成为各种民间结社、秘密社会吸纳的主要对象，他们热衷参与各种打架斗殴、造反之事，成为台湾社会不稳定的主要因素。罗汉脚也时常参与械斗，挑拨事端，或者受雇于双方，充当械斗的重要角色。姚莹《东槎纪略》言：

> 台地口禁虽严，而港汊纷歧，自鹿耳门、鹿港、八里坌三正口外，南路则打鼓港、东港、大港、喜树仔，北路则笨

---

① 蒋师辙：《台游日记》卷三，“台湾文献丛刊”第6种，台湾银行经济研究室，1957。

② 《台案汇录己集》，“台湾文献丛刊”第191种，台湾银行经济研究室，1964。

③ 朱景英：《海东札记》卷三，“台湾文献丛刊”第19种，台湾银行经济研究室，1958。

④ 蕃芋：《勇渡黑水沟：台湾先民奋斗开发血泪史》，台湾书房，2013，第59页。

港、五条港、大甲、椿梢、后陇、中港、大垵、乌石港，其他私僻港口，不可胜纪。无业之民，偷渡日多，非游聚市廛，则肆为盗贼，捕治不胜其众。若募为兵，若辈有可资生，亦所以区处之道。此处游民之说也。不知召募之额有常，而游民之来无限，不为兵者，又将何以处之？且若辈惰游无根，小不遂意，及或犯法，则逃去无所顾忌；若操之稍急，又鼓噪为变。一旦奸民蠢动，此辈皆其逆党矣。况台地漳、泉、粤三籍，素分气类，动辄械斗。将弁带兵弹压，非彼之仇，即彼之党，不更助之乱乎？其患无穷，不待智者而决矣。①

林豪《东瀛纪事》亦言："台阳土性松脆，民俗浮嚣，兼之无籍游民趋之如骛，无妻子之恋，无田宅之安，聚则成群，动辄滋事。而漳、泉、粤三籍各分气类，仇怨相寻，酿成巨案。其始陷于无知，诱于不觉，或冀攀鳞附翼以立殊功，或思剚刃寻仇以快宿忿，其黠者乘机以罔利，其妄者喜事而轻生。至于大势已去，亡命何之，犹为铤险之谋，以缓须臾之死。"② 咸丰年间，漳泉械斗，"焚毁街庄数处，死者山积，几于蔓延不可收拾。其时彰化无籍游民多相率至淡水受雇，即泉属所雇者已不下万人，屯营相望，积欠雇费甚多，已成欲罢不能之势"③。游民之危害可见一斑。

当然，清代台湾族群之间械斗发生的原因并不全是如此，每

---

① 姚莹：《东槎纪略》卷四，"台湾文献丛刊"第7种，台湾银行经济研究室，1957。

② 林豪：《东瀛纪事》卷上，"台湾文献丛刊"第8种，台湾银行经济研究室，1957。

③ 林豪：《东瀛纪事》卷下，"台湾文献丛刊"第8种，台湾银行经济研究室，1957。

一次械斗事件的发生必然有其特殊的因由，这是需要具体分析的。实际上，清代台湾各族群之间也不尽是冷血的械斗，各籍民众之间还是可以杂居一处的，“平居亦有闽、粤错处者，斗则各依其类”[①]。在早期开发的过程中，他们是“邻里诟谇，片言解纷；通有无，济缓急；失路之夫，望门投止，鲜闭而不内者”[②]。其中不乏相互协助、和谐共处之例，如：

> 陈思敬，字泰初。父鹏南，本邑岁贡生，终连江司训。思敬生于郡城镇北坊，及长，归祖籍，补同安学弟子员，中乾隆癸酉科副车。思敬承父志，乐善好施，尤敦内行，事继母杨氏孝谨。自念虽羁于同，而台湾为先世起家之地，田园庐墓咸在，以是频岁往来凤邑。产业为思敬手创者，又悉与诸弟侄共之。其周待至亲，不以海外异也。一日，在凤山庄，闻邻舍读书声，诘之知其为粤人也，甚喜，翌日以油米助其家。粤故少儒童，至是虽极贫，亦思就傅，皆思敬有以感之也。素知医，所至必具药铺，多自采制以疗人，于是远近皆知思敬。[③]

再如晋江人施世榜，《重修凤山县志》卷十传云：“施世榜，字文标，县拔贡生。康熙六十年，朱一贵……陷郡治；总督满保委世榜参军事，随征效力。事平后，提督施世骠复委同参将王万化等绥抚南路。世榜自备行粮，募壮丁，往琅峤，计获贼伙刘国

① 周凯：《记台湾张丙之乱》，见丁曰健：《治台必告录》，“台湾文献丛刊”第 17 种，台湾银行经济研究室，1959。

② 《诸罗县志》卷八，“台湾文献丛刊”第 141 种，台湾银行经济研究室，1962。

③ 《续修台湾县志》卷三，“台湾文献丛刊”第 140 种，台湾银行经济研究室，1962。

台、颜廷、张赛、李法、蔡成祖等二十余名，解赴军门；复同游击林秀等入阿猿林搜捕逸匪，招集难民二千余人，安抚复业。”[①]施世榜所召集的难民二千余人，基本就是客家人，因为他在下淡水地区的土地都是位于六堆所在客庄。[②]

汉族与少数民族之间除了严格的分界和残酷的斗杀（即汉人所谓的“番害”，或称为“番乱”“番变”，主要发生在雍正乾隆年间[③]）之外，也有相互通婚者。虽然清代民族间通婚是有一定限制的。连横《台湾通史》卷十二云：“台湾刑法既遵清律，世有其书，故不载。唯其所异者，则挈眷偷渡之律、侵垦番地之律、娶纳番妇之律。”[④] 乾隆二年（1737 年），巡台御史白起图奏言：“嗣后汉民不得擅娶番妇，番妇亦不得牵手汉民，违者则行离异。汉民照民苗结亲例，杖一百。土官、通事照民苗结亲媒人减一等例，各杖九十。地方官照失察民苗结亲例，降一级调用。其从前已娶生有子嗣者，则行安置为民，不许往来番社，以杜煽惑生事之端。”[⑤] 但清代台湾汉族移民中娶少数民族女子为妻者不乏其例，如康熙年间《裨海纪游》载：

> 于是仍沿包社之法，郡县有财力者，认办社课，名曰社商；社商又委通事伙长辈，使居社中，凡番人一粒一毫，皆有籍稽之。射得麋鹿，尽取其肉为脯，并收其皮。日本人甚需鹿皮，有贾舶收买；脯以鬻漳郡人，二者输赋有余。然此辈欺番人愚，朘削无厌，视所有不异己物；平时事无巨细，

① 《重修凤山县志》卷十，“台湾文献丛刊”第 146 种，台湾银行经济研究室，1962。

② 黄富三：《施世榜家族史》，台湾文献馆，2006，第 124 页。

③ 陈孔立：《清代台湾移民社会研究》，九州出版社，2003，第 187 页。

④ 连横：《台湾通史》卷十二，商务印书馆，2010，第 217 页。

⑤ 连横：《台湾通史》卷十五，商务印书馆，2010，第 320 页。

悉呼番人男妇孩稚，供役其室无虚日。且皆纳番妇为妻妾，有求必与，有过必挞，而番人不甚怨之。苟能化以礼义，风以诗书，教以蓄有备无之道，制以衣服、饮食、冠婚、丧祭之礼，使咸知爱亲、敬长、尊君、亲上，启发乐生之心，潜消顽憨之性，远则百年、近则三十年，将见风俗改观，率循礼教，宁与中国之民有以异乎？[①]

当时有所谓包社之法，有财力者认办社课，名曰社商，收购皮货等发售渔利，但也有奴役社民者。《诸罗县志》卷七亦提及："盖数年间而流移开垦之众，又渐过半线大肚溪以北矣。此后流移日多，乃至南日、后垄、竹堑、南嵌，所在而有。以去县日远，聚众行凶、拒捕夺犯，巧借色目以垦番之地、庐番之居、妻番之妇、收番之子。番畏其众，强为隐忍；相仇无已，势必构祸。"[②]

综上所论，清代台湾有三大族群，少数民族之外，汉人大致分为两大族群，即泉州籍、漳州籍为主的河洛人和粤籍为主的客家人，各族群大都以地缘关系为纽带聚居，并形成一定的区域势力。族群之间甚至内部时常爆发各种冲突，乃至于分类械斗。分类械斗的发生是由清代台湾众多因素造成的。它是台湾社会发展中一个极为不利的因素，破坏了民众团结，造成社会混乱，阻碍了生产发展和社会文明进步。

---

① 郁永河：《裨海纪游》卷下，"台湾文献丛刊"第44种，台湾银行经济研究室，1959。

② 《诸罗县志》卷七，"台湾文献丛刊"第141种，台湾银行经济研究室，1962。

第二节　清代台湾械斗的类型

械斗是清代台湾社会较为常见的社会现象，《台湾杂咏合刻》叙及台湾械斗之频发说："台郡械斗，始于乾隆四十六年；后则七八年一小斗，十余年一大斗。北路则先分漳、泉，继分闽、粤；彰、淡又分闽、番，且分晋、南、惠、安、同。南路则惟分闽、粤，不分漳、泉。然俱积年一斗，惩创即平；今乃无年不斗、无月不斗矣。"[①] 各类械斗是清代台湾社会发展的痼疾顽症，产生着消极的影响。学者一般将清代台湾械斗的类型大致分为两种，即分类械斗与一般械斗。

一、分类械斗

分类械斗乃是一个专有名词，不同于一般的械斗，有其特定的含义，专指清代台湾不同祖籍的汉人社会群体间所发生的矛盾与冲突。[②] 理解分类械斗的含义关键在于"分类"。《东瀛识略》云：

> 台民皆徙自闽之漳州、泉州，粤之潮州、嘉应州。其起居、服食、祀祭、婚丧，悉本土风，与内地无甚殊异。惟气性刚强，浮而易动。缘郑氏初制，寓兵于农，暇即以战争角力为事，一呼并集。今渐仁摩义，几二百年，而好勇斗狠之习，迄未尽除。往往睚眦之仇，报而后快。片言不合辄斗，甚则械斗，更甚则分类：或闽与粤分，或泉与漳分。分则至

---

① 《台湾杂咏合刻》，"台湾文献丛刊"第28种，台湾银行经济研究室，1958。

② 陈孔立：《清代台湾移民社会研究》，九州出版社，2003，第366—367页。

亲密友，白刃相加不相认，虽富家巨室，亦必出资以助，从而迁徙。其始也，临以兵戎，悍然弗顾；逮愤气稍纾，徐以官法绳之，则亦弭耳听命而已。[①]

所谓“分类”，简而言之就是“或闽与粤分，或泉与漳分”。这也是划分台湾汉人族群的主要依据。当然，在清代早期，分类械斗有时还被笼统地称为械斗，只是在说明械斗的情形中提到“分类”（“分类党护”“分类效尤”等）。最早提出“分类械斗”一词的是乾隆四十九年（1784 年）台湾镇总兵柴大纪等人的奏折，到了道光六年（1826 年）彰化、嘉义闽粤械斗之际，“分类械斗”就成了官方文件中常有的名词了。[②]

分类械斗是清代台湾移民社会结构之下特有的产物，郑用锡《劝和论》云：“顾分类之害，莫甚于台湾。”[③] 在移民社会中，地缘关系组合的社会群体具有两面性：一方面可以合作开发，以祖籍地为关系聚居，相互依赖，有利于垦殖活动的开展；另一方面，这些社会群体容易“朋比齐力而自护”，产生小团体意识，即所谓的“各分气类”，分类之后，为了小团体利益就容易形成暴力冲突。台湾移民汉人主要来自福建和广东地区，从人口的数量来看，闽人居多，粤人较少，这缘于当时的渡台政策；闽人之中，有漳州、泉州、汀州、福州等之别，又以泉州人与漳州人居多。从分布区域来看，闽人入台较早，大都占据有利地势，“闽人先至，多居近海；粤人后至，乃宅山陬。而闽人之中，漳、泉

---

① 丁绍仪：《东瀛识略》卷三，“台湾文献丛刊”第 2 种，台湾银行经济研究室，1957。

② 陈孔立：《清代台湾移民社会研究》，九州出版社，2003，第 366 页。

③ 《劝和论》，见《淡水厅志》卷十五，“台湾文献丛刊”第 172 种，台湾银行经济研究室，1963。

为巨，以是因缘，每起械斗。”[①] 随着土地不断开发，为了争夺土地等利益，械斗加剧。据不完全统计，从乾隆三十三年（1768年）至光绪十三年（1887 年）的 120 年间，一共发生各类械斗 57 起，其中分类械斗 35 起，一般械斗 22 起。[②] 这 35 起分类械斗大致可以分为以下三种情形：

（一）闽粤械斗

粤人在台往往被闽人称为“客”。据《凤山县采访册》：“台湾本无土著，生番即其土著。然自闽之漳泉、粤之惠潮嘉自内地徙居，历年已久，悉成土著。而台地所称客庄者，乃指粤人所居而言，是闽又以粤为客矣。”[③] 正因为有这种地籍与先来后到的差异，闽粤之间成见甚深，械斗频发。

从闽粤械斗的区域分布来看，康雍年间，闽粤械斗大都发生在台湾南部地区，其中凤山县最为频繁，乾隆之后转移到北部的彰化、淡水等地，[④] 所谓：“溯自台湾归版图以来，屡有变乱；其中如朱一贵、林爽文、戴万生诸逆，皆起于彰化。今彰化、嘉义一带，械斗、抢杀之案层见叠出。”[⑤] 又如嘉义县：“嘉义县在台湾府北百二十里，旧名诸罗；乾隆五十一年林逆之变，城陷而复全，赐今名以旌之。自是地益辟，漳、泉及潮、嘉人争趋之，曰闽庄、粤庄；分类械斗，习为故常。”[⑥]

---

① 连横：《台湾通史》卷五，商务印书馆，2010，第 106 页。

② 陈孔立：《清代台湾移民社会研究》，九州出版社，2003，第 378—379 页。

③ 卢德嘉：《凤山县采访册》，“台湾文献丛刊”第 73 种，台湾银行经济研究室，1960。

④ 程微微：《清代台湾的闽客械斗》，《宜春学院学报》，2013 年第 8 期。

⑤ 《渡台查明情形会筹防务折》，见《台湾关系文献集零》，“台湾文献丛刊”第 309 种，台湾银行经济研究室，1972。

⑥ 《壬辰征台记》，见《台湾关系文献集零》，“台湾文献丛刊”第 309 种，台湾银行经济研究室，1972。

闽粤械斗最早发生于康熙末年，朱一贵事件中闽粤之间相互杀戮。[①] 据《台湾采访册》言："康熙六十年……有伪封国公杜君英者，粤之潮州人也。其旗贼众最雄，闽之贼俱忿恨之。于是，合众攻君英。谚有云：十八国公灭杜是也。杀人盈城，尸首填塞街路，福安街下流水尽赤。君英败死，粤籍奔窜南路，合众藏匿一庄，曰'蛮蛮'。闻大兵至，起义旗，协攻闽贼有功。蒙赏顶戴累累，遂构圣恩亭于庄中。此闽粤分类之所由始也。"[②] 此次械斗之后，闽粤之间隔阂渐深，闽人往往欺辱粤人，而粤人也伺机加以报复：

> 嗣后地方安靖，闽每欺粤，凡渡船、旅舍、中途多方搜索钱文。粤人积恨难忘，逢叛乱，粤合邻庄聚类蓄粮，闻警即借义出庄扰乱闽之街市村庄，焚抢掳掠闽人妻女及耕牛、农具，衣服、钱银无算，拥为己有，仇怨益深。吴福生反时，闽受粤之报复已惨，至黄教之乱，荼毒闽人尤甚。粤大庄多种刺竹数重，培植茂盛，严禁剪伐，极其牢密，凡鸟枪、竹箭无所施。外复深沟高垒，庄有隘门二，竖木为之。又用吊桥，有警即辘起固守，欲出斗则平置，归仍辘起。其完固甲于当时之郡城矣。林爽文反，南路粤人蹂躏庄市尤甚。贼首庄大田、庄锡舍等，合众力攻粤庄不得入，闽人被粤人擒杀极多。父母冻饿，兄弟妻子离散，不计其数。迨贼平，蒙大宪奏赐粤人职衔顶戴更盛。洎乎蔡牵、朱渍等贼船窜入台界，无论近而琅璚、东港、鹿耳门，远而鹿港、后

---

① 也有学者认为，首先有客籍色彩的起事源于雍正十年（1732年）的吴福生事件，而造成闽粤械斗的源头却是乾隆三十三年（1768年）的黄教事件。见施雅轩：《战争、空间、六堆客家》，丽文文化事业，2011，第49页。

② 陈同瑛：《台湾采访册》，"台湾文献丛刊"第55种，台湾银行经济研究室，1959。

垄、中港、鸡笼、艋舺、苏澳等处，南路粤人闻风登即多市海盐、抗租闭粜，云豫备军粮。迨贼船去，亦即交通、贸易、纳粟如故。此南路闽粤之大概也。[①]

由此可见，由于客庄义民组织的存在，加上台湾民变多为闽人主导，所谓“自康熙二十二年入版图，于今已百五十余年矣；乱者凡一十有五，皆闽人也”[②]。粤人逢变乱（如黄教事件、林爽文事件、蔡牵事件等）即聚类蓄粮，“借义出庄扰乱闽之街市村庄，焚抢掳掠闽人妻女及耕牛、农具，衣服、钱银无算，拥为己有”，闽粤之间仇怨益深。

可以说，清代台湾大规模的分类械斗事件大都与民变相随相生，因此，清廷在处理分类械斗之时甚为谨慎，在他们看来械斗与民变在性质上还是有所不同的。例如，爆发于乾隆三十三年（1768年）的黄教事件，当时清廷追捕黄教等甚急，而南路闽粤各庄发生分类械斗事件，福建巡抚鄂宁折中就报告说：

臣查闽粤庄民互相焚杀一事，首当查明有无贼伙在内。若不过挟嫌仇杀，惟在地方官迅即晓谕开导，令其息忿解散，拿获其首从人等重治以罪；倘不服官法，即是乱民，自宜加以兵威（朱批：所见是）。但不可不宽严失宜，或稍有偏向，致令铤而走险，与贼匪相结，转是助贼羽翼。臣前已谆切饬知余文仪到台湾后妥协办理。今既已具结平息，余文

① 陈同瑛：《台湾采访册》，“台湾文献丛刊”第55种，台湾银行经济研究室，1959。

② 周凯：《记台湾张丙之乱》，见丁曰健：《治台必告录》，“台湾文献丛刊”第17种，台湾银行经济研究室，1959。

仪又已到台湾，此事自与擒捕贼匪不相关碍（朱批：是）。[①]

在折中清廷明确对于分类械斗的处置办法是：应先晓谕开导，令其息忿解散，不得已的情况下才是加以兵威，不然一旦稍有偏向，致令铤而走险，与贼匪相联结，械斗就演变为民变了。

道光六年（1826年），彰化县饶平厝庄黄文润因失二小猪而起衅，闽粤互相械斗，波及嘉义、淡水，日形猖獗，不可救止。[②]此种因一些突发事件而引发闽粤之间大规模械斗者甚多，究其原因，在于闽粤之间成见已深，再遭谣言挑拨，械斗就在所难免了：

闽、粤分类之祸，起于匪人。其始小有不平，一闽人出，众闽人从之；一粤人出，众粤人和之；不过交界虑掳禁争狠，而闽、粤头家，即通信于同乡，备豫不虞。于是台南械斗传闻淡北，遂有一日千里之势。匪人乘此播为风谣，鼓动全台，闽人曰：粤人至矣！粤人曰：闽人至矣！结党成群，塞隘门，严竹围，道路不通，纷纷搬徙。匪人即从此焚其庐舍，抢其家资；哭声遍野，火光烛天；互相斗杀，肝脑涂地。文武会营，调停两面，猖獗愈滋。凤山、淡南粤人众，闽人寡；余皆闽人众，粤人寡。然则粤人受害乎？曰：否。粤人诡而和，沿山聚处，知其众寡不敌，不分邪正，一气联络。闽人蠢而戾，罗汉脚逞志生事，有家室者多观望不前。故闽、粤分类，闽人往往大败。且闽人习于蛮横，动酿乱阶。粤人明于利害，不拒捕，不戕官。闽人为叛民，粤人

① 《台案汇录己集》第二十四条，“台湾文献丛刊”第191种，台湾银行经济研究室，1964。

② 陈同瑛：《台湾采访册》，“台湾文献丛刊”第55种，台湾银行经济研究室，1959。

即出为义民，保护官长，卫守城池。匪人又乘此假公济私，肆横报复。遇闽人不问其从贼与否，杀其人、焚其室、劫其财，曰：予杀反贼，不计其为闽人也。[①]

道光十三年（1833 年），淡水堑北桃仔园一带，闽、粤各庄分类械斗，互相残杀，谣言在其中亦为害甚大：

淡水地方，闽、粤联庄，民番杂处，物产富饶，人称乐土。无如乡民失教，游手好闲，每遇邻邑匪徒造谣滋事，辄即闻风而动，纠约多人，各分气类，凭凌弱小，仇杀相寻。或焚毁庐舍，或占夺田园，或抗租而不完，或掳人而勒赎，甚至勾番肆出滋扰，焚杀不休，行同化外。道光十三年，堑北桃仔园一带，闽、粤各庄造谣分类，互相残杀。堑南铜锣湾、哈仔市等处，靠山粤匪无故焚毁闽庄，公然掠抢。本分府曾随同大宪，严密查拿，尽法惩办。[②]

实际上，闽粤械斗的具体情况更为复杂。其中有粤泉械斗或粤漳械斗，也有粤漳泉械斗，更有漳粤相附与泉械斗或粤泉相附与漳斗。例如，林爽文为漳州府平和县人，起事后漳籍民人大都随附，这就引发了乾隆五十二年（1787 年）彰化白石湖各籍民人的互杀，这其中泉、粤各庄都是针对漳人："初，淡水自同春克复之后，民心颇定。惟大甲溪一带迫近贼巢，尚怀疑惧。同春率领义勇赴鹿仔港，谒提督任承恩，意图合攻贼巢。旋以兵少辞

① 《噶玛兰厅志》卷五，"台湾文献丛刊"第 160 种，台湾银行经济研究室，1963。

② 《淡水厅志》卷十五，"台湾文献丛刊"第 172 种，台湾银行经济研究室，1963。

归，而白石湖、金包里等处闽、粤各庄，互杀漳人，半屯白石湖山上。”[①] 如果说此次互杀因为官府的介入而使性质与民间械斗大有不同，那么嘉庆十一年（1806年）噶玛兰漳泉械斗中，粤人则明显是党附于泉，一致对抗漳人：“十一年，山前漳、泉械斗。有泉人走入蛤仔难者，泉人纳之，亦与漳人斗。阿里史诸番及粤人本地土番皆附之，合攻漳人不胜。泉所分地，尽为漳有，仅存溪洲。斗几一年始息。”[②] 又嘉庆十四年，彰化发生粤人与泉人附和焚杀漳人村庄事件：“是年，彰捒东保厓仔社粤人黄增仔、林委伯，于九月初八日挑米经过沙辘街，被漳人认杀。因而石冈仔东势角粤庄匪徒附和泉人，于初十日，焚烧漳庄廖姓茅屋，讹传泉粤之人欲引生番出山帮斗，官弁军役赶办。”[③] 这种联结党附往往是出于粤人与联结方各自利益的考虑，毕竟漳州与泉州二籍虽同属闽人，但还是有所隔阂的，这也为粤人的依附提供了条件。

（二）漳泉械斗

漳州与泉州同处闽南，同一省籍，地缘相近，言语也大致相同，然在台湾特殊的历史背景下，漳、泉的分类是不争的事实。《台湾采访册》言：

> 论漳泉居处同省，言论（语）相通，宗戚姻友之谊，至为亲密，即少有睚眦，移时亦宜冰释，乃何以一朝衅隙，构怨相寻，积久弥深？虽事平，终不能忘尔我之见。北路自诸罗山盐水港，上至彰邑之风俗人心，牢不可破；即在平时，

① 《彰化县志》卷三，“台湾文献丛刊”第156种，台湾银行经济研究室，1962。

② 《噶玛兰厅志》卷七，“台湾文献丛刊”第160种，台湾银行经济研究室，1963。

③ 陈同瑛：《台湾采访册》，“台湾文献丛刊”第55种，台湾银行经济研究室，1959。

凡遇面生之人，不遑问其姓名，而辄询其祖籍，除同府最为相亲外，若漳问及泉，则称曰“贵泉”。泉问及漳，则称曰“贵漳”。于是，一人知之，众人即知之，且千百人皆知之。呜呼！“贵”之一字，明明秦越相视矣。可惧也夫！大抵地方安靖，人心虽分彼此，然皆未形于辞色。稍有乱变，则漳泉必分域而居，莫不按剑相待。①

漳泉分类械斗最早爆发于乾隆四十七年（1782 年）秋冬之际，当时彰化县漳、泉籍民人因事斗殴，造成人员伤亡，而当地官员的不作为，导致了两籍民人的大规模械斗。《台湾采访册》称此事是因赌博起衅，其所述经过如下：

漳泉分类，起自乾隆四十七年秋冬之际。彰化刺桐脚庄民林阿铿，因赌争较铜钱数文起衅，斗殴致命，邑门役贪婪索诈未遂，而不逞无赖之徒遂乘间散布谣言，怂恿激怒，人心惶惑。于是，村民有插居者，漳人及漳籍者移于漳庄，泉亦如之。各党其众，以神佛大旗为号。泉大书“泉兴”二字，漳大书“兴漳灭泉”四字。伐木为棍，斩竿为枪，菜刀、农具，持相斗杀。祸延诸罗，日甚一日。有业产者，给之食；有人丁者，出其众。抢杀焚毁，生民涂炭已极，官不能制。厦提督公黄、按察使司杨提兵来台，痛加搜捕、安抚。生员施彬、武举许国梁、职员翁云宽等，俱罹重罪，抄没家产。彰邑主焦伏法。诸邑主冷廉明，人心悦服，亦被议去官。台镇金、署安平协郑、台道穆、台府苏，各被参议有

① 陈同瑛：《台湾采访册》，“台湾文献丛刊”第 55 种，台湾银行经济研究室，1959。

差。于是事平。[①]

而据中国第一历史档案馆相关奏折史料，当时官方很多奏折中提及事件的起因是看戏发生口角致人死亡："八月二十三日，该县西门外刺桐脚庄演唱神戏时，因漳泉二郡民人看戏角口斗殴，有居住秀水庄泉民廖老在场，被漳民误殴致身死。廖姓人等倚恃尸亲，欲寻刺桐脚庄角较。该县谕止之后，复有隔庄之人，各分漳泉互闹。"[②] 实际上，这起械斗是赌博引起的，由于时任彰化县知县的焦长发谎报，并处置不当，使得原本可以化解的纷争升级为影响彰化、诸罗等地的大动乱。后来，福建巡抚雅德参奏其"所禀与传闻不符"，"今既将赌钱捏改看戏起衅，其纵凶不究，更难保无别情弊"。"相应请旨，将彰化县知县焦长发革职拿问。"[③]

此次漳泉械斗中，各籍民人都有首领（称为头人）居中联络："漳民黄添、陈比邀集大里杙等漳州各庄，泉民吴成、苏奇、谢笑邀集鹿仔港、番仔沟泉州各庄，各聚其众，复行械斗。"[④] 这些头人后被陆续供出，成为案内要犯，被明正典刑。罗汉脚在其中则扮演了煽风点火的角色，他们散发流言，导致械斗进一步升

① 陈同瑛：《台湾采访册》，"台湾文献丛刊"第 55 种，台湾银行经济研究室，1959。

② 《闽浙总督陈辉祖等为台湾彰化漳泉民人械斗已派杨庭桦前往查办事奏折》，乾隆四十七年十月初四日，见吕小鲜选编：《乾隆四十七年台湾漳泉民人械斗史料》，《历史档案》，1996 年第 1 期。

③ 《福建巡抚雅德为请将彰化知县焦长发革职拿问事奏折》，乾隆四十七年十二月初六日，见吕小鲜选编：《乾隆四十七年台湾漳泉民人械斗史料》，《历史档案》，1996 年第 1 期。

④ 《台湾镇总兵金蟾桂为报彰化诸罗漳泉民人械斗及查拿各犯情形事奏折》，乾隆四十七年十月十五日，见吕小鲜选编：《乾隆四十七年台湾漳泉民人械斗史料》，《历史档案》，1996 年第 1 期。

级："细访其故，因台湾向多匪类，俗称罗汉脚，最为民害，遇事生风。今乘漳泉互斗，从中煽惑，在漳庄则呼泉人欲来焚抢，在泉州则称漳人即至围杀，以致人心惶惶。"[①] "查漳泉庄民械斗，皆出匪类酿祸，昼则布散流言，煽惑人心，夜则乘间放火。"[②] 更有声称罗汉脚组成的小刀会居中乘机起事。

这次械斗也暴露出清代台湾地方治理方面存在的一些问题：一是地方官吏的腐败，知县焦长发不能及时缉拿凶手，其中定有内情；二是台湾官府武备废弛，造成威慑力下降，或有民众出于对官府的不信任，肆意杀害官兵，如此事件中把总林审路由泉民快官庄经过，被该庄民人探知其为漳州人，即将其拦入庄内杀害；[③] 三是游民众多，成为社会不安定的极大因素。

此后漳泉械斗屡有发生，而林爽文、蔡牵等事件，都引发漳、泉民人之间的大规模斗杀：

> 迨林爽文反，漳、泉仍各按剑相防。鹿港皆泉人也，杀贼首王芬，遂起义旗，以相掣肘。以故，鹿港水道行通，列宪提兵来台，由此起旱者甚众。然而漳泉之猜忌日以益深。蔡牵犯郡，贼船败窜外洋。嘉庆十一年春，适有贼船数条窜鹿之王宫港口，水师游击带兵全营前赴守御，彰邑主派拨漳义民四旗协守。至鹿龙山寺，击鼓吹笳，有一泉人谩骂，语

① 《台湾镇总兵金蟾桂为报彰化诸罗漳泉民人械斗及查拿各犯情形事奏折》，乾隆四十七年十月十五日，见吕小鲜选编：《乾隆四十七年台湾漳泉民人械斗史料》，《历史档案》，1996 年第 1 期。

② 《署闽浙总督福长安等为报诸罗县漳泉民人械斗及查办情形事奏折》，乾隆四十七年十月二十日，见吕小鲜选编：《乾隆四十七年台湾漳泉民人械斗史料》，《历史档案》，1996 年第 1 期。

③ 《著黄仕简以己虽漳州籍绝不袒护械斗漳民先行晓谕上谕》，乾隆四十七年十一月十七日，见吕小鲜选编：《乾隆四十七年台湾漳泉民人械斗史料》，《历史档案》，1996 年第 1 期。

出不祥。漳义民怒，引鸟枪中之死焉。于是，鹿港骚动罢街，漳义民惧，奔入营盘内，泉人围之甚密，四面攻之未胜。是夜，闻鸡鸣，漳义民溃围突出，且战且走，互有杀伤。及逃命去，沿途遇泉人庄，悉焚之。火光四起。鹿无赖之徒，以竹竿缚布巾作旗，周麾大呼，漳人在鹿者咸股栗。越翌日，大甲牛骂头各处泉人提挈父母妻子奔入鹿港，积港盈衢，街众及居民暂安插于街中，与以饮食。幸陆提许统兵捕匪，札住嘉之涂库庄，距鹿港百余里，闻信星夜驰赴。众难民哀号震地，提督甚怜悯之，各给予口粮及茅竹之费，令其暂住海边。至是，人心稍定，俱得仍回故处。①

漳泉械斗的诱因也不乏由于误会而导致。例如，嘉庆十四年（1809 年）四月十六日，淡水中港后垄地方传闻泉人黄红妻与漳人蔡成通奸。此事被黄红查知，将蔡成殴打。恰逢当时有商船被匪船追赶冲岸，漳人持械前往救护，被泉人误认为是聚众前来报复，就此发生械斗。②

（三）顶下郊拚

如前所述，郊乃是清代台湾一种既有经济性质又有社会性质的民间组织，而所谓顶郊，其成员为泉州晋江、南安、惠安三县的移民，合称“三邑人”；下郊则指的是泉州同安县的移民。顶下郊拚就是泉籍移民内部发生的械斗事件。

顶下郊拚发生于咸丰三年（1853 年），一直延续至咸丰九年，主要在台湾北部艋舺附近区域。械斗的双方是“泉之安溪、晋

① 陈同瑛：《台湾采访册》，“台湾文献丛刊”第 55 种，台湾银行经济研究室，1959。

② 陈同瑛：《台湾采访册》，“台湾文献丛刊”第 55 种，台湾银行经济研究室，1959。

江、南安、惠安合为一类，与漳人及素不相协之同安人寻斗”[1]。清代前期，台北地区乃是泉、漳、粤三籍民人杂居处，后粤人逐渐迁移至桃园、中坜一带，艋舺、新庄以及附近地区多是漳、泉移民居住。艋舺是三邑人最早开拓之地，这里商业繁荣，有“一府二鹿三艋舺”之称，是台湾当时重要的商务中心之一；新庄也是北部较为繁华之区，这里漳泉杂居，但以泉为主。从经济实力上看，泉州三邑人不仅在农业方面实力雄厚，商业方面也同样居于上游，远远超过漳州人、同安人，他们为维护贸易上的垄断地位及码头的势力，与下郊人发生利益的争夺，这是可以想见的。[2]

顶下郊拼事件的起因众说不一：“此次分类或说因买菜口角引起，但可能是由于同安人想夺取顶人之地盘，乃引起激烈的斗争”[3]；《台北市志》则以为因码头力夫口角而引起；《淡水厅志》说是三角涌匪徒倡乱而起；更有说乃是因为争夺割稻引起等。[4]实际上，顶下郊拼发生的原因是比较复杂的，各种错综复杂的因素相互交集，终于导致这一事件的发生。该事件持续时间长，波及地区较广，械斗导致各方都遭到严重损失。

分类械斗集中发生在乾隆后期至咸丰初期，之后便逐渐减少。[5] 至于分类械斗减少乃至消失的原因，后人有不同的看法，如连横认为“闽人先至，多居近海；粤人后至，乃宅山陬。而闽人之中，漳、泉为巨，以是因缘，每起械斗。交通既辟，情感自孚，比岁以来，其风稍戢”[6]。亦有认为械斗消失乃是因为台民团结

① 陈孔立：《清代台湾移民社会研究》，九州出版社，2003，第 392 页。

② 陈孔立：《清代台湾移民社会研究》，九州出版社，2003，第 398—399 页。

③ 陈其南：《台湾的传统中国社会》，允晨文化实业股份有限公司，1987，第 111 页。

④ 陈孔立：《清代台湾移民社会研究》，九州出版社，2003，第 395—396 页。

⑤ 陈孔立：《清代台湾移民社会研究》，九州出版社，2003，第 379 页。

⑥ 连横：《台湾通史》卷五，商务印书馆，2010，第 106 页。

一致，抵御外辱，或是因为官兵剿办得力、吏务加强等，这方面也有实例。在今旗山仍保留着《精忠护国铭记》碑，碑文提及："道光年间，闽、粤、番暂解故怨，谋建立同心赴义碑于罗汉门外。"[①] 可见，清代后期台湾内忧外患，特别是列强虎视眈眈，这使得各大族群得以暂解故怨，同仇敌忾，故而分类械斗之风渐息。[②]

二、一般械斗

分类械斗之外，一般械斗也可以大致分为四类情形，即异姓械斗、同姓械斗、同业械斗、兵丁械斗等，其中异姓、同姓械斗涉及宗族关系问题，此不详论。

（一）同业械斗

清代台湾民众的职业甚多，除务农之外，还有从事手工业生产者，或从事贩卖等商业活动。《安平县杂记》记载："就住民之生活而论，或为士（士以教读为生活，每年脩金不等），或为农（农以耕耘为生活），或为工（工以制造器物及力役为生活；在店铺佣工者，俗名'伙计'，出海而渔者，俗名'讨鱼'，亦工类也），或为商（商以贸易为生活），或在文武各衙门充当吏书（在衙门办理案牍者，曰'吏书'，有总书、帮书之分）、兵役，下至肩挑、背负与一切巫（有女巫、有男巫）、医、僧、道、山（择葬地者，俗名'看山先生'）、命（推算年庚者名'看命先生'）、卜（卜卦）、相（相形体）、娼（倚门卖笑曰'娼'）、优（串戏曰'优'）、隶卒之流（在衙门充当皂役及在监狱看守人犯

---

① 刘已玄：《旗山地区史：闽客族群溪洲争地械斗轶史》，春晖出版社，2014，第16页。

② 有学者谓："固然原本畛域的消除，需要相当时间才能收到效果，不过，乙未年抗日的过程，无疑是此一转变的重要转捩点或催化剂。"见薛化元：《台湾开发史》，三民书局，2007，第106页。

者曰隶卒），莫不各执一业，以谋其生。”① 据学者统计，有清一代台湾发生职业械斗事件共23起。②

连横《台湾通史》卷三言及噶玛兰挑夫械斗，时在道光十年（1830年）八月：“（道光）十年，诏禁各省种卖阿片，从闽浙总督孙尔准之奏也。犯者照兴贩阿片烟之例，发近边充军。为从，杖一百，徒三年。秋八月，噶玛兰挑夫械斗，平之。”③ 此事在《噶玛兰厅志》记载较为详尽：

> 十年（庚寅）秋八月，夫匪林瓶等纠伙斗杀。总兵刘廷斌会署守王衍庆、署卒萨廉剿之。兰阳一蜗角耳，两夫者，兰阳之蛮触也。两夫自嘉庆年初，望风招垦，入兰为役，本皆赤手无赖之徒。迨设官后，良则散为农氓；而莠则流为工脚，填街塞市，争运货物，动以血气相逞。于是挑夫之中，又各自分气类：曰和兴、曰福兴。和兴以林瓶为首，其陈严住西门，赖成住北门；又有所谓和春者而统之，亦谓之合兴。福兴以林僙为首，其吴小棕在梅州，林面总在渡船头；又有所谓兴盛者而统之，亦谓之复兴。此外又有别号义兴，伙开福兴，分定地段，包揽客商者。大抵一铺开张，不先讲定挑雇，则两号小夫，登时争斗，凶威甚于虎狼，挞辱等于奴婢。彼入其党者，但挂名簿、输丁钱，即可以图保生业。否则欺孱侮弱，挟怨寻仇；中路一呼，须臾而千百响集。虽衣食粗足之家，不能别有倚恃。故农商工贾而外，胥差亦援其声势。累经地方官化法兼权，无如蔓延日久，一旦不可以骤锄，乃至人无与竞，出而自相残逞矣。岁庚寅三月，有江

① 《安平县杂记》，“台湾文献丛刊”第52种，台湾银行经济研究室，1959。

② 许毓良：《清代台湾军事与社会》，九州出版社，2008，第282页。

③ 连横：《台湾通史》卷三，商务印书馆，2010，第66页。

铺民者，以瓦店一座赁经纪，两夫即欲争挑。查兰俗雇工以该屋初竖柱者为定。江店从前盖茅，无凭定断，署卒萨廉因令轮挑。当堂拈阄，福兴拈得，本秋起挑，和兴亦叹服，经已遵结矣。及八月八日，江铺一开，福夫尚未及挑，而和夫陈俨已党陈水人众到店力争，彼此扭殴。厅营正在查拿间，街邻已为劝散，不虞其势之燎原也。翌日甲午，福夫云集北门外，势不相能。和夫首林瓶闻知不平，出纠陈俨与赖成诸众，分执刀棍直趋渡船头寻斗。林僱、林面总与林旺网亦即纠其福伙林微等，持械出御。正当枪毙和夫二命，见厅营驰出截堵，各即解散。林瓶不甘，复于乙未、丙申，连日再纠庄瑞谅、林爽等五十余猛，带械寻斗。庄瑞谅见福夫林僱既纠吴小棕、林面总及林发粿等四十余猛，又自发粿、面总转纠不识姓名，持械迎斗。庄瑞谅亦转纠十余猛，帮同喊杀。是日和夫拥众，其在场而白手助势者，亦数倍于福夫。故连毙二三十命，且毁其巢。而福夫溃矣。厅营见兵力单薄，弹压不支，飞请镇府艋营兵，一面移会淡防，各于带剿未齐之先，严率兵役，极力捕抚。自十二日丁酉解散，人心稍定。和夫犹乘胜，蚕食近庄，兵虽解而民不能支。至中秋日，探知师至有期，和夫扶病尽逃入叭哩沙喃，将为死守计也。十八日癸卯，署参将周承恩先自艋带兵二百名到兰，整备粮台。二十一日会厅督营，直抵月眉，围焚其巢穴。和匪逸入番山去，而中途则已得赖成、陈俨矣。九月丙辰朔，总兵刘廷斌督同参将谢建雍带领水、陆兵三百余名，入山搜捕。淡绅林平侯与焉。越日，署守王衍庆到兰督拿。初四日，廷斌赏励生番，遣谢、周二将，由内山赶逐林瓶等，擒解归案，而福匪亦已自头围一带陆续截得矣。九日甲子，撤营。是役也，枭示者十四，军极边者四十六，问徒者四十二，充附近边者二。其余各以罪差，儆顽凶而示震摄。传观者不啻千万，无不齐声称快。和、福兴平。[1]

可见，当时同业之中亦沾染分类之习气，同是挑夫，又各分气类：曰和兴、曰福兴、曰合兴、曰复兴、曰义兴等，各自分定地段，拉帮结派，包揽客商。只要加入其中一党，但挂名簿、输丁钱，即可以图保生业，否则欺孱侮弱，挟怨寻仇。这也是此次挑夫械斗发生的缘由了。

（二）兵丁械斗

台湾于康熙二十三年（1684年）正式有清廷驻军。清朝绿营由将领、官弁、兵丁三者组成，有以当地人为兵的规定，但当时台湾作为福建省治下一个府，只能实施异于他处的制度——班兵制。该制度虽然没有打破规定，但阻断了台湾人当兵的机会。班兵作为台湾唯一的官方武力，其兵丁虽众，却都是由福建绿营兵散丁抽调，其将领亦是按规章题补升迁。这使得他们在台湾看似一个整体，实为缺乏统合的“杂牌军”。[2] 光绪元年（1875年）之后，清廷方才准许台湾兵丁就地招募，班兵成为历史。[3]

汛塘是绿营各弁兵分散驻防的据点，有官弁驻扎者称为汛，仅有兵丁驻守者称为塘，城内安兵戍守者称为堆。[4] 从康雍朝开始，台湾汛塘有105个之多，乾嘉朝增至143个，道咸同朝有193个，建省后为156个。[5] 本来按清廷设想，汛兵须注意保甲、缉盗、缉私、禁赌等事宜，与民间治安组织保甲相配合，可以稳定地方统治。道光年间《钦定兵部处分则例》中对于械斗的查勘

① 《噶玛兰厅志》卷四，“台湾文献丛刊”第160种，台湾银行经济研究室，1963。

② 许毓良：《清代台湾军事与社会》，九州出版社，2008，第45、49页。

③ 许毓良：《清代台湾军事与社会》，九州出版社，2008，第47页。

④ 许毓良：《清代台湾军事与社会》，九州出版社，2008，第55页。

⑤ 许毓良：《清代台湾军事与社会》，九州出版社，2008，第56页。

工作规定尤其严峻。[1] 然而如《汛地兵》一诗所言，台湾民间对于班兵制度下的汛兵印象不佳，他们自身的纪律堪忧。[2] 兵丁为乱尤其是兵丁械斗在清代台湾时有所见，如乾隆五十四年（1789年）发生的兵丁林有信、江飞陇等械斗案：

> 窃照斗六门守备吴大瑞，因兵丁林有信、江飞陇等械斗案内部议降二级调用。该守备吴大瑞于所管兵丁械斗，不能约束，应令内渡，听候降补。但查斗六门为紧要之区，该守备吴大瑞于查拿贼匪，颇属留心。如榜示著名匪犯林安，访知踪迹，即经改装，带同兵丁拿获。又会同嘉义县拿获匪犯张左、简助二名，又拿获张禄一名，均经臣声明具奏在案。现在台湾仍有应缉逸匪，如各营将备认真访拿，实于地方有裨。合无仰恳天恩，将该守备吴大瑞暂行仍留斗六门守备之任。其应食廉俸，即照部议降二级支领。倘该守备始勤终怠，稍有疏忽，臣即据实参奏，从重治罪。如果认真缉拿，续获逸匪多名，再于三年班满内渡之日，可否开复，另行请旨。[3]

另如《治台必告录》所载嘉庆年间的几起兵丁械斗事件：

> 嘉庆二十四年七月，安平兵斗，死者数人矣；将裨理论之不止、情恳之不息。镇将怒，整队将往诛之，众兵闻声而解；竟执数人分别奏诛，无敢动者。二十五年正月，郡兵群博于市。莹为台湾令，经过弗避；呵之，众皆走矣。一兵诬

---

① 《钦定兵部处分则例》卷三十二。

② 连横：《台湾诗钞》卷十二，“台湾文献丛刊”第280种，台湾银行经济研究室，1970。

③ 《台案汇录乙集》，“台湾文献丛刊”第173种，台湾银行经济研究室，1963。

县役掠钱相争，莹命之跪而鞫问之。众散兵以为将责此兵，一时群呼持械而出者数十人，欲夺此兵去。县役、从者将与斗，莹约止之；下舆，手以铁索絷此兵，往近之曰："汝敢拒捕，皆死矣!"众愕然，不敢犯。乃手牵此兵，步行至镇署。众大惧，求免，不许；卒责黜十数人而禁其博。自是所过，兵皆畏避。又是年九月，兴化、云霄二营兵斗，将谋夜摧杀。诸将仓卒戒严，莹亦夜中周视。各营众兵百十为群，见莹过，皆跪；好谕之曰："吾知斗非汝意，特恐为人所劫，故自防耳。毋释伏，毋妄出！出则不直在汝，彼乘虚入矣!"众兵大喜曰："县主爱我!"至他营，亦如之。竟夜寂然，天明罢散。音镇军切责诸将，众兵乃惧，皆叩头流血；察最狡桀者每营数人，贯耳以徇，诸军肃然。此三事，其始汹汹，几不可测；卒皆畏服不敢动。可见台湾之兵犹可为也。①

因为兵丁械斗的频发，官员还发出《谕兵丁》劝谕说："民间械斗死了，还有图钱的；你们却图什么？况大家随从附和，连好人都变盗贼了；堂堂官兵，将帅根苗，岂可学作匪类伎俩？向设精兵，地方官大众出钱贴补你们；你们倒令地方官为难、担处分，天理何在？良心何在？"②

一般械斗也不限于汉族移民，台湾少数民族各社之间亦会产生械斗，如光绪十一年（1885年）"八月，刘铭传奏：台湾南路率芒、董底两番社与七家山番械斗，副将潘高升不为伸理，并纵勇袒助七家山番，致两番社聚众滋事，请旨将潘高升惩办"③。更

---

① 丁曰健：《治台必告录》，"台湾文献丛刊"第17种，台湾银行经济研究室，1959。

② 丁曰健：《治台必告录》，"台湾文献丛刊"第17种，台湾银行经济研究室，1959。

③ 陈衍：《台湾通纪》卷四，台湾省文献委员会，1993。

有甚者，三者都参与械斗，如咸丰十年（1860 年）发生“闽、粤、番三属械斗”即是。[①]

总之，清代台湾械斗频发，类型多样，但都有一些共同的特征：这些械斗属于民间的私斗，没有任何的政治色彩，与各种起事不同，它不与官府为敌，也不依赖官府插手解决之，故而清政府对于械斗与“叛逆”事件往往区别对待；各类械斗的参与者不分社会阶层，而是以族群、族姓、房派等同一群体进行划分。[②]械斗给清代台湾社会造成了极为恶劣的影响。

第三节　械斗与清代台湾社会

台湾频繁发生的械斗，不论是分类械斗还是一般械斗，真可谓“细虞构讼，攻杀无已；祸连子孙，殃及乡闾，逾百年不能解”[③]。它不仅对台湾社会政治经济造成不可估量的影响，还是导致台湾文化严重滞后乃至衰退的重要因素。

一、械斗对百姓日常生活的影响

首先是财产的损失。台湾发生各种械斗时常见的祸难就是相互焚杀，主要是焚烧民居、寺院等建筑物，这些建筑物都是民众安身立命之所，也是毕生心血的聚成。关于械斗造成的财产损害，各种方志文献屡有提及，如《苑里志》：“咸丰三年，闽、粤械斗；白沙墩及房、苑各街庄皆被粤人烧毁，闽人尽逃鹿港。惟

---

① 卢德嘉：《凤山县采访册》，“台湾文献丛刊”第 73 种，台湾银行经济研究室，1960。

② 陈孔立：《清代台湾移民社会研究》，九州出版社，2003，第 366—367 页。

③ 《台湾杂咏合刻》，“台湾文献丛刊”第 28 种，台湾银行经济研究室，1958。

田藔郑玉庆雇民丁自守，保全不陷。”[1]《噶玛兰厅志》：“于是台南械斗传闻淡北，遂有一日千里之势。匪人乘此播为风谣，鼓动全台，闽人曰：粤人至矣！粤人曰：闽人至矣！结党成群，塞隘门，严竹围，道路不通，纷纷搬徙。匪人即从此焚其庐舍，抢其家资；哭声遍野，火光烛天；互相斗杀，肝脑涂地。”[2]《淡水厅志》卷十五《庄规禁约》言及：“纠约多人，各分气类，凭凌弱小，仇杀相寻。或焚毁庐舍，或占夺田园，或抗租而不完，或掳人而勒赎，甚至勾番肆出滋扰，焚杀不休，行同化外。道光十三年，堑北桃仔园一带，闽、粤各庄，造谣分类，互相残杀。堑南铜锣湾、哈仔市等处，靠山粤匪无故焚毁闽庄，公然掠抢。”[3]郑用锡《劝和论》提及，分类械斗之后，村市多成“邱墟”：“自分类兴，元气剥削殆尽，未有如去年之甚也！干戈之祸愈烈，村市多成邱墟。”[4]

其次是人员的伤亡。械斗之中相互攻击杀戮，其情形惨不忍睹。《国子生运湖谢君家传》言：“又甚则分类械斗，焚荡十数里，且有全家被杀无孑遗者，官不得过而问焉。此种恶习，历百余年至今，牢不可破。”[5]《东瀛纪事》卷下云咸丰漳泉械斗死者堆积如山：“咸丰间淡水漳泉民分类械斗，焚毁街庄数处，死者

① 蔡振丰：《苑里志》，“台湾文献丛刊”第 48 种，台湾银行经济研究室，1959。

② 《噶玛兰厅志》，“台湾文献丛刊”第 160 种，台湾银行经济研究室，1963。

③ 《淡水厅志》卷十五，“台湾文献丛刊”第 172 种，台湾银行经济研究室，1963。

④ 《淡水厅志》卷十五，“台湾文献丛刊”第 172 种，台湾银行经济研究室，1963。

⑤ 《国子生运湖谢君家传》，见吴子光：《台湾纪事》卷二，“台湾文献丛刊”第 36 种，台湾银行经济研究室，1959。

山积，几于蔓延不可收拾。”[①]

再次是迁徙之苦。械斗发生之后，必会产生大量流民迁徙，如乾隆四十七年（1782年）漳泉械斗，一些不能相斗之人纷纷内渡返闽：“现有自台回厦船只，率多老少妇女，因系不能相斗之人，惧害内渡。”[②]《彰化县志》：“彰俗素患分类，自乾隆四十七年，及嘉庆十一、十四两年，漳、泉械斗三次，难民逃避纷集，男女以千计，玉音悉纳不拒。”[③] 械斗的影响也体现在一些族谱之中，据《台湾雾峰林氏族谱》载：

当是时，彰化县漳、泉分类械斗，蔓延数十村庄；太高祖每出而排解，终不息。念此非乐土，议复归故里；乾隆四十八年，命高祖考携资赴平和，谋置产避患。高祖考既至莆坪社，方相地筑屋，得病遽逝，遂不果。于时械斗益烈，杀人越货以相雄长。庄人林爽文者，聚党徒、立约束，有事相策应；群不逞之徒皆出入其间，众至数万人，爽文遂谋起事。太高祖知之，大惊，叹曰：此灭族事，胡可为！往晤爽文止之，不听。太高祖曰：人生欲得富贵尔，吾今幸得稍温饱，终不忍视汝及祸；能从吾言，毋妄动，愿割产之半俾汝，且以一子为汝子。声泪并下。爽文意动，愿解众；而众不从，乃窜于深山。然乱势已成，终莫遏。五十一年，遂揭旗以乱，众拥爽文为首，攻陷彰化，杀守吏；进围诸罗，略淡水，南北俱动。太高祖见事已至此，欲弃家走内地，命诸

① 林豪：《东瀛纪事》卷下，“台湾文献丛刊”第8种，台湾银行经济研究室，1957。

② 《闽浙总督陈辉祖等为台湾彰化漳泉民人械斗已派杨廷桦前往查办事奏折》，乾隆四十七年十月初四日。

③ 《彰化县志》，“台湾文献丛刊”第156种，台湾银行经济研究室，1962。

妇且归宁别父母。长媳黄氏，父为鹿港海防同知书办，以婿既早没，女又远去，持不可；入禀同知，禁出港。太高祖欲道南北，而所在俶扰，路阻莫可行，乃潜匿鹿港。[①]

又如在道光六年（1826年）因黄文润猪被窃而引发的闽粤械斗事件中，古奇成北迁苗栗通霄五里牌，然该地亦经常爆发械斗，难以安居，其子古智玉再迁居西湖下埔。因有这种连续被闽粤相斗所迫迁徙的经历，古家后人在西湖的居所种有三层竹园，以防外敌入侵。[②]

第四是破坏家庭及邻里关系。从细节方面来看，清代台湾发生的分类械斗有时严重到影响作为社会基本单位的家庭的和谐，还会导致邻里关系的紧张。例如，漳州媳妇泉州男，这种相互通婚的情形在当时是较为多见的。这些“同林鸟”，一旦发生分类械斗则可能形同水火。据道光九年（1829年）十一月二十日恩贡生林师圣报道说：“泉庄中有一漳人，则必乘夜遁去矣。漳庄中有一泉人，亦即逃命不遑矣。当分类伊始，即遇素所与游者，亦瞪目疾视，若杀父兄之仇。迨乎气类既分，怨毒日积，甚至有翁杀其婿、夫杀其妻，而有所不惜。尝闻起衅之日，有泉女幼为漳人妇者，所道皆漳腔，及祸发，知夫家必不相容，欲奔回父母家，而未知其处，既入鹿，闻喧哗声甚众，曰‘漳贼妇将放火矣’，群曳泉女于僻处脔杀之，不啻凌迟。及明，父母知之，亦无可如何，闻者莫不缩颈咋舌，心胆俱碎。”[③] 漳泉同属河洛人尚且如此，闽粤之间的情形就可想而知了。

---

① 《台湾雾峰林氏族谱》。

② 《台湾古氏族谱》，转引自王幼华：《考辨与诠说：清代台湾论述》，台北文津出版社，2008，第124—125页。

③ 陈同瑛：《台湾采访册》，“台湾文献丛刊”第55种，台湾银行经济研究室，1959。

第五是械斗后民众生活更为艰辛。械斗之乱，往往导致物价上涨，特别是急需的粮米。商铺趁机抬价牟利。乾隆四十七年（1782年）漳泉械斗，署闽浙总督福长安及福建巡抚雅德奏称："只因笨港失火之时，男妇逃避来郡，职道俱已督同台湾县安抚妥协。又值北路米船到郡，偶然稀少，米价骤昂，一面札饬凤山县催趱南路米船，示禁铺户人等（勿）许抬价，现已渐次平减。"①

需要注意的是，台湾械斗对人民生活的影响并不局限于台湾之内，对大陆尤其是福建地区也是深有影响的。如乾隆五十九年（1794年）水灾发生之后，漳、泉籍民人又发生大规模械斗，运粮商船受到骚扰阻碍，粮食断供直接影响民生："台湾商船，皆漳、泉富民所制。五十九年水灾后，二府械斗之风大炽。蔡牵骚扰海上，军兴几二十年，漳泉之民益困，台湾亦敝，百货萧条。海船遭风，艰于复制，而泛海之艘日稀。于是台谷不能时至内地，兵糈孔亟，厅县皆借碾备贮，而仓储空矣。"②

第六是遭受匪盗袭扰。每当械斗发生，匪徒随之猖獗："匪徒滋事，传食诸村庄，谓之派饭；领队者曰股头；余党曰旗脚。闯兄，罗汉脚之别名也。近日树旗聚众，多以械斗开端，非真有大志也。逞一朝之忿，冒不韪之名，身膏萧斧，懵然未悟，可哀也哉！"③ 匪徒之中，大都是无业游民即所谓"罗汉脚""闯兄"，他们成群结党，不务正业，在械斗中趁机劫掠，坐收渔翁之利。

---

① 《署闽浙总督福长安等为报诸罗县漳泉民人械斗及查办情形事奏折》，乾隆四十七年十月二十日。

② 《筹议商运台谷》，见姚莹：《东槎纪略》卷一，"台湾文献丛刊"第7种，台湾银行经济研究室，1957。

③ 《台湾杂咏合刻》，"台湾文献丛刊"第28种，台湾银行经济研究室，1958。

第七是对文化教育方面的消极影响。文化的发展与繁荣和政治、经济、社会的状况息息相关。清代台湾民间市井民众的文化生活主要集中于村庙或宗祠提供的相关活动，一些官方的宣讲也选择在这些场所进行。而村庙或宗祠在械斗中往往是对方破坏的重点，作为文化载体、凝聚民众心血的庙宇建筑屡屡遭到焚毁。械斗平息之后，往往需要聚集大量资金、花费不少时日重新修复庙宇。可见，械斗无疑是导致台湾文化滞后的重要因素之一。例如，嘉庆十三年（1808 年）《东螺西保北斗街碑记》云：

彰南有东螺旧社街久矣。自嘉庆丙寅年被洪水漂坏，众绅耆卜迁于其北二里许，盖有不得已者焉。问其地，则东螺番业主也，其佃则李氏、谢氏、林氏居多。于是请业主、各佃定税明白，其番租、正供悉系佃人与业主理，不干铺民事；又买地于其北一段及西南一小段以足之。乃定规模，经营伊始。其北一段，中建天后宫，南向；西北建土地祠，所以崇明祀、庇民人，礼至重也。两旁俱有铺舍，谓之北横街。其中街与后街，东西向，中设有二大巷；其南亦有横街。纵横二里，街巷俱有井字形。其外则有竹围、沟渠、栅门，以备盗贼。盖取诸“井养”之义也，又取诸“市井”之名也；又取诸“方里而井，守望相助”“百姓亲睦”之意也。名曰“北斗街”，取其形势之相似也。其南里许，有文昌祠，正符“北斗魁前六星”之象；又其南二十余里，有斗六为朝山，又应“南斗六、北斗七”之数矣：斯诚文明之兆也。其东、西、南有大溪回护，北有小涧合流，此又天地自然之形胜也。地虽弹丸，而规模宏远矣。方今圣天子光被海表、化及遐陬，愿宅于其中者，醇厚朴实，爱土物、厥心藏、服贾洗腆、孝养厥父母以丕应声教之暨讫，庶和气致祥、文明大启，而斯地可以永传而不坏也。[①]

据收集者按语，碑文中所言“众绅耆卜迁于其北二里许，盖有不得已者焉”一语的背景乃是：“嘉庆十一年，漳、泉械斗，加以东螺溪泛滥成灾，冲坏市街，厥状至惨，致不得不迁徙街址。”[②]街市搬迁，庙宇亦随之改地。从该碑文中可知，清代街市之中庙宇众多，主要有天后宫、土地祠、文昌祠等，整体之建构主要是相应于“文明之兆”：“愿宅于其中者，醇厚朴实，爱土物、厥心藏、服贾洗腆、孝养厥父母以丕应声教之暨讫，庶和气致祥、文明大启。”经历过械斗和天灾的苦难之后，人们最终期盼的还是生活的安定与文化的繁荣！

械斗对于当时读书人也是深有影响的。咸丰三年（1853 年），林恭、吴磋先后起事，而漳泉又分类械斗，全台俶扰。当是时械斗愈烈，蔓延百数十里，杀人越货，道路不通。郑用锡亲赴各庄，力为排解，曾作《劝和论》云：

> 甚矣，人心之变也！自分类始。其祸倡于匪徒，后遂燎原莫遏，玉石俱焚。虽正人君子，亦受牵制而朋从之也。……淡属素敦古处新，艋尤为菁华所聚之区，游斯土者，啧啧羡之。自分类兴，元气剥削殆尽，未有如去年之甚也！干戈之祸愈烈，村市多成邱墟。问为漳、泉而至此乎？无有也。问为闽、粤而至此乎？无有也。盖孽由自作，衅起阋墙，大抵在非漳泉、非闽粤间耳。自来物穷必变，惨极知

① 《台湾中部碑文集成》，“台湾文献丛刊”第 151 种，台湾银行经济研究室，1962。

② 《台湾中部碑文集成》，“台湾文献丛刊”第 151 种，台湾银行经济研究室，1962。

悔。天地有好生之德，人心无不转之时。仆生长是邦，自念士为四民之首，不能与当轴及在事诸公，竭诚化导，力挽而更张之，滋愧实甚。愿今以后，父诫其子、兄告其弟，各革面、各洗心，勿怀夙忿、勿蹈前愆。既亲其所亲、亦亲其所疏，一体同仁，斯内患不生、外祸不至。漳、泉、闽、粤之气习，默消于无形。譬如人身血脉节节相通，自无他病；数年以后仍成乐土，岂不休哉！①

此中尤需注意，郑用锡感叹“虽正人君子，亦受牵制而朋从之也”，足见读书人也卷入械斗之中。而“淡属素敦古处新，艋尤为菁华所聚之区，游斯土者，啧啧羡之。自分类兴，元气剥削殆尽，未有如去年之甚也”！他认为淡水“敦古处新”，文化昌盛，然因为分类械斗，元气被剥削殆尽了！

此外，械斗造成的生活影响从清代台湾女性身上得到最集中的展示。如前所述，不能参与械斗的“老少妇女”大都选择内渡或逃离，而来不及逃脱者，则可能惨遭强奸、杀害。即便逃离者，很多家庭也不免于亡夫、亡子之痛！《淡水厅志》卷十记械斗中妇女的遭遇如下：

黄氏，中港蔡开基妻。道光六年，闽粤分类，庄毁。氏弃其儿与所积金，独负衰翁，驰至中港。水深多溺死，竟渡无恙。及抵堑城，儿已先至，若有携之者。其夫旋亦持金来，佥以孝感称。

陈氏，乡贤郑崇和妻，员外郎用锡母。勤俭谦冲，喜周恤，为三党称。咸丰四年，淡属分类，距氏卒已七年。盗发

① 《淡水厅志》卷十五，“台湾文献丛刊”第172种，台湾银行经济研究室，1963。

其茔，眉发皮肤，坚完如生；冠披仍复鲜明。[①]

此中黄氏遭遇道光六年（1826 年）闽粤分类械斗，家园被毁，丈夫应是参与械斗，只剩老少妇孺，她为尽孝，只得抛弃儿子及家中财物，背着老翁逃亡。黄氏算是幸运者，全家皆无伤亡，得以团圆。而陈氏则是死后遭到盗墓，其时民生维艰，盗贼横行，真是死后尚不得安宁！

而咸丰三年（1853 年）闽粤械斗中，刘见祥家一位妇女即惨遭强奸，强奸者最后虽然遭受报应，但械斗给妇女带来的悲惨命运已无法改变："咸丰三年，闽粤械斗，粤人肆虐到北势庄刘见祥家中，家人皆走避；惟一少妇被掳强奸。越日，与闽人在海口埔交战，强奸之人初接阵即被炮打死；人谓淫孽之报云。"[②]

二、械斗对台湾社会结构变动的影响

从社会结构的调整来看，虽然说清代台湾社会结构的变化根本原因乃是整个社会经济的变化与发展，但分类械斗对促进社会结构的调整起到一定作用。在分类械斗中，双方相互仇视、杀伐促使彼此之间脱离接触，造成大量人口迁移，最终造就了台湾大量同姓村或同一祖籍的杂姓村的形成。一些村庄即便还有混居的现象，也往往是某一祖籍居民占绝对优势，形不成尖锐的"分类"矛盾。这使得社会结构开始出现变化。[③]

例如，噶玛兰地区开始之时民族之间及漳、泉、粤三籍汉民之间时有械斗发生，经过开发迁移，此处漳籍民人已占绝对优势，泉、粤民人只能与漳民和睦相处，不敢有"争竞之心"，以

① 《淡水厅志》卷十，"台湾文献丛刊"第 172 种，台湾银行经济研究室，1963。

② 《苑里志》，"台湾文献丛刊"第 48 种，台湾银行经济研究室，1959。

③ 陈孔立：《清代台湾移民社会研究》，九州出版社，2003，第 383—384 页。

往旦夕忧虑的械斗应对措施即可稍缓了。姚莹《东槎纪略》卷二载：

> 杨守原议修筑进山备道者，盖缘兰民三籍，漳居十之七八，泉仅十分之二，粤人则不及十分之一。又三貂正道进兰头围、西势一带，尽属漳人；台地好分气类，恐有械斗缓急之事，泉、粤二籍为漳人所困，不能自通。且三貂径险，设有不虞，易于梗塞。故欲更修二道，诚为远虑。卑府细加咨询，泉、粤二籍，自以人少，皆与漳民和睦，并无争竞之心。设有不虞，尚有乌石及加礼远二港，可由海道径达鸡笼、艋舺，不必假道内山。前署通判姚莹查议此二道深曲险阻，事非急要，详准咨部缓修。今吕倅亦请照姚莹所议，与卑府管见相同。所有杨守原议请修入山备道之处，应毋庸议。[①]

实际上，台湾大体上以泉州人居沿海地区，漳州人居内陆地区，客家人居内部山地丘陵地带。这种分布格局的出现，也是分类械斗所造成的族群迁移的结果。[②] 这方面的例子有很多，如道光六年（1826 年）彰化发生闽粤械斗，引发彰化、嘉义、凤山诸地闽粤人民大规模纠集冲突，粤人因为寡不敌众，只能放弃原来垦地，选择迁徙至内山地区，或与客家人同处，以求自保。[③]

---

① 姚莹：《东槎纪略》卷二，“台湾文献丛刊”第 7 种，台湾银行经济研究室，1957。

② 薛化元：《台湾开发史》，三民书局，2007，第 65 页。

③ 王幼华：《考辨与诠说：清代台湾论述》，台北文津出版社，2008，第 124 页。

三、清廷对械斗的治理

从政府管理层面来看，清廷对台湾械斗的处置，总体上是劝谕与镇压并重的，只是各个时期略有偏重。

康雍时期对于台湾械斗，负责处理的官员等皆以劝谕为主，例如，发布《谕闽粤民人》（蓝鼎元代），劝谕民人宜各释前怨，共敦新好，为盛世之良民。劝谕之外兼用剿捕，所谓“以杀止杀”：

> 汝等漳、泉百姓，但知漳、泉是亲；客庄居民，又但知客民是亲。自本镇、道、府视〔之〕，则均是台湾百姓、均是治下子民；有善必赏、有恶必诛，未尝有轻重厚薄之异。即在汝等客民与漳、泉各处之人，同自内地出来，同属天涯海外、离乡背井之客，为贫所驱，彼此同病。幸得同居一郡，正宜相爱相亲；何苦无故妄生嫌隙，以致相仇相怨，互相戕贼？本镇每念及此，辄为汝等寒心。今与汝民约：从前之事尽付逝流，一概勿论；以后不许再分党羽，再寻仇衅。漳、泉、海丰三阳之人经过客庄，客民经过漳、泉村落，宜各释前怨，共敦新好，为盛世之良民；或有言语争竞，则投明乡保耆老，据理劝息，庶几兴仁兴让之风。敢有攘夺斗殴、负隅肆横，本镇执法创惩，决不一毫假借！其或操戈动众相攻杀者，以谋逆论罪；乡保耆老管事人等，一并从重究处。汝等纵无良心，宁独不畏刑戮？本镇以杀止杀，无非为汝等绥靖地方，使各安生乐业。各宜凛遵，无贻后悔！①

乾隆时期的政策则较为强硬。当时爆发了几次较大规模的械

① 蓝鼎元：《谕闽粤民人》，见《续修台湾府志》卷二十一，“台湾文献丛刊”第121种，台湾银行经济研究室，1962。

斗，如乾隆四十七年（1782 年）漳泉械斗，十一月十九日福建巡抚雅德奏称官员苏泰等查明事由并主张先事抚绥，后严缉捕："使当纷纷互闹之时，轻言剿捕，必致玉石俱焚，且恐激成大害。是以先事抚绥，后严缉捕，并不敢徒事姑息，以贻后患。"[①] 乾隆皇帝对此甚为不满，上谕称：

> 乾隆四十八年二月初八日，内阁奉上谕：……台湾械斗一案，皆因该处文武各官平日废弛玩纵，以致酿成事端，又不立即擒灭，甚致该府苏泰罔知大体，出示劝和，希图将就了事，种种姑息养奸，非寻常贻误地方可比，前已降旨革职拿问。今该督等派员解送刑部审拟定罪，必当严加惩治，俾地方官知所儆畏，庶得政理而民安。乃富勒浑等竟欲为该员等预存开脱地步，此等姑息市恩，最为外省恶习。……朕综理庶务，烛照无遗，富勒浑等尚敢以此等伎俩轻为尝试，此风断不可长，富勒浑、雅德著严行申饬，交部严加议处，将此通谕知之。[②]

乾隆皇帝主张对械斗案件从重严惩，剿捕查办，反对劝谕主和，惩办希图将就了事、种种姑息养奸的地方官员，并整顿台湾政务、军务，加强对械斗事件的处置能力。乾隆四十八年，乾隆皇帝就下旨将台湾班兵三年一换旧例改为五年一换。

乾隆之后械斗案件的处理大都是参照乾隆时期旧例施行。同治十三年（1874 年），沈葆桢等奏请将福建巡抚移扎台湾以专责成，清廷要求：福建巡抚移驻台湾之后，所有台湾械斗仇杀之

---

① 《福建巡抚雅德为彰化诸罗俱各宁静事奏折》，乾隆四十七年十月十九日。

② 《台案汇录癸集》，"台湾文献丛刊"第 228 种，台湾银行经济研究室，1997。

案，自应即照福建省专例严办。[①]

要之，确保台湾汉人移民不生动乱是当时清廷治理台湾系列政策的首要目标，而族群的分化与对立在某种程度上为地方官员操控社会提供了一些有利条件——如前所述，官方只要确保械斗不演变为动乱或与“乱贼”相勾连——但不可因此就认为清政府各级官员在对待台湾械斗特别是分类械斗之习气时是完全放纵不管的，他们亦认识到分类之风对台湾社会发展的消极影响，因此想尽办法消弭此风。

在分类械斗事件的处置过程中，要尤其注意避嫌，即民众普遍认为官员容易“袒护同籍”。例如，《淡水厅志》卷九《黄骧云》传：

> 黄骧云，字雨生，中港头份庄人，籍嘉应州，参将清泰子。道光己丑进士，签分工部。清泰以书生习武，望子能文。骧云肄业鼍峰十年，为文益邃。丁酉分校京闱，取士多得人。尝赴西陵督办要工，往来寒暑七阅月，心力交瘁。张丙之乱也，适省亲在籍，台湾道平庆令作书谕庄民勿生事。时闽、粤两庄构衅，闽人疑有私，诣省门控以主谋，祸叵测。骧云挈妻子质官，亲赴各庄购线缉匪。又捐买谷石，散致贫民，而正凶咸获。奏得优奖，补都水司主事，洊升营缮司员外郎。[②]

黄骧云祖籍广东嘉应，当时闽粤互斗，黄骧云的特殊身份引发闽人不满。闽人以为“有私，诣省门控以主谋”。从中可见当时台

① 《台案汇录壬集》卷二，“台湾文献丛刊”第227种，台湾银行经济研究室，1966。

② 《淡水厅志》卷九，“台湾文献丛刊”第172种，台湾银行经济研究室，1963。

湾民人对于官府普遍的不信任及闽粤分类思想的根深蒂固。对此，姚莹建议用非漳泉兵的上府兵来平息械斗："兰地民人三籍，漳最多，泉、粤人少，漳泉兵不可用也，请悉用上府兵以免分类械斗之隙。"[①] 实际上，早在乾隆四十七年（1782 年）处置漳泉械斗的过程中，清廷即明确要求负责官员不得袒护一方，甚至要先行惩办同乡滋事者："朕思黄仕简亦系漳州人，恐泉州民人以提督偏护同乡，心生疑惧，此处亟宜留心防范。著传谕黄仕简，查办此案应先行晓谕，以本提督系漳州人，必将漳州庄民内滋事不法者先行严办后，再将泉郡凶民按律惩治，以示公正。"并说明此种做法较为公正，"于绥靖海疆、抚绥愚民之道，更为有裨"[②]。道光六年（1826 年）闽浙总督孙尔准处理闽粤分类械斗之事，即令闽人捕闽、粤人捕粤，以化其分类之见：

> （道光）六年五月，彰化匪徒纠众与粤庄械斗，群不逞造谣焚掠，蔓及嘉义、淡水，所在不靖。警闻，尔准驰赴厦门，檄副将邵永福率兵由五虎门对渡八里坌，趋艋舺，阻其北窜；总兵陈化成斜渡鹿港，截其入海之路；己乃东渡，直指彰化获著名盗首数人，戮之。揭示械斗者与焚抢殊科，焚抢者仍别首、从，初犯、积犯定拟，胁从解散者省释；人心大定。搜余党，令闽人捕闽、粤人捕粤，化其分类之见。[③]

姚莹任职台湾期间，更是协和三籍汉民并少数民族民众，谕以和睦亲上之义，陈说五伦之道，希望以儒家道德伦理团结各族

① 姚莹：《东槎纪略》卷一，"台湾文献丛刊"第 7 种，台湾银行经济研究室，1957。

② 《著黄仕简以己虽漳州籍绝不袒护械斗漳民先行晓谕上谕》，乾隆四十七年十一月十七日。

③ （日）铃木明著，谢森展译：《台湾通志》，台湾省文献委员会，1993。

群民众：

> 噶玛兰始入版图，民番未能和辑，时有械斗，又频岁多灾。莹锄除强暴，教以礼让，民番大和。乃以秋仲会集三籍汉民、生熟各社番，设厉坛于北郊，祀开兰以来死者。为漳籍之位于左，泉、粤二籍之位于右，列社番之位于地，以从其俗。城隍为之主，列位于上。是日文武咸集，率各民番，盛陈酒醴牲核以祀之，至者二千余人。社番亦具衣冠，随众跪拜，如汉人礼。祀毕，又使民番互拜。莹乃剀切谕以和睦亲上之义，陈说五伦之道，使善番语者逐句传绎之。环听如堵，多泣下者！[①]

频频爆发的各类械斗使得一些官员充分意识到治理械斗问题的重要性，如《治台必告录》卷二收录《泉漳治法论》，该论就福建社会械斗频发的根由做出分析说：

> 良医之视病也，察其由；不去其致病之由，不可以言治也。泉、漳之民，性极拙而易怒。拙则暗于利害，而无远图。易怒，则不可砚也；不可砚则少屈抑，而发之暴矣。夫民有屈抑则讼之官者，势也；乃讼之官，而官不能治，曰犯不到案者，悍而不可捕也；捕矣、到案矣，又或贿之，而不持其平也。民以为信矣，官不能捕，吾将自捕之；于是乎有掳禁之事、有私刑拷掠毙命灭尸之事。以为犯罪而官不能治，则虽毙命灭尸无惧也。俄而信矣，毙命灭尸者，可不到案矣，到案而贿以免矣；于是乎群相效尤，浸成风俗。以为

① 姚莹：《东槎纪略》卷三，“台湾文献丛刊”第7种，台湾银行经济研究室，1957。

吾所屈抑者得纾吾情，虽破产以贿于官无怨。至其事关乎乡邑者，则率众合族，私相侵伐，由是有械斗之事。斗而死伤适均，居间者可和以解也；吾杀彼二人，而彼杀吾三人焉，则必约众再，曰吾持其平而已。盖捕犯刑拷以伸屈抑、杀人抵命而持其平者，人心天道之当然也；第官不能，则移其权于民而已。呜呼！此掳禁、灭尸、械斗之由也。去其由者为良吏，有治人焉而后可言治法。治人治法，千古不易之论。今斗习日盛，若不惩艾，其田园荒芜者不可胜计；则国家之正供他日何所取办也。民敢于杀，贫而为盗，则行劫杀；若不幸继以水旱凶荒，则械斗之技即为乱之技，为地方之忧者方大。所望仁人君子，消患于未形，是不徒治斗而已矣。[①]

这里提出掳禁、灭尸、械斗之由是官府的无能，民众因为遭遇不平事后，为了“持其平”，只得铤而走险。其后，作者分别从知难、任役、用耻、亲民、重士等各个方面提出根治对策，他提出要加强民壮队伍的建设：

昔之缉捕者以健役，今之缉捕者以民壮。健役数人而已，民壮则有数十人之多。夫人至数十，则必以治兵之法处之。故官泉、漳者，不可以不知兵也。夫兵未有不教而可用者，且必自教之而后可用也。教者非必教其技勇而已，教之使知吾之性情律令也。……今之纷纷“会拿”者，民壮数十、会营数百，哗然而往、废然而归；徒为良民之害，未见其益也。[②]

---

① 丁曰健：《治台必告录》卷二，“台湾文献丛刊”第17种，台湾银行经济研究室，1959。

② 丁曰健：《治台必告录》卷二，“台湾文献丛刊”第17种，台湾银行经济研究室，1959。

还要动用基层社会各级组织，特别是发挥宗族组织的积极作用：

夫仁人君子之用心，才德出众之循吏，当此岂遂无术？禁之不可，威之；威之不行，谕之；谕之不止，激之，其俗可变也。是自明其理以先之，善其术多方以启之，积诚以感之，痛词以发之，因其所明而通之，犯其所恶以触之，策家长以开其端，训生员以行其化；于是乎乡约以聚其人，读法以柔其气。区其治之东西南北，即假征收之便，每至其乡，必集其老幼而加劝惩焉，语毋迂而意专于激也。其劝也，其乡之善也，祠堂则荣其匾额，征收则薄其陋规；乡耆则予以赏赉，衿监则隆以礼文。其惩者，其乡之顽以悍也，褫其祠堂匾以辱之，书其囚隶之姓名榜诸壁，图其逋亡之状貌糊诸墙，散而施诸近乡之墟市，强族之生员则难其科举。吾恐其乡之人必耻以怒也；虽然，不尽此也。程子云：一命之士，苟存心爱物，于人心有所济。斯言也，以其存心也。心之苟存，相其宜而处之，无弗得者；心之不存，民乌乎幸！①

《噶玛兰厅志》引《问俗录》所论台湾游民的治理，则特别提出联甲的政策，并且认为清庄不及联甲确实可行：

是惟清庄时，另造闲民一册，著总理、族长，严谨约束，分授执事，俾勿闲游。其不率教者，禀官、逐水内渡。然总理、族长，难得其人；认真清庄者，尤难得其人。不然，何以嘉义、彰化清庄甫退，众匪衅乱，梦梦不觉？然则如之何而可？清庄之役，仍惟贤令尹素与民相亲，善恶分

① 丁曰健：《治台必告录》卷二，“台湾文献丛刊”第17种，台湾银行经济研究室，1959。

明，情伪周知，而后随时随处留心清理。知明、处当，非委员一时所能造。造册、绘图，纸上空谈；况委员到县，直如入汪洋大海，不知其津涯。且清庄之法，不如联甲。清庄者，实指其人之不善，使无所容；总理之邪者不肯为，总理之正而无势者又不能为。惟选立联首、奉行联甲，以小村联大村，以远村附近村，同心缉捕，保固乡邻，则各庄之正气盛、邪气衰，罗汉脚势难为匪，必改邪归正。否则公同禀逐内渡。为政之道，以官治民难，以民治民易。联甲法行，不分漳、泉、粤、闽，可以息分类之祸。予于建阳行之而效，今鹿港行之亦效，真孔荃溪观察治闽之良剂欤？①

从台湾基层实际的乡治情形来看，清廷对于械斗的预防及应对处置也是极其详尽而周密的。前引《问俗录》提及，联甲之法“鹿港行之亦效”，说明联甲制度在鹿港施行并且取得了实效。淡水地区是清代台湾械斗事件的重灾区，该地由官府“不厌告诫之烦，示以久安之道，颁给庄规、禁约，永照法守”②。其“庄规四则”云：

一、各庄向设总理、董事、庄正、庄副，官给札谕戳记约束庄众，不许争斗滋事抢掳为匪，不遵者禀官拿究。或官有查办事件，谕到该庄，总董等据实禀复，准盖戳记，免由代书以达下情。立法本为周密，无如日久弊生，各庄总董正副等处理事务率多偏袒，且有回护子弟，党同滋事者。若不明定章程，无以示儆。嗣后庄众有事不平者，事在本庄，则投本庄之总董人等理之。事在外庄，则投两庄之总董人等理

① 《噶玛兰厅志》卷二，“台湾文献丛刊”第160种，台湾银行经济研究室，1963。

② 连横：《台湾通史》卷二十一，商务印书馆，2010，第426页。

之。仍不平，则请邻庄之总董人等议之。终不平，则控官讯断。倘不先投诉，辄自争斗者，无论曲直，先拿肇衅之人严办。若总董庄正副袒护子弟，党同滋事者，照例加等治罪。

一、总董庄正副宜力行清庄之法，以除匪类。族有众寡，庄有贫富，未必人人衣食皆足。养而后教，古有常经；穷而为匪，事所必至。该庄总董庄正副通计庄中岁产所入之数，或十分而取其一中之半，以归公所。更查庄中年壮有力而贫无生业者，记名于族祠；无祠者则于社庙。会议公商，或酌给园地佃耕，或借给资本贸易，或雇令巡田守夜，或教之学习手工，务使子弟各有恒业，毋许游手闲荡，自可不致为匪。其曾犯窃劫掳抢、致死人命、凶暴不法者，公同捆拿，送官究办。若畏其强横，虑其报复，即密行禀官，督同拿究，不使其复归乡里。少一匪类，即少一抢窃争斗之人，通庄受益不浅。著即及早实力奉行，勿托空言。

一、凡庄中不法子弟，该庄总董庄正副固当预行约束。如有怙过不悛者，即当送官究处，可以援自首之罪，从轻减等。若未能首送，经官访闻，或被控票拘者，该庄总董庄正副务当督带亲丁协差拿送到案，不许徇纵庇匿。又或讼词命案，被人指控，是否虚实，亦必传令到案。果有冤屈，不妨邀同见证，带犯投诉。倘执迷不悟，有心庇匿，以及听嘱混清摘释，即惟该庄总董庄正副是问。

一、各庄总董庄正副责任大端，无非约束庄众、和睦乡邻之事。果能约束有方，所管庄内并无争斗窃劫抢掳及占地抗租毁焚等事，一年以上给予功牌，三年以上给予匾额，以示奖劝。

又有“禁约八条”：

一、禁。闽、粤大小各庄永归和好，不得以邻邑匪徒滋事，辄即闻风而动，擅分气类，纠众焚抢。亦不得勾通无业游民造谣煽惑，肆行抢劫。如有违者，兵役围拿，照例严办。

一、禁。各佃户应纳大租、小租，依限完纳，不得抗欠。违者投诉总董庄正副，查明著令清还，如再不遵，即禀官究追。仍不得因其欠租，私自掳抢，致滋事端。如因两造控争，租谷无从完纳者，将租谷赴厅仓暂贮，听候审断。不得因其互争，借词侵吞。违者惟总董人等是问。借欠钱债，亦照此办理。

一、禁。不许掳人勒赎，不许窝盗肆窃，不许私销赃物。违者照例严办。

一、禁。坟墓田园，以及水圳水埤，悉照旧界管业，不得私相侵占，以杜争端。

一、禁。一切词讼命盗等案，务须指控正凶正犯，不得株累无辜，借命图诈，挟嫌诬害。违者照律坐诬严拿，讼师从重究办。

一、禁。庄众应完钱粮正供，及充公租谷补谷各项，年清年款，不得违例抗欠。佃户欠租，尔等且不甘心；业主抗粮，朝廷岂无法律？况淡水殷户，隐匿田甲，十居七八。现征钱粮正供等项，为数本属无多，按年完纳，不觉其多。若积欠追偿，转致力有不逮。尔等勉之。

一、禁。庄中生监士子，及有职人员，咸宜安分守法，勉图上进，不许包揽词讼，交给衙门，护庇匪党。现经本分府刊刷训士卧碑文，宜各知所遵守。如有不遵守卧碑者，褫革究惩。

一、禁。庄内不准容留外来游手之人，不准私置鸟枪藤牌等项军器以及私买硝磺火药。违者照律严办。[1]

以上庄规、禁约主要的目的就在于约束庄众、和睦乡邻，防止大规模械斗事件的发生。而防控的最主要对象是无业游民，毕竟，在许多械斗事件的发生过程中，游民的煽惑、参与起到了极大的作用。经过清庄，加上社会经济的发展，游民大量流入城市谋生，乡村之中游民锐减，极大地减少了械斗发生的要素，同治以后械斗之风明显减弱。

要之，当社会经济得到发展，社会结构发生变化，移民社会的特点削弱，台湾实现从一个缺乏稳定性的移民社会向一个稳定的定居社会转型之后，械斗，特别是分类械斗也伴随着台湾社会结构的调整而逐渐减少或消失了，但历史上台湾民众这种浓厚的地籍观念、狭隘的地方主义所产生的不良影响仍然很难彻底消除。

---

① 《淡水厅志》卷十五，“台湾文献丛刊”第172种，台湾银行经济研究室，1963。

第三章

清代台湾的乡族社会

第一节　清代台湾的家族组织

明清时期的宗族（家族）形态不同于宋以前，它属于一种新的宗族形态，主要以宋儒的社会主张为理论依据，强调以儒家人本主义的伦理政治文化化民成俗，建立稳定的社会秩序。[①] 新的宗族形态的重要特点就是组织化。明清宗族的组织化受到乡约制度的深刻影响，组织日益完善，管理日趋严密，产生了宗族乡约化的趋向。

---

① 常建华：《明代宗族组织化研究》，故宫出版社，2012，第1页。

一、清代台湾家族的形成

理论上说，一个移民社会必须有足够的人口方能建立宗族，而这需要具备其中一个条件：举族迁徙或者足够的世代繁衍。[①]举族迁徙在清代台湾基本没有（一般认为台湾汉人社会无举族迁徙的例子[②]），因而只能是世代繁衍的结果。明末清初时期是台湾宗族发展的关键期，高拱乾言："台以海外地，明季通商，始有汉人。迨郑氏遁踞，旧家世族或从而东，生聚有年，而弦诵犹未广也。越至于今，输诚纳土，岛民得睹天日；分设郡县，招徕愈众。"[③] 旧家世族大量移居台湾，世代繁衍，同时带来了家族制度与文化的繁盛。汉人移民特别是旧家世族在台繁衍的情况，著名的如陈永华之后裔："子梦纬、梦球，居台蕃衍，至今为邑望族。"[④] 而更详尽、更有代表性的如乾隆三十五年（1770 年）《郑母慈勤郭氏墓志铭》所载：

> 太宜人，姓郭氏，赤嵌国学生讳国梁公长女也。少赋性温惠，婉娩听从，娴于女史之箴。及长，适郑氏，佐诰赠奉直大夫应捷公。公自祖父肇基台邑，已历数世，族繁，属眷良多。……太宜人生于康熙戊辰年九月十七日寅时，卒于乾隆庚寅年四月二十四日卯时，享年八十有三。生男六：长廷甫，娶国学生陈讳荣公女。次国学生、诰赠奉直大夫廷爵，

---

① 陈其南：《台湾的传统中国社会》，允晨文化实业股份有限公司，1987，第 127 页。

② 陈其南：《台湾的传统中国社会》，允晨文化实业股份有限公司，1987，第 127 页。

③ 《重修福建台湾府志》卷二十，"台湾文献丛刊"第 74 种，台湾银行经济研究室，1961。

④ 连横：《台湾诗钞》卷十六，"台湾文献丛刊"第 280 种，台湾银行经济研究室，1970。

娶国学生林讳端德公女。三廷球，娶张讳登公女。四国学生廷佐，娶国学生王讳兴彰公女。五廷哲，娶国学生吕讳兴宗公女。六廷琛，娶国学生李讳朝恺公女。女二：长适贡生陈讳明祖。次适贡生吴讳文汉。孙男自长廷甫出者二：长其养，蚤卒。次国学生世和，娶庠生孙讳缵勋公女。自次廷爵出者三：长其瑕，娶国学生吴讳自侯公女。次其蠲，娶州司马王讳朝钰公女孙。三其仁，未聘。自三廷球出者一：长其玷，娶国学生陈讳天胜公女。自四廷佐出者三：长其实、次其猷、次其发，俱未聘。自五廷哲出者二：长庠生其龙，娶庠生王讳朝兴公女。次其凤，未聘。自六廷琛出者二：长其善，娶庠生韩讳振元公女。次其新，未聘。孙女共八人：长适国学生黄讳兆魁，次适儒士邱讳大山，次适廪膳生刘讳应罴，次适儒士邵讳大江，次适儒士林讳授芳；余俱未字。曾孙七：大经、大青、大载、大彩、大为、名时、大川，俱幼，未聘。曾女孙三，亦未字。太宜人以乾隆庚寅岁十二月庚寅日□□永康里之洲仔内，穴□辛□□□□□卯丁酉丁卯分金。①

郭太宜人生于康熙戊辰年（1688 年）九月十七日寅时，卒于乾隆庚寅年（1770 年）四月二十四日卯时。其夫郑氏“自祖父肇基台邑，已历数世，族繁，属眷良多”。郭太宜人享年八十三岁，至乾隆三十五年逝世，其家已有数房之支派了，足见其族繁衍之盛。

像郭太宜人这类家族，常由几个核心家庭构成，他们拥有共同财产，以家长作为亲族团体的领导者，婚后儿子依其长幼之序

① 《台湾南部碑文集成》，“台湾文献丛刊”第 218 种，台湾银行经济研究室，1966。

分别称为大房、二房、三房……每房都是一个核心家庭，有着夫妻、子女（未婚）或者儿媳与孙儿女，这种家庭称为“族长式家庭”。随着清代台湾社会经济的发展，这种家庭在社会中逐渐成为主体。在台湾历史的特殊背景下，除了地缘组织的形成之外，作为汉人移民的亲属组织——宗族及其相关的民间社团也逐渐得到一定的发展。

二、清代台湾宗族类型与族产

汉人传统的宗族是以血缘关系为主的亲属群体，也是聚族而居的地缘单位。清代台湾的宗族可以分为两种类型，即合约字宗族与阄分字宗族，前者往往超越地域，祭祀远祖祖先，故被称为大宗族，后者则成为小宗族。如《澎湖厅志》卷七提及蔡耀坤家族建立“小宗”之事：“蔡耀坤，风柜尾人。家小康，而能识大义。……卒年六十八，弥留嘱其子司训玉成辈，以宗祠未建为憾。于是玉成鸠建小宗于本族铁线尾，成父志也。”[①] 而《诸罗县志》卷八述及台湾的“大宗”：“凡祭于大宗，于春分、于冬至；祭毕，饮福。”[②]

所谓合约字宗族指的是由来自同一祖籍地的移民，以契约认股的方式共同集资购置田产，设立祭祀公业，参与者根据股份承担相应权利和义务，而非按传统宗族根据房份加以安排。这些宗族的成员有些是大陆同一宗族的移民及其后裔，有些则没有血亲关系和共同的系谱结构，仅仅是因为同姓而共同祭祀远古共同的祖先。他们往往奉祀世代较远的祖先，故又被称为唐山祖宗族。[③]

---

① 《澎湖厅志》卷七，“台湾文献丛刊”第164种，台湾银行经济研究室，1963。

② 《诸罗县志》卷八，“台湾文献丛刊”第141种，台湾银行经济研究室，1962。

③ 陈孔立：《台湾历史纲要》，九州出版社，2006，第143页。

如前已述及，台湾移民共居社会中，“鲜聚族鸠金建祠宇，凡同姓者皆与，不必其同枝共派也”[①]。很多所谓的“家庙”“祠堂”，只是同姓者供祖先之神主于祠内，不一定是同枝共派的传人。

阄分字宗族与阄分祖先财产有关，他们在阄分祖先财产之时往往要求留出一部分作为祭祀公业，这是阄分字宗族形成的基础，相对于唐山祖宗族，这类宗族又被称为开台祖宗族。[②]

从阄分字宗族形成的基础来看，一个家庭一旦家大业大，随着人口的持续繁衍，分家分房在所难免，因此有所谓“分爨之情事”，分爨中必须留下一些田产或资金作为“祀业”。据《安平县杂记》载：

若祖父伯叔兄长经营发达者，资产有千余万金，后来传有五房，欲分爨，资产自行掌管者，应即公同延请本姓族长或亲戚朋友、平日办事秉正廉洁自持之人到家，设筵款待，择定日期，将要分资产业契账簿等项，一概交付公亲。然后公亲查明长辈有几人，应先踏养赡丧费，下辈有男女几人，男未娶妻者应踏娶妻聘费，女未嫁夫者应踏妆奁。又踏一二万金作祀业，按长次各房轮年值办祭扫之事。又再踏数十或一万金作书田，如各房内有子弟进学者，归其收用。若家资数十万金之多者，有踏举人田、进士田、状元田，凡本支各房内中举人、进士、状元者，归其收用。再分爨各房有五，均系亲生，并无螟蛉，应作六份匀分者：因长房长孙多分一份故也。如其中有螟蛉，不能按房匀分，酌量给与。除踏养赡、聘费、妆奁、祀业、书田及公亲谢仪各款以外，公亲应将资产、业契、房屋、银钱、器棋等项，秉公分配清楚，择

① 《重修福建台湾府志》卷六，“台湾文献丛刊”第74种，台湾银行经济研究室，1961。

② 陈孔立：《台湾历史纲要》，九州出版社，2006，第143页。

一吉日，请各亲戚朋友将六份资产，编作六字，写六块纸、封密，搁在筒内，有在祖宗神前、有在天中央，同公亲戚友，照长次各房拈阄。何房拈著何字，此字内所填之业产各项，就是伊阄分应份物业。阄拈完竣，再将六字总合，交公亲雇人填写阄书一样六本，并将养赡各款一概填入阄书前。写完对明无错，再将阄书六本，公同盖印画押，每房公执一本。所有阄分应得业产各项，各归各房自行掌理。其分爨后祀业以及未分爨产业资财有数千万或数十万者，公事繁多，就于各房中公举一有功名之人，办理各房公事；而办理之人老衰或病故，应再就各房中各举一人接办。此即家财继袭习惯及各房产业分爨之情事也。[①]

此中明确要求，分爨须延请本姓族长或亲戚朋友、平日办事秉正廉洁自持之人到家，设筵款待，择定日期，将要分资产业契赈簿等项，一概交付公亲，而且要留下一二万金作祀业，按长次各房轮年值办祭扫之事。关于此，《台风杂记》所言亦大致相同：

台俗之最美者，莫若于一家团栾之风。家有兄弟数人，则均分财产，住居一屋；不啻招螟蛉之诽，又有干枝相卫护之义。是以眷族繁衍，多者六七十人，少者十五六人。或耕耘田野，或贩卖物品，或佣作他家，或羁旅贮金，营营栖栖，与岁月相移。若夫兄弟构别屋离居者，名曰分房，任其所望；唯除去祖宗祠堂金，余则均分之，毫无纷扰反目之态。岂可不言美风乎？[②]

---

① 《安平县杂记》，“台湾文献丛刊”第52种，台湾银行经济研究室，1959。

② （日）佐仓孙三：《台风杂记》，“台湾文献丛刊”第107种，台湾银行经济研究室，1961。

有些祀业或公业，原是分家之时留出的给家中长辈老人的养赡田或赡养费，于老人去世之后转为公业的。如道光六年（1826年）的一份合约书称：

立分业阄书合约字人母王氏，有生下六子：长玉盼、次玉庇、三玉清、四玉琛、五玉泰、六玉膑，俱婚娶成人。因夫别世，氏亦年老，窃欲兄弟式好无仇，慕九世同居之义；既翕和乐，效七佰共爨之风。第世事如棋，人心不古，又兼生齿日繁，田园见窄，欲其无生嫌隙于后，宜当分理预防于先。故邀请家长，爰将所创田园厝宅抽出养赡以外，并踏为出嗣子玉盼、玉泰二人之业，其余付与玉庇、玉琛、玉清、玉膑作四人均分，厝宅以及家器什物各作六人均分。此系至公无私，祷神拈阄为定，各宜安分照阄管业，不得日后争长竞短，致伤和气，则祖宗之烟祀可长享，实子孙之积善有余庆也。今欲有凭，立阄书一样六纸，每房各执一纸，永为子孙存照。

计开条目于左：

一、买陈光平书契田一所，自己踏为养赡，候氏过世以后，付玉庇、玉清、玉琛、玉膑四人为公业，轮流供奉祭祀。若天假我年数，其所收之粟或有积蓄，俱系四人之额。日后临终之时，棺椁衣衿并丧费诸费，四人该办理，批明，再照。

一、买尽大仓尾园，是夫兄弟建置，照夫兄弟依次轮流，历年供奉夫兄弟及祖先祭祀，批明，再照。

……①

① 《台湾私法物权编》，“台湾文献丛刊”第150种，台湾银行经济研究室，1963。

有学者指出，凡属阄分字宗族的各种公业，一般都可以按照各自继承的房份分拆或买卖，这种事例在清代台湾是十分常见的。[①] 但这种做法毕竟往往容易引发矛盾纠纷，如《李文旺公碑记》云："窃谓同气连枝，共承先祖创置祀业，已历多年。子孙众多，贤愚不一，有一二不肖，侵吞累欠，盗契私变，以致公庭。"[②] 有的遗嘱中就强调不许后世子孙随意买卖祀业，甚至诅咒有敢盗借典买祀业的外人不仁不义，应绝子灭孙：

> 昔余曾祖父奉承许家一派禋祀，及先父又奉承林家一派香烟，并本家亲房列位祭祀，以及祭扫坟墓忌神，所关要者不一其事。余素承先人遗嘱，此三层要事屡屡念念不忘，惟恐无以慰先人于地下，爰是克勤克俭，粒积多年，创此基业，永为祀田。特将此业交长子天禄、次子万盛掌管，俾其二人逐年轮流，永远为祭扫坟茔忌神以及修理风水之费；日后倘有不肖子孙妄作为非等弊，决不得将此田业盗借典卖，以致废断此三层禋祀，及坟墓年节忌神等事。此业关系数家禋火，其事匪小，无论尔等后来不许擅自盗借典卖，即间有一二亲朋亦不得私买；倘有不肖子孙要将此业卖出，亦望亲朋劝改留存，实为万世功勋。况乎有钱，岂无业产，假如万一有外人故违余约，而向余子孙盗借典买祀业者，便是不仁不义，自应绝子灭孙，载明永远存照，立批又及。[③]

上述遗嘱中还提到，将此业交长子天禄、次子万盛掌管，俾

① 郑振满：《清代台湾乡族组织的共有经济》，见《乡族与国家：多元视野中的闽台传统社会》，生活·读书·新知三联书店，2009，第67页。

② 《南瀛古碑志》，南县文化局，2001，第54页。

③ 《清代台湾大租调查书》，"台湾文献丛刊"第152种，台湾银行经济研究室，1963。

其二人逐年轮流，这种由全体共有者轮流从事经营的方式是阄分字宗族中较为常见的管理公业的方式。在这种方式中，轮值者并未具有完全的所有权，但具备独立的经营权，他们在支付既定的公费之外，自负盈亏。[①] 而在合约字宗族中，管理公业就采取另外一种方式，由于共有者人数众多，他们只能以专任经营的办法管理，即由少数共有者专门从事经营管理。[②]

祠堂的祀业属于合族共有的产业，不得随意侵占和买卖。但不论是阄分字宗族还是合约字宗族，公业的所有权都具有相对的流动性，其实质仍然是一种私人所有权——虽然在拆分或买卖有关股份之时，必须得到全体共有者的认可，且只能在共有者内部转让股权。[③]

清代台湾宗族组织的公业，主要有为祭祀而设的祭祀公业，也有其他形式的公业。如前引《安平县杂记》所谓"分爨之情事"中，祀业之外还有书田，这是供各房内有子弟进学者使用的，至于举人田、进士田、状元田等，是供本支各房内中举人、进士、状元者用，这些都是族中士绅才能享有的。

公业中以族田最为常见，其名目较多，书田之外，还有祭田、社田、祠田、义田、香油田、轮班田等。如道光二十一年(1841年)《陈仁祖香灯祀业碑记》记载陈氏宗祠的祭田情况：

> 我族人于好修庄鸠建祠堂，崇祀始祖，由来旧矣。今复重修改造，焕然一新。□□□□□□□□□□□□□□□

① 郑振满：《清代台湾乡族组织的共有经济》，见《乡族与国家：多元视野中的闽台传统社会》，生活·读书·新知三联书店，2009，第68—69页。

② 郑振满：《清代台湾乡族组织的共有经济》，见《乡族与国家：多元视野中的闽台传统社会》，生活·读书·新知三联书店，2009，第70页。

③ 郑振满：《清代台湾乡族组织的共有经济》，见《乡族与国家：多元视野中的闽台传统社会》，生活·读书·新知三联书店，2009，第68页。

□□□□□□□久远，或不善守而废置焉。爰将田□、界址、租额勒之贞珉，以垂不朽。

一、五房大公于道光十五年二月买刘可乐水田一段，坐落本庄□□□□□□□□□，东至□家田，西至王家田，南至郭家□□□□□界。□三圳水灌溉，价银二百八十员，道光十六年二月税布字□□□千九百二十□□□，年收小租□二十八石。

一、三房小公于道光十二年正月买叶文禄等水田二段，坐落本庄□□□□□□□□一段一甲一分，东至刘家田，西至□□□，□□□家田，北至圳为界。□三圳水灌溉，价银四百二十元，道光十五年二月□□□□□□□九百五号，年收小租谷四十□□□。

一、三房小公于道光十三年十一月买到黄氏水田一段，□□□□□□□□□□□□□□□三□，东至刘家山，西至许□□□□□□，北至洪家田为界。带私埤水灌溉，价银二百八十员，道光十六年□□□□□□□□□□九百二十八号，年收小租谷□□□石。

一、三房小公于道光十四年二月买李水露等水田一段，坐落本庄□□□□□经□□，东至林家田，西至□家田，南至圳，北至□家田□为界。带二圳水灌溉，价银一百七十员，道光十八年□□□□□□□□□□□□□□，年收小租谷□十五石。

一、三房小公于道光十五年十一月买□登洲等水田一段，坐落□□□□□□□□□东至□家田，西至刘家田，南至埤，北至沙□为界。□□圳□□陈圳水灌溉，价银五百□□□□□□□□□□□□□□□□□□□□□□□十六号，年收小租谷三十六石。

道光二十一年二月□日，陈仁祖五房子孙公立。[1]

这些公业或族产的用途，首先当然是留出部分作为家族祭祀祖先之用。祭祖代表族人的“敬宗”，这是所有中国人根深蒂固的观念。每年的春冬祭祀都需要一笔不菲的费用，据《安平县杂记》载：“民间祭祀之礼，如富户有建祠堂者，岁以春冬致祭。春二月祭，冬十一月冬至日祭；均用帛白、羊豕、牲醴、酒席、粿品、果子等物。”[2]

祭祀之外，族产也有其他用途。连横《台湾通史》即言：“台人重宗法，敬祖先，故族大者必立家庙。岁时伏腊，聚饮联欢，公置义田，以供祭祀，又为育才、婚嫁、恤孤、振乏之资。”[3] 如前所述，宗族的发展离不开本族道德理念的提升，族谱家训中有的就明示说族人要团结本宗族人，和睦乡邻：“同宗之人俱是先祖之遗体也。户口千万，虽有亲疏不同，而自祖视之皆其子孙也。人知尊祖敬宗自不敢轻视祖宗之子孙，苟有富贵欺贫贱，众强凌寡弱，是目无族人，即目无祖宗……愿我后人亲爱同宗，并和乡党。”[4] 在儒家道德理念的影响之下，各宗族都会积极参与一些社会公益事业，其中如设置义田、建庙、助学等。《治台必告录》卷五谓：

查姚前道任内，谕各社家长，以各庄丁口万人、千人，

① 《台湾南部碑文集成》，“台湾文献丛刊”第 218 种，台湾银行经济研究室，1966。

② 《安平县杂记》，“台湾文献丛刊”第 52 种，台湾银行经济研究室，1959。

③ 连横：《台湾通史》卷二十一，商务印书馆，2010，第 428 页。

④ 《蕉岭台湾五全林氏族谱》，《台湾关系族谱丛书》第 11 种，龙文出版社，2003，第 147—148 页。

最少数百人。贼虽多不过数十，少仅十余人，尔族丁十倍于贼，贼虽强，焉敢伺夜深入？此必有与贼通者。通贼者非他，即本族本庄贫乏人尔。若辈无业忍饥，富者不肯赡给，故怨而通贼。尔社内富家可出公费若干，将社中贫乏无业而年壮者，悉召归之，日给饭钱，使为壮丁。大社四十人，中社三十，小社二十。分为两班，每夜一班巡社防守。一人执锣不鸣，一人击梆，余执大挺，不许持刀枪鸟铳。自三更起，绕行社外，向明而止。见贼则鸣锣大呼，一社之人群起应之，贼必不敢入社。一社鸣锣，则邻社皆应。不逐贼者罚之。贼既走，不可远追击捕，恐其穷迫伤人。此法一行，则各社贫者有以自养，皆自保其社，不但不通贼，亦不复出而为外盗矣。姚前道任内，各社遵行，立见安谧。至隆冬以后，平日各须妥议章程，以期闾里益臻清静。凡子弟为非，父兄同罪。当绸缪于未雨，期任恤之可风。各社内一人兴讼，众人牵连；一家滋事，大家破费。官兵至则妻孥移散，壮勇来则鸡犬皆惊。典田鬻产，为无益之虚糜；积怨深仇，遭不测之祸患。与其为难于事后，何如早筹于事前？人无愚智，各具天良。境处饥寒，易成地棍。各社家道殷实者公议按捐地亩若干，各家分收近支族中贫苦孤独子侄若干人，或借给粮食，佣工出力，按年抵扣；或支付铜钱，小本营生，余利归还；或祠堂公提生息，或本社捐置赡田。幼而慧者设义塾以免游闲，壮而钝者习技勇以防奸宄。如怙恶不悛，公请族长责惩逐出，本支联名送官究处，不准回社。如改过自新，或保送衙门充当壮勇。尔等同心协力，庶几有安享太平之日矣……尔绅耆其各勉旃。[1]

---

[1] 丁曰健：《治台必告录》卷五，“台湾文献丛刊”第17种，台湾银行经济研究室，1959。

如上所示，本族本庄贫乏之人，无业忍饥，富者不肯赡给，故怨而通贼。因此，应以社内或族中富家出公费若干的形式，将社中或族中贫乏无业而年壮者，悉召归之，日给饭钱，使为壮丁；又要家道殷实者公议按捐地亩若干，各家分收近支族中贫苦孤独子侄以为佣工，年幼者则送入义塾读书，对于屡教不改者，公请族长责惩逐出。可见，宗族组织赈济贫困的作用不容小觑，它能够使族人感受到血缘关系的现实意义与必要性，从而增强合族的凝聚力，到达“收族”的目的，这也是官方在地方治理中之所以重视宗族组织参与的原因。

而捐资建庙之所以可以名为“社会公益”，因为在清代台湾，庙宇通常是作为地方民众重要的聚会场所，充当文化活动中心的角色。如据学者研究，台湾六堆地区，乾隆中叶该地大多是以个人名义题捐，而自嘉庆以后，以祭祀公业、商号、神明会等名义题捐公共事业蔚然成风。[①] 实际上，这从一个侧面说明宗族组织在这一时期繁盛的事实。如嘉庆八年（1803 年）《建造天后宫碑记》中就出现涂、钟、廖等数姓家庙捐资：

> 油漆、金薄、伙食价银三百三十元老东势副理黄清□、钟乃芳、黄毓麟、刘□云领簿一本题银三百元：张振东二十八元。张正位十五元。张志学十四元。刘训运十元。廖兴龙十元。涂□生十元。黄清华八元。黄志仰八元。张福元三元。张薰记五元。天后祀典八元。涂家祖堂六元。李秦纲四元。钟同公堂六元。刘、钟家渡费六元。城隍祀典五元。廖宗祖堂五元。黄初维五元。钟水振公四元。钟育凤四元。钟乃秩四元。张仲瑾四元。涂定煌四元。钟百一郎四元。陈应

① 简炯仁：《屏东平原客家“六堆”聚落的形成及其社会变迁》，见徐正光：《聚落、宗族与族群关系》，“中央研究院”民族学研究所，2000，第 42 页。

晋四元。黄连拔、钟乃芳、黄耀龙、福德祀典、钟家祠堂、涂海英、邱西湖、张开凤，各题银三元。[1]

需要特别说明的是，清代台湾还有另外一种情形，即由大陆原乡组织以公业形式至台发展。如康熙五十九年（1720 年）创立的“祭祀公业钟德重公尝”，系原籍镇平县金沙乡的钟德重公第十四、十五世子孙，以每份出资银 1 元，凑成 2800 份，合计 2800 元，由派下子孙渡海来台，在台湾购置 20 余甲土地，并以较为低廉的价格租给派下子孙耕作。[2]

三、祠堂与族谱

祠堂是家族祭祀、议事、执行家族族规的重要地点，是清代台湾家族组织的中心之一。学界一般认为，南宋朱熹“约前代之礼，创祠堂之制”[3]。明代中叶以后，福建民间家族祠堂的建造臻于繁荣，规模和数量都不断扩大，一般的家族不但有合族共祀的宗祠或总祠，而且也有了各房的支祠。[4] 台湾宗祠的修建在清代达到高峰。[5]

早期汉人移民在台湾虽有定居者，但因为眷属等大都在大陆，他们对于祖先的祭拜必须通过派员返回原籍祭祖来完成，这种不便与艰辛可想而知。随着宗族成员在台的大量繁衍，一些有

---

① 《台湾南部碑文集成》，“台湾文献丛刊”第 218 种，台湾银行经济研究室，1966。

② 林正慧：《六堆客家与清代屏东平原》，远流出版事业股份有限公司，2008，第 124 页。

③ 徐一夔等：《明集礼》卷六，影印文渊阁四库全书本，第 649 册，第 172 页。

④ 陈支平：《近 500 年来福建的家族社会与文化》，生活·读书·新知三联书店上海分店，1991，第 37 页。

⑤ 林国平：《闽台民间信仰源流》，福建人民出版社，2003，第 100—102 页。

资历者便倡导建立祠堂。祠堂的兴建与维护大都需要依靠族人共同出资完成，如始建于乾隆四十八年（1783年）的黄氏家庙，就是由族人鸠工庀材而创建，嘉庆年间众族人再集资修缮。嘉庆九年（1804年）《黄氏家庙重修碑记》云：

> 窃惟万物本乎天，人本乎祖。欲隆庙祀，必有圭田；思利后嗣，宜杜弊端。爰稽我宗自渡台以来，卜居三间，由来旧矣。其鸠其族也，罗山屏绕，倚玉枕以钟灵；而因流竟源，脉溯宝岭，从后河而衍派。念水源之义、动报本之思，不无睹春露秋霜而感慨系之矣！因而叔兄弟侄辈各出银粟，以休养生息，而为孝享之资者，时则维乾隆十有五年始也，其历年收税所置祀业，则俱书始祖黄茂隆姓名也。及建立宗祠而鸠工庀材，时则维乾隆四十有八年。而栋宇始竹苞松茂，不数月而告厥成矣。所谓为之宗庙，以鬼享之，春秋祭祀，以时思之，其是之谓乎？第恐善作者不必善成，有初者鲜克有终，不惟负前人董其事者创垂之苦心；而灵爽鉴观，保无时怨而时恫也。用足悲夫！于是勒石为训，凡诸族姓，各宜凛遵：务须敦实，行饬伦纪，毋废先人之祀也，则幸矣！是为记。谨以各房所出银粟姓名列左……嘉庆九年是岁甲子秋七月镌立。[①]

从碑文可知，黄氏始祖黄茂隆乃是渡台移民，其在台繁衍生息，后裔渐多，遂于乾隆十五年“叔兄弟侄辈各出银粟，以休养生息，而为孝享之资”，直至乾隆四十八年方才建立宗祠。

再如吴姓宗祠“至德堂”的建立。乾隆年间有广东陆丰县人

---

① 《台湾南部碑文集成》，“台湾文献丛刊”第218种，台湾银行经济研究室，1966。

吴起成来台，于大甲港登陆，在大甲地区为人帮佣生活，后娶妻生子，屡经移居，开垦成业，生得八子二女，后子孙定居于西湖乡湖东村二邻，并在此建立起祠堂。①

一些地方的宗祠因为原先居住的族人逐渐消散，或缺乏相应的资金管理而废圮，这就需要有能力的族人担当修复的责任，他们可以移建宗祠，并劝募资金以完成之："同治年间，内新庄有林姓宗祠倾圮，祖父商之文明公，协力移建于旱溪；宗人推文明公董其事，而以祖父副之。迨文明公遇害，祖父独肩其任，四出劝募，以底于成。"②

而随着家族人口的增多，或因为躲避灾害、械斗等其他原因导致在原先居住点的族人为了寻求新的生产与生活需要而迁移他处并定居、繁衍子孙，这就出现了分支迁居外地的现象。如雾峰林氏："曾祖考讳定邦，其先彰化大里杙人。自七世祖石公，以林爽文之累破其家，我太高祖逊公又没于漳之平和故里；于是我太高祖妣黄氏，乃挈其二子迁于阿罩雾，则我高祖考甲寅公与高伯祖琼瑶公是也。高祖考生三子，复抱养他人子一；长则我曾祖考，次曾叔祖奠国公，次曾叔祖振祥公，次抱养叔祖四吉公。载世孝慈，家道复振；善人继起，能赞其绪者，厥惟我曾祖考矣。"③ 雾峰林氏迁自彰化，其祖与林爽文属于族亲，虽没有参与林爽文起事，但还是受到牵连被迫迁移。又如雾峰林氏有支房迁移是因该祖有远见，"知东大墩一带平野可聚族数万人，将来必有振兴之一日，乃移住于东势子"：

> 先祖父讳五香，字志芳，曾祖棣公之五子；生于清嘉庆二十年二月十九日。自少岐嶷，入塾异常童；文字粗通，时

---

① 王幼华：《考辨与诠说：清代台湾论述》，文津出版社，2008，第123页。

② 《台湾雾峰林氏族谱》。

③ 《台湾雾峰林氏族谱》。

即弃之。中岁，好殖产，垦荒芜，多历年；艰难险阻，莫不备尝。同治元年，……福建提督刚愍公奉旨回台除乱，公素知祖父之为人，甚器之；邀入戎行，从征各地，颇有劳绩。乱平，赏以军功六品衔；红其缨而白其顶，固已列为衣冠中人矣。地方才靖，当道设保安局于犁头店街。犁头店即今之南屯也，向为南北往来必经之地；漳、泉移民，杂处其间。有司以祖父有重望，特选为局长。祖父能于桑梓间排难解纷，不偏不党；故乡人咸德之。平生有远识，知东大墩一带平野可聚族数万人，将来必有振兴之一日，乃移住于东势子；率先建设店铺，指导庄民经营各种商业，居然成一小市镇矣。当道特任为蓝兴堡保甲局守，旋举为大墩街建设董事。[1]

总之，祠堂作为家族祭祀、议事的主要场所，其神圣性不言而喻。台湾民间各家族对于祠堂的日常管理都制订有系列的规则，以保证祠堂的干净整洁与香火的持续。

另外，为了把族人牢牢团结在家族组织之中，以血缘关系相维系的家族“溯渊源，分疏戚，序尊卑”就显得尤其重要，这就有贯彻这一理念的族谱、家乘的修撰。宋元以后，特别是明清时期，家族族谱的修续臻于鼎盛。族谱修订必须遵循相应的“谱法”，郑兼才《龟宅郑氏续修族谱序》谓：“其彦芳公以下著世，则从乎所公谱与庙祀牌位昭穆合，仍顺昭祖公世次注于下，殿以家传、阃行、科目、祭礼、族规并宅田附焉。至他书有裨于尊祖、敬宗、睦族、亲亲之道，谨录载卷首，后之人服而习之，以谱法之所必然，兴起人心之所同然，伦理无乖，矩规世守，而又顺时修明，罔致残缺。”[2] 可见，修族谱在注明世系尊卑之外，必

① 《台湾雾峰林氏族谱》。

② 《龟宅郑氏续修族谱序》，见郑兼才：《六亭文选》卷四，“台湾文献丛刊”第143种，台湾银行经济研究室，1962。

须重视它的教化功能。

在台湾，修族谱亦被称为一种值得称道的义举，往往被写入人物的传记之中，成为该人物生平中举足轻重的部分。如《续修台湾县志》卷三陈思敬传："陈思敬，字泰初……其修省垣贡院、置祖籍义茔、设社学、修族谱诸义举，俱互见于建宁朱梅崖、晋安孟瓶萕所撰传中。所著有《鹤山遗集》，安溪官石溪为之序，以次子鸣佩赠修职佐郎。"[①] 再如《澎湖厅志》卷七所载方景云传，特别提及他倡修族谱之举："方景云，字振青，号省斋，瓦硐港下社人。父日升，诸生。景云少承家学，补弟子员，乡试荐而不售。家清贫而性耿介，慎取与。与人交必诚必信，为远近所推服。……景云生平不营产业，喜涉猎说部，每应试有余赀，则市书籍以归。方氏由金门烈屿分居澎湖，前无族谱，至景云始倡修云。"[②]

在族谱的修撰中，家族的道德理念得到阐发与体现，并通过具体的文字和措施形成影响，有助于规范家族成员的社会行为，巩固和提升本家族的社会地位和声望。诚如周凯为在台任职的官员、粤人窦公所作的《祥龙窦氏宗谱序》所言："今窦氏之在祥龙者，世系可考。旧序云：不紊、不失，不以显者为耀，愿后人接续不坠，存后人正以存先人也，亦可想见其宗法矣。今公倡建宗祠以祀先，重修宗谱以合族，而乞言为序者，岂仅惧世系之不彰哉！亦愿其族之人尊祖、敬宗、睦族，俱以先人之心为心也。夫人克以先人之心为心，则持躬、理家、处世、接物、服官、行政，当思无忝所自生。《诗》曰：'无念尔祖，聿修厥德。'《书》曰：'绍闻衣德言。'是也。然则，由公之用心推之，泽被海寓，

① 《续修台湾县志》卷三，"台湾文献丛刊"第140种，台湾银行经济研究室，1962。

② 《澎湖厅志》卷七，"台湾文献丛刊"第164种，台湾银行经济研究室，1963。

而惠及氏族，皆此自求无忝之意为之也。族之人亦可知所法守矣。”① 族谱之中往往记载各族的家训或者家规，如民国时期重修的《蕉岭台湾五全林氏族谱》录有“林氏家训”十条目，分为忠、慈、夫妇、兄弟、朋友、勤俭、同宗、尚齿贵贵、贵贱有分、老幼有别等，大都是关于中国传统伦理道德方面的要求。② 民国重修之《浯江郑氏家乘发凡》亦列出十二条，要求重派系、溯本支、重科名、忠烈、孝友、睦族、重乡行等。③ 要之，因为有了强调家族血缘关系的宗祠及表达家族道德理念的族谱等的交互影响，台湾汉人有着十分浓厚的家族观念，这对家族内部的团结与发展起到了积极作用。难怪乎日人在《台风杂记》中将“一家团栾之风”作为台湾风俗中最美者。④

族谱的修订还有另一方面的意义，即联络祖籍地的宗族关系。因为修族谱必须找到“旧谱”以便对接，这自然就会与祖籍地产生关联，认祖归宗是必然的程式。郑用锡家族就致力于郑氏家谱的修订，为此还有人专程前往漳州祖籍地寻宗。郑用锡在其族谱序中言及修谱始末云：

> 谱之作也，岂偶然哉！盖使为子孙者，由百世之下推百世之上，而知祖德所贻，其来有自，意至善也。余家分派仙游，子弼公迁居漳浦，卜宅石壁、东坑二处，数十余年。子孙渐已昌盛，蕞土几于难容，复以第三房派分移官任新楼仔

---

① 周凯：《内自讼斋文选》，“台湾文献丛刊”第 82 种，台湾银行经济研究室，1960。

② 《蕉岭台湾五全林氏族谱》，《台湾关系族谱丛书》第 11 种，龙文出版社，2003，第 139—152 页。

③ 郑藩派：《开台进士郑用锡》，金门县文化局，2007，第 99—100 页。

④ （日）佐仓孙三：《台风杂记》，“台湾文献丛刊”第 107 种，台湾银行经济研究室，1961。

居住。奈门衰祚薄，嗟叹式微。传我高祖因迁就外戚，聚族于泉之浯江李洋乡。迨至我父，有志诗书，窃奉先公家训，屡试不酬，且遭凶馑，又与三伯及叔祖渡台。寄居于台之淡北，遂入籍焉，至今经数十年矣。夫远适异国，昔人所悲，苟非大不得已，何忍抛弃故土，远离宗亲？然而水源木本，我父固未尝一日忘也。惜乎先辈沦没，往来稀少，虽有传闻，未考其详。我父往往以不获一谱为憾。壬戌之秋，因寄信于浯，嘱我大伯及功兄抵漳，搜寻旧谱。漳之宗亲亦体谅惓惓至意，奉与钞录。今而后，去漳虽云久岁，览谱犹见先容，其自始祖而分派者，可考而知也。第是世族繁衍，由我高祖而来者，谱缺有间矣。余幸游泮宫，俟后赴省乡，回浯抵漳，查考其详未晚也。兹虽绪端莫接，而将迁浯之派，续笔于谱，亦足见数典之不忘。异日枝叶繁盛，再续而书之，以至于无极，余此篇且为之券云。①

郑氏始祖生于漳州，为搜集旧谱，郑用锡之父请族人抵漳州寻亲，得到漳州宗亲的热情帮助，抄得旧谱而归。然后由郑用锡续修族谱，延续家声。此外，郑氏之所以能够找到旧谱并成功“联谱”，这得益于族谱特殊的名字排行制度。各族谱中，为了使得家族内部的血缘关系、上下伦序清晰可辨，一般实行名字排行制度，即在同一辈分的族人之中，名或字必须使用某一个统一规定的单字，如金门郑氏，其沿用的就是二十字辈行：“光国崇文德，安邦建武功。绍先雄继志，勋业际昌隆。”②

四、族长及其职权

宗族之中必须有合适的人员担当起家族内部的行政、经济管

① 郑藩派：《开台进士郑用锡》，金门县文化局，2007，第96页。

② 郑藩派：《开台进士郑用锡》，金门县文化局，2007，第97页。

理等实质性的工作，必须胜任与地方各级官府、乡邻、本族各成员等沟通、处置具体事宜的工作。

就福建地区来说，这种家族的领导阶层需要负责建立家族护卫，修建祠堂、坟墓等，承担官府摊派的一些工作，甚至于乡族械斗、抗交钱粮等不法行为他们也是主要的领导者。因此，家族的领导阶层不一定是族中年长者，他们年老体衰，知识方面也未必占据优势，许多场合还是依靠精明强干者来维持。族长有着代祖先立言行事的权力和地位，可以操纵家族事务，并依据族谱中记载的一些族规、族约，约束家族人员的行为，特别是针对重大的"败坏祖宗家法之事"，如前引《蕉岭台湾五全林氏族谱》有《先世族约》，该族约应属于旧谱中原有者，它主要针对族人盗窃、奸淫（包括强奸、通奸等）、打杀人等三种事情，如果违犯，将依祖制而处理之。[①]

清代乡治社会中，族长实际上也是维持地方稳定的重要人员，官方会将其纳入保甲等基层管理之中。《保甲书》云："凡聚族而居、丁口众多者，准择族中有品望者一人，立为族正，该族良莠，责令察举。"[②] 清代台湾亦如此，《淡新档案》第12211号案中有官府示谕云：

> 特授台湾澎湖分府、调署北路淡水分府陈，为给发谕戳，以资奉公事。案据后垅街生员陈绍熙等禀称：缘熙等族内，五方杂处，贤愚不一。叨蒙前宪额设族长一名，颇洽人望，不料前族长陈两端，年已老迈，遇事惮烦。爰是公同举陈宗器一名，堪以接充族长，粘结禀请给戳奉公等情……仰新充族长陈宗器，即便遵照，立将发到戳记只领。凡族中一

---

① 《蕉岭台湾五全林氏族谱》，《台湾关系族谱丛书》第11种，龙文出版社，2003，第152—154页。

② 徐栋辑，张霞云校点：《保甲书》卷一，安徽师范大学出版社，2012。

切事务，务须妥为经理。如有细故，即排解息事。至族中人等，倘有不安本分，为歹作匪，务即随时禀究，毋稍偏徇，致干究革。切切，特谕！[①]

也正因此，《治台必告录》中所附《泉漳治法论》云治理福建频发的械斗，必须严责家长（或族长）“治法在讲谕于平日，力遏于将萌。其既成者，痛惩起事之人，而严其责于家长。家长者，衿监也。夫恶少之滋事也，一朝之忿，挥拳袒胸，甚或掷石拔刀，仓猝以起者，非家长所及知而止也。至其大斗，则必集众家庙，鸠赀列械，设厨以饱其徒，放炮以示其威。斯时为家长者一言不诺，其事必格；惟党援强弱之见有以中其心，而曲徇恶少年之志也，是家长之罪也。严其责而不宥，则生监顾惜其私，虽受恶少之迫，而龃龉必多，事势已杀其大半。”[②] 在清代台湾更是如此，官府经常借助族长来维持地方秩序，例如施行清庄，[③] 官府就会责令族长参与其中，《台阳见闻录》谓：

台地盗风素称充斥，向惟冬令较甚；故有“防冬”之名。分治之初，各属经管清丈，不遑兼顾。各州县惜费纵弛，遇案鲜有破获，以致匪胆鸱张，横行无忌。而嘉、凤、云、彰一带，劫夺伤人、形诸案牍者，层见叠出。尚有民间漏报者及各属讳饰消弭者，尤指不胜屈。十六年清赋告竣，经唐薇卿方伯举办清庄。先治积匪，再图善后，实属一劳

① 转引自戴炎辉：《清代台湾之乡治》，联经出版社，1979，第 228 页。

② 丁曰健：《治台必告录》卷二，“台湾文献丛刊”第 17 种，台湾银行经济研究室，1959。

③ 按：清庄之法不知从何时开始施行，一般清庄主要针对罗汉脚而设，清庄并不否定保甲制，只是废止其连坐制，实际上，它的管束游民，往往也是虚应故事而已。见戴炎辉：《清代台湾之乡治》，联经出版社，1979，第 250 页。

永逸、与民休养之计。当详定章程：（一）调派营勇清庄之法，须周历四乡，将积案巨匪，按名拿或责令族长绅耆捆送。有不率教者，不能不加以兵威。……此诚正本清源之策也。[1]

除了按官府要求约束族人，不得违犯律法，并积极带领族人配合官府清理、抗击匪徒，维护地方治安之外，族长往往也承担一些与全族利益、名誉相关的事务，如妇女的旌表。《淡水厅志》卷十五言："朝廷旌表节孝，必取绅衿族长保结，何等郑重！"[2]当然，这种"节孝""旌表"是对妇女的束缚，也是时代的局限。此外，族内家庭的分家事宜往往也会请族长到场见证，如《咸丰七年八月陈国香等五大房仝立均分田业等项阄书字》中就说："无如生齿日繁，树大理应分枝，爰是妥商邀请家房族长人等到家，将香等承父遗下……"[3]

总之，清代台湾的家族组织是血缘关系和地缘关系的双重组合，是台湾社会经济、人口发展到一定阶段的产物。各家族的内部管理，基本上贯彻着"敬宗""收族"的两大原则，协调家族内部利益，一定程度上有利于地方社会的安定与团结。但家族组织也有其天生的割据与自治倾向，在社会关系方面，它容易表现出排斥异族、维护自身小圈子利益等弊端，在清代台湾频发的各种械斗中，许多家族组织深陷其中。

---

① 唐赞衮：《台阳见闻录》，"台湾文献丛刊"第30种，台湾银行经济研究室，1958。

② 《淡水厅志》卷十五，"台湾文献丛刊"第30种，台湾银行经济研究室，1963。

③ 《宜兰古文书》第五辑，宜兰文化，1994，第90页。

第二节　清代台湾的乡族关系

整体上来看，清代台湾各宗族间为当地的开发、建设共同出力，一起抵御外来袭扰，其关系自当以和睦为主流。但多族混居的区域，宗族之间不免产生矛盾和冲突，而随着家大业大，各宗族内部也难免纷争。如鹿港地区，不仅为施氏一族所世居，黄、许二姓也世居于此，三足鼎立，常有械斗发生。《台湾通史》记载："时鹿港施、黄、许三姓，族大丁多，负隅罔法，动则列械以斗，久为闾阎之害。震曜上书请严办。"① 再如彰化阿罩雾庄为林氏聚族之地，林姓之外，仍多巨族，械斗不止："阿罩雾固土番之地，负山环溪，邻乡多巨族，各拥一方，非番害则械斗，故人多习技击，而莫国能御之。"② 还有艋舺，这里由三个大宗族的首领在统管，人们对于这三家所说的话都不敢不遵从，包括外国人。③

由于台湾之民多为闽粤移民及其后裔，受东南沿海好斗之风的影响，清代台湾亦有宗族械斗的陋习，大姓欺小姓、强族欺弱族，械斗事件在清代台湾频频发生。《台阳见闻录》云："台俗性刚易动，往往睚眦之仇，报而后快。悍族纠党逞凶，杀其全家，将田园厝屋踞为己有，名曰扎厝。"④ 《台阳杂咏》亦极言台湾民风之强悍，其中说：

---

① 连横：《台湾通史》卷三十四，商务印书馆，2010，第 726 页。

② 连横：《台湾通史》卷三十三，商务印书馆，2010，第 675 页。

③ （加）马偕：《"福尔摩沙"纪事》，前卫出版社，2007，第 154 页。

④ 唐赞衮：《台阳见闻录》，"台湾文献丛刊"第 30 种，台湾银行经济研究室，1958。

堪笑浮嚣陋习仍，仇雠报复竞称能（台俗性刚易动，往往睚眦之仇报而后快）。党援不惜家同破（同乡、同姓设受凌辱，倾家拯救；身罹法网，所不顾惜），掳勒无端祸猝兴（掳人勒赎，最为恶习）。炉主签头荣里社（里社中有“炉主”“签头”诸名目，轮流值年，以主其事），乡承约长耀门灯（乡约名“总理”，地方官给“戳记”；门首悬大灯，亦总理衔）。操戈斗狠寻常事，扎厝由来最足憎（悍族纠党逞凶，杀其全家，将田园、房屋、辎财踞为己有，名曰“扎厝”。近年官兵剿办，此风已息）！[①]

这些械斗事件中有异姓之斗，也有同姓之争，严重危害了台湾社会的稳定与人民生活的安定。

一、异姓械斗

台湾姓氏众多，台湾文献会于20世纪50年代所做姓氏调查显示，台湾姓氏有737个，而此后的深入调查发现此数据增加至1694个。另一方面，台湾与福建一样，基本是“陈林半天下”，这两姓在台湾是数一数二的“巨族”。[②] 清代台湾爆发的大小异姓械斗事件甚多，主要集中于后期，与台湾社会的转型有关。在清代台湾移民社会中，械斗主要是以地缘关系为主的分类械斗，而随着台湾宗族的建立与发展，分类械斗逐渐消失，宗族械斗取而代之，成为台湾械斗的主流。

与分类械斗一样，土地、水利、码头、港湾甚至风水等都可能引发宗族间的争斗。乾隆五十三年（1788年）嘉义地方就已经

---

① 《台阳杂咏》，见《台湾杂咏合刻》，“台湾文献丛刊”第28种，台湾银行经济研究室，1958。

② 参见李志鸿：《从“唐山祖”到“开台祖”》，九州出版社，2002，第112—113页。

出现大姓结党霸占海滨捕捞的现象：

据嘉义邑向忠里衿耆吴积善等具呈前事词称：善等东西两保二十二庄，居住海滨，田园稀少，民无糊生；幸有一带海坪，□庄采捕度活，因天地自然之利，救万民之命。乾隆十二年，地棍方凤、陈淘德占筑肥私，呈请输饷，致乡宾蔡罗仁等出控。经前道杨批府，亲提转发台邑主夏，讯归各庄公□采捕，吊销□□得蒙前府发勒石，永远示禁，毋许将来混占。讵贼乱甫平，邱方二大姓邱朝远、邱体、邱天、邱辙、方连、方财源、方体、方元明等，串同蚶寮庄之巨族黄佛、黄禹、黄世、黄岁、黄乡、□□□□□□□□□□之正堂等，群雄同谋，沿海插标，聚匪搭寮，截夺各庄采捕，几致大祸数次。[1]

这里所说的“大祸”，应该与械斗有关，只是因为被欺压者大都是力量单薄的贫民，加上官府处理及时得当，故未发生宗族械斗。同治元年（1862 年）台湾北门外发生了苏、黄宗族械斗，《东瀛纪事·北路防剿始末》记载：“时北门外苏、黄二姓械斗，人情汹汹，占梅带勇弹压，手擒其渠魁，尤不逞者，送官重惩之，斗乃解。”[2] 同年，还发生大甲东门小姓与王、陈械斗，《东瀛纪事·大甲城守》曰：“时值端午，东门小姓欲开城门通贸易，王、陈大姓持不可，相攻杀。”[3]

---

① 《台湾南部碑文集成》，“台湾文献丛刊”第 218 种，台湾银行经济研究室，1966。

② 林豪：《东瀛纪事》卷上，“台湾文献丛刊”第 8 种，台湾银行经济研究室，1957。

③ 林豪：《东瀛纪事》卷上，“台湾文献丛刊”第 8 种，台湾银行经济研究室，1957。

关于异姓械斗，文献记载的还有同治三年（1864年）嘉义吴黄械斗、麻豆谢方王李械斗，同治四年罗东异姓械斗、同治五年罗东林姓与陈李械斗、光绪八年（1882年）中州陈吴械斗、光绪十年鹿港施陈械斗、光绪二十年台湾学甲黄谢械斗等。[①]

值得注意的是，连横《台湾通史》卷三十五有林全筹传，叙其为父报仇，涉及的就是林姓与陈姓二族之间的仇怨：

林全筹字备五，彰化林圯埔人。父新景业农，与陈集贤有怨。是时，林圯埔以林、陈为大族，各负势力，不相下，既又争贌抄封田。新景为佃首，集贤不敢褫，潜告于官，以新景抗纳官租，谋不轨。集贤族人希亮为保安局总理，亦禀新景不法。彰化知县欲捕办，命役，不敢往，乃命集贤图之。集贤佯言曰："文武官期以明日会林圯埔。"新景惧，夜逸，将入山，集贤预伏以待，开枪击之，斩其首，大呼曰："吾奉官命，诛此贼，无与众事。"翌日，以首解县。林氏闻有官命，不敢出。时全筹年二十有一，训蒙在家。弟碧瓜，次卢，次春生，春生方十有一岁。全筹既痛父死非命，指天誓日，谋复仇。而集贤自杀新景后，势愈炽；弟若侄又及缙绅交官府，豪右一方。全筹隐忍蓄志，日夜伺隙，不得逞。乃乞援于南北投之族，得二百余人，期以元旦入林圯埔，袭集贤而屠之。除夕，碧瓜饮酒醉，语泄，集贤戒严。族人至，闻有备，不敢发。全筹大恨，指弟而哭曰："仇不得报矣。"如是十年。里有老妇林氏者，嫁陈姓，性和睦，两家子弟皆亲之。咸丰四年八月朔，集贤过其家，妇留饮，谈琐事，命从者归。两家相距百余武。春生年已二十有三，颇有

① 参见陈孔立：《清代台湾移民社会研究》，九州出版社，2003，第239—240页。

> 力。见集贤与妇语，而旁若无人者，大喜，走告母曰："报仇之日至矣。"母惊诘，具以告，持一小刀出。母曰："汝年少又弱，非敌也，不济，汝必死。且俟汝兄归。"不从。途遇全筹，曰："报仇之日至矣。"复走。母追至，曰："汝弟非老奴敌，将奈何?"全筹且惊且恨，曰："事已至此，儿请往。其济父之灵也，不济即以死继之。"行及义仓前，而春生已刺集贤倒地矣。先是，春生值集贤将归，伏路隅。集贤素负力，持一竹烟筒，扬扬而行。春生自后刺之。集贤反掖于地，春生坚抱之。保长陈文彩，集贤族人也，闻斗声，出视，举杖将击春生。而全筹至，再以刀刺集贤，刃入于地。兄弟大喜，归告父灵，乃各窜。全筹匿阿罩雾庄，为族人训蒙。集贤死，其子吁于官。是时鹿港林某为林圯埔抄封委员，深感全筹之孝，为请于官，以集贤素狡猾，且受戴潮春之命，盗卖仓谷，养奸徒，其罪不容于死。官纳之，事始寝。①

此传记记载道咸年间林、陈二大姓之间的争斗，极具代表性。值得关注的细节有三。第一，二族争斗的起因在于"争赎抄封田"。陈集贤就是以林新景"抗纳官租，谋不轨"之名陷害之。第二，地方官吏的腐败助长了宗族争斗。林新景被冠以罪名之后，陈集贤族人陈希亮为保安局总理，亦禀林新景不法，最后以奸计击杀林新景，陈集贤不但无大碍，势愈炽，弟若侄又以缙绅交官府，豪右一方。第三，跨区域的同姓大联盟形成。林全筹要报复陈集贤，"乞援于南北投之族，得二百余人，期以元旦入林圯埔，袭集贤而屠之"，南北投的林姓族人也加入报仇行列；林全筹等复仇成功，杀死陈集贤，"鹿港林某为林圯埔抄封委员，

① 连横：《台湾通史》卷三十五，商务印书馆，2010，第753—754页。

深感全筹之孝，为请于官”，如此，鹿港林姓族人也牵涉其中了。

连横于传记之后评论此事说：“夫复仇大事也，孝子仁人始能为之，而懦夫多以忍死，亦天下之无勇者。礼君父之仇，不共戴天，是不愿与同履此土也。若乃反颜事敌，以猎富贵，而猥曰智伯以国士待我，噫！是诚犬豕之不如矣。”① 显然，连横发此感慨是基于特殊的时代背景，希冀通过林全筹为林姓一族复仇的“小义”而升华为中华民族抗争复仇的“大义”，这也从另一个侧面显示了台湾民众宗族传统意识的根深蒂固。

二、同姓械斗

台湾的宗族，一个姓氏多散居全台各处，而同一姓氏又往往都有比较集中的居住地，形成小聚居的情形。此外，同一姓氏也可能来自不同祖籍地，如仅次于陈姓、号称台湾第二大姓的林姓，在台湾主要是板桥林家和雾峰林家两大望族，其中板桥林家祖籍龙溪县二十九都白石堡莆山社，雾峰林家祖籍平和县五寨乡埔坪村。

同姓之争斗一般发生于宗族鼎盛时期，清代台湾中后期才见诸文献，如嘉庆二十一年（1816 年）《台湾县温奉宪示禁碑》记载一起大仑蔡姓与前埔蔡姓争挑互殴、掷毁佛头港街店屋的争斗事件和处理情况：

> 据本县具详“大仑蔡姓与前埔蔡姓争挑互殴，掷毁佛头港街店屋，讯拟发落”。并议详“该处仁德堂号、怡盛号、源盛号、公源号、植盛号、协盛号、瑞兴号、振胜号、长盛号、胜泰号、通裕号、坤泰号、福成号、春记号、泰源号、咸盛号、资寿号、吉兴号、福盛号、顺福号、宏川号、福兴

① 连横：《台湾通史》卷三十五，商务印书馆，2010，第 754 页。

号、东山号、恒发号、顺发号、鼎合号、启茂号、双记号、双泰号、协隆号、合成号等各郊行铺民，凡有货物，悉听货主自行雇挑；不得分界混争，以杜衅端”各缘由。奉批“查该处蔡姓节次争挑滋闹，皆由分界，致启争端。据详‘凡有郊行铺民货物，悉听货主自行雇挑，不得分界，以杜衅端’，所议甚妥。仰即出示，剀切晓谕，勒石永远严禁。仍取蔡姓二比族长‘不敢再行分界争挑’甘结缴查；余如详发落，完案可也。此缴”等因。奉此，除将本案首先争挑启衅之蔡摊、蔡翕、蔡德、蔡辖及在场互殴之蔡潘、蔡潜、蔡昆、蔡缉、蔡四、蔡鹅、蔡笨、蔡踞等，分别照拟枷责发落，仍押令将仁德堂等各店屋赔修完好，并饬取蔡姓二比族长“不敢再行分界争挑”各结备案外；合行出示勒石，永远严禁。为此，示抑大西门外佛头港等街郊行铺户及大仓、前埔蔡姓人等知悉：自示之后，凡有该处郊行铺民出入货物，悉听货主自行雇人挑运；断不得仍前分界，霸踞独挑，致启衅端！该蔡姓族长，务须恪遵示谕，约束子弟，不得再行混争滋事。如敢故违，定即严拿按律究办，其罪断不止枷杖也。本县言出法随，决不稍有宽贷。各宜凛遵，毋违！特示。[①]

光绪七年（1881 年）凤山发生林姓之间的争斗。起因是“已革府学武生林克贤，邀同凤学武生林凤泰，招集屯番匪徒六七十人，执持刀铳，往县辖附贡生林清金暨其子武生林克邦家中滋闹，强行掳勒，并铳伤林清金右臂”[②]。被伤害者林清金为林克贤共曾祖堂叔，林克邦为林清金所螟蛉，娶室成家，已入武庠。林

① 《台湾南部碑文集成》，“台湾文献丛刊”第 218 种，台湾银行经济研究室，1966。

② 刘璈：《巡台退思录》，“台湾文献丛刊”第 21 种，台湾银行经济研究室，1958。

克贤迭次纠众滋扰，意图夺其财产。此次争斗因地方官员办事不力，坐视不理，临事一筹莫展，听任脱逃；事后又复捏词饰禀，并未设法擒拿，玩忽职守，最后演变为纠众动乱。[①]

不论是异姓争斗还是同姓争斗，在宗族纷争事件的发生、处理中，宗族的理念与家族组织都起着极为重要的作用。一般的宗族理念都会体现儒家道德伦理方面的要求，重节孝、重和睦乡族。而族长在宗族内部具有一定的权威，他可以用族规约束族人，指导族人践行宗族理念，维护本族形象。

总之，清代台湾的乡族关系相当复杂，早期乡族关系以祖籍地缘为主要纽带，后期以宗族血缘为主要纽带，它既在台湾的开发中发挥着积极的作用，也因争夺生存和发展的空间引发宗族械斗，导致社会动荡不安。乡族组织与地方基层政权相互依存，成为维系地方社会的主要力量。

第三节　清代台湾乡族社会的治理

一、乡约

一般认为，乡约起源于《周礼》中以“读法”劝诫为核心的“乡法”。[②] 北宋神宗熙宁九年（1076 年）陕西蓝田吕氏兄弟制定的《蓝田吕氏乡约》是我国历史上最早出现的乡约。[③] 施行礼教

---

① 刘璈：《巡台退思录》，“台湾文献丛刊”第 21 种，台湾银行经济研究室，1958。

② 董建辉：《明清乡约：理论演进与实践发展》，厦门大学出版社，2008，第 33 页。

③ 董建辉：《明清乡约：理论演进与实践发展》，厦门大学出版社，2008，第 38 页。

是制定乡约的根本目的，通过劝善戒恶，对民众进行各种道德教化，强调敦伦尽分，长幼有序，尊卑有别，以人伦之稳固安定社会秩序。与《周礼》“读法之典”依靠官方倡导、自上而下实施不同，乡约乃是自下而上，先由民间发起，再由官方认可、推行。[①]

明清时期，乡约在乡族社会的治理方面有着举足轻重的地位。不过，明代乡约在重视宣讲圣谕之外，与保甲等结合日益紧密，构成一个严密的乡治体系；而清代乡约虽然被纳入基层行政体系并得到普遍推行，但由于被官方全面控制，成为各府州县的例行公事，且与保甲等相隔离，只剩空洞的说教，与乡民切身利益脱节，远离了普通民众。[②]

清代台湾乡约制度，从官方记录看，也是以宣讲圣谕、道德宣教为主，清陈培桂《淡水厅志》卷六载：

> 顺治九年，颁行六谕卧碑文。十六年，令直省府州县举行乡约，于每月朔望日聚集公所宣读。康熙九年，颁上谕十六条。二十五年，令各营伍将弁兵丁，并土司各官通行讲读。雍正元年钦定圣谕广训十六章，计万言，刊刻颁行府州县乡村，令生童诵读。每月朔望，地方官聚集公所，逐条宣讲。公所之设，在各府州县乡堡，择适中地为乡约所，选老成公正一人为约正，朴实谨守者三四人值月，按期集所部民，宣讲颁行各谕，择文内民俗易犯者，咸宣示之。守土官实力董率，并饬各属随时巡行宣导，兵民圜听。宣毕各退。乾隆十年，议准将五年钦颁太学训饬士子文，通行颁发直省

① 董建辉：《明清乡约：理论演进与实践发展》，厦门大学出版社，2008，第 38 页。

② 董建辉：《明清乡约：理论演进与实践发展》，厦门大学出版社，2008，第 232—235 页。

学宫，令朔望一体宣读，永远推行。①

圣谕是清代乡约宣讲的中心。“圣训六谕”即：“孝顺父母，恭敬长上，和睦乡里，教训子孙，各安生理，无作非为。”其实是照搬了明太祖朱元璋的圣谕。所谓“上谕十六条”，据《续修台湾府志》卷七，其具体内容如下：

康熙九年，颁上谕十六条：一、敦孝弟以重人伦；一、笃宗族以昭雍睦；一、和乡党以息争讼；一、重农桑以足衣食；一、尚节俭以惜财用；一、隆学校以端士习；一、黜异端以崇正学；一、讲法律以儆愚顽；一、明礼让以厚风俗；一、务本业以定民志；一、训子弟以禁非为；一、息诬告以全善良；一、诫匿逃以免株连；一、完钱粮以省催科；一、联保甲以弭盗贼；一、解仇忿以重身命。康熙二十五年，覆准上谕十六条，令直省督、抚转行提、镇等官晓谕各该营伍将弁兵丁并颁发土司各官，通行讲读。②

而更早的顺治九年（1652年）的“卧碑文”也是清代乡约宣讲中常见的内容：

朝廷建立学校，选取生员，免其丁粮、厚以廪膳，设学院、学道、学官以教之，各衙门官以礼相待，全要养成贤才，以供朝廷之用。诸生皆当上报国恩、下立人品。所有规条，开列于后：

---

① 《淡水厅志》卷六，“台湾文献丛刊”第172种，台湾银行经济研究室，1963。

② 《续修台湾府志》卷七，“台湾文献丛刊”第121种，台湾银行经济研究室，1962。

一、生员之家，父母贤智者，子当受教父母；愚鲁或有非为者，子既读书明理，当再三恳告，使父母不陷于危亡。

一、生员立志，当学为忠臣、清官。书史所载忠清事迹，务须互相讲究。凡利国爱民之事，更宜留心。

一、生员居心忠厚正直，读书方有实用，出仕必作良吏。若心术邪刻，读书必无成就、为官必取祸患。行害人之事者，往往自杀其身，常宜思省！

一、生员不可干求官长、结交势要，希图进身。若果心善德全，上天知之必加以福。

一、生员当爱身忍性，凡有司官衙门，不可轻入。即有切己之事，只许家人代告。不许干与他人词讼，他人亦不许牵连生员作证。

一、为学当尊敬先生。若讲说，皆须诚心听受；如有未明，从容再问，毋妄行辩难。为师者，亦当尽心教训，勿致怠惰。

一、军民一切利病，不许生员陈言。如有一言建白，以违制论，黜革治罪。

一、生员不许纠党多人，立盟结社，把持官府，武断乡曲。所作文字，不许妄行刊刻。违者，听提调官治罪。[①]

乡约中的重要人物约正（还有“约副”之职）、值月，他们负责具体的宣讲事务，因而人员的选择有一定的要求：“选老成公正一人为约正，朴实谨守者三四人值月。”[②] 这些担任主讲者大

① 《重修福建台湾府志》卷首，“台湾文献丛刊”第 74 种，台湾银行经济研究室，1961。

② 《淡水厅志》卷六，“台湾文献丛刊”第 172 种，台湾银行经济研究室，1963。

都是乡绅或者官学学生，后者更为常见。[①] 各级官员还不时需要前往各处巡回督查，推动讲习活动的开展。这类讲习活动贯彻着儒家的道德教化理念，劝导百姓孝顺、贞节、诚实、勤勉、节俭和守法，以助于移风易俗。[②]

清代各地乡约宣讲圣谕趋于形式化，有学者就指出，清代“乡约只是圣谕的宣讲，而不是什么乡民公约。劝善规过的始意，约正、值月的名称虽然照例存在，然而根本的面目已经是改换过了”[③]。乡约只宣讲圣谕，担负的是民间基层化民导俗之功能，其在台湾实行的成效如何呢？从官方资料来看，一些官员对于乡约在台湾的施行成效还是较为满意的。如《重修福建台湾府志》卷二十载康熙年间台厦道周昌说：“台湾虽僻处海外，而诗书弦诵不乏其人。本道甫下车，知士为四民之首，欲正风俗以善人心，即行月课、乡约，海滨士子皆喁喁然慕义向风。今已历岁余，月课文章已觉日进；仰望兴学考校，不啻摩砺以须。是以本道因赋税已定、民生已宁，遂有请建学校以培士气之请。兹奉檄行查议，遵即转行该府县逐一酌议条陈。”[④] 周昌认为，自在台倡行月课、乡约，台湾士子已经皆知礼义，蔚然成风，他对乡约实行的效果给予了肯定。另据台湾县知县李中素所言，“复于月朔望，集文武吏士于天后宫，宣扬圣谕，命耆老以乡语解说、兵民敬听，渐知有等威、贵贱、尊卑、长幼之别”[⑤]。可见，圣谕的宣讲在康熙时期确有施行，但后期的情形就未必如此了，清《树杞林

① 瞿同祖：《清代地方政府》，法律出版社，2011，第 257 页。

② 瞿同祖：《清代地方政府》，法律出版社，2011，第 258 页。

③ 杨开道：《中国乡约制度》，商务印书馆，2015，第 202 页。

④ 《重修福建台湾府志》卷二十，“台湾文献丛刊”第 74 种，台湾银行经济研究室，1961。

⑤ 《台湾府志》卷十，“台湾文献丛刊”第 65 种，台湾银行经济研究室，1960。

志》言及："每年于孟冬之月，乡约首则集乡人宴而约之；大约以和睦乡里、防御寇盗、守望相助等事为主旨，亦联庄保甲防冬之意也。唯于聚集公所听讲圣谕之例，废焉弗举。录此，以质诸有心世道之君子。"①

实际上，明清以来，乡约经历了自民间而半官方、官方的发展。官办乡约一旦占据主流，民间乡约则逐渐萎缩，向乡规民约转化，演变成各种宗族乡约与乡规民约。这些"乡约"徒有其名，而无其实，官办乡约的组织化形式得以保留，只是打着"讲约"的旗号，却偷换了讲约指定的内容，它们大都是针对社会实际问题而指定的规约。②

清代台湾社会中，因为移民往往聚族而居或依籍而聚，故有所谓"乡约""庄规"，《台阳笔记·粤庄义民记》言及粤庄说：

> 台地素无土著，皆漳、泉、广三郡之人徙居焉。地分南北，广人实居其南，别以主客之名，而庄以立（漳泉人呼粤庄曰客庄）。此疆彼界，判然畛域。故往往有漳人作乱而泉人攻之者，泉人谋逆而漳人揭之者。若漳、泉合谋不轨，则粤民必倡义以诛之，未有不成功者。自台入版图以来，郑芝龙、朱一贵、黄教、林爽文、廖挂、陈锡宗等陷城戕官，封伪爵，据土地，无不纵横全台，势如破竹；而皆不能犯尺寸之土于粤庄之民。夫粤人其果有城郭之固、山川之险，所得恃以不恐欤？墙不过编竹，门不过积柴，然而久安无恙也。余重其义而问之故。曰："我庄有成约焉，事无巨细，人无远近，必须痛痒相关，轨以正而无至于邪；有则自惩之，不

① 林百川：《树杞林志》，"台湾文献丛刊"第63种，台湾银行经济研究室，1960。

② 董建辉：《明清乡约：理论演进与实践发展》，厦门大学出版社，2008，第178—179页。

敢劳吏问也。”余闻之曰：“嘻！此所以历久而不敝者欤？”①

该文认为，粤人之所以与闽人争斗能够成功，且在历次动乱中可以自守，不在于有城郭之固、山川之险，而是由于“庄有成约”。这类庄约的功能不仅在于社会的教化，也有军事防御、山林防护等社会目的。至于庄约执行的效用也十分明显：“举凡此庄之民，莫不熙熙皞皞，忘利重义，安居乐业，协力同心。非有以和其衷而养其天年，能如是乎？孟子曰：地利不如人和。左氏传曰：师克在和。和之为用大矣哉！且其地一岁三收，香稻贡瓜之类，入其赋而岁进焉。何莫非人杰地灵、和气致祥之所致欤？今而后知海之外，犹有古风存者。别有天地，其海外一桃源乎？”②

类似粤庄的此种规约在清代台湾社会十分流行，如《台湾通史》卷二十一记载：“道光十一年，淡水同知娄云乃立庄规四条，禁约八条，饬民守之。澎湖为海中群岛，居民好讼，其时亦立乡约曰：毋非时而赌，以新春六日为限；毋为窃盗；毋放牛蹊人之田；毋侵人渔界；毋演淫戏；毋怠公役；毋健讼。违者罚钱一千，其不从者请官治之。”③

二、保甲

清代地方基层管理中，保甲制度较为重要，因为清代时期的州县官衙通常设在城市，乡村与许多城镇处在官府的直接监督之外。④

---

① 翟灏：《台阳笔记》，“台湾文献丛刊”第20种，台湾银行经济研究室，1958。

② 翟灏：《台阳笔记》，“台湾文献丛刊”第20种，台湾银行经济研究室，1958。

③ 连横：《台湾通史》卷二十一，商务印书馆，2010，第426页。

④ 清代台湾依其区域的大小，又因其位置的不同而有不同名称，大者为里、堡、乡、澳等，小者为街、庄等。见戴炎辉：《清代台湾之乡治》，联经出版社，1979，第216页。

为将这些区域纳入政府的有效管控，填补权力真空，保甲制度得以推行。保甲制度所显示的深层理念是："每个人的行动难以逃过邻里乡亲之耳目；若将邻里居民组织起来，官方掌握所有民户登记资料，则陌生人及违法者必定难以在守法居民中隐藏。"[①] 推行者一般都相信它在维护社会治安、监视基层民众等方面可以发挥实效。

保甲作为一种制度名称最早出现于北宋。[②] 清代保甲制度始于顺治元年（1644 年），康熙四十七年（1708 年）曾下旨整顿保甲，雍正以后更是时时重申推行保甲制度的重要性。保甲制度将辖区内的民户组织成牌（10 户）、甲（100 户）、保（1000 户）等基本治安单位，指定牌头、甲长、保正（或保长）。据《钦定大清会典》卷十七："每户由该地方官岁给门牌，书家长姓名、生业，附注丁男名数。出注所住，入稽所来，有不遵照编挂者治罪。十户为牌，立牌长；十牌为甲，立甲长；十甲为保，立保长，限年更代，以均劳逸。"[③] 所谓的"门牌"有一定的形制，上面详列户主姓名、年龄、职业及该户其他人员信息，特别强调户主的个人情况和人口数量。在清代保甲制度中还有所谓"保甲册"，是为保甲登记的户册，但"保甲册之基本，在于门牌"[④]。门牌对于清代保甲制度和户籍管理有着十分重要的作用。

保甲制度中，牌头、甲长、保正等的基本任务是监督所管理社区内的居民，对他们的任何可疑或违法行为具情呈报官府，这些违法行为包括赌博、组织邪教妖言惑众、贩卖私盐、私自铸钱、窝藏盗匪逃犯等；此外，保甲也执行地方治安巡防的功能。[⑤]

---

① 瞿同祖：《清代地方政府》，法律出版社，2011，第 237 页。

② 闻钧天：《中国保甲制度》，上海书店，1992，第 115 页。

③ 《钦定大清会典》卷十七。

④ 《钦定大清会典》卷十七。

⑤ 瞿同祖：《清代地方政府》，法律出版社，2011，第 237、238 页。

如果发生相关情况而保甲首领未能及时上报，根据《刑部条例》之规定，他们要受到相应的责罚："牌头所管内有为盗之人，虽不知情而失察，坐以不应轻，律笞四十。甲长、保正递减科罪。"①

然而总的来说，保甲制度在清代是没有效率的，许多官员只是将保甲管理看作一种形式，认真执行保甲制的较为稀有，即便有也多属例外，往往人去政息。②

台湾的保甲制度应在台湾归入清代行政区划之后的康熙年间即已施行。康熙二十三年（1684 年）任台湾诸罗县首任县令的季麒光就说："（此辈之民）似民非民，似兵非兵，里保无从问，坊甲无从查，聚饮聚赌，穿壁逾墙。"③ 可见，台湾在正式归入清代行政区划初期就有保甲之制，只是地方没有认真推行罢了。

《续修台湾县志》卷六董梦龙议文云："十家为甲，十甲为总，逐年造册，知县亲到查验，保甲非不行也。然乡民入册者，十无二三，县官只按册点名，其匿者不问也。即入册者家遣一人听点，其丁壮几何，不问也。约保徇私，房族长隐庇，即有伏奸隐匿，寝息自若也。若严立章条，丁口必实造，出入必实报；欺隐而发觉者，连坐族房长及约保，虽有败类匪徒，当不能容于其族而自露矣，其谁肯昵比罪人，以自取戾哉？国保于人，人保于法，古之人非虚语也。"④ 保甲之难行，与族人及乡保相互包庇有关。《请行保甲责成乡长书》言："某夙夜兢兢，惟恐有辜朝廷付托之重、负知己培植之恩，实切悚惶。所望一二贤能文职振奋精

---

① 徐栋：《保甲书》卷一，安徽师范大学出版社，2012。

② 瞿同祖：《清代地方政府》，法律出版社，2011，第 239 页。

③ 《福建通志台湾府》，"台湾文献丛刊"第 84 种，台湾银行经济研究室，1960。

④ 《续修台湾县志》卷六，"台湾文献丛刊"第 140 种，台湾银行经济研究室，1962。

神，以实心行保甲之实政。家家户户，自为清革，使盗贼无自而生；联络声援，守望相助，如常山之蛇，击首则尾应、击尾则首应，使盗贼无托足之地。虽不设立官兵，亦何不可。但今保甲之法，久已视为具文，虚应故事，莫肯实心料理；而署事各官，又皆有五日京兆、推诿后人之意，真末如之何也！"[①] 这篇由蓝鼎元代理的书文中对台湾保甲制度"久已视为具文"提出批评，建议落实保甲制度。

落实保甲制度的建议，在朱一贵事件后应有所影响。《理台末议》称要"加以严行保甲，勤宣圣谕，使食毛践土之众，一其耳目、齐其心志，则粤民皆良民也"[②]。这里"严行保甲，勤宣圣谕"并称，因为保甲制度中，常有每月宣讲圣谕之规定，台湾粤庄当亦有此做法。如《保甲书》卷二言："各坊恭请圣谕一册，交给乡、里耆，用黄布套装贮，供奉于该坊寺观之内，每月朔望或届春祁秋报并清明冬至等节，该乡、里耆遴选本坊有通晓文义、口音清朗者，邀令对众宣讲一二条，以资教化。"[③]

雍正以后，保甲制度在台湾依旧推行。雍正十一年（1733年），福建总督郝玉麟奏准革退部分民壮，编入保甲："台属民壮俱系无赖流寓之人，每多滋事，扰害良民。除原拨澎湖通判、台湾府经历、台凤诸彰四县典史民壮共四十四名照旧存留供役外，其道、府、同知、知县共民壮三百五十六名，悉行革退，编入保甲。将原给器械，追缴贮官。"[④] 按《保甲书·民壮》条，民壮是

---

① 《续修台湾府志》卷二十一，"台湾文献丛刊"第121种，台湾银行经济研究室，1962。

② 《续修台湾府志》卷十一，"台湾文献丛刊"第121种，台湾银行经济研究室，1962。

③ 徐栋：《保甲书》卷二，安徽师范大学出版社，2012。

④ 《续修台湾府志》卷九，"台湾文献丛刊"第121种，台湾银行经济研究室，1962。

由地方官员挑选民间壮丁为之，负责防卫仓库，协助稽查盗贼等，不时操练鸟枪、弓箭等。[①] 雍正十一年巡台御史等奏请严行保甲之制：

> 窃台湾孤悬海外，五方杂处，土著之民少，而流寓之民多。盖土著者知有室家，产业为重，自不敢妄作匪为，轻身试法。至流寓之人，非系迫于饥寒，即属犯罪脱逃，单身独旅，寄寓台湾，居无定处，出无定方，往往不安本分，呼朋引类，啸聚为奸。历考台地变乱数次，皆系此等乌合之徒为之倡首，实由地方官因循苟且，未经清理所致。臣等愚见，欲辨良顽之分，请立认保出结之法，令地方官彻底清查。如自立产业，兼有父母妻子者，自有十家甲牌，无庸取保外，其并无家室产业者，如贌田佃户则取业主认保结状，如在台佣工贸易之人则取房主邻佑认保结状，一体附于甲牌之末，以便稽查。如业主、房主、邻佑不为具结，必非有根良民，即行驱逐回籍。如业主、房主、邻佑不行出结而私相容隐者，查出一并严加究治。倘业主、房主、邻佑所保之人，有妄作匪为，事发一体照律连坐。苟能于未经发觉时查出，实指其妄作匪为之事首明，仍免究罪。俾土著之民各有身家，见踪迹可疑之人自不敢混保出结，即既保之后亦必自行稽查，冀免波累。该地方官果能实力奉行，台湾地广人稀，自可清查明晰。如有阳奉阴违，仍前虚应故事，并不稽查取具的保，以致奸匪托足者，事发将该地保长严加治罪，地方官从重议处。如此，则无不保结之流民，而奸究自难容留于海外矣。[②]

① 徐栋：《保甲书》卷一，安徽师范大学出版社，2012。另可参见瞿同祖：《清代地方政府》，法律出版社，2011，第95、96页。

② 《台案汇录己集》卷四，“台湾文献丛刊”第191种，台湾银行经济研究室，1964。

再如《安平县杂记》记载安平县保甲之制："安平一县，城内及大小西门外，分为七段。由县中保甲、书办会同各境签首按户编查；每十家为一牌，牌有长，十牌为一甲，甲有长。城外各村庄、里堡，则由该里乡堡总理编造送县。各庄例应缴纳规费。所编造册籍内标明甲长若而人、牌长若而人、男若干丁、女若干口，由县汇齐，送按司道核查，详抚宪汇题。各县亦然（有县丞地方，则由县丞造报）。虽近来视为具文，未尝认真办理，然除暴安良，莫善于此。"①

在保甲首领的职责中，也包括负责地方治安，协助稽查罪犯，充当官府在基层单位的耳目。法律规定："编排保甲，保正、甲长、牌头，须选勤慎练达之人点充。如豪横之徒，借名武断，该管官严查究革，从重治罪。"② 地保在民间也称为保长，在清代基层社会中是十分重要的角色，但他们的形象极坏。为此，一些保甲成规中特意将"长"改为"耆"，称里长为里耆，甲长称甲耆。③ 一般来说，保甲制要求："里长甲长，专查本甲本里容留奸匪，其一切催征钱粮、命盗词讼等事，仍归地保办理。"④ 而有时候又要求人命案件保甲必须参与，《刑部条例》云："其一切户婚田土，不得问及保甲，唯人命重情，取问地邻、保甲。"⑤ 例如，乾隆四十七年（1782年）诸罗县令为严禁奸保蠹差借命需索、噬累无辜立告示碑：

照得人命重情，无过谋故、斗杀，然亦只需吊到乡保、

---

① 《安平县杂记》，"台湾文献丛刊"第52种，台湾银行经济研究室，1959。

② 徐栋：《保甲书》卷一，安徽师范大学出版社，2012。

③ 徐栋：《保甲书》卷二，安徽师范大学出版社，2012。

④ 徐栋：《保甲书》卷二，安徽师范大学出版社，2012。

⑤ 徐栋：《保甲书》卷一，安徽师范大学出版社，2012。

邻右、证见数人，讯明衅由，便可定案解勘。至若因病路毙，以及服毒、自缢、投水毕命，此皆游手失业，或因逃亡无依，或贫迫短见。彼既生失其正，因而死丧非命，孽由自作，于人何尤？无如奸恶差保于此等人命，觅利居货，诈伪百出：每于未报官前，将尸移置田头、屋角，妄招业主邻右多名，百般需索。饱其索，则暗为销除；拂其欲，则明示开报。愚民畏累从索，在小康之户，犹得□□卖畜，以应需索；家本贫乏，则割肉疗饥，其若惨状何！状有不堪言：甚至此处图诈已完，又暗令无赖将尸移抬别处，日久尸变肉腐，臭气难闻！若之何，故习依然？抑且择殷而噬，以住远隔，开作近邻。更或埋后，串谋棍徒，冒认尸亲，指伤告究，任意罗织。差保借票唤为藏金之穴，里民视告名为剥肤之痛：索酒食，谨茔□，敲椅钉棹，拳脚交加，掷杯虎狼；威吓小民，魂散胆落，不惜挖肉医疮，餍其诛求；否即擅拘私押，异常糟踏。以自尽之人命，祸无辜之生灵，此等流弊，言之殊堪发指！合亟示禁。为此示仰该保各庄民知悉：嗣后凡有前项身尸，该附近庄民不必惊惧，告知庄耆，转报甲头。查验该尸有无伤痕，具结报县：无事经投保差，本县讯明甲头，如可免验，即批示收埋，以杜差棍需索诸弊；如该尸另有伤痕，须缉凶究□，亦即据实报明：该乡保如敢开报业主、地邻多人，即属有意图诈，除于呈内将名删除外，先究乡保开报不实之罪；其有玩保、地棍串谋县差，于未报官前借尸图索，许该庄民即将该保差等指名赴县禀究，以凭尽法痛惩。如此，则保差恶棍有巧莫施，借尸图诈之恶习可以立除；而附近庄民，皆得各安本业，不遭无辜之累矣。[①]

① 《台湾南部碑文集成》，“台湾文献丛刊”第218种，台湾银行经济研究室，1966。

乾隆四十八年（1783年）按察使司管台澎道宪杨廷桦为禁玩保、蠹差借命吓诈以除积弊亦立告示碑：

> 无如玩保、蠹差，借□□□□，以为利薮，遍庄索诈，竟敢于未报官之前，擅拿禁吓。□民畏□，屈□□□欲，则随时开脱；拂其意，则妄指报验：以远庄开作近邻，任意□□。□□□役，乘伊值日，串谋乡保、里差，谋死外来乞丐，将尸抬于□□□□□□，□乡保值役，随时群伙毕至，每分远近庄社，□般而□，□□□□，□□□□；稍不如意，则套出无赖棍徒，冒亲告命。差保从中□□□人，代为□□，□中分肥。种种弊害，殊堪发指！①

从上可见，乾隆一朝，台湾地方地保、差役往往借故勾结无赖敛财。此类事件中，甲头等往往需要参与。上碑还提及“嗣后凡有前项身尸，该附近庄民不必惊惧，告知庄耆，转报甲头”。所谓“庄耆”应即本庄或本乡耆老（所谓乡耆等），耆老负责化民导俗。依《保甲书》卷一《乡约》：“律载凡各处人民合设耆老，须于本乡年高有德、众所推服人内选充。”②

保甲制度的实际成效极为有限，但官方认为保甲制度的效力之所以不能发挥，不在制度本身。《续修台湾县志》卷一论及台湾保甲法难以推行说：“邑欲治得乎？昔周官行乡遂之法，管子易之而意存。后世乃为保甲。保甲不行，虽圣贤不能治其邑。保甲之法，行之台地为难者，道在海禁也。”③ 也就是说，保甲在台

---

① 《台湾南部碑文集成》，“台湾文献丛刊”第218种，台湾银行经济研究室，1966。

② 徐栋：《保甲书》卷一，安徽师范大学出版社，2012。

③ 《续修台湾县志》卷一，“台湾文献丛刊”第140种，台湾银行经济研究室，1962。

湾不得推行，乃是因为其他政策的羁绊。一旦时机成熟，他们还是热衷于恢复保甲制度。据连横《台湾通史》卷二十一言："时福建巡抚刘铭传驻台北，亦办团练，奏简林维源为团练大臣。十二年，奏办清赋，饬属先办保甲，查造户口。十户为牌，牌有长；十牌为甲，甲有长；十甲为保，保有正，均隶于保甲局。总局在台北，以候补知府为总办。各厅县皆设分局，札委丞卒任之。按季汇报，先送按察使司查核，乃详巡抚汇题，登其民于户部，以知户口之盈虚。而铭传尤励精图治，欲置台湾于富强。"[①]在内忧外患的社会背景之下，刘铭传励精图治，力图振兴台湾，故而又提出重整保甲制度。

三、团练

与保甲制度同样重要的还有团练。团练与保甲不同，它的目的在于训练丁壮作为官军的预备兵源以抵御外敌入侵。保甲的首领一般是庶民，乡绅一般不参加保甲管理，所谓"至充保长、甲长并轮值支更看栅等役，绅衿免派"[②]；而团练则是由乡绅来领导的。两者的关系是：互相补充，行保甲，办团练，但大多数情形下，团练不包含在保甲之内。[③]

台湾前期虽有团练之设，但以义民为主。《安平县杂记》谓："团练，即古者寓兵于农之意也。地方有事，城厢内外及村庄、里堡，均团练壮丁，以资捍卫。盖所以补营兵、营勇之不足，无事则负耒穷耕，有事则荷戈赴敌者也。就台湾而论，前无团练，值变乱之时，民之从官杀贼者，名曰义民；有义民首以领之。义民每月饷费不过六八银三元，由官筹给，并畀火枪、战器、棚帐等物，随大军而剿贼。历届变乱，多得其力。亦有地方绅富自己

① 连横：《台湾通史》卷二十一，商务印书馆，2010，第427页。

② 徐栋：《保甲书》卷一，安徽师范大学出版社，2012。

③ 瞿同祖：《清代地方政府》，法律出版社，2011，第238、242页。

招募义勇从大军以杀贼，不费公帑，仅官给旂号戳谕者。事平之后，勋劳卓著，由统兵大帅奏请格外从优议叙。其蹈义而死者，则奏立旌义祠，岁春秋致祭焉。”①

实际上，蓝鼎元早在保甲推行之后即提议办理团练，他建议：

> 团练乡兵，亦是靖盗一法。宪台以其乱后强悍成性，欲仁渐义摩，纳之礼让之中，诚为移风易俗要道。但今盗贼众多，不可不先为剔刮。鄙人愚见，以为作贼可以欺官，不可以欺民；能避巡兵，不能避乡里。莫若因其势而防范之：就各县、各乡佥举一干练勤谨、有身家、顾惜廉耻之人，使为乡长；就其所辖数乡，家喻户晓，联守望相助之心，给之游兵以供奔走使令之役。如有一家被盗，则前后左右各家齐出救援，堵截各处要口，务必协力擒获。另设大乡总一二人，统辖各乡长督率稽查，专其责成。乡长有生事扰民、纵容奸匪、缉捕不力、救护不齐等弊，大乡总稽察报查；如有失察，一体同罪。是虽无乡兵之名，而众志成城，不啻有乡兵之实。今拟台湾中路设乡长六名、南路凤山设乡长〔八名，每县各立大乡总一名统辖之。北路诸罗设乡长〕十二名，立大乡总二名分辖之。每乡长一名，准给养游兵四名；大乡总一名，给外委、千、把总衔札以荣其身，准养游兵十名。其游兵名粮，每月银一两、米三斗；就官庄内拨出支给，以为赡养之资。计三县游兵一百四十名，每月支银一百四十两、米四十三石二斗。三县乡长共二十六名、大乡总四名，应给养廉多少，宪台酌量定夺。伊等工食既皆仰给于官，则与官

① 《安平县杂记》，“台湾文献丛刊”第52种，台湾银行经济研究室，1959。

兵一例；文武均行约束调遣，无敢不从。凡地方有窃劫盗贼，就各乡长跟要，限期缉获真盗，解官究处。初限不获，拘游兵比责；再限不获，乡长罚月粮工食，戴罪图功；三限不获，拘乡长正身重惩、大乡总记大过一次。凡盗贼不能缉获至三次者，乡长责革、大乡总追销外委职牌，以示惩劝。虽月粮似觉伤重，但为地方之利，自不得顾惜小费。欲〔行〕节省，则每名月银七钱、五钱亦可，米三斗不易也。无月粮，则彼将生事扰民以为食；非徒无益，为害更大。且天下亦无枵腹而为人办事之理，必资其养廉，方可责以清操。大乡总能干练，办公勤谨，三年无过犯，有绥靖地方实迹，量行擢用以示鼓励。①

蓝鼎元认为，治理台湾，移风易俗、推行仁义礼让固然重要，但台湾之民强悍成性，于教化之外，应团练乡兵，加强民间自卫能力。

清代台湾团练之办理，其主要目的就在于弹压地方，维护社会稳定。乾隆五十一年（1786年）林爽文之变，各乡办团练、出义民，以资战守，而鹿港郊商亦募勇自卫，故无害。林恭之变，徐宗幹以淡水林占梅办北路团练，弹压地方。及戴潮春之变，淡水同知秋曰觐遇害，林占梅集绅士办理团练守御，时徐宗幹已任福建巡抚，命林占梅办理全台团练事务，颁发钤记，通饬所属。福建巡抚刘铭传驻台北，亦办团练，奏简林维源为团练大臣：

光绪七年，刘道抵任，改团练总局为培元总局，仍委城中着绅办理，经费由洋药税厘余款项下开支。凡地方一切善举，均许诸绅禀明支用（如清理沟道及赈济之类，每年动用

① 《续修台湾府志》卷二十一，“台湾文献丛刊”第121种，台湾银行经济研究室，1962。

数万金)。光绪十年，法防之设，即以培元总局为团练总局。就安平一县而论，城内分为五段，段设练勇六十名，城外三郊商户及南北段亦雇练勇三百名，一切费用均由绅商捐资。总局按月遣人催收，定期散发（每练勇一名，月给银四元八角)。又有所谓团勇者，每名月给银八角，合六名团勇而为一练勇，须昼夜训练，团勇不过五日到齐点名而已（刘道酌定章程：家资一万金者，月出团勇费六名，抵练勇费一名；家资五千金者，月出团勇费三名，抵练勇半名；家资二千五百金者，出团勇费一名半；家资八百三十三金，出团费半名。其余多少，照比类推)。应用军装、火药，均由总局给发。城外里堡，则挑选壮丁，由办理团练分局绅士赴总局请领火药、铅子及各乡团练札谕、壮丁号补，造具名册，或二百名、一百名，送局存查，以便汇齐，由局绅请县宪到各里堡公所点名。所谓团而不练者此也。当刘道时，台南团练颇能认真，虽不足冲锋御敌，亦可慑服土匪。全台团练大臣，则台北林维源也。①

此后，“光绪十五年，罗府宪文有台南团练局之设。仅办冬防，申明乡约，四个月而罢。二十一年，台抚奏请全台团练仍以林维源为团练大臣，台南设团练总局于龙王庙之右畔（原设培元总局之处)；未尝鸠资于民，不过分遣绅士下乡给发号补，交各庄总理造具壮丁清册送局，以便临时点名兼申明乡中禁约而已。凡办团练之时，各庄联为一气，互相救援，故土匪不得逞。至各庄禁约互异，虽难强同，大要在锄暴安良四字；防务吃紧之时，亦可稍壮声势。此台南团练之大概情形也”②。

---

① 《安平县杂记》，“台湾文献丛刊”第52种，台湾银行经济研究室，1959。

② 《安平县杂记》，“台湾文献丛刊”第52种，台湾银行经济研究室，1959。

团练除应对内部不稳定因素之外，也担负抵御外辱之责。如刘璈，字兰洲，“中法既战，沿海戒严。璈驻台南，协士民，筹战守，办团练，讨军费”[①]。再如乙未之役，复办团练，以进士丘逢甲为团练使。[②]

对于积极筹办团练的地方士绅，清政府都会予以嘉奖，如沈葆桢奏请褒奖澎湖廪生彭衢亨：“练董台湾府学廪生彭衢亨，平日恪守卧碑，深明大义；本年劝办团练，不遗余力。九月初十日，由西屿乘船赍送勇册到厅呈验，不意行至中途，风压船没，即时殒命。该廪生家贫、亲老，尚义殉身，诚堪悯悼。合无仰恳天恩交部议恤，以慰忠魂。”[③]

在清代乡族社会的治理中，宗族组织也发挥了极大的作用。前已述及，保甲制度中凡聚族而居、丁口众多者大都有族长一人，该族长由族内推举，官方会给以戳记，族中大小事务由其经理。官府往往通过各族族长约束该族子弟，并要求各宗族救助族中贫乏之民，特别是那些无业游民，以宗族的“收族”之效达到乡族社会安定的目标。

总之，清代台湾在府县之外，以乡约、保甲和团练治理基层社会，三者相辅相成，在特殊地区、特殊时期又有所侧重。乡约主要担负民间教化之功能，重在圣谕宣讲，后逐渐流于形式，被民间乡规民约所代替；保甲制度既可进行户籍管理，又具有维护地方社会秩序之责，但实际推行的效果并不理想；团练借助地方士绅的积极参与，重在民间武装的组织与领导，内平贼盗，外御强侮，在特定时期发挥了极大的效用。

---

① 连横：《台湾通史》卷三十三，商务印书馆，2010，第 695 页。

② 连横：《台湾通史》卷二十一，商务印书馆，2010，第 427 页。

③ 沈葆桢：《福建台湾奏折》，“台湾文献丛刊”第 29 种，台湾银行经济研究室，1959。

第四章

清代台湾的女性生活

第一节　清代女性的财产权

在19世纪以前的中国，人们尚未接触近代民法的财产权概念，更遑论物权、债权、动产、不动产等概念了，以这些来自西方的抽象法律概念来论述清代传统台湾社会的问题确实有些棘手。不过，即便历史上没有这类词汇和概念，也一定会有某种形式的对应物。就传统农耕社会的人民而言，他们不喜欢抽象的观念，更关心“值钱的东西”，财产（或称产业）是他们最关切的对象。因此，以较为通俗、宽泛意义上的“财产权”一词讨论在财产占有、利用和流转诸方面，即传统社会财产的习俗和实践中清代台湾女性的权利和地位是完全可行的。[1]

在清代台湾传统社会中，女性依据其不同的身份，所行使的财产权利也是大不相同，而此中婚姻是女性身份改变的关键，它会带来女性财产权利的变化。以下从女性作为女儿、妻子、寡妇、长辈等四种不同身份来分别考察清代台湾女性的财产权。需要特别说明的是，这些身份也不是绝对的，她们往往同时兼有不同的角色：有可能是尊长，亦是寡妇；也有可能是女儿，亦是妻子。

一、女儿的财产权

清代律法从维护尊长的角度给予女子包括未嫁女一定的地位，保证传统社会中长幼尊卑的礼制得以施行，《大清律例》卷二十九《刑律·骂詈》云："骂尊长，凡骂（内外）缌麻兄姊，笞五十；小功兄姊，杖六十；大功兄姊，杖七十；尊属（兼缌麻、小功、大功）各加一等，若骂（期亲同胞）兄姊者杖一百。"[2] 也就是说，年长的女子不但相对于同辈年幼的女子待遇优越，对于同辈的年幼男子亦属"尊长"，这时候作为"女儿"的身份并不一定低于"儿子"。

从财产权方面而言，未嫁之女子的劳动所得一般可以自由支配，以此积累一定数量的私财。《诸罗县志》卷八言："女不蚕织，以刺绣为能，自十岁以上则教之。工巧者自赡其口，尚有赢余。"[3]

但作为女儿所获得的财产主要是妆奁，又称嫁妆，是女子出嫁自娘家携至夫家的财产。如果女子未嫁即行分家，则在分家过

---

① 以上相关问题参见郝维华：《清代财产权利的观念与实践》，法律出版社，2011，第8—30页。

② 《大清律例》卷二十九《刑律·骂詈》。

③ 《诸罗县志》卷八，"台湾文献丛刊"第141种，台湾银行经济研究室，1962。

程中必须为女儿留出妆奁，《安平县杂记》载台湾分家之过程说：

若祖父伯叔兄长经营发达者，资产有千余万金，后来传有五房，欲分爨，资产自行掌管者，应即公同延请本姓族长或亲戚朋友，平日办事秉正廉洁自持之人到家，设筵款待，择定日期，将要分资产业契赈簿等项，一概交付公亲。然后公亲查明长辈有几人，应先踏养赡丧费，下辈有男女几人，男未娶妻者应踏娶妻聘费，女未嫁夫者应踏妆奁。[①]

由于女儿一旦嫁出，她就无法再要求分得家产，故而有些家庭往往在其女儿结婚之际就以土地作为陪嫁，称为妆奁田，如《台湾私法债权编》载：

立嫁女妆奁字人郑茂炳，有明买过王湖田园壹宗，大小合共玖丘，抽出契内田壹丘，受种子壹分零壹毫叁丝正，蕃薯种叁仟捌佰余种。东至宵太路；西至郑本田；南至郑本园；北至郑本田、吴田、埔仔墘；四至明白为界，交过李学官掌管收成，以为祠业之物，与房亲叔兄弟侄无干。亦无交加来历不明，保此田果系是郑茂炳大契内抽出作嫁女妆奁，日后子孙不得争讨。恐后来反心无凭，今欲有凭，苟立嫁女妆奁田业字壹纸，交过女婿李学官，付执存照。

咸丰拾年二月立嫁女妆奁字人郑茂炳

代书人自笔[②]

---

① 《安平县杂记》，“台湾文献丛刊”第52种，台湾银行经济研究室，1959。

② 《台湾私法债权编》，“台湾文献丛刊”第79种，台湾银行经济研究室，1960。

这份嫁女妆奁契约中言明，该契约交过女婿李学官付执存照，“此田果系是郑茂炳大契内抽出作嫁女妆奁，日后子孙不得争讨”。

事实上，很多妆奁田都会约定，此田只是资助女儿经济生活之用，以此保障婚后女子的经济生活，提升其在婆家的家庭地位。清代台湾有许多嫁女妆奁契约，反映的就是父母为女儿婚后生活考虑而交付妆奁田产的事。如《台湾私法人事编》中两份契约：

（一）妆奁租字

立对妆奁租字人叶际昌，有承父明买过林辉显、彭煌赞等水田贰所，坐落土名大店榛椰庄，四至界址印契内载明。现耕佃人林天顺、彭堪。兹因小女锥者婚配林家，其衣食等用饶足可知，但自己针线花粉，时或需用淡薄，爰将该田每年六月早季对佃人林天顺踏出小租谷六拾贰石，又对佃人彭堪踏出小租谷叁拾四石，计共七十六石正，付锥者对佃收去，以便自己零星费用。此系喜悦，亦须有凭，合立对妆奁租字壹纸，付执为照。

批明：每年六月早季踏出小租谷计七拾六石正，付锥者对佃人林天顺、彭堪支收足讫，再照。

光绪二十二年丙申十月　日

在场人叶宣记

立对妆奁租字人叶际昌

（二）喜添妆奁租谷字

立喜添妆奁租谷字人魏贤森，今因遵慈亲遗命，即将祖父遗置田业一所，址在六张犁庄，愿将此处租谷拨出五拾石正，以付胞妹妍记，借作历年花粉之需。至早季收成之日，自当依时结价，统算银项若干，一齐支付胞妹收入。合应喜立妆奁租字一纸，付执为照。

光绪拾玖年葭月二十七日立喜添妆奁租字人魏贤森[1]

以上两份契约中都说明这些妆奁田是为了女儿“自己针线花粉，时或需用淡薄”，“历年花粉之需”等零星费用，足见嫁女父母的用心良苦。

妆奁田毕竟属于嫁妆中较为大宗的部分，能够给女儿妆奁田的都是属于较为宽裕的家庭，这从契约中屡屡提及的“余平生薄有储蓄”“余颇积囊资”可以见之。由于妆奁田是随女儿嫁到夫家的财产，其产权所属就成为关注的焦点，因为妆奁田而发生争讨的事情在台湾应不在少数。因此，一些契约就明确写明，一旦女儿过世，该田及其所出仍然由女方家收回：

立随奁字父□□□，夫邻里乡党，原有相周之义，膝下小女岂无分赠之财？况小女未字在家，又能孝顺无违。余平生薄有储蓄，特向内人及小儿等妥议，许将买过□□□堡□□庄□□□田壹宗，年收小租粟□拾□石对佃，交与小女□□□作于归随奁之费。其契券仍存在吾家，俟小女□□身故后，女婿外孙等须就此小租粟□拾□石对佃，交还外家原主掌收。合立随奁字壹纸，付小女□□执照，以杜日后争端。汝辈须曲体吾意，切勿违背前言。

光绪三年　月　日

代笔人□□□

婚配媒人□□□

立随奁字父□□□[2]

---

① 《台湾私法人事编》，“台湾文献丛刊”第117种，台湾银行经济研究室，1961。

② 《台湾私法人事编》，“台湾文献丛刊”第117种，台湾银行经济研究室，1961。

当然，也有一些妆奁田是交由女儿女婿及其子孙永远使用的，而且特别交代说，日后女方兄弟不得争较生端滋事，这种妆奁契约称为“永远妆奁字”：

立永远妆奁字父□□□，窃谓男女原为一体，父母固无二心，余有长女名□□，性质纯良，善事父母，未字之时代理家政，克勤克俭，余颇积囊资，半借助焉！兹当于归在即，托配与西门外家罗□□者，余夫妇妥议，愿将买过□□□□庄刘□□水田壹宗，址在打猫好收庄拔仔林洋，又买过□□庄何□□水田壹宗，坐落土名充吉庄后，此二宗界址具载上手契内明白。保此二宗之田永远付长女及女婿□□□掌管，子子孙孙世守勿替，后日兄弟不得争较生端滋事。合给永远妆奁字壹纸，连二宗田契共拾纸，付交媒人送执存照。

光绪十一年六月廿三日

代笔人□□□

配婚媒人□□□

立永远妆奁字父□□□①

从财产继承方面而言，清代台湾家庭中女儿，甚至非嫡出的女儿，也具有继承财产（主要是获得妆奁）的机会。虽然清代法律没有明文规定遗嘱的法律效力，但在实践中往往予以承认。如光绪十七年（1891年）一份遗嘱中说：

尝思合久必分，天下大势且然，而家庭亦复如是。余自

① 《台湾私法人事编》，“台湾文献丛刊”第117种，台湾银行经济研究室，1961。

十四岁渡台，百计经营，俭积有数百金，于下横后街开张金同利烟铺生理；继开碧玉莵；并在同裕饷典本银三千元，应得股分；又作金振丰号糖间，暨历年所置厝宅田园，及出入银项虚实账项诸款，统计约限有三万左右金额。兹抱恙未痊，适子良暂权婚娶，因思人非金石，寿考岂能永锡，苟不预为筹设，尔兄弟难免意向不齐之虞。再四思维，爰请亲戚黄锥山、陈卜五、吕经五、潘福照等从中确证，后如或不合余意，欲将家财特提出，所有明买之田园及仁德南里一带，作为祭祀公业，以便尔兄弟三人输值。又按贰千元额作为继室赡养之需，归诸公司生息，现另先抽大统街店税付与零用；又按壹千元额作为子龙行六礼之费；又按壹千元额作为子水婚娶之费；又接壹千陆百元额作为次女妆奁。至于继室复生诸女，及庶出一女，现年尚幼，从来出闺每人按以壹千元额为妆奁之需，共按七千陆百元额，交子龙掌管，临时照额，如数提出。另抽出银伍百元，以交付长女英需用；又抽出银伍百元，以为次女□需用；又提出制钱伍百千文，交堂弟平往同安赎回田宅，以奉内地祖先祀费。其余尽付与尔兄弟三人均摊，或生理，或田园厝宅，以及出入账项，凭公亲酌配，裒多益寡，处置得宜，然后按份拈阄，照额承管；切不可翻异违训。专望尔等日后能同炊合灶，固属万幸；不然按定份额，亦当遵予命而行。尔兄弟其共体予平分之心，各守基业，勿生异议，是所至嘱云尔。合立付契字一样三纸，各守遵照。

光绪拾七年叁月　日

为公亲人　吕经五　黄钟山　陈卜五

当场知见人　潘福照　继室蔡氏

立付约字　王绍宗

知见子　朝龙　道张　丽水

执笔人　贺安①

可见女儿在台湾传统社会家庭中还是具有一定的地位，其经济权利得到了应有的尊重和保证。

二、妻子的财产权

传统的礼法要求女子出嫁之后，“无私货，无私蓄，无私器，不敢私假，不敢私与”②。经济上的“无私”要求，也为女子出嫁之后“从夫”奠定基础。不过，即便如此，作为妻子还是有一些私财的，主要就是来自嫁妆。据《临时台湾旧惯调查会第一步调查第三回报告书台湾私法》第二卷，台湾家庭中妻子拥有的私财有：

> 1. 妻以自己名义取得的财产：例如勤劳所得、受赠或以私财购置的田园等财产。
>
> 2. 妆奁及私产的收益：有田园的业主权、收益权、经商盈余、利息收入及房屋租金等，此等收入皆属于妻。③

妆奁属于夫妻双方中妻子可以自由支配的财产，一旦婚姻关系变动（指离婚，不包括夫死守寡而再嫁的情形），妆奁亦可以由女方取回：

> 立离缘字人陈九五，前年曾娶过李四之女为妻，名唤阿

① 《台湾私法人事编》，“台湾文献丛刊”第117种，台湾银行经济研究室，1961。

② 《礼记·内则》。

③ 《临时台湾旧惯调查会第一步调查第三回报告书台湾私法》第二卷，台湾省文献委员会，1993，第526页。

叶，今年二十三岁。当日凭媒面议，聘金贰百大元正，交收足讫。兹因违逆翁姑，时闻交谪之声，更复不能安贫，常出怨尤之念，律以妇人四德，实有可出之条，虽欲忍以安之，奈生成若性，留亦无益。故不得已再托冰人，向外家李四重议废亲，聘金愿折其半，妆奁则听其取去，凡吾家所有之物，虽丝毫毋得干犯。此系父母之命，抑亦与吾缘绝，即日收回聘金，彼妇听媒率去，任凭别嫁，一出千休，情根永断。口恐无凭，即立离缘字壹纸，付执为照。

即日，九五同媒亲收过字内聘金银壹百大元正足讫，照。

道光二十三年十一月　日

代书人　张金生

为媒人　黄水池

知见人　陈火木

立离缘字人　陈九五[①]

此外，当家庭中丈夫过世或者不在家生活之时，妻子可以代行处理财产，具有签订契约的权利。[②] 例如，《托孤之规定》云：

兄弟数人同承祖父业，或兄、或弟先死，子尚幼小，生前有托孤于弟兄而受其托孤者，此须视侄犹子，俟胞侄长成，乃将家产按份均摊，各制阄书以给予掌管。譬如兄弟三人，各家分爨后，不幸长兄病危，其子尚幼，其妻尚在，遗言契券交伊妻收存，家业嘱托次弟、季弟代为掌管。并记其

① 《台湾私法人事编》，“台湾文献丛刊”第 117 种，台湾银行经济研究室，1961。

② 陈瑛珣：《清代民间妇女生活史料的发掘与运用》，天津古籍出版社，2010，第 180 页。

培养一切，俟其子长成，乃收该家业还他自行管理。此固就平时兄弟和睦者言之，不必另请房长、族长在场眼证也。若兄弟未可深信，事事虽交他代照料管理外，另又要请房长（五服内之长辈）、族长（五服内司宗之有德望者）同堂为证，以杜后日侵渔之弊。……①

此中提及，各家分爨后，如果不幸长兄病危，其子尚幼，可由其妻立下契约，收存契券，将家业嘱托次弟、季弟代为掌管。在契约中应写明，俟其子长成，乃收该家业还他自行管理。

三、寡妇的财产权

所谓寡妇，指的是丈夫亡故的妇女。在传统社会中，虽然政府提倡守节，地方官员及各种方志中也对各类节妇极尽褒奖，但现实生活中守寡妇女选择再嫁在清代台湾当是常见之事，这就涉及寡妇与夫家财产的继承问题。《台湾私法人事编》中收录一些再嫁文书，例如：

同立合约赎身字人杨厚、郭陈氏，缘因原有一子杨冬瓜，年已长大，凭媒作合，于光绪二十四年婚娶郭陈氏之女，名唤郭凉，结为夫妻。本效鸾凤和鸣之计，以望百年偕老之期，讵料厚之子杨冬瓜不幸忽于光绪二十五年十一月间永诀千秋，抛辞尘世，厚夫妇相议，愿将此儿妇郭凉付伊生母郭陈氏赎回再醮。听公调处，三面议定赎身价洋银陆拾大员正，即日厚同公人亲收足讫，随将此儿妇郭凉听其赎回归家，或招婚，或配婿，任从其便。倘日后郭凉生子传孙，与

① 《台湾私法人事编》，“台湾文献丛刊”第117种，台湾银行经济研究室，1961。

杨厚无干；而杨厚所有家业物产，亦与郭凉无涉。此乃二比甘愿，不能滋生事端，别生枝节，各无异言反悔。口恐无凭，口笔有据，同立合约赎身字壹样贰纸，各执壹纸，永远存照。

批明：厚即日同公人亲收过赎身价洋银陆拾大员正足讫，照。

光绪二十六年，即阴历庚子岁五月

代笔人 杨灿然

公人 王匏

场见人 杨蔡氏

同立合约赎身字人 杨厚 郭陈氏[①]

该文书中，杨冬瓜去世后，其父母相议，愿将儿媳妇郭凉付她生母郭陈氏赎回再醮，或招婚，或配婿，任从其便，并由郭凉母家给付六十洋银作为赎身价，且说明："日后郭凉生子传孙，与杨厚无干；而杨厚所有家业物产，亦与郭凉无涉。"也就是说，寡妇如果再嫁就无权要求继承原夫家的财产。

寡妇再嫁不仅不能继承原夫家财产，甚至连"妆奁"都得听前夫之家处置。《大清律例》卷八《户律·户役》云："其改嫁者，夫家财产及原有妆奁，并听前夫之家为主。"[②]

另一方面，寡妇只要守节不再嫁，即便没有儿子也可以继承丈夫财产，此谓之"合承夫份"。《大清律例》卷八《户律·户役》："妇人夫亡无子守志者，合承夫份，须凭族长择昭穆相当之人继嗣。"[③] 正因寡妇有此财产继承之权，故一些人为了争夺寡妇应得的财产，极尽所能，甚至于逼迫寡妇成为所谓的"烈妇"。

---

① 《台湾私法人事编》，"台湾文献丛刊"第117种，台湾银行经济研究室，1961。

② 《大清律例》卷八《户律·户役》。

③ 《大清律例》卷八《户律·户役》。

为此清廷还特别下旨严禁，其所针对的就是闽台地区的风俗：

乾隆二十四年四月，奉前巡抚部院吴宪谕：照得从容守节，方为妇道之常；慷慨捐躯，终属人伦之变。伏查钦奉上谕，妇人从一之义，醮而不改，乃天下之正道。而其间节烈亦有不同者。然烈妇难而节妇尤难。盖夫亡之后，妇职之当尽者更多，上有翁姑则当奉养，以代为子之道；下有后嗣，则当教育，以代为父之道。他如修治频繁，经理家业，其事难以悉数。安得以一死毕其责乎？是以节妇之旌表，载在典章，而烈妇不在定例之内，向来未曾通行晓谕。今特颁谕旨，著地方有司广为宣布，务期僻壤荒村，家喻户晓，俾愚民咸知节妇自有常经，而保全生命实为正理。倘训谕之后，仍有不爱躯命，陷于危亡者，朕亦不概加旌表，以成闾阎激烈之风，长愚民轻生之习。思之思之，钦此。钦遵在案。仰见圣天子明伦训俗，保全民命之盛心，至深且切。凡民间当妇女不幸夫亡之日，见其跄地呼天、迫不欲生之状，亲族人等苟有人心者，自应恻然动念，从旁劝慰。乃闻闽省有等残忍之徒，或慕殉节虚名，或利寡妇所有，不但不安抚以全其生，反怂恿以速其死；甚或假大义以相责，又或借无倚以迫胁。妇女知识短浅，昏迷之际，惶惑扤措，而丧心病狂之徒，辄为之搭台设祭，并备鼓吹舆从，令本妇盛服登台，亲戚族党皆罗拜活祭，扶掖投缳。此时本妇迫于众论，虽欲不死，不可得矣。似此忍心害理，外假殉节之说，阴图财产之私，迫胁寡妇立致戕生，情固同于威逼，事实等于谋财。查律载：谋财害命者，拟斩立决；为从者绞；卑幼谋杀尊长致死者，凌迟处死；威逼人致死者，治罪追理；卑幼威逼尊长致死者绞；知人谋害他人不即阻当首告者分别治罪。律法森严，难容轻贷。乃愚民陷于不知，自蹈显戮，殊堪怜悯。合行出示晓谕。为此示仰所属军民人等一体知悉：嗣后妇女不幸夫亡，凡属亲戚族党，务必劝谕，使知舅姑当事，遗孤当抚，即或无子者，亦以立继承祧为重，毋慕殉节之虚名，致已故之夫同于若敖之鬼。倘本妇励志守孀，而亲族人等渐染浇风，各怀私意，或假以大义迫令投缳，或利其资财，促之速死，定将创议之人及搭台之人，照谋杀威迫为首律，查明服制，分别凌迟斩绞。其扶掖登台相帮投缳者，照为从动手加功律，按照服制，分别斩绞。其献酒活祭、在场罗拜者，照为从不加功律，亦按服制，分别绞流。亲戚、族长、地保、邻佑及鼓吹舆从人等知情不即劝阻，又不飞驰报官者，照知情谋害他人不即阻当首告律治罪。此等恶俗，实骇听闻！尔等务各彼此劝诫，相率禁止，切勿视为泛常，负虚名而撄实祸，自贻后悔，噬脐莫及。凛之慎之！毋违等因。①

此中提及，闽省此俗盛行，族人们或慕殉节虚名，或利寡妇所有，不但不安抚以全其生，反怂恿以速其死；甚或假大义以相责，又或借无倚以迫胁，让这些寡妇选择投缳自尽，这些人大都是“外假殉节之说，阴图财产之私”的。

实际上，寡妇的“合承夫份”是有附加条件的，除去自愿守志不嫁之外，还“须凭族长择昭穆相当之人继嗣”，也就是说如果没有儿子就必须在族长的参与下选择合适之人作为嗣子。这嗣子的选择权虽然归于寡妇，有利于其在一定程度上把控丈夫财产的归属，但无疑也为其他势力的介入提供了机会，各种财产纠纷就因此引发。清代律法对于嗣子选择问题、嗣子继承财产的合法性问题等是有众多条例规定的：

① 《福建省例》，“台湾文献丛刊”第199种，台湾银行经济研究室，1964。

无子立嗣，依律外，若继子不得于所后之亲，听其告官别立。其或择立贤能及所亲爱者，若于昭穆伦序不失，不许宗族指以次序告争，并官司受理。若义男女婿为所后之亲喜悦者，听其相依倚，不许继子并本生父母用计逼逐，仍酌给财产；若无子之人家贫，听其卖产自赡。

凡乞养异姓义子有情愿归宗者，不许将分得财产携回本宗。其收养三岁以下遗弃之小儿，仍依律即从其姓，但不得以无子遂立为嗣，仍分给财产，俱不必勒令归宗；如有希图资财冒认归宗者，照例治罪。

无子立嗣，若应继之人平日先有嫌隙，则于昭穆相当亲属内择贤择爱，听从其便。如族中希图财产，勒令承继，或怂恿择继，以致涉讼者，地方官立即惩治，仍将所择贤爱之人断令立继。其有子婚而故，妇能孀守；已聘未娶，媳能以女身守志；及已婚而故，妇虽未能孀守，但已故之子业经成立；或子虽未娶而因出兵阵亡者，俱应为其子立后。若支属内实无昭穆相当可为其子立后之人，而其父又无别子者，应为其父立继，待生孙以嗣。应为立后之子，其寻常夭亡未婚之人不得概为立后。若独子夭亡，而族中又无昭穆相当可为其父立继者，亦准为未婚之子立继。如可继之人亦系独子，而情属同父周亲两相情愿者，取具阖族甘结，亦准其承继两房宗祧。谨按：此条系乾隆三十八年议准条奏，及四十年钦奉谕旨并纂为例。

因争继酿成人命者，凡争产谋继及扶同争继之房分，均不准其继嗣，应听户族另行公议承立。[①]

① 《台湾私法人事编》，“台湾文献丛刊”第117种，台湾银行经济研究室，1961。

律例中提及，“若义男女婿为所后之亲喜悦者，听其相依倚，不许继子并本生父母用计逼逐”，且强调了“择贤择爱”的原则，这在清代台湾亦有实例，只不过是针对不肖的“螟蛉之子”：

> 立托交祀契字妹婿沈齐，娶妻谢氏，单生一女名曰隐娘，余并无生男，不得已螟蛉余露，改姓即曰沈露。岂疑沈露孽恶嫖赌，任斥不理。齐今临病在床，危在旦夕，若不幸归仙，诸姻戚等念及至亲，可将齐之亲生隐娘招赘他姓，生男继后。而齐所买罗家瓦厝一座，将此祀契托交大舅谢保舅以及表兄徐文发、孙婿朱天赐等以管此祀厝，足为春秋年节祭祀，不可被孽恶沈露嫖赌花费，以致禋祀无归。如露嫖赌无忌，立即拿获鸣官究治，余无别言。恐口无凭，谨立托交祀契字，付执存照。
>
> 道光五年四月　日
>
> 在场收祀契字人　大舅谢保舅
>
> 知见人　表兄徐文发　孙婿朱天赐
>
> 代笔　徐步云
>
> 立托交祀契字人　妹婿沈齐①

立契书之人沈齐仅有一女隐娘并收有螟蛉之子沈露，因为沈露吃喝嫖赌，生活败坏，不堪承继家业，故而事先托付大舅说明，由女儿隐娘招赘他姓，生男继后，不许沈露从中干扰，如有不轨，许立即拿获鸣官究治。

如上所见，在清代台湾社会的现实生活中，嗣子（或养子）形态较为复杂，主要有同宗过继、异姓螟蛉以及神明护佑的“谊

① 《台湾私法人事编》，“台湾文献丛刊”第117种，台湾银行经济研究室，1961。

子或契子”等。[1]《诸罗县志》卷八记载：

> 自襁褓而育之者，曰螟蛉。台俗八九岁至十五六，皆购为己子。更有年未衰而不娶，忽援壮夫为子，授之室而承其祀。有父无母，悖义伤伦，抑又甚矣。古人无子，必择同姓之亲者而继之；今以非我族类之人承祀，他日能歆之乎？其始，皆由妒妇不容置媵或妾，有子而不以为子；故有生女而潜易、诈孕而假产，其夫或明知而隐忍迁就。又有妇言是听，舍兄弟同姓之子，而必取诸异姓者；然未若此地之并螟蛉而亦非也。礼无异姓为后之文，本朝有笞杖归宗之律。俗子、愚夫既不知吕嬴、牛马之辨，诗礼之家亦昧然为之。杞人灭鄫，春秋之义何居乎？听妾妇之愚、徇末俗之陋，所当亟变者也。[2]

从上可见，当时台湾民间社会的习俗与朝廷律法的规定是存在较大差距的。正因为有各种嗣子的存在，特别是螟蛉之子，在财产继承上容易造成纠纷。例如光绪七年（1881 年）凤山爆发的林姓争斗，就是由于螟蛉继承家产引发同族不满，从而屡遭滋扰。[3]

四、尊长的财产权

所谓尊长就是家庭或家族中的长辈。在讲究长幼秩序的传统社会中，女性尊长亦地位优越，她们介入家庭财产分配的情形也

---

① 洪丽完：《台湾社会生活文书专辑》，“中央研究院”台湾史研究所，2002，第32页。

② 《诸罗县志》卷八，“台湾文献丛刊”第 141 种，台湾银行经济研究室，1962。

③ 刘璈：《巡台退思录》，“台湾文献丛刊”第 21 种，台湾银行经济研究室，1958。

较为多见。传教士马偕说："如果她（汉人女人）年岁愈大，就愈受尊重，到了老年时，有时她得到的重视或可弥补年轻时所受的忽视。"[1]

在清代台湾家庭托孤文书中，女性落款人就充分反映了妇女在财产处置中的地位、权利与角色。例如，

> 立托孤字人郡城内做蔑街陈氏。因先夫早逝，遗子聘尚在怀抱，薄有产业，氏躬亲执掌绰有余力，亦不闻有意外之变。缘氏自去年来渐就衰老，疾病缠绵，多方求治，迄无少效。迨本年三月间，病势益复危笃，自念已无生理。念黄发孤儿未谙人事，何能收租办产之事？况诸房亲素不和睦，以氏寡妇孤儿，久有眈眈虎视之意，弱肉强食，诚所不免。即将先夫遗下田园等业渐交氏胞弟陈笃其掌管，课儿读书，俟其长大，即将田园等业仍还黄聘掌管，不得异言。此系氏临危嘱托，并非迫勒干求，口恐无凭，合立托孤字壹纸，送与存据。
>
> 同治十年八月　日
>
> 代书人　颜榜
>
> 立托孤字人　郡城内陈氏[2]

此中提及，陈氏因为丈夫早亡，其子尚年幼，夫家薄有产业，夫亡故之后由其亲自执掌家业，只是因为近来渐就衰老，疾病缠绵，虽多方求治而不见效。自念已无生理，而孤儿未谙人事，不能执掌收租办产之事，鉴于夫家诸房亲戚素不和睦，为免于遭受他们的滋扰，愿意将先夫遗下田园等业交其胞弟陈笃其掌管，俟其长大再归还。于兹可见，作为尊长的女性甚至可以排除夫家族

① （加）马偕：《"福尔摩沙"纪事》，前卫出版社，2007，第111页。

② 《台湾私法人事编》，"台湾文献丛刊"第117种，台湾银行经济研究室，1961。

亲的干扰，将产业交付自己的胞弟掌管，其威权不可谓不大了。

另外，如《台湾私法物权编》所载一份由母亲主持的兄弟分房阄书约字：

同立阄书约字人李门嫡母赖氏。窃氏产下四男：长曰龙、次曰凤、三曰进、四曰狮。又因夫庶妾产下二男，排列第五曰才生，嫡庶传下共六大房等。自尔父跨鹤东还，悉付尔母偕尔兄弟同爨合食，人饮天和，家敦古处，岂忍言分之事？缘光绪乙亥年间，氏窃谓木大分枝，水盈分派，物且有然，况于人乎！虽九世同居，常聆张公遗训，无如生齿日众，家费浩繁，措理维艰，爰请公亲聚议分爨，各齐其家，以为光前裕后良策。即日将承尔父遗下所有租业，内先抽出嫡母、庶母养赡及长孙租之额，余租业水田、山埔、林地、厕池、菜园、厝宅、家器什物并债项、账条一切等项，按作六房均分，肥瘦配搭公平，同堂焚香告祖，序次拈阄，各照阄内掌管。但尔母尚在，仅将家业分定，令各房分爨，时尚未嘱立阄约。迨光绪丙戌年间，氏经耋耄已臻，窃见人心不古，诚恐日后子孙恃强凌弱，酿成祸患，与其前模已定，不如设立阄约为凭。于是再请公亲，凭公议酌，加将前抽嫡庶养赡之额按作二款均分。尔嫡子四房该分嫡母之额，尔庶子二房该庶母之额，余仍照前程应份各管而行，凭阄拈定，万世庶遵，体乃祖创业维艰，切念父守成不易，愿尔等箕裘克绍，大振家声，其式易好无相尤可也。口恐无凭，爰立阄书六纸一样，以诗、书、易、礼、春秋为序，各执一纸，永远存照。

一、批：搭寮坑水田连山埔一段，小租二百一十石，年配大租六石四斗，水租一石六斗，带碛地银三百元，内抽出小租四石，付长孙周溪世掌，余拈得龙记、狮记、才记、天记四房均分。其龙记拈执现买印契一纸，又带上手契二纸。

狮记拈执现买司单一纸，又带上手契二纸。才记拈执上手契三纸。天记拈执上手契并司单共四纸。凭公分配，各不得争长较短，声明，再照。

……

一、批：尔各房应份田四至界址，凭公踏明，另立管定界约字，各执炳据。至各房各有配执契券，倘若要用之时，各宜取出公照，声明，再照。

光绪丙戌年十二月　日。

代书人　何庆熙

公亲人　何长庚　潘盛清

在场见人　母舅□□□

立阄书约字人　嫡母赖氏同男江龙、碰狮、观凤、才生、开进、天生①

该分房阄书中，李门原有妻妾，妻赖氏生四子，妾生二子，主持者是李门嫡母赖氏，嫡庶之尊卑显而易见。作为女性尊长，她们在财产分配中获得赡养费或养赡田乃是常例，故而约书中指明：“即日将承尔父遗下所有租业，内先抽出嫡母、庶母养赡及长孙租之额，余租业水田、山埔、林地、厕池、菜园、厝宅、家器什物并债项、账条一切等项，按作六房均分，肥瘦配搭公平，同堂焚香告祖，序次拈阄，各照阄内掌管。”养赡费也是按嫡庶区分：“于是再请公亲，凭公议酌，加将前抽嫡庶养赡之额按作二款均分。”嫡子四房与庶子二房各自负责嫡母、庶母的赡养：“尔嫡子四房该分嫡母之额，尔庶子二房该庶母之额。”《安平县杂记》所载家财继袭习惯及各房产业分爨之情事亦提及：“阄拈完竣，再

① 《台湾私法物权编》，“台湾文献丛刊”第150种，台湾银行经济研究室，1963。

将六字总合，交公亲雇人填写阄书一样六本，并将养赡各款一概填入阄书前。"[1] 此中"养赡费"就是涉及女性尊长的财产。

在《台湾私法人事编》中也录有妇女处理不动产的实例，如：

> 同立阄书合约字人，兴隆里旧城内前峰尾张厚铭、张天赏兄弟，尝读孝弟命章，是守母意，令兄宜尊，所谓命令为人切莫违，而心志故当存者也。铭等自幼失怙，亏母苦笃，而至于此，无能大获赀资，以悦母心，实愧不孝，今逢运会多乖，母遂虑幼弟读书而恐不赡，于是请母舅族长公人相议定，抽出先人置过黄家水田一所三丘，又与克贤对分继房香祀田一丘，共水田四丘，坐在南门外瓦磘前，配埤水五分，带纳户名黄寿供粟壹石贰斗叁升，分交天赏为读书之费。又抽出买过马允南门口沙埔园一丘，带纳广济宫香灯租银四角，奉交母亲为养赡之资。又踏出置过李由三圳水一所七丘，配埤水玖分，带纳蔡熊供粟三石五斗，分与厚铭为创造事仪，并大孙份额在内。所有厝屋前护间格，配归天赏掌管居住；后护间格，配归厚铭掌管居住；其余家器各件均分。至于余业契卷，因为挂债他人，不得分折，明议现时厚铭当即掌收，公平设法，有余自宜贮积，以存后日赎回诸业，许时应当另列在簿，作为两房轮公分收。今分以后，铭若再宏营累积，乃铭子孙之福，赏不得较计争分；而赏之额，永远掌管，若能展动发达，亦赏子孙之福，铭不得议分多寡。自此明折交掌，当尊所约，莫逆母命，宜兄宜弟，无犯外御之讥，各为守份。恐口无凭，今欲有凭，同立阄书合约字壹样

[1] 《安平县杂记》，"台湾文献丛刊"第52种，台湾银行经济研究室，1959。

贰纸，各执壹纸，永远存照。

光绪元年八月 日

同立阄书合约字人 族长重旺、母亲邱氏、张厚铭、张天赏、母舅邱受

公亲人 陈维春

代书人 张钟培①

此契约落款即是以母亲邱氏为首，其子、母舅等在后。而对于田产的处置也是由作为母亲的邱氏提议进行的，其子等“莫逆母命”。在处置中他们还特别留出母亲的养赡费：“又抽出买过马允南门口沙埔园一丘，带纳广济宫香灯租银四角，奉交母亲为养赡之资。”

又据《台湾私法物权编》一份遗嘱中，李黄氏在为子女分家之际也为自己留出了养赡费：

立遗嘱阄约人李黄氏。窃谓燕翼贻谋，天下无不是底父母；令原至谊，世间最难得者弟兄，故母爱子之心无分长幼，而兄弟友于之理宜笃亲爱，居家大道不外是耳！吾夫李孝榜，蟾香公四子也，先娶王氏，生下男儿二：长曰秉渔，次曰秉钧。继娶陈氏，后娶黄氏，俱无生。然秉钧出嗣夫弟五种，与六房秉猷出嗣，同承五房家业，经已阄分立约炳据。因思秉渔、秉钧同气连枝，实属亲至谊，与其各承家业，何若合一折衷，斯为手足是敦耳！况氏倦勤引老，思欲息肩之谋，预为措足之举。爰是邀请房亲族戚到家作证，将先夫从前阄分物业应得租额六十石，抽起十石以为氏养赡，又抽出五石付秉钧前去掌管，由是秉渔应得租额四十五石。此系同堂妥

① 《台湾私法人事编》，“台湾文献丛刊”第117种，台湾银行经济研究室，1961。

议，毫无私意。自今以后，各业各管，勿伤和气，克勤克俭，再造丕基，是尤氏之所厚望也。夫今欲有凭，立遗嘱约壹样贰纸，各执壹纸，永远存照，并将条目开列于左：

计开：

一、南港庄承买陈成琦租额六十石，抽出十石以为氏养赡。百岁后，将此十石付两人轮流祭祀先考妣，批照。……①

总之，清代台湾社会毕竟还是父权社会，男性在财产权方面拥有较多的权利，这是得到国家律法及民间习俗坚定支持的。但不容否认的是，妇女在处置财产方面也具有一定的权利，其管控财产的范围、程度等随着身份的变化而有一些差异。另外，由于台湾社会的特殊性，传统道德礼教对女性的约束相对减弱，政府律法的执行也受到民间社会习俗的影响而削弱，此种情形之下，台湾妇女的经济行为、财产权利是得到相当程度的认可与尊重的。

第二节　清代台湾女性的旌表

一、清代旌表制度

旌表作为国家意识形态在社会控制领域的表达，是传统社会中统治者为显示其社会控制权力而推行的一种道德表彰活动，它需要全社会的共同参与。有清一代，全国受到旌表的贞节烈妇有100万人。台湾的女性旌表在清代也形成规模，其影响不可低估，

---

① 《台湾私法物权编》，“台湾文献丛刊”第150种，台湾银行经济研究室，1963。

所谓“风化所被，节义兴焉”[①]。但我们应该认识到，这是国家通过旌表在社会基层树立无上权威，营造一种注重名节、感沐皇恩的社会氛围，以此达到在社会各阶层渗透主流价值观的目的。

清代的旌表制度主要继承明代。顺治元年（1644年），清政府就依照明代旧例旌表节妇，此后诸帝对于表彰贞节更是不遗余力。旌表的内容自明初开始趋于单一的道德标准，尤重“节”“孝”，从各种正史及方志中均可见之。在清代，据《清史稿》所列，依受表彰妇女的事迹可以将其分类为：孝妇、孝女、烈妇、烈女、守节、殉节、未婚守节等。所谓的“贤”在明以前常指妇女的才德可以辅问政事、协助父兄诸子处理事务等，清代则往往缩小为能够很好地处理家庭事务；“烈”主要指以生命来维护自己的贞操；“节”分为殉节与苦节；“孝”分为纯孝、死孝等。[②]而台湾诸种方志文献中，烈女传一般分为四部分，即贤妇、贞孝、节孝、节烈。如《淡水厅志》卷十：“台湾旧俗，宽于妇责。近日渐摩礼义，风教聿新；官斯土者，尤宜表扬贞节，矜式里闾。今就淡水采访所及，核之而信者，毕着于篇。为目四：曰贤妇、曰贞孝、曰节孝、曰节烈。传烈女。”[③] 再如沈茂荫《苗栗县志》卷十四：“旧厅志之载烈女也，为目有四：曰贤妇、曰贞孝、曰节孝、曰节烈。今就苗地采访所及核而信之，与厅志所载其系本邑者，均著之篇。”[④]

不过，并非所有台湾方志都如此分类，高拱乾《台湾府志》

---

① 胡建伟：《澎湖纪略》卷五，“台湾文献丛刊”第109种，台湾银行经济研究室，1961。

② 钱南秀：《烈女与贤媛：中国妇女传记书写的两种传统》，见《重读中国女性生命故事》，江苏人民出版社，2012，第72页。

③ 《淡水厅志》卷十，“台湾文献丛刊”第172种，台湾银行经济研究室，1963。

④ 《苗栗县志》卷十四，“台湾文献丛刊”第159种，台湾银行经济研究室，1962。

卷八仅有“贞节”条，蒋毓英《台湾府志》卷九仅有“节烈女贞”条。而蒋镛《澎湖续编》卷上则于烈女下有女寿、贞女、贞烈、节孝、节烈之别，其中“女寿”条为其他诸志所少见，列入陈梓娘、颜长娘两位：“陈梓娘，八罩屿网垵澳吴理妻。温良宽厚，治家有法，训儿孙以义让。子六人，世、芳、现、托、泰、盾，皆孝养和顺。四世同堂，合爨六十余人，勤俭雍睦，善气充溢门庭。天伦之乐，殆无以加。氏年九十九，懿范可风。颜长娘，八罩屿水按澳高旁妻。性贤淑，持家政整整有条，御下以礼。子五人，言、卫、标、济、淑，皆遵母训，退让为家。五世同堂，和睦无间。氏年九十九，人称寿母。”① 此条即是依据明代旧例而设，据《大明会典》，“隆庆三年奏准，孀妇寿至百岁者，照例旌表为贞寿之门”②。“诏民间同居共爨五世以上、乡党称其孝友者，有司取勘以闻，即为旌表”③。

妇女要获得朝廷的旌表，必须经历烦琐的程序，其中最为重要的一环就是审核守节的年份。《大明会典》规定：“民间寡妇三十以前夫亡守制，五十以后不改节者，旌表门闾，除免本家差役。”④ 而到了雍正朝，关于守节年份出台了新的规定，较之前更为宽松，即“节妇年逾四十身故者，守节已历十五载以上，亦应予旌”⑤。台湾旌表节妇亦从此例，如屠继善《恒春县志》卷二十记载节妇董廖氏：

董廖氏，车城民人董仙义妻，待旌。据采访录“廖氏父

① 蒋镛：《澎湖续编》卷上，“台湾文献丛刊”第115种，台湾银行经济研究室，1961。

② 李东阳：《大明会典》卷七十九，广陵书社，2007。

③ 李东阳：《大明会典》卷七十九，广陵书社，2007。

④ 李东阳：《大明会典》卷七十九，广陵书社，2007。

⑤ 《清世宗实录》，雍正元年十月。

岳，母林氏，恒之车城庄人。光绪元年，氏年十八岁，于归仙义为正室。五年，仙义卒；子光辉，甫四龄，翁姑亦相继卒。家贫，售衣营葬如礼。抚养孤儿，茹苦含辛，始终矢志靡他。光绪十九年卒，是年三十六岁，计守节一十五年”等语。查董廖氏贫少妇，能明大义，节操冰霜。事翁姑，不失养送之仪；抚孤儿，克尽义方之教。洵属巾帼完人，足以训方型俗。计其守节年分，核与旌表之例相符，除由县详情外，应即载志，以彰潜德。①

旌表对象符合条件，还需要有权威的推荐人为之撰文，写明其履历，履历上填写居住地址、婚嫁年岁、丈夫姓名、守节年限等信息，并要求有地方乡亲族人为履历上的事迹做出担保。关于此旌表过程，吴德功《彰化节孝册》所言甚为详尽：

妇人嫁后，夫死殉死者曰烈妇；未过门闻夫死而守节至六年者〔曰〕节妇。身故始可报请旌表。若现存节孝妇，守至五十岁始可报请旌表。但凡节妇或养公姑育子，使夫祀不绝，故谓之孝。报节孝者，绅士举报，内中造明节妇履历书，居何所，何年嫁，夫何人，居何所，夫何年死，节妇几年死，必有左右邻及族长出结保证果系守节清白，不敢冒报。昔时报者，每名节妇，必将节妇履历造册十三通。每通连左右邻及族长甘结三通；送入教官用印，留一通在署；再送入知县用印，亦留一通；然后送到知府及台湾道各用印，留册一通；再送上省城学台、布司、按司、督、抚各衙门用印；再送上北京礼部，请皇上批准，将册一通批回，准其建

① 《恒春县志》卷二十，“台湾文献丛刊”第75种，台湾银行经济研究室，1960。

石坊，春秋地方官致祭。[①]

二、清代台湾的旌表

由于受宋明理学的影响和官府的倡导，清代台湾获得旌表的节烈妇女很多，一方面，朝廷或地方有司会为她们建立牌坊，以彰显其名声气节。如，康熙六十一年（1722 年）为黄氏器娘在十字街立牌坊："黄氏器娘，黄勉女；台邑武定里人。幼许陈越琪；闻琪病，即为减膳祈祷。迨琪死，父母秘不与言；氏密察得实，遂自缢。夫家舁琪柩与氏柩会于路，合葬魁斗山。康熙六十一年旌表，建坊十字街。"[②] 该志卷七亦载："另有贞节坊二座：一在禾寮港街，伪时为谢灿妻郑宜娘建；一在十字街，康熙六十年为陈越琪妻黄器娘建。"[③] 再如，道光年间平匪有功的方振声之妻张氏等："上年（引者按：道光十二年，即 1832 年）冬间，福建台湾逆匪张丙等戕官围城，贼党窥觊斗六门，屡肆攻扰。……方振声之妻张氏并其幼女暨陈玉威之妻唐氏，幕友沈志勇与其子沈联辉及跟随家人江承惠等同时死难。"[④] 道光十三年三月廿四日奉上谕张氏赐谥节烈淑人，唐氏赐谥节烈诰赠恭人，俱著加恩建坊旌表。[⑤]

---

① 吴德功：《彰化节孝册》，"台湾文献丛刊"第 108 种，台湾银行经济研究室，1961。

② 《续修台湾府志》卷十一，"台湾文献丛刊"第 121 种，台湾银行经济研究室，1962。

③ 《续修台湾府志》卷七，"台湾文献丛刊"第 121 种，台湾银行经济研究室，1962。

④ 《台案汇录甲集》卷二，"台湾文献丛刊"第 31 种，台湾银行经济研究室，1959。

⑤ 《台案汇录甲集》卷二，"台湾文献丛刊"第 31 种，台湾银行经济研究室，1959。

另一方面，朝廷也会建立节妇祠，春秋致祭。如《续修台湾府志》卷七所载几处烈女节妇祠：

烈女节妇祠：在镇北坊。雍正元年，奉旨建。乾隆十六年，邑廪生侯世辉重修。祀烈女纪氏险娘、节妇余氏预娘、节妇袁氏、孝行张氏、节妇赵氏、节妇郭氏、孝行林氏、节妇陈氏、烈女黄器娘。俱奉旨旌表，有司春、秋致祭。

烈女节妇祠：在学舍傍。祀罗万仓妾蒋氏，系台变殉难，奉旨建。有司致祭。①

前述方振声死难之妻女，官方还于斗六门择地建立专祠，前层设方振声、马步衢、陈玉威牌位，后层设张氏、唐氏牌位，设方振声之幼女牌于后楹配位，地方官春秋致祭，以慰忠贞。实际上，清代官方对于“节孝”与“烈女”在是否入祠方面是区别对待的，“惟节孝方得请旌入祠，而烈女弗与焉”，他们认为“殉亡不如抚孤”，只是在具体落实方面并没有这么严格，故而有很多烈女亦入祠供奉了。《彰化县志》卷八云：

彰化设治百余年，屡经兵燹，节妇烈女之附见郡志者，殊属寥寥。而节孝一祠，至今尚阙，彼无力请旌者，固多湮没；即已受恩纶、表扬潜德、例得入祠者，亦未享馨香之报。惟稽案牍之纪载，采故老之传闻，核其实行，笔之志书，俾巾帼之遗徽，有以昭彤管而垂来世耳。然国家定制，惟节孝方得请旌入祠，而烈女弗与焉。今邑志所书，并及烈妇，则推恩于格外，以嘉其义烈也。盖所贵乎节孝者，谓其矢志守

① 以上见《续修台湾府志》卷七，“台湾文献丛刊”第121种，台湾银行经济研究室，1962。

贞。上事舅姑，下抚儿女，各尽其志以慰九泉，故能生受旌表之荣，殁享春秋之祭。节妇之有裨于世教也大矣。仰惟世宗皇帝御极之初，即沛纶音，于忠义节孝二祠，三致意焉。诚谓纲常名教之所关，世道人心之所系，不可不表里宅以树风声也。若乃变生不测，而舍生取义，不为强暴所污者，亦知贞洁以自守也。苟或舅姑犹在，嗣续宣谋，而乃激烈一时，以从夫于地下，斯亦贤之过矣。故殉亡不如抚孤，人当勉为节妇，而从容以就义；慎勿争为烈女，而慷慨以赴死也。①

也有一些是立碑记以为纪念："汪门双节者，彰化县民汪家姑妇也。姑刘氏、妇余氏，素慈孝。雍正九年大甲西番作乱，焚杀居民；姑急告妇曰：'义不可辱，当各为计。'语毕，遂自刎。妇方抱姑尸而泣，逆番猝至，遂触垣死。乾隆三年旌表，勒碑县东门。"②

更多的则是本地官员赐予各种匾额："洪氏，台湾西定坊人；庠生洪珪女。年十九，适张光华；生二子，长四岁，次周岁。华殁，氏年二十三，矢志守节；上事翁嫜，下抚孤子。长子元龙，名振黉序。苦节三十八载。知县陶绍景给匾额曰'砺节全孤'。""董氏，凤山兴隆庄人；儒士李凤妻。年二十，凤卒；遗腹生男。守节四十年，事舅姑尽孝，抚遗孤，俾成立。知县邹承垣赠匾'节孝可风'。"③

当然，也有一些文人骚客用诗作对节烈妇女进行表彰。如李

---

① 《彰化县志》卷八，"台湾文献丛刊"第156种，台湾银行经济研究室，1962。

② 《续修台湾府志》卷十一，"台湾文献丛刊"第121种，台湾银行经济研究室，1962。

③ 以上见《续修台湾府志》卷十一，"台湾文献丛刊"第121种，台湾银行经济研究室，1962。

钦文，字世勋，凤山人，分修台、凤、诸三县志，后任南靖训导，有《节烈行》一篇，为烈妇郑氏（即郑氏月娘）而作。其诗曰：

双凤喈喈恋俦匹，屈指余生年二十。
恩情两载重于山，一朝影只吞声泣。
啼鹃血泪染鸳鸯，连理枝残欲断肠。
冰雪心肝甘自矢，轻生重节植纲常。
数语辞亲自厄塞，回视亲颜心转迫。
高堂勿复念残躯，薄命残躯奚足惜！
生离死别在须臾，戚族罗拜皆长吁。
精魂顷刻化天地，是为巾帼犹眉须。
君不见湘竹泪斑传自昔，又不见古来望夫化为石。
以兹寸息付青丝，山为枯容水为赤。
吁嗟乎！郑女节烈耀人间，千载留名垂史册。[①]

文人们除为节烈妇女立传之外，更有甚者，还举行征诗活动。如同治八年（1869 年），淡水黄鉴澄之妻何氏自尽，里党悲伤，争传其事。杨雪沧为之立传曰：“何氏，廪膳生黄如许妻，竹堑人。夫病笃，医者佥云不起，何氏侍药备苦。闻星士有相克之语，告其姑曰：‘死无子，宗祀斩矣！愿以身代。’遂仰药死，年二十。夫竟霍然。”里人郑超俊为之征诗，作者颇多。[②]

无论是立牌坊、建祠立碑，还是吟诗作赋，都营造出一种鼓吹妇女节烈的畸形价值观和压抑女性的舆论氛围，表达的是统治阶级的立场，更助长了妇女节烈的风气，而这种风气却是极不人道的。

---

① 连横：《台湾诗乘》卷二，“台湾文献丛刊”第 64 种，台湾银行经济研究室，1960。

② 连横：《台湾诗乘》卷四，“台湾文献丛刊”第 64 种，台湾银行经济研究室，1960。

为了鼓励妇女守节，在台湾一些地区民间还设恤嫠局所，每名嫠妇月给一元五角，以充口食。[①] 也有士绅通过乡约，以维持风化为由禁止守寡女性改嫁、鼓励守节者："方景云，字振青，号省斋，澎湖瓦硐港人，少补弟子员。……素以维持风化为任，里有陋俗，必力革之。尝集父老，禁淫戏，禁赌，禁盗，禁赘营兵，禁澳甲滥受投词，禁妇女入庙焚香。至今犹遵其约。女适同社儒家子吕某，少而寡，媒来议醮。景云正色曰：岂有为景云女，而改事二姓者哉！招女归，令守节。"[②] 在各种旌表风潮之下，世人对于女性的"美德"形成了一种共识，尽管这种共识损害了妇女的权益，客观上对清代台湾妇女的生活还是不可避免地产生了深远的影响。在婚姻生活中，她们一旦遭遇丈夫亡故的不幸，其人生的选择通常就是以下几种了：

抚子成材：此类占据大多数，许多妇女选择生存下去，主要是因为尚有子嗣需要抚养，毕竟不孝有三，无后为大，有后则有抚养子嗣之责在焉。如："余氏，杨茂仁妻，生子三而茂仁卒。氏年二十二，痛绝复苏，环顾三子，长者甫离襁褓，幼者未满二旬，乃位曰：与其舍生以殉死，毋宁抚孤以存祀，乃织纴度日，荼苦自甘。年六十三卒。孙五人，俱为诸生。雍正五年，入祀节孝祠。"[③] 还有陈氏："陈氏，陈立之女，适文良港社颜舜。年二十一而舜亡，遗一子颜同，家徒壁立。有劝其他适者，氏即以死自誓，矢志靡他，抚孤有成。此亦柏舟之亚也欤！"[④] 再如许氏：

① 《安平县杂记》，"台湾文献丛刊"第 52 种，台湾银行经济研究室，1959。

② 连横：《台湾通史》卷三十五，商务印书馆，2010，第 752 页。

③ 《续修台湾县志》卷三，"台湾文献丛刊"第 140 种，台湾银行经济研究室，1962。

④ 胡建伟：《澎湖纪略》卷五，"台湾文献丛刊"第 109 种，台湾银行经济研究室，1961。

“许氏，奎壁澳许长之女，适嵵里澳陈意。年二十而意亡，所遗一子陈畅。瓮无宿米，耕耘而食；灶无厝薪，樵苏而爨：身心俱瘁。抚养陈畅以延夫祀，节有足多；而艰辛备历，氏亦苦矣哉！”[①]

此中还有一种情况，即自己无子嗣，但可以领养孤儿以续为夫后（大都以族子为嗣），抚养其成人。如刘元娘：“刘元娘，四湖廪生廷元女、猫里谢声智妻。年二十七寡。夫殁，娘未有子；家甚贫，勤女红度日。积金，求族子为嗣。母江氏怜其志，尝赒恤之。有富家闻其贤，欲娶之，严词大义拒之；后无敢劝嫁者。卒年四十三。”[②] 还有古送娘：“古送娘，内湖庄龙女、吞霄王龙养妻。年二十四寡。抚养族子为嗣。奉姑孝顺，疏戚咸称。卒年七十二。”[③] 从清代中期开始，不断强化的寡妇贞节崇拜使得寡妇选择继子权力大增，有学者认为清代确立了强制继嗣的制度。[④]

孝养长辈：除去抚养子嗣的原因外，很多妇女选择继续生存是由于夫家长辈需要孝养，如陈粉娘：“陈粉娘，两端女、后垄杜诗运妻。年二十七寡。祖姑及翁姑俱赖以维持，朝夕奉侍无稍弛废。现年四十七。”[⑤] 再如黄氏合娘：“黄氏合娘，许配刘爻生，未婚而爻生殁。合娘守贞以养老母、抚幼弟，以寿殁。”[⑥] 更有黄

① 胡建伟：《澎湖纪略》卷五，“台湾文献丛刊”第109种，台湾银行经济研究室，1961。

② 《苗栗县志》卷十四，“台湾文献丛刊”第159种，台湾银行经济研究室，1962。

③ 《苗栗县志》卷十四，“台湾文献丛刊”第159种，台湾银行经济研究室，1962。

④ 阿风：《明清时代妇女的地位与权利》，社会科学文献出版社，2009，第18—20页。

⑤ 《苗栗县志》卷十四，“台湾文献丛刊”第159种，台湾银行经济研究室，1962。

⑥ 《续修台湾县志》卷三，“台湾文献丛刊”第140种，台湾银行经济研究室，1962。

明娘，明确说自己不随夫去死乃是为“舅姑”也：“黄明娘，凤山人。年十七，归金仁。越三年而仁卒，无嗣。夫弟尚幼，忍死以养舅姑。七载姑亡，舅老且病，氏奉养备至，久而不懈。舅亡，氏寻病笃；母家欲为延医，氏却之曰：‘吾不即从夫死而延此十载残喘者，为舅姑也。舅姑往矣，吾何以生为！’遂不医而卒。”[①]

持斋学佛：在遭遇亡夫之痛后，很多清代台湾女性选择持斋而终其身。如黄声集妾：“黄声集妾，名好官，婢曰银娘。声集将死，与好官百金，令别嫁。好官以其金养族人子为嗣，同银娘抚之。既所养子殁，好官悲愤欲自缢，银娘劝慰之，愿事以终身，遂同削发持长斋四十余年。好官既殁，银娘亦卒。”[②] 又有徐光庭妻黄氏：“卒年八十四，以持斋终其身。”[③] 姚满娘：“姚满娘，桃仔园人，沪尾守备珠宝女。持斋奉佛，养亲不嫁，卒年三十四。”[④]

自经而死：这有几种情形，一是夫亡之后，孑然一身，上无姑嫜，下无子嗣，这种情况下选择自经而死者较为常见，如“蔡氏偕娘，张金生妻，年二十五，归张。甫五月，夫病，氏奉汤药，朝夕无倦容。及病剧，多方延治，愿以身代，目不交睫、食不下咽者两阅月。金生死，氏泣谓其母曰：‘儿上无姑嫜，下无子嗣，义不可独生。’视殓毕，即于是夜自经。就殡颜色如生”[⑤]。

---

① 《重修福建台湾府志》卷十七，“台湾文献丛刊”第74种，台湾银行经济研究室，1961。

② 《续修台湾县志》卷三，“台湾文献丛刊”第140种，台湾银行经济研究室，1962。

③ 《续修台湾县志》卷三，“台湾文献丛刊”第140种，台湾银行经济研究室，1962。

④ 《淡水厅志》卷十，“台湾文献丛刊”第172种，台湾银行经济研究室，1963。

⑤ 《续修台湾县志》卷三，“台湾文献丛刊”第140种，台湾银行经济研究室，1962。

"郭氏益娘，曾国妻，年十八未有出，国溺海死。氏日夜哀哭，白所亲曰：'夫亡义不独存，愿相从地下。'遂自缢。雍正五年，入祀节孝祠。"[①] 还有夫亡抚子，但是子死之后"从容就义"，如谢氏："谢氏，奎璧澳谢道之女、蔡钦之妻也。年十八而钦亡，遗腹一子，育五月而殇。促醮者踵相接，氏誓曰：'妇不幸而夫死，命也；有子守之、无子死之，亦命也。吾今惟有一死而已。'夺志者乃止焉。后另立一子以续夫后。其从容就义，是亦可以风乎！"[②] 再如李氏："李氏，西屿李荫之女，适薛千禄。年二十而千禄亡，每逢夫忌日，设奠哭泣，呜咽欲绝。所遗一子，氏甚珍爱，冀以延夫后也。无何，子亦相继夭殇。父子沦亡，氏痛入骨髓，肝肠寸裂，时常呕血。一日，值夫忌辰，乃自诀曰：'吾向所以不死者，以有子嗣耳，今复何望！自古皆有死，死得其所，复何恨焉？'遂呼天自缢而终。"[③] 当然也有人虽有姑有子但仍选择自经者，如陈氏："陈氏，李朝珪妻，年二十二夫死，哭奠七日毕，中夜整衣投缳，其姑救之，获苏，多方譬晓，乃忍死抚孤。家颇丰饶，不饰簪珥，不蓄婢女，守节二十六载，奉姑克孝，训子有成。"[④] 然而，正如前所述，夫死而自愿随之而去固然被民间认可为一种"美德"，但在官方却并不提倡。

另外，在清代，妇女获得旌表（或者即便未能得到朝廷旌表，但在当地有很好的口碑，能够名列方志烈女传中）成为一种宗教性的风潮。值得注意的是，这些烈女之所以值得人们推崇，

① 《续修台湾县志》卷三，"台湾文献丛刊"第140种，台湾银行经济研究室，1962。

② 胡建伟：《澎湖纪略》卷五，"台湾文献丛刊"第109种，台湾银行经济研究室，1961。

③ 胡建伟：《澎湖纪略》卷五，"台湾文献丛刊"第109种，台湾银行经济研究室，1961。

④ 《续修台湾县志》卷三，"台湾文献丛刊"第140种，台湾银行经济研究室，1962。

除去具备所谓的“懿德”之外，她们中的一些人传说也有非同常人的“异行”或“灵应”。这无疑增强了人们对烈女的崇拜及对旌表的认同感。例如，林春娘祈雨皆得应验。再如黄氏：“黄氏，中港蔡开基妻。道光六年，闽粤分类，庄毁。氏弃其儿与所积金，独负衰翁，驰至中港。水深多溺死，竟渡无恙。及抵堑城，儿已先至，若有携之者。其夫旋亦持金来，佥以孝感称。”①

这些灵应成分的加入，更容易让人误信节烈妇女的行为得到了上天的嘉奖、回报，助长了节烈风气。

记载节烈妇女的主要是台湾各地志书，专门以台湾节烈妇女生平事迹为内容的著作也不少，如吴德功《彰化节孝志》专门记述彰化县节孝事迹。《海音诗》中提及：“陈烈妇、黄弃娘，并郑时人；郡邑志有传。草昧之初，而九烈三贞煌煌志乘；今入版图将二百载矣，列圣相承昭然礼法，有不共被涵濡哉？近周光部明经欲辑台郡节烈勒成一编，诚盛举也。”② 周光部之作未见，但其以全台节烈为主，当属集大成者。

从清代台湾烈女的区域分布而言，各地烈女数目大有不同，这是由于台湾各地开发的程度不一、发展不平衡所致。据学者研究，清代烈女以澎湖地区人数居首，有清一代高达332人，占全台湾烈女总数的68%以上。台南地区次之，为73人，台中地区41人，台北地区38人。③

不可否认，以上都是就各种方志文献中关于烈女的记载而论的，这种记载经过了主流意识的渲染，并不能完全反映清代台湾

① 《淡水厅志》卷十，“台湾文献丛刊”第172种，台湾银行经济研究室，1963。

② 《台湾杂咏合刻》，“台湾文献丛刊”第28种，台湾银行经济研究室，1958。

③ 刘佳：《角色扮演与榜样塑造》，见《中国社会科学院近代史研究所青年学术论坛（2009卷）》，社会科学文献出版社，2011，第63页。

妇女在涉及贞节等方面生活的真实情形。例如，寡妇再嫁问题。实际上，清初台湾的寡妇再嫁是较为常见的，这和当时的渡台政策有关。《诸罗县志》载："男多于女，有村庄数百人而无一眷口者。盖内地各津渡妇女之禁既严，娶一妇动费百金；故庄客佃丁稍有赢余，复其邦族矣。或无家可归，乃于此置室，大半皆再醮、遣妾、出婢也。台无愆期不出之婢。"[①]

三、台湾旌表制度的变异

台湾的旌表工作较之大陆更为不易，因为台湾孤悬海外，隔海交通不便，申报工作更为艰难。蒋镛为吴氏通报请旌，就因此受到耽搁，其《澎湖续编》中透露此事说："吴氏，东西澳西卫社吴会宗女。年十八，归鼎湾澳港底社李国魁。端庄勤俭，助夫孝亲。年二十九，夫病，侍汤药，无顷刻离。夫殁，痛不欲生；舅姑劝慰，以有遗腹，未敢轻生。逾月，生子时熙。奉舅姑，抚孤子，辛苦备尝。舅殁，丧葬以礼，事姑益孝谨。姑年九十三，以寿终。人谓妇可代子。子时熙入胶庠。孙七人，一门和豫。道光四年通判蒋镛为通报请旌，隔海未由学转，格于成例，俟将来照例申请，以邀旌典。"[②]

不过，就台湾妇女旌表而言，朝廷旌表制度在实际执行过程中还是形成了一定的变异。例如，关于旌表对象的出身，《大明会典》主要限定为普通百姓家的妇女："国初，凡有孝行节义为乡里所推重者，据各地方申报、风宪官核实奏闻，即与旌表。其后止许布衣编民、委巷妇女得以名闻。其有官职及科目出身者，

---

① 《诸罗县志》卷十二，"台湾文献丛刊"第141种，台湾银行经济研究室，1962。

② 蒋镛：《澎湖续编》卷上，"台湾文献丛刊"第115种，台湾银行经济研究室，1961。

俱不与焉。”① “诰敕封为命妇者仍照前例不准旌表外，其余生员吏典一应人等，有孝子顺孙义夫节妇志行卓异，足以激励风化、表正乡闾者，官司仍具实迹以闻，一体旌表。”② 然据吴立轩《彰化节孝志跋》指出，在同治以前，旌表的对象主要是出身名门大家者，故而此前台湾各志中所记载的真正受到朝廷旌表的烈女并不多：“此回集县志及同治、光绪二案报准之节孝册。其同治以前节孝无几者，何哉？盖因同治以前所报节孝甚难，必名门大家，托人将册呈上北京，或地方官特请，始准耳。同治十二年起，西太后知孀妇之艰难，特旨命各省督抚通饬各地方官，令绅士采访贞烈节孝妇；其采访章程刊于上。各地方官每十二年汇报一次。各绅士亦十分慎重。由其族绅耆及左右邻细查，果系清操自矢、白璧无瑕者，每名具族长绅耆出甘保结各二付，始能合格。造册十三付后，各粘甘结二付，由各衙门上达北京，然后由北京批准，令各衙门存案，以垂永远。自此寒门贫户，皆得受旌表殊恩也。但此册皆由当时报册据实叙之，不敢故为矜奇立异，以耸人视听，以乱其真焉。爰将其事跋于后。”③ 而且实际上，朝廷的旌表与地方人士对于妇女贞孝节烈的意见也并不完全一致。

首先，《大明会典》中规定对于有割股、伤生等愚孝行为者不予旌表：“诏申明孝道。凡割股或致伤生，卧冰或致冻死，自古不称为孝。若为旌表，恐其仿效。通行禁约，不许旌表。”④ 清代康熙、雍正诸帝都曾下旨重申顺治年间定例：“本朝顺治年间定例，割股或致伤生，卧冰或致冻死，恐民仿效，不准旌表。”⑤

---

① 《大明会典》卷七十九，广陵书社，2007。

② 《大明会典》卷七十九，广陵书社，2007。

③ 吴德功：《彰化节孝册》，“台湾文献丛刊”第108种，台湾银行经济研究室，1961。

④ 《大明会典》卷七十九，广陵书社，2007。

⑤ 《钦定大清会典事例》，卷四百零三。

然于台湾各种方志所记载表彰的烈女中有此类行为者甚多。例如，凤山县成氏桂娘：“成氏桂娘，县兴隆庄人；儒士黄忠妻。家贫甚，事舅姑以孝闻。时姑病笃，忠外出，氏医药无计，刲股肉以进。姑卒不起，送终尽礼。里邻知其事，咸服其孝。”[①] 又有庄氏一门三女皆为节烈，其中“有妹劝娘未嫁，以母病笃，祷天割股和羹以进，母食而愈”[②]。更有许多妇女因为夫病而“愿以身代（病）”，甚至为此付出生命者，如何氏：“竹堑廪生黄如许妻。夫病笃，医者佥云必不起。氏侍药，备尝辛苦。闻算命家有相克之语，忽告其姑曰：夫死无子，宗祀绝矣，愿以身代，遂饮药死。夫竟霍然。事在同治八年。”[③] 从这方面可以看出地方士绅或者官员的旌表行为过于泛滥，甚至与朝廷的旨意相违背了。

其次，“伪藩”妻女的旌表往往要经历一些波折。如明郑时期阮、黄二氏的贞烈事迹，陈文达《凤山县志》记载颇详：

> 阮氏荫娘者，年十六，适王寻，居于安平镇，未有生育。寻伯兄殁，有遗腹子，嫂已别适；氏抚之如同己出。未几，寻殁，其仲兄偕嫂远来哭。寻殡毕，氏请所抚侄为夫立后，仲许之。夜深人静，氏合户自缢，得家人救苏。既卒哭，又乘隙就缢。嫂急救且慰曰：“叔死不可复，姒何自苦乃尔？”氏曰：“夫死，誓不独生。倘得槁葬夫侧，以遂同归之愿足矣。”仲悯其志，使人防护；氏醉之以酒，严妆洁服从容就缳。事在康熙二十二年五月也。

---

① 《重修凤山县志》卷十，“台湾文献丛刊”第 146 种，台湾银行经济研究室，1962。

② 《重修福建台湾府志》卷十七，“台湾文献丛刊”第 74 种，台湾银行经济研究室，1961。

③ 《淡水厅志》卷十，“台湾文献丛刊”第 172 种，台湾银行经济研究室，1963。

黄氏弃娘者，安平镇黄堂壮次女。年十九，归伪宾客司傅为霖次子璇。为霖以反间谋泄，父子俱置极刑，眷属发配。时堂壮已故，胞兄铨为氏营救获免，得领回家。氏决计身殉，其兄多方慰藉，氏曰：“今日之事，子为父死，妻为夫亡，于理甚顺。妹复何憾？”遂自缢死。[①]

然而，阮氏荫娘、黄氏弃娘“伪藩将旌之，会大师平台，不果”[②]。陈文达为之愤愤不平，认为郑氏月娘与阮氏荫娘、黄氏弃娘“三女之节操，堪垂不朽。郑则褒章累牍，阮、黄则泯泯无闻；岂非时为之乎？藉令当日郡志不及载，则二女贞烈，徒抱恨于九泉之下耳。今并登之邑乘，虽未经褒奖，而与郑女同争光于日月矣”[③]。

后来，朝廷政策似乎有所改变，据余文仪《续修台湾府志》卷十一记载，雍正五年（1727 年）阮氏荫娘与郑氏一样，入祀节烈祠。[④] 同卷虽未言及“黄氏弃娘”入祀节烈祠事，然据该志卷七：“烈女节妇祠：在县治北门。祀阮氏荫娘、郑氏月娘、黄氏弃娘。康熙四十八年，知县宋永清建坊；雍正元年，奉旨建祠。春秋致祭。”[⑤] 则三人皆入祀节烈祠，而且时间更早，康熙四十八年（1708 年）已建坊表彰，雍正元年更得奉旨立祠。

---

① 《凤山县志》卷八，“台湾文献丛刊”第 124 种，台湾银行经济研究室，1961。

② 《台湾府志》卷八，“台湾文献丛刊”第 65 种，台湾银行经济研究室，1960。

③ 《凤山县志》卷八，“台湾文献丛刊”第 124 种，台湾银行经济研究室，1961。

④ 《续修台湾府志》卷十一，“台湾文献丛刊”第 121 种，台湾银行经济研究室，1962。

⑤ 《续修台湾府志》卷七，“台湾文献丛刊”第 121 种，台湾银行经济研究室，1962。

此外，虽然未得朝廷旌表，但同样入选各志烈女传记的前朝或“伪藩”士女主要有：陈永华之女陈氏，王礼《台湾县志》卷八、谢金銮《续修台湾县志》卷五皆载其事迹；故明鲁王之女朱氏，其事迹余文仪《续修台湾府志》卷十一载之。

第三节　清代台湾女性的社会地位

所谓妇女社会地位，其基本内涵即以男性群体为参照，妇女这一社会群体在社会生活、社会关系中的位置。妇女的旌表特别是财产权问题更直接地反映了清代台湾女性的社会地位，毕竟妇女的家庭经济地位是衡量她们社会地位高低的根本标志之一。但人们的社会生活是多方面的，社会关系也是较为复杂的，女性地位的表现还有很多种方式。妇女作为清代台湾两性社会中重要的一方，她们在婚姻关系、日常生活及经济、教育、文化等领域所遭遇的情境或所发挥的作用是评价女性社会地位的重要参考。

一、婚姻关系中的女性

中国的传统社会都是以家庭为基本单位的，家庭以婚姻关系的形成为基础。与婚姻关系有关的婚嫁、丧葬等礼俗都会涉及宗法制度问题，而传统的宗法制度正是以男性为中心，这从对“宗族”的理解即可见之：一般认为，所谓宗族是“由男系血缘关系的各个家庭，在宗法观念的规范下组成的社会群体”①。因此，传统人生礼俗中实际隐含了一种性别上的差异观，特别强调男性优于女性，台湾亦承袭这样的情况。

① 冯尔康等：《中国宗族社会》，浙江人民出版社，1994，第10页。

有关清代台湾婚嫁、丧葬的习俗，各种文献记载较多。例如，《续修台湾府志》卷十三引《赤嵌笔谈》：

婚礼，倩媒送庚帖，三日内家中无事，然后合婚；间有误毁器物者，期必改卜。纳采，簪珥绸帛，别具大饼、豚肩、糖品之属，谓之礼盘；无力者，止烦亲属女眷送银簪二，名曰插簪子。及笄送聘，或番钱一百圆，或八十、六十、四十圆；绫绸数十匹，以至数匹；礼书二函，则收一回一；羊豕、香烛、彩花、荖叶，各收其半。礼榔双座，以银为槟榔形；每座四圆，上镌"二姓合婚、百年偕老"八字。收"二姓合婚"一座，回"百年偕老"一座。贫家则用干槟榔，以银薄饰之。福寿万字糖，或百余圆，或数十圆；回以大饼。其余鹿筋、鹿脯、糖果留三四种，各以稻谷麦豆置于盘内。又回礼锡盆二，如大碗式：一植石榴一株，用银石榴三四颗及银桂花数朵缠绕枝头，名曰榴桂；一植莲蕉花一株，取"连招贵子"之义（土人"蕉""招"同音）。此纳币之礼也。

亲迎，先期送择日仪番钱或四十圆以至十二圆，名曰"乞日"。至期，不论贵贱，乘四人舆，鸣金鼓吹，彩旗前导；亲朋送灯，少年子弟分队擎执，沿途点放爆竹。婿至女家，驻轿庭中，连进酒食三次；饮毕，外弟携盘于轿前索爆竹，婿随取赠，名曰"舅子爆"。新人出厅拜祖先，次拜父母；父兄把酒三盏，覆以手帕上轿。妆奁同行，丰俭不一。花轿后悬竹筛，上画八卦；到门，新郎擎盖新妇头上。三日庙见，以次拜公姑、伯叔婶姆，谓之拜茶。是日外弟来，名曰探房。午宴新妇及外弟；妇之父兄，请而后至，不轻造也。四日或七日，外父母请婿及女，名曰旋家。外家亲属，婿各备贽仪；惟外弟纳之。饮毕，婿偕新妇同归。五日，外

> 家再请诸亲相陪，名曰会亲。女先往，婿近午始至。饮毕婿回，女留三日后始回。冠、笄，或于亲迎日、或在数日前。诗书之家，女子既笄，则居于房内，不复外出；常人则无论矣。①

台湾婚礼礼仪与大陆多数汉人婚礼相近，只是在一些细节上各地有所差异，在传统礼制观念中浸淫已久的叙述者当然不会觉得有何性别上的特殊之处。而外来传教士以异域的文化观念加以观察，性别的差异就十分显明了。例如，生育方面"连招贵子"的追求在他们看来就有着对女性的歧视。清末来台的马偕牧师就说：

> 台湾汉人妇女的地位……远不如基督教地区的妇女。生个女儿若没被认为是不幸就不错了，根本不可能会庆祝。无疑的，妇女被视为比男人低贱。女人虽是有用，但她死时，即使已身为妻子或母亲，其葬礼远不如死了兄弟或儿子来得隆重。②

他们甚至认为汉人妇女结婚后只是作为男方传宗接代的工具："每个人都被认为理当结婚，但并不是为了男欢女爱，也不是为了要有个伴，而是为了获得子嗣，以便将来家族的墓有人扫、灵位有人祭拜。"③

在这种以男性家族为主体的婚姻关系中，女性居于从属地位，这在清代台湾社会是十分明确的。传统观念认为："妇人在

---

① 《续修台湾府志》卷十三，"台湾文献丛刊"第121种，台湾银行经济研究室，1962。

② （加）马偕：《"福尔摩沙"纪事》，前卫出版社，2007，第111页。

③ （加）马偕：《"福尔摩沙"纪事》，前卫出版社，2007，第111页。

家制于父，既嫁制于夫，夫死从长子，妇人不专行，必有从也。”[1] 以后更有所谓“三从四德”，要求妇女以夫家为重心，毫无独立性可言！因此，一旦女性在婚姻生活中不能令男方（丈夫及其父母等）满意，男方就可以这些条条杠杠的礼法为由斥责甚至休弃女方。例如：

立休书字人郡城内鸭母寮林昆，因自幼凭父娶小北门外陈乖之女豫凉为媳，自入门性情乖张，懒于造作，家母念其尚在稚年，未谙人事，姑置不究。今年已二十矣，无论不能育一男半女，且悍泼如故，甚至时忤家母，绝无忌惮，交谪之声闻于阃外，万般劝诫，置之罔闻。谚云：恶妻孽子无法可治，是以昆不得已，与家母相商。窃思昆觅食四方，时常在外，该氏既不能孝事姑嫜，谨守妇道，且欲安坐而食，使老母朝夕劬劳，无时休息，抚躬自问，何以为人！但氏既不孝顺翁姑，明犯七出之条，义无可合，应割断夫妻恩爱，听其归家，嫁与不嫁均从其便，不干昆之事。口恐无凭，合立休书字壹纸，付与存据。

光绪八年六月　日

知见人　母高氏

立休书字人　郡城内鸭母寮林昆[2]

陈豫凉被休弃的原因可能有很多，但最要命的应是她“今年已二十矣，无论不能育一男半女”，未能完成作为妻子的责任。生育对于女性在婚姻家庭中的地位无疑是重要的。

---

① 《春秋穀梁传·隐公二年》。

② 《台湾私法人事编》，“台湾文献丛刊”第117种，台湾银行经济研究室，1961。

如前所述，被休妻子陈豫凉，其与丈夫林昆是“自幼凭父娶”，这在清代台湾十分常见。马偕《“福尔摩沙”纪事》中提及：

最通常的方式是由男方的父母把小女孩买来，并在家中把她养大，以便让她将来做儿子的妻子。用这种方式比较划得来，因为她做的比她吃的多，而且到时也不必给女方的父母聘金。因此，小女孩一进门就是媳妇，可说是如同一家人，不过，却常受养父母的虐待。[1]

实际上，这种小女孩有些还几经转手，她们就如同商品一样，任人转卖：

立转卖养女字人蔡波，有明买林海贼之养女，名唤阿篷，年登十四岁。今因乏银别用，愿将此养女出卖，即托媒引向卖与江门张氏尽凉出首承买为媳妇。时同媒三面议定值身价银壹百贰拾六大元正；其银即日同媒交付蔡波亲收足讫，愿将此养女付江门张氏尽凉选择吉日，娶进入门，永为媳妇。后日长大成人，系是江张氏择配招婚，不干蔡家之事。保此女系是蔡波明买过林海贼之养女，与他人无干，亦无来历不明为碍；如有等情，系蔡波同媒一力出首抵挡，不干买主之事。此系二比甘愿，各无反悔，口恐无凭，立转卖养女字壹纸，并缴上手字贰纸，合共叁纸，付执永远为照。

即日波同媒亲收过字内佛银壹百贰拾六大元正足讫，再照。

光绪二十六年二月　日

① （加）马偕：《“福尔摩沙”纪事》，前卫出版社，2007，第 112 页。

代笔人　高文广

为媒保证人　林氏法治凉

在场知见人　蔡门简氏宥凉

立转卖养女字人　蔡波[①]

这份转卖养女的契约中，被卖的阿篷年方十四，因为原来的养家急于用钱，将其转卖给江门张氏尽凉，许其选择吉日，娶进入门，永为媳妇。

如果说阿篷仅是养女而被转卖，下面这份契约则是转卖养媳：

立转卖媳妇甘愿字人谢高氏，前有明媒抱过张家之女为苗媳，名唤金玉娘，年登十九岁。而此女金玉娘在谢家不能和睦，不合家缘，自主自专，谢高氏无奈，愿将此媳妇张氏金玉娘再转卖与人，即托媒引向与田玉林官出首承买为媳妇。时同媒三面议定聘金龙银壹佰壹拾大元正；其银即日同媒谢高氏亲收足讫，谢高氏随将此女金玉娘交付田玉林官娶去入门为自己媳妇，其日后生男育女是田家之福，与谢家无干。保此女系是谢高氏明媒买来，与亲疏人等无涉，亦无来历交加不明为碍；如有情弊，谢高氏出首一力抵挡，不干买主之事。此系二比甘愿，各无反悔，口恐无凭，今欲有凭，立转卖媳妇甘愿字壹纸，并缴上手字壹纸，共贰纸，付执为照。

批明：谢高氏同媒亲收过字内聘金龙银壹佰壹拾大元正，再照。

---

① 《台湾私法人事编》，“台湾文献丛刊”第117种，台湾银行经济研究室，1961。

光绪二十七年辛丑八月　日

代笔人　雷玉鸣

为媒人　李氏顺观、江士在

在场知见　谢生财

立转卖媳妇甘愿字人　谢高氏[①]

更有甚者，还可以将妻子、儿子一同卖出：

立甘愿卖妻子字人谢来观，其妻魏氏名缎娘，系是魏振观抱养，长大成人前，来观与缎娘招婚，永为夫妇，以养振之年老。无如，来观后来家庭贫乏，告借无由，日食难度，无可安饱，无亲戚相助，势出无奈，爰与振观及胞兄相议，愿将此妻、子两人出卖他人，托媒向与林连生出首承娶，当日三面议定身价银四拾大元正。其银即日同媒亲收入足讫，遂将缎娘年登二十九岁，又小儿元观，年登二岁，同母卖过林门娶入成亲，以作百年偕老。元同母抱付过门，听从改名易姓，倘日后生子传孙弄璋兆庆，乃是林门之洪福，与谢来观无干之事。系是二比甘愿，口恐无凭，今欲有凭，立甘愿卖妻子字壹纸，付执为照。

批明：即日谢来观同媒亲收过身价龙银四拾大元足讫，再照。

批明：魏家忌辰禋祀，亦归林连生永远奉祀，又照。

批明：前谢来观同妻吴氏生下女子一个，亦归还谢来观养育，长成大人，招婚奉养，来年老亦奉养忌辰禋祀，再照。

光绪二十八年　月　日

---

① 《台湾私法人事编》，“台湾文献丛刊”第117种，台湾银行经济研究室，1961。

代笔人　曾清文

为媒人　陈溪篙

在场人　魏发胜、谢戆观

立甘愿卖妻子字人　谢来观①

被抛弃、被买卖可以说是清代台湾女性在婚姻家庭中的悲剧性遭遇，而对于男女在婚姻忠贞要求上的不平等也透露出女性地位的卑下。《台湾杂咏合刻》注云：

台俗：夫妇虽相得极欢，鲜不广置妾媵，甚且出为冶游；反目，辄轻弃之。妇被弃于夫，亦无顾恋；马头覆水，视为故常。何乃少结发情耶？内地来台者，每娶台妇，久亦忘归；及归，则未作飞蓬之嗟，已违就木之誓！地气之薄也，抑人心之浇欤？②

对台湾风俗中男性纳妾、休妻等现象，著名的传教士甘为霖就提出严厉的批评，他说：

另一个值得一提的现象，就是他们普遍都纳妾，以及很轻易就能离婚或离弃。举例来说，汉人不必采取法律途径，就能休掉无法生出儿子或多嘴的妻子。此外，汉人男性常被说成有两三个妻子，但其实这么说并不精确，因为他们只迎娶唯一的妻子，其他被带进家门的，只能称作妾。这种制度所产生的弊病显而易见，当中最严重的，就是它剥夺了很多

① 《台湾私法人事编》，“台湾文献丛刊”第117种，台湾银行经济研究室，1961。

② 《台湾杂咏合刻》，“台湾文献丛刊”第28种，台湾银行经济研究室，1958。

守规矩又正经的女人的权利，这是任何事物都无法取代的。[①]

此外，台湾男女成婚都是父母之命、媒妁之言，很少自由恋爱成婚者，男性在婚嫁上都较少自主权，更遑论女性了："他们的婚姻大多由父母双方决定，或是拜托媒人来居中牵线。换句话说，这两个年轻人不会彼此追求。"[②]"破坏这种婚姻习俗被视为一种灾厄，大家都相信谁破坏了这么庄严的习俗，就必有大灾难临到他的家门。"[③]

二、日常生活中的女性

相较于婚姻关系中在"庄严的习俗"压制之下的女性，日常生活中的女性则显得较为自由了。"诗书之家，女子既笄，则居于房内，不复外出；常人则无论矣"[④]。一般人家的女子既笄之后也无须长居房内，足不出户，她们可以有较多的娱乐生活。兹录《台湾杂咏合刻》中六则关于妇女生活者：

1. 张盖途行礼自持，文公巾帽意犹遗。一开一阖寻常事，不觉民风已暗移。

妇女出行，以伞自遮，曰含蕊伞；即漳州文公兜遗意也。今则阖之如拄杖；然觚不觚，觚哉、觚哉！

2. 烟草槟榔遍几家，金钱不惜掷泥沙。夕阳门巷香风送，拣得一篮鹰爪花。

妇女吸生烟、吃槟榔，日夜不断。若夫夕阳已西、初月

① （英）甘为霖：《素描"福尔摩沙"》，前卫出版社，2009，第 240 页。

② （英）甘为霖：《素描"福尔摩沙"》，前卫出版社，2009，第 239 页。

③ （加）马偕：《"福尔摩沙"纪事》，前卫出版社，2007，第 112 页。

④ 《续修台湾府志》卷十三，"台湾文献丛刊"第 121 种，台湾银行经济研究室，1962。

欲上，卖花者盈门阑焉。茉莉四时常开，佛桑、含笑、睡香、月桂、鹰爪兰之类，流香送馥，簇拥乌云，不惜青蚨一掷也；日费盖不止杖头矣。

3. 火树千丛映绛霄，年年菜市闹花朝。路旁掩泣谁家子，失却鬓边翠玉翘。

菜市坡放烟火，常以花朝前后。是夕妇女皆出游，堕珥遗簪，填衢塞巷；守土官亲弹压之，以防奸徒。

4. 清明时节雨初晞，楮陌纷纷化蝶飞。刚是重关斜照后，云鬟无数插青归。

清明前后，妇女俱适墓。淡妆素服，三五成群；随柳傍花，男女不避。祭毕，摘树归；或簪之，谓之插青。

5. 黑齿偏云助艳姿，邻犀应废国风诗。俗情颠倒君休笑，梨茇登盘厌荔支。

妇女以黑齿为妍，多取槟榔和孩儿茶嚼之。按《彰化县志·番俗考》：男女以涩草或芭蕉花擦齿，令黑，盖本番俗也。梨仔茇，即番石榴，味臭，番酷嗜之。见鲜荔支，反以为恶。

6. 竞送王爷上海坡，乌油小轿水边多。短幨三尺风吹起，斜日分明露翠蛾。

鲲鯓王，俗谓之王爷；以五月来，六七月归。归时，郡中妇女皆送至海坡上。轻薄之徒，借言出游，以觇佳丽。①

此中第1、3、4、6则都是关于妇女出行的，第2、5则是关于妇女的喜好。就出行来说，妇女出行，以伞自遮，曰“含蕊伞”，而且大都穿着华丽；在每年的花朝前后、清明前后、六七月送王爷归时都会有大量“佳丽”结群出游，引得轻薄之徒填衢塞巷，

① 《台湾杂咏合刻》，“台湾文献丛刊”第28种，台湾银行经济研究室，1958。以上序号系引者为表述之便而添加。

场面不可谓不轰动。

实际上，妇女的出游活动远不止这些时日，例如，每年的元宵节一些未嫁的女子还可以借机表达隐藏心底的追求爱情的心声：

> 元宵之夕，自城市以及乡里，点灯结彩，大放烟火，竞演龙灯。士女出游，笙歌达旦。各街多设庙会。而台南郡治三山国王庙，则开赛花之会，陈列水仙数百盆，评其优劣，亦雅事也。《赤嵌笔谈》谓："元宵，未字之女，偷折人家花枝竹叶，为人诟詈，以为异日必得佳婿。"此风今已无矣。[①]

另外还有七夕的乞巧（入夜，妇女陈花果于庭，祀双星，犹古之乞巧也[②]）、中秋的听香（夜深时，妇女听香，以卜休咎[③]）等。

妇女还往往是民间各种祭祀活动、朝拜神庙活动的主角。马偕就说："不少汉人，特别是妇女，很诚信拜神……我有一次参加对医药之神的大拜拜……有四千多名的男人、女人和小孩在那里。"[④]

清代台湾社会中有以奢华为荣者，《诸罗县志》卷八谓：

> 人无贵贱，必华美其衣冠，色取极艳者。靴袜耻以布；履用锦，稍敝即弃之。下而肩舆隶卒，裤皆纱帛。大中丞雷阳陈公观察台湾时，躬以节俭训俗：衣帷布素、食无兼味，禁诸服饰奢侈者。积习已锢，亦未尽改。宴客必丰，酒以镇江、惠泉、绍兴，肴罄山海；青蚨四千，粗置一席。台属物价之腾，甲于天下，于是有彼此相胜，一宴而数十金者。观

① 连横：《台湾通史》卷二十三，商务印书馆，2010，第 456 页。
② 连横：《台湾通史》卷二十三，商务印书馆，2010，第 457 页。
③ 连横：《台湾通史》卷二十三，商务印书馆，2010，第 458 页。
④ （加）马偕：《"福尔摩沙"纪事》，前卫出版社，2007，第 119 页。

察梁公近为条约：非婚祭大庆，不得过五簋。两观察为民节财之意，凡为士庶者皆当深体也。[①]

在这种社会风气影响下，女性对于穿着打扮更是重视了，《诸罗县志》卷八说：

妇女过从，无肩舆，则以伞蒙其首；衣服必丽，簪珥必饰，贫家亦然。村落稍远，则驾牛车以行。岁时、佛诞，相邀入寺烧香，云以祈福。

演戏，不问昼夜，附近村庄妇女辄驾车往观，三五群坐车中，环台之左右。有至自数十里者，不艳饰不登车，其夫亲为之驾。[②]

《台湾通史》卷二十三亦提及：

红闺少妇，绣阁娇娃，选色取材，皆从时尚。台湾以红为瑞，每有庆贺，皆着红裙，虽老亦然。嫠妇侧室，则不得服，其礼稍杀。

……

鞋袜之属，皆求之市。前时多自漳泉配来，亦有本地制者。建省以后，渐尚上海之式，装饰之物，莫不皆然。而缙绅之家，日趋奢美矣。

妇女首饰，多用金银。一簪一珥，随时而变。富家则尚珠玉，价值千金。缠足少艾，或以金环束脚，旁系小铃，丁

① 《诸罗县志》卷八，“台湾文献丛刊”第141种，台湾银行经济研究室，1962。

② 《诸罗县志》卷八，“台湾文献丛刊”第141种，台湾银行经济研究室，1962。

冬之声，自远而至，月下花间，如闻环佩矣。

鬟髻之式，城乡不同，老少亦异。垂髫之女，年十四五，始有梳头，或为盘蛇之样，或为坠马之形。而粤妇则高鬟燕尾，别饶风韵。①

当然，以上所述大都是较为富裕地区或富裕之家的女子才有可能的打扮，一般的劳动者还是以实用为主，穿着方面较为朴素，例如澎湖地区。澎湖之民维生较为艰难，妇女大都不尚奢华：

男女衣服悉用布素，至于绫罗绸缎，则绝无仅有者也。地不产桑麻，女无纺绩，棉夏布匹俱资于厦门。妇人喜着青布衣，上山讨海，出门探亲，俱用青布裹头。男子喜着色茧衫裤，服此者则为有体面。人家有喜庆则穿鞋袜，平日俱赤足。秋冬时亦用青布包头，以御风寒。近日富室及秀士，间有服绸缎者。此亦风习日趋于华也，然亦少矣。②

然而即便是朴素的妇女，也不忘追求“自然美”。英国人罗波·金理在被押往牢房的路途中曾记录台湾乡村的情形，他在日记中说：“那些妇女十分朴素，比我在‘福尔摩沙’其他地方所看过的妇女都来得朴素，但是她们喜欢在头发上插着鲜花，这倒是一种自然美。”③

正因为台湾女性在日常生活方面更为自由，娱乐节目较多，男女混杂的情形在所难免，这就引发一些道学家的不满和批评，以为台湾风俗败坏，必须力行整治。从根本上说，他们是基于女

---

① 连横：《台湾通史》卷二十三，商务印书馆，2010，第460—461页。

② 《澎湖厅志》卷九，“台湾文献丛刊”第164种，台湾银行经济研究室，1963。

③ （美）史蒂瑞：《“福尔摩沙”及其住民》，前卫出版社，2009，第180页。

性从属于男性的立场而论的，但现实的生活与道学家的理想还是有一定的距离。

此外，关于清代台湾妇女的缠足问题也值得一提。缠足是古代社会中对女性最残酷的迫害之一，这种以禁锢女性为美的风尚一般在汉人中流行，而台湾则主要是闽籍移民及其后裔的女性缠足，粤人大都不缠足。《台湾通史》卷二十三谓："漳泉妇女大都缠足，以小为美。三寸弓鞋，绣造极工。而粤人则否，耕田力役，无异男子，平时且多跣足。"[①]《安平县杂记》言："台南之地，民非土著，原系移居。闽之漳泉、粤之潮惠，五方杂处，皆无一姓。俗尚奢华，南北不同。男辫发，女裹足。"[②] 史蒂瑞《"福尔摩沙"及其住民》亦说："他们的体格比河洛人健壮，皮肤也比较黑。客家妇女并没有从小缠足的习俗，而全岛其他地方的河洛妇女几乎都沿袭了缠足的传统，这可能也是客家人体格比较健壮的原因。"[③] 甘为霖《素描"福尔摩沙"》同样提及："与福建女性不同，客家女性已放弃了裹小脚的恶习，所以她们能够在外头靠背负重物或做苦力来赚取不错的收入。"[④]

三、女性的劳作

传统社会中的妇女，其职责往往被限定在家庭生活之内，主要是家务的劳作。《嘉义管内采访册》言：

> 妇德纯良，妇功勤谨。此淑女贤媛，古人所以有鸡鸣之警也。户庭不出，日勤针线，纤纤女手，可以缝裳。要之，襋之，好人服之。富家之女，精益求精，缟衣綦巾，斐然成

① 连横：《台湾通史》卷二十三，商务印书馆，2010，第 460 页。

② 《安平县杂记》，"台湾文献丛刊"第 52 种，台湾银行经济研究室，1959。

③ （美）史蒂瑞：《"福尔摩沙"及其住民》，前卫出版社，2009，第 98 页。

④ （英）甘为霖：《素描"福尔摩沙"》，前卫出版社，2009，第 239 页。

章。角枕灿兮，锦衾烂兮，苟求其故，可坐而得也。至若贫家之女，所学习者，亵裘长短，右袂必有寝衣，长一身有半而已。或亲操井臼，或主馈饔飧，随遇而应，不学而能；惟蚕桑纺织事有莫解焉。①

然而，户庭不出，日勤针线，这只是富家之女的做派，贫家女性往往要走出家庭担负起一定的劳作贴补家用，她们成为女性劳动者，融入社会的经济活动之中。如前所引甘为霖之所见，客家妇女在外头，靠背负重物或做苦力，来赚取不错的收入。而《安平县杂记》谓："妇人，除作针黹、女红而外，亦有为人雇作乳母及司炊爨、洗衣服之事。"② 同书又提及当时各种社会工作，其中一些就可以由女性担当："裁缝匠：代人家做衣服，亦有雇女工者。""鞋店司阜：一切缎鞋、油靴、雨屐及各式绸布鞋，均能制之。凡制就一鞋，必经数人之手而成，大半资于女工。""织席司阜：用草织成，女工亦能之。"③

女性的劳作当然远不只此，务农在清代台湾才是最普遍的工作，"农人不仅比工人或做生意的人重要，也较受尊重。农人被视为是真正的生产者，他的工作比只把产品送去给消费者的人还受尊重"④。很多台湾女性亦参与农业劳动，种植水稻及各种瓜果蔬菜。据《台湾杂咏合刻》所载：

1. 真教澎女作台牛，百里饥驱不自由。三十六村归未得，望乡齐上赤嵌楼。

---

① 《嘉义管内采访册》，"台湾文献丛刊"第58种，台湾银行经济研究室，1959。

② 《安平县杂记》，"台湾文献丛刊"第52种，台湾银行经济研究室，1959。

③ 《安平县杂记》，"台湾文献丛刊"第52种，台湾银行经济研究室，1959。

④ （加）马偕：《"福尔摩沙"纪事》，前卫出版社，2007，第107页。

谚云“澎湖女人台湾牛”，言劳苦过甚也。咸丰元二年冬春之交，澎地大饥；澎女载至郡城鬻为婢者不下数十口。徐树人廉访（宗幹）谕富绅出资赎之；予亟商诸二三好善之士劝捐赎回，各为收养。稻熟后，按名给路费，载还其家。澎湖五十五岛，著名者三十六岛。①

2. 居然不绩市婆娑，华丽犹将竞绮罗。大甲溪头机轧轧，至今妇苦有人歌。

女人不知蚕织，以刺绣为能。三十年前，妇女出门者虽内着美衣，必袭以布；犹诗人尚䌹之遗也。今则绮罗照耀矣。阮参戎蔡文有《大甲妇》诗，首云：大甲妇，一何苦！为夫馌饷为夫锄，为夫日日织麻缕。②

此中第一条因俗谚“澎湖女人台湾牛”说明澎湖妇女的辛劳，据《澎湖厅志》卷九：“澎民男有耕，而女无织。一切种植，男女并力，而女更劳于男。盖男人仅犁耙反土，其余栽种耘耨，多由女人任之。谚云：澎湖女人台湾牛，皆言其劳苦过甚也。”③ 而第二条中《大甲妇》诗更道出妇女既耕且织的劳苦。

另如《苗栗县志》卷十四云：

黄氏，樟树林人，儒医吴洪能妻。本内地黄某女，随姑来台。夫疏黄氏三十余年，毫无怨色。因家贫，尝种于田养姑。某氏为人调戏之，氏挥以锄，伤其足，闻者快之。后遂

---

① 《台湾杂咏合刻》，“台湾文献丛刊”第28种，台湾银行经济研究室，1958。序号为引者添加。

② 《台湾杂咏合刻》，“台湾文献丛刊”第28种，台湾银行经济研究室，1958。序号为引者添加。

③ 《澎湖厅志》卷九，“台湾文献丛刊”第164种，台湾银行经济研究室，1963。

> 无敢者。夫先没；姑年九十余，血气衰，卧不起席，氏每饭必扶持之。如是者三年，虽严寒不改。[①]

黄氏因家贫曾种田养家糊口，却遭到别人的调戏，她用锄头打伤调戏者，维护了自己的尊严。还有《澎湖续编》卷上陈谨娘传：

> 陈谨娘，沙港社陈旺女、港仔尾社许孝妻。年十五于归，三十而孝亡，长子求七岁，遗腹子专。氏食贫抚孤，采茶拾穗，十指艰辛，日夜无少休息。家人悯其苦，善言慰劝。氏力苦如故，与邻里无分毫是非。冰节五十五年，卒年八十五。[②]

陈谨娘食贫抚孤，采茶拾穗，生活极为艰辛。

即便是缠足的妇女也必须参加劳动，史蒂瑞言："来自福建的汉人妇女，沿袭着她们先人的缠足传统，即使是劳力阶层的妇女亦然。……虽然妇女的脚部遭受如此摧残，但贫苦人家的妇女，仍然得承担许多劳务，经常可以看到她们痛苦地在田里工作，或在池塘边帮丈夫捕鱼。"[③] 他在访问澎湖西屿岛时也看到一个绑小脚的妇女牵牛耕地。[④] 当然，因为缠足，一些劳动就必须由男子担当，如插秧，《台风杂记》言："台妇缠足，不能入泥中，是以插秧之事，男子专当之。"[⑤]

---

① 《苗栗县志》卷十四，"台湾文献丛刊"第159种，台湾银行经济研究室，1962。

② 蒋镛：《澎湖续编》卷上，"台湾文献丛刊"第115种，台湾银行经济研究室，1961。

③ （美）史蒂瑞：《"福尔摩沙"及其住民》，前卫出版社，2009，第209—210页。

④ （美）史蒂瑞：《"福尔摩沙"及其住民》，前卫出版社，2009，第128页。

⑤ （日）佐仓孙三：《台风杂记》，"台湾文献丛刊"第107种，台湾银行经济研究室，1961。

女性辛辛苦苦挣钱养家，但因为时常抛头露面，还是会受到一些道学家的指摘。如《诸罗县志》卷八："荷包，方广可八九寸，以红哆啰呢、汉府缎为之；不惜高价，必求女工之最者而刺绣焉。轻薄少年，乃有借此往来中冓者。履霜坚冰，刺绣之害不止女红矣。"①

清代台湾女性中还有为人奴婢者。当时有所谓锢婢之俗，就是买贫女为婢，代为劳役，且有令其终身不嫁者。王凯泰《台湾杂咏三十二首》之一云："夭桃莫赋女宜家，韵事徒传竹里茶。少小为奴今老大，星星霜鬓尚盘鸦（锢婢之习，台郡尤甚）。"②《台风杂记》亦言："台地民间之婢女，年迄三四十，有犹未嫁者；甚则终身禁锢，发白齿落，尚被转售，一生以婢终者亦有焉。天地阴阳之道属徒尔，人间配偶之理为空谈。是因富豪者用无夫之女，便闺房之出入，一年又一年，遂至老惫，欲婚嫁谁乐而受之?"③ 刘家谋《海音诗》注："锢婢之风，豪富家尤甚，不能禁其奔也。""周涧东太守（彦）有《十可怜》之歌，戒锢婢也。"④ 实际上，锢婢之俗闽地亦有，如乾隆《福州府志》张伯行传中言及："闽俗买贫女为婢，凡男子劳役，悉以属之，婢有至无齿不嫁者。"⑤ 但台湾在清初并没有婢女出现，只是到了嘉庆道光以后才较为多见。⑥ 婢女的买卖在清末较为常见，如《同治四

① 《诸罗县志》卷八，"台湾文献丛刊"第141种，台湾银行经济研究室，1962。

② 《台湾杂咏合刻》，"台湾文献丛刊"第28种，台湾银行经济研究室，1958。

③ （日）佐仓孙三：《台风杂记》，"台湾文献丛刊"第107种，台湾银行经济研究室，1961。

④ 《台湾杂咏合刻》，"台湾文献丛刊"第28种，台湾银行经济研究室，1958。

⑤ 喻政：《福州府志》，海风出版社，2001，第91页。

⑥ 耿慧玲：《禁锢婢女碑与清代台湾妇女地位研究》，《朝阳学报》2008年第13期，第332页。

年鹿港安平镇郭好凉立转卖女婢字》文书显示，当时因为缺钱将十五岁的女婢教娘转卖与本港大街顶詹宅为婢女，身价银四十八，并言明“其女婢随交付詹宅前去，改名使唤，长大或收或配，听从其便”[①]。

四、女性的教育

传统社会中认为妇女应有“四德”，即妇德、妇言、妇容、妇功。班昭《女诫》言：

> 夫云妇德，不必才明绝异也；妇言，不必辩口利辞也；妇容，不必颜色美丽也；妇功，不必工巧过人也。

班昭的解释重在妇女的“德”的完备，不在于表现的出众，更不能因妇女之才威胁到男性的主导地位。在严密的社会秩序控制之下，女性的发展被严格限定为辅助男性之用，这就深刻影响了女性的教育。

台湾清代各类方志文献之中关于女性的部分，除去隆重表彰贤妇、贞孝、节孝、节烈之外，对于女性的其他才华则漠视之。如《彰化节孝册》“节孝妇林吴氏”传云：

> 节孝妇林吴氏，系彰化北门街六品衔吴封翁登庸之女，生于咸丰八年。二十二岁，配于线东堡柑仔井庄生员林鸿钧为妻。氏赋性温柔和平，不苟言笑，相夫读书，鸡鸣戒旦，相敬如宾。尤熟曹大家《女诫》，举止大方。家中富裕，恒慷慨济人。夫纳一婢为小星，亦怡颜相接，不闻交谪之声。迨光绪十年，夫染病身故，氏二十七岁，志欲殉夫，因翁姑

① 曾品沧：《笨港古文书选辑》，台北“国史馆”，2001，第354页。

在堂，兼以幼子呱呱，爰含哀忍痛，上事二老，下养幼子。无何子夭，再螟二子，曰缉宗，曰缉祺。婢亦生一子，名水生，氏抚为己子，不分嫡庶。至光绪二十一年氏故，年三十九岁，计守节十二年，与旌表之例相符，绅士公请旌表，经蒙许可，准入彰化节孝祠。①

从这个传记中我们无法知道林吴氏的才华如何，其所接受的教育应是有的，但是完全不同于男式的教育，所谓“尤熟曹大家《女诫》”。因此，她才能做到“赋性温柔和平，不苟言笑，相夫读书，鸡鸣戒旦，相敬如宾”。甚至丈夫纳妾，她也要“怡颜相接，不闻交谪之声”，承受着超高道德标准的要求。

对于台湾女子早期教育的情形在马偕《“福尔摩沙”纪事》中有较为详尽的叙述，他以“珍仔”——一个生长在富裕商人家庭的女子为例说：

刚开始的纪年，她还可以在门口和她的兄弟玩耍，只是哥哥或弟弟动不动就喜欢骂她、打她、拿她出气。她当然必须听从家中的男孩子们。到了年岁较大一些时，她就必须学煮饭、洗衣和拿针线缝绣。她还得学习良家淑女的模样，使人觉得她讨人喜欢，因为她知道，唯有将来得着一个好姻缘，她这辈子才能活得幸福。她的心思就如此不断地被这样教导着，如果这也称得上是一种教导的话。虽然她也学习一些孔孟之言及一些道德格言，而且能把这些都背得滚瓜烂熟，然而她心中却是充满着各种有关女孩子人家就该这样，或不该那样的无稽之谈。②

---

① 吴德功：《彰化节孝册》，“台湾文献丛刊”第108种，台湾银行经济研究室，1961。

② （加）马偕：《“福尔摩沙”纪事》，前卫出版社，2007，第288页。

台湾女子上学接受学堂教育应是清代后期的事情。传教士们来自西方，他们在台传教，公开抨击歧视妇女之观念，强调男女并重，故而各种教会学校都会注意招收女性学员，如著名的传教士马偕在台湾创办的牛津学堂（汉文名字为“理学堂大书院”）。该学堂19世纪80年代初创立于淡水，其学习的内容以《圣经》为主，“但我们并不因而忽略了现代科学，西方学院所有的重要课程我们都给予必要的重视”①。学堂的“学生中有十一二位是汉人，其余的是平埔族。……每晚我们也都会在礼堂大厅聚集一到二个小时，女学堂的妇女们也都来参加，她们坐在厅的中间，四周坐的是学堂的男生”②。“在牛津学堂看不到任何填鸭式或无聊单调的教学。真希望那些对宣教工作有所批评的人，能看到挤满着人的大厅里，小孩子、年轻人和灰了发的妇女，每个人的眼神和脸上都充满着明亮与渴望深情”③。

鉴于牛津学堂其实还是以训练男传教士为主的学院。光绪九年（1883年）底，由加拿大长老教会妇女海外宣教会捐助，马偕担任校长，淡水女学堂在牛津学堂边上正式建立，这可谓台湾女子教育之先驱。其具体的人员与教学内容等如下：

> 学校只聘雇本地的传教师，所以虽然有些人事费用，但所花费的与一般比起来非常的省。学校驻有两位女舍监和一位传教师及传教师娘，而大部分教师的教课都是义务免费的。年纪较长或是已学到较高阶的，就教新来的小孩子们。通常，在牛津学堂教学的传教师，他的妻子和女孩子，或母亲就到女学堂来。所以这所培训女传教者的学堂里，可看到

① （加）马偕：《“福尔摩沙”纪事》，前卫出版社，2007，第282页。
② （加）马偕：《“福尔摩沙”纪事》，前卫出版社，2007，第283页。
③ （加）马偕：《“福尔摩沙”纪事》，前卫出版社，2007，第285页。

有白发的老妇人，也看到小女孩，彼此不少是母女或婆媳，每个人都同样的忙着学习读、写和唱。牛津学堂的老师，可以轻易地在两个学堂都教课。学校没有教英语，但希望学汉文的人，有汉学的老师教她们读和写。由本地妇女来教罗马音白话汉语比由外国来教能教得更好。……我们的目的是要让那些非学校相关的农人、工人、商人的女儿来受培训。……有一期，女学堂的学生人数竟高达八十人。……①

而根据甘为霖的观察，不同汉人族群女性接受教育的积极性并不相同。一般来说，台湾的客家人要优于福佬人："客家人勤于训练读写，所以跟其他族群的人比较起来，客家妇女和孩童在这方面取得了领先。客家人通常会让孩童接受教育，不管是到已立案的私立学校，或是到公学校就读。"②

总之，清代台湾妇女在婚姻家庭及社会教育等各个方面与男性相比，明显处于不平等地位。但是，妇女的社会地位问题毕竟是个多角度、多层次的空间变量问题，也是不同时期、不同历史阶段的时间变量问题，对于不同地区、不同族群、不同阶层身份、不同活动场域中的清代台湾妇女，她们的社会地位如何，应结合具体的情形加以分析才可能得出较为恰当的评价。

---

① （加）马偕：《"福尔摩沙"纪事》，前卫出版社，2007，第293—296页。

② （英）甘为霖：《素描"福尔摩沙"》，前卫出版社，2009，第239页。按：总体上说，外国人对客家人比较有好感。见（法）白尚德：《十九世纪欧洲人在台湾》，南天书局，1999，第117—119页。

第五章

清代台湾的自然灾害与社会救济

第一节　清代台湾的自然灾害

清代台湾的自然灾害，主要有地震、风灾、水灾、旱灾、海难等类型，清代文献中有关台湾自然灾害的记载十分丰富，足见台湾自然灾害的频繁与危害之大。

一、地震

台湾地处海滨，时有地动之事。康熙二十二年（1683 年）八月十八日台湾即发生一次地震，这正好是明郑政权归降清廷的日子，据《台湾志略》卷二《丛谈》：“郑克塽灭，地亦震。”① 而有

① 李元春：《台湾志略》卷二，大通书局，1984。

清一代台湾大小地震的次数甚多，[1] 其中记载较为详尽的如雍正十三年（1735 年）十二月十八日的大地震，据《中央政府赈济台湾文献·清代卷》所录奏折云：

> 查台湾上年十二月十八日丑时地动，所有被压人口、房屋情形……臣等细加察访：台湾县原报被压人口大小一百一十五名，房屋一百五十四间；诸罗县原报被压人口大小三百八十六名，房屋七百九十一间。经臣等于再行飞饬事案内行令将有无遗漏未报再加确查去后，据台湾县续查出被压人口大小四十五名，房屋八十三间；诸罗县续查出被压人口大小一百五十七名，房屋五百九十六间等因详报到，臣等随饬通报督抚在案。[2]

此次地震中，台湾县被压人口共计 160 人，房屋共计 237 间，诸罗县损失最为严重，被压人口共计 543 人，房屋共计 1387 间。

台湾一次大地震常伴随数次余震，如乾隆五十七年（1792 年）七月十五日福建水师提督哈当阿等奏折称：

> 本年六月二十二日申时台湾府城地震，其势颇重。臣等当即饬委员弁分赴城厢内外查勘，据报：倒坏民房五十四间，所幸动在日间，人多奔逸，仅止伤毙男妇三口……又据嘉义县营禀报：二十二日未申二时连次地震，申末尤甚，东西北三门倒坏民房十分之八，南门倒坏民房十分之四，人口

① 据徐泓《清代台湾自然灾害史料新编》（福建人民出版社，2007）有关地震史料统计，从康熙二十二年（1683 年）到光绪二十一年（1895 年），台湾地震史料共计 96 条，地震次数则远不止这些。

② 尹全海等：《中央政府赈济台湾文献·清代卷》，九州出版社，2013，第 32 页。

俱有压毙……二十二日未时地震数次，其势甚重……[①]

此次地震因为是在白天，故而伤亡较少，但值得注意的是，地震中房屋倒塌，除去地震这一自然因素外，还有“人祸”使然：“且自五十一年逆匪滋扰之后，民间新建房屋类皆筑土墙垣，木料细小易于倒坏。”[②]

以今日之科学而言，台湾的多地震是因其位于亚欧板块与太平洋板块的交界处，地壳活动活跃。但清代人的认识当然是有局限的，因此他们在分析台湾地震等自然灾害多发的原因之时就很难逃脱中国传统观念的影响，其中最为典型的意见有四种：

一是风水或形家者言。这方面典型的说法如李元春《台湾志略》卷一：“东倚者皆山，西控者皆海。山渡海而来，则以为发源乎福州，东汨乎鼓山……示向乎五虎（福州五虎山入海，首皆东向，是气脉渡海之验）……然山渡乎海，其盘旋屈曲，垂乳结穴，可造郡邑、聚村落者，必西向内地而复归于海。水出于山，其可舟、可游、可灌、可汲以养吾民者，必西流而卒归于海。岂地理之所存顾有不忘其本者欤?”[③]《海东札记》卷一云：“志称台山自福州五虎门蜿蜒东至大洋中，二山曰关潼、白畎，是台湾诸山之龙起处也；隐伏波涛，穿海渡洋至台之鸡笼山，始结一脑，磅礴缭绕千余里，或山谷，或平地，诸山屹峙，不可纪极。又称台地祖山，自福州渡海，从此而来，而郡治又近南，故以木冈山为少祖。”[④] 王凯泰《台湾杂咏续咏十二首》之一：“台阳原自福

---

① 尹全海等：《中央政府赈济台湾文献·清代卷》，九州出版社，2013，第 172 页。

② 尹全海等：《中央政府赈济台湾文献·清代卷》，九州出版社，2013，第 173 页。

③ 李元春：《台湾志略》卷一，大通书局，1984。

④ 朱景英：《海东札记》卷一，“台湾文献丛刊”第 19 种，台湾银行经济研究室，1958。

州来（志言：台龙发于鼓山），逆水洋洋气脉开（万水皆朝东，独台水朝西，堪舆家所赞‘逆水砂’也）。”① 这方面并不仅限于解释地震问题，还包括气候、人文等异同。

二是近似于神话家言，据说台湾地震是因为鳌鱼转睛，此种说法当来自当地少数民族。《台湾杂记·竹枝词》诗并注：“窗壁摇摇忽作声，无端地震辄心惊。东边墙屋西边倒，传说鳌鱼正转睛（台湾地震，土人云鳌鱼转睛）。”②

三是天人感应说，认为地震伴随重大事件发生。《台海使槎录》卷四即云：“朱一贵于辛丑作乱，庚子十月亦地震。维时南路傀儡山裂，其石截然如刀划状，诸罗山颓，其巅喷沙如血；土人谓两山相战。”③

四是阴阳不和而引起地震说。姚莹认为：“台湾在大海中，波涛日夕鼓荡，地气不静，阴阳偶愆，则地震焉。盖积气之所宣泄也。”④

二、台风

台风也是台湾较为常见的自然灾害。台湾属海洋性气候，四季多风，其中最猛烈者要属台风了。据《海东札记》卷三：

> 具四方之风谓之颶，字从具。今群然作颱，讹从贝，呼亦贝音，且转为暴音矣。字书无颱字，亦土人臆撰者，呼为

① 《台湾杂咏合刻》，“台湾文献丛刊”第28种，台湾银行经济研究室，1958。

② 黄逢昶：《台湾杂记·竹枝词》，《台湾文献汇刊》第五辑第八册，九州出版社、厦门大学出版社，2004，第311页。

③ 黄叔璥：《台海使槎录》卷四，“台湾文献丛刊”第4种，台湾银行经济研究室，1957。

④ 姚莹：《中复堂选集》，“台湾文献丛刊”第83种，台湾银行经济研究室，1960。

台音，风大而烈，尤甚者为飐。飓倏发倏止，飐常连日夜。正、二、三、四月发者为飓，五、六、七、八发者为飐。九月则北风初烈，或至连月为九降。渡海以四、八、十月为稳，以四月少飐，八月秋中，十月小春，天气多晴暖故也。六月多飐，九月九降，其最忌者。飓将至，则天边断虹，先见一片如帆者，曰“破帆”；稍及半天，如鲎尾者，曰“屈鲎”，此其验也。飐无定期，必与大雨同至，至必拔木坏垣，飘瓦裂石，久而愈劲。舟虽停泊，常至粉碎，海上人甚畏之。惟得雷声即止。谚云：六月一雷止三飐，七月一雷止九飐。[①]

台风时常夹杂暴雨同行，所至之处，拔木坏垣，飘瓦裂石，威力巨大，危害也最大。所以台湾民众对于台风研究亦最深，民间有所谓“占飐者”，能够根据风信的反常来判断是否会形成台风灾害。[②] 而且时常行舟出海之人，对于这类风暴也是了如指掌：

暴信或先期即至，或逾期始作，总不出七日之内，其期舟人悉习之。相传正月九日玉皇暴有风，则终岁各暴皆验，否则至期或有风、或无风，靡所准也。又十二月廿四日送神暴，自是日至二十九日，凡有南风，则应来年有飓。如二十四日应、四月二十五日应、五月二十九日应，九月俱不爽。[③]

---

① 朱景英：《海东札记》卷三，“台湾文献丛刊”第 19 种，台湾银行经济研究室，1958。

② 朱景英：《海东札记》卷三，“台湾文献丛刊”第 19 种，台湾银行经济研究室，1958。

③ 朱景英：《海东札记》卷三，“台湾文献丛刊”第 19 种，台湾银行经济研究室，1958。

风灾虽然较之于地震容易预知，但其惨烈亦不下于地震等灾难，因为台湾部分居民房屋多是草房，以其价格低廉、省工省时，但一遇风灾，则房屋多被损坏。① 瓦屋石房防风性能较茅草屋自然要好一些，例如凤山县一次风灾中，“市肆民居，均系砖墙瓦屋，并无损坏形迹。惟海边荒埔地面，穷民搭盖草寮栖止，淘摸海物为生，忽于夜间风雨交作，海水沸腾，草寮被风吹去，人民之逃避不及者，被水淹毙，统计数十里内，检获海岸遗尸二百三十二具”②。

但就算是装修较好的官府衙署，面对强烈的台风也是岌岌可危的。据乾隆八年（1743 年）八月初四日福建陆路提督武进升奏折，台湾遭遇台风的情形如下：

> 为具报事，窃本年五月二十三日辰刻飓风大雨，至戌时止。六月初四夜戌刻，狂风大雨，至初五日丑时止。俱经差查，本营及下淡水营各弁衙署以及营屋、塘房、望楼、旗杆等项虽两遭风雨吹淋，歪斜倒坏者十中七八，而倒塌不堪者十中四五。惟六月十三夜飓风大作，暴雨淋漓，本营都司衙署前后两进、川堂大堂六间、左厢厨房三间、署后草房三间尽行倒坏，右厢卷房三间、大门班房三间吹折崩塌，把总衙署三间、左右厢房二间上盖瓦片吹折破碎，墙壁崩坏。③

再如雍正七年（1729 年）七月台风袭击台湾县、凤山县等：

---

① 徐泓：《清代台湾自然灾害史料新编》，福建人民出版社，2007，第 171 页。

② 《台案汇录甲集》卷三，“台湾文献丛刊”第 31 种，台湾银行经济研究室，1959。

③ 尹全海等：《中央政府赈济台湾文献·清代卷》，九州出版社，2013，第 63 页。

查得南北一带海口，击破民船一百余只，溺死船户、水手二百余名。又府治木城吹倒一百三十余丈，台湾县各坊里吹倒瓦房二百余间，溺死二人，余者俱无伤损。凤山县吹倒草、瓦房七十五间。诸罗县吹倒房屋三十八间，人口无损，击碎民船一十只，飘去盐丁六人。[①]

风灾往往也夹杂着其他自然灾害，如嘉庆十四年（1809年）六七月间，台湾遭遇台风，兼大雨如注，通宵达旦，城垣皆被水淹，屋舍毁坏，农作物遭到损伤，所幸无人员伤亡。但六月底又有蝗虫之灾，加上械斗的影响，真是祸不单行了：

查得凤山至郡城以及嘉义、彰化一带，先遭飓风，继被霖雨，倒塌城垣、官兵房屋不少，间有飞蝗自内山飞出，即经随时扑灭。近因天气蒸热，蝻子复生，由山至海约有一二十里，饬令捕捉净尽，虽未成灾，稻谷不无伤损。且因械斗抢夺，田地抛荒，房屋焚毁，无家可归，亟宜抚恤。[②]

三、水灾

水灾在清代台湾亦属常见。台湾疆域，南北相距七百余里，崇山大溪，勾连高下，“南北溪流错杂，皆源发内山，势如建瓴；大雨后尤迅急不可厉揭”[③]。也就是说，台湾的高山峻岭，增加了

① 尹全海等：《中央政府赈济台湾文献·清代卷》，九州出版社，2013，第16页。

② 尹全海等：《中央政府赈济台湾文献·清代卷》，九州出版社，2013，第209页。

③ 朱景英：《海东札记》卷一，“台湾文献丛刊”第19种，台湾银行经济研究室，1958。

地形性降雨的可能性，而台湾一年四季风多雨也多，地土浮松，特别是夏秋之交，时有风雨骤作，“五月以后，大雨时行，甚有连绵匝月不歇者。砌苔础菌，绿意延缘，墙壁几榻，津润欲滴，插架连箱，靡不霉浥，殊闷闷也”[①]。故而台湾诸水流，每每存有泛滥之患，据《海东札记》卷一所载：“凤山县东南三十里为淡水溪，源出山猪毛社后山。水初出为巴六溪，合力力溪、大泽溪、冷水坑，会流数十里入海。每夏秋水涨，诸溪骤汇，海不能泄，灏溔不可涯计。”[②]

清代台湾之水灾大都是由于连日大雨，溪水泛滥所致，如乾隆五十七年（1792 年）六月彰化县的大雨成灾，就是因溪水泛涨：“六月十三日起至二十一日连日大雨，溪水正在泛涨，加以地震，近溪之眉目义等庄民屯叛产田园被水冲压约有二百余甲，现在溪水未退，难以履勘。”[③] 再如乾隆十三年七月彰化的水灾，其情形比沿海遭遇的风灾更为严重：

> 台郡自七月至今风汛不顺，日久未接道府禀报，兹于闰七月初三日接据道府禀称“彰化县于七月初二夜半，狂风大作，初三日，水势骤涨，城内水深数尺。城内城外顷刻倒坏民房三百数十间。附近大肚溪一带村庄尽行冲淹。查勘来源，系因生番内山水沙连发蛟，水势骤涌，堤防不及，受灾甚重。诸罗县笨港等处亦有冲压田亩，倒坏民房之处尚属无多。其余台、凤、淡水各厅县并未被水”等语。臣查核道府

---

① 朱景英：《海东札记》卷三，“台湾文献丛刊”第 19 种，台湾银行经济研究室，1958。

② 朱景英：《海东札记》卷一，“台湾文献丛刊”第 19 种，台湾银行经济研究室，1958。

③ 尹全海等：《中央政府赈济台湾文献·清代卷》，九州出版社，2013，第 174 页。

各禀，彰邑被水情形较之沿海各邑被风更重。[①]

此次水灾，主要是由于内山水沙连水势过大。（按，水沙连，据《海东札记》卷一："水沙连四周大山，山外溪流包络。自山口入，为潭广可七八里，屈曲如环，围二十余里，水深多鱼。"[②]）

四、旱灾

旱灾往往是区域性和季节性地发生，因而台湾各地遭遇旱灾的情形并不相同，一些地方如台湾县、凤山县、诸罗县等较容易因缺雨而影响谷物收成，造成灾害。如《清圣祖实录》康熙四十七年（1708 年）二月乙未条："免福建台湾、凤山、诸罗三县康熙四十六年分旱灾额赋有差。"又康熙五十七年二月甲辰条："免福建台湾、凤山、诸罗三县康熙五十六年分旱灾额赋有差。"[③] 澎湖地区则是在春季较容易干旱，所谓"澎湖僻处东南，居大海之中，地势最下。其气候不特与燕、齐、秦、晋、吴、楚诸省悬殊，即与闽中内郡亦觉迥别。闽中春则多雨，澎则频旱"[④]。

从乾隆三年（1738 年）九月十三日巡台御史诺穆布等奏折中可以看到台湾旱灾的大致情形：

> 窃查台湾各属每年播种晚禾，必于五、六、七等月得有雨水沾足，乘时播插，可望有秋。本年五月内连次得雨，经

① 尹全海等：《中央政府赈济台湾文献·清代卷》，九州出版社，2013，第 96 页。

② 朱景英：《海东札记》卷一，"台湾文献丛刊"第 19 种，台湾银行经济研究室，1958。

③ 转引自徐泓：《清代台湾自然灾害史料新编》，福建人民出版社，2007，第 123—124 页。

④ 胡建伟：《澎湖纪略》卷一，"台湾文献丛刊"第 109 种，台湾银行经济研究室，1961。

臣等摺奏在案。不意六七月以来天时亢旱，雨泽衍期，有时得雨，各处多寡不齐，不能溥遍。查北路诸罗县、彰化县、上淡水以及南路凤山县之下淡水、港东西里、台湾县之罗汉门各地方俱时常得雨，并有埤圳可资灌溉，晚禾栽插秀茂。唯台湾、凤山两县沿海一带高燥田区雨水缺少，并无埤圳，难以播插。又有已插而无水荫注，现多枯槁成灾之处。……除成熟田园外，总计台湾县各里庄被旱田园七千五百一六十甲八分零，凤山县各里庄被旱田园六千八百一十六甲六分零，官庄被旱田园五百七甲三分零，各偏灾有五、六、七、八、九分不等。①

淡水、彰化二县常年雨水充足，泉水又多，很少有旱灾之虞。此中言及，但台湾、凤山两县沿海一带高燥田区雨水缺少，并无埤圳，难以播插。另据乾隆十二年（1747 年）九月二十四日闽浙总督奏折，凤山县、诸罗县虽然也常年缺雨，在康熙朝也屡遭旱灾，但因有水圳之建，情形已有所改善，较之各处，台湾县仍是旱灾较常发生的区域：

台湾亦邑自八月初二后，盈月不雨，该邑田园切望雨云甚殷，现在竭诚祈祷。其凤山、诸罗二县虽亦缺雨，该二县山泉、溪庐、田园，多有水圳。淡水、彰化二县从前得雨甚足，泉源又广，现在省可无虑等语。臣查台湾一县，较之凤、诸、彰、淡各处，地稍高亢，水田甚少，旱地属多，月余不雨，既有旱象。②

---

① 尹全海等：《中央政府赈济台湾文献·清代卷》，九州出版社，2013，第 37—38 页。

② 尹全海等：《中央政府赈济台湾文献·清代卷》，九州出版社，2013，第 90—91 页。

清代台湾的旱灾并不普遍，只是在一些缺水区域存在。因为旱灾的发生往往持续时间较长，不属于突发性的灾害，由此引发的大规模损毁、人员伤亡事件较少，其危害性主要体现在影响本年收成及来年作物的正常播种，导致粮价价格波动等。

五、海难

前面述及的风灾、水灾等，也涉及渔船及渔民、盐丁等的遇难，但主要是发生于陆上的事件。如乾隆四十七年（1782 年）四月二十二日的一场大风暴，导致台湾军工厂内停泊的 17 只战船中，2 艘漂失，5 艘被击毁，冲击损毁者 10 艘；口内停泊大小商船 100 余艘，有 70 多艘漂走，不知所终，其中一些船运着粮食谷物，损失一万余石。①

这里的海难主要是指在航海行船过程中遭遇各种自然灾害而引发的事故。台湾四周皆海，而台湾很多物品需要从福建、浙江等地购置，因此海运活动频繁。当时台湾设有海防同知一职，对往来商船管理甚为严整，足见清政府对于两岸商贸活动的重视。②

不过，当时的行船条件十分简陋，虽然“放洋，全以指南针为信。认定方向，随波上下，曰针路”③。但因为缺乏科学、精密的导航仪器，也缺乏准确的气象预报，海上海流、气象复杂多变，遭遇海难是在所难免了。有关台湾海道的危险，诸种文献中多有提及，如郁永河《裨海纪游》云：

---

① 尹全海等：《中央政府赈济台湾文献·清代卷》，九州出版社，2013，第 147—148 页。

② 朱景英：《海东札记》卷二，“台湾文献丛刊”第 19 种，台湾银行经济研究室，1958。

③ 胡建伟：《澎湖纪略》卷二，“台湾文献丛刊”第 109 种，台湾银行经济研究室，1961。

二十二日，平旦，渡黑水沟。台湾海道，惟黑水沟最险。自北流南，不知源出何所。海水正碧，沟水独黑如墨，势又稍窳，故谓之沟。广约百里，湍流迅驶，时觉腥秽袭人。又有红黑间道蛇及两头蛇绕船游泳，舟师以楮镪投之，屏息惴惴，惧或顺流而南，不知所之耳。红水沟不甚险，人颇泄视之。然二沟俱在大洋中，风涛鼓荡，而与绿水终古不淆，理亦难明。①

又《海东札记》亦言黑夜行船的危险及黑水沟的恐怖：

旧传由厦渡台，行舟者皆以北极星为准。黑夜无星可凭，则以指南车按定子午格巽向而行。倘或子午稍错，南犯吕宋，或暹罗，或交趾，北则飘荡莫知所之。此则入台者平险远近之海道也。至若台湾郡治之海道，自鹿耳门北至鸡笼十九更，自鹿耳门南至沙马矶头十一更。苟遇飓风，北则坠于南风炁，一去不可复返，南则入于万水朝东，皆极险。此又居台者之不可不知也。或言，黑水沟险冠诸海。顺流而东，则为弱水。昔有闽船飘至弱水之东，阅十二年始还中土。或又言，鸡笼山下实为弱水，名为万水朝东，势倾泻卷入地底，流而不返。然均不可考。②

按，黑水沟为澎湖、厦门分界处，广六七十里，其深无底，水黑如墨。《台湾县志》言："黑水沟，在澎湖之东北，乃海水横流处。其深无底，水皆黑色，舟行必借风而过。又传水中有蛇，皆

---

① 郁永河：《裨海纪游》卷上，"台湾文献丛刊"第44种，台湾银行经济研究室，1959。

② 朱景英：《海东札记》卷二，"台湾文献丛刊"第19种，台湾银行经济研究室，1958。

长数丈，遍身花色。尾有梢向上，如花瓣，六七出，红而尖，触之即死。舟过沟，水多腥臭气，盖毒气所蒸也。”[①] 由此可见，要克服像黑水沟这样的险境，当时来往于两岸的商船船员们需要多么大的毅力和勇气。一部海峡两岸的商贸史，未尝不是先民们的血泪史。

因为海道的危险，在海上航行期间，行船者必须熟悉该海域的岛屿礁石分布、潮信、风候等具体情况，否则很容易就遭遇不测。《澎湖纪略》卷二言澎湖周边岛屿和礁石的繁密说：

> 澎湖之有岛屿，犹他郡之有冈峦也。凡冈峦必识其主从、起伏、去来、盘结之势，然后地方之险易可得而知也。澎之诸屿错落于巨浸之间，若鸥凫泛泛，似无主从、盘结之形矣。不知以大山屿居中为主，南有八罩，北有吉贝，东有阴、阳诸屿，西则西屿环抱；兼之四隅星布，疏密相间、大小相维，层层从卫，以至于水口、沙线左萦右拂，又为诸岛之错节盘根。伪郑时，于诸岛之上，俱设炮台守御，靖海侯叹其坚如铁桶者此也。由海道者必问岛屿，盖不特得往来之标的，且知某屿有某处可以进舟；某屿某处有明礁暗礁，不惟不可以进，且不可以泊。如出入八罩，必知船路礁之险，水口仅容一舟，稍一差失，即长年三老不能保其舟之不破也。吉贝之北礁藏沙一片，形势屈折如吉字，遇有风潮不顺，误入其中，百无一全者矣。由吼门出入，则大烈、小烈之宜慎。此其大概也。凡澎湖之屿，屿脚俱有礁石，商船、战舰俱不可近泊，惟本地小渔船始可湾停。此又诸屿之所同也。况澎湖洋大而山低、水急而流回，岛屿蜒蜿，非十分谙熟者不敢棹至。[②]

---

① 《台湾县志》，“台湾文献丛刊”第103种，台湾银行经济研究室，1961。

② 胡建伟：《澎湖纪略》卷二，“台湾文献丛刊”第109种，台湾银行经济研究室，1961。

海道上岛屿林立，暗礁密布，而且常人不易辨认，一些地方不独不可以进入，稍有差误，连停泊休息都会遭遇灾难，足见航海行船之不易。

清代台湾海难受灾船只中也有很多是台澎或大陆各营的哨船，他们负责台湾海域的巡察与防卫。据《澎湖纪略》卷六，台湾哨船在建造、人员配备与管理方面都是十分精细的，主要就是为了保护航海行船的安全："至于哨船制造，固在于材料坚固，而把哨驾驶之人，尤须谙练熟习，方可保其无虞。……雍正六年，遵旨议准台湾镇总兵官王郡所奏：嗣后台湾各水师营碇、缭、斗三项，拣选兵丁，学习更换，以六年为期，著为定例。……其舵工尤关紧要，各船正舵准以九年为满，令其更换。再有杉板工一项，专管驾驶杉板小船，亦照碇、缭、斗一例教习更换。"① 可见当时哨船上的人员都是"海面形势、风信水性，无不畅熟胸中"，但即便如此，哨船遭遇海难的情形还是时有发生。如据《台案汇录戊集》中所录相关材料，雍正时期奏文提及：

奉此，随即转移台、澎二协查照取具各船配坐淹死兵丁姓名印甘各结去后。续准台、澎两协移送册结前来。内台、协中、左、右三营将备，俱将未在船兵丁捏造在船被难混出印结，又将一船淹故之兵分为两船详奉题参在案。兹准台湾镇总兵官王郡移称：据台协水师副将祁进忠呈，据中营游击胡增茂呈，据守备洪就呈称：查得本营雍正七年七月内遭风船只，系平字十四号配兵十九名出洋，至二十六夜在于笨港口遭风，船舨打裂，本船内兵丁王辉一名被浪拖括，溺水身故。其余各兵，并未落水。合造淹故兵丁王辉一名清册，同

① 胡建伟：《澎湖纪略》卷六，"台湾文献丛刊"第109种，台湾银行经济研究室，1961。

并无欺隐印甘各结呈送。所有未落水兵丁无庸请恤，册结毋庸另造等情。据此，理合加结转缴等由。又据左营游击郑良达呈，据摄理守备事游击郑良达呈称：查得雍正七年七月二十六夜，本营定字十四号、波字五号二船遭风被飘，内定字十四号船实配兵九名，内淹故兵丁武略、林士华、林琚、杨纯、郑章等五名，得生兵丁张应等四名；至波字五号船实配兵七名，本船飘搁镇岸击碎，各兵俱获逃生，并未溺水，亦未受困负伤。合将定字十四号船淹故兵丁姓名清册，出具并无欺隐印甘各结呈缴等情。据此，理合加结转缴等由。又据右营游击解李荣呈，据守备何期有呈称：查得雍正七年七月二十六夜风灾，击碎澄字八号船，内浮水受困兵丁王添等一十七名俱获得生；又澄字十六号船，内淹死目兵王孰、胡仕、耿乞、康三、吴兴等五名，浮水受困得生目兵黄文等五名，备造淹故兵丁姓名清册，出具并无欺隐印甘各结呈缴等情。据此，理合加结转缴等缘由各到本职。据此合就加具印结，一并呈缴等缘由。又据澎湖水师副将陈勇呈，据左营游击任文龙呈，据守备林如锦呈称：雍正七年闰七月二十三夜，本营绥字十六号一船遭风压倒，飘至案山仔海滨，淹死兵丁林神助、李高、徐豹等三名，其得生兵丁柳瑞等二十六名系在澳内扶篷登岸，并未受困，难以一例邀赏，合造清册，出具印甘各结呈缴等情。合就加具印结转缴等由。又据右营游击高得志呈，据守备蔡桀呈称：查得雍正七年闰七月二十三夜，本营宁字四号、十五号船只遭风括断碇缭，飘至龟头海滨，冲礁击碎。内宁字四号配兵十六名，内兵丁段木、施佐、吴拱、陈亭等四名，先行驾坐木船杉板，管顾碇缭，被水淹故，其余兵丁沈士元等五十六名悉皆登时扶（下缺）[1]

① 《台案汇录戊集》，“台湾文献丛刊”第179种，台湾银行经济研究室，1963。

这些遭风失事的船只是出洋巡哨，或被风浪打翻，将士落水而亡，或遭礁石冲毁，飘失不知所踪。一些人较为幸运，借助木板残件等侥幸获生。

也有一些海难发生在两岸官方的船运航程中，主要是所谓“载渡班兵”。“班兵”也是清朝台湾防卫的一个特色，据《澎湖纪略》卷六言：“澎湖自康熙二十三年平台之后设立营制，原召募土著以充卒伍，以其人民生于斯、长于斯，熟习水性故也。至康熙六十年台变之后，于一件恭陈台湾事宜等事案内，始定以内地水师营分兵丁轮班戍守，三年一换，以均劳逸，而兵制定焉。”① 台湾之前所用班兵都调自福建，② 在换防运送过程中遭遇风浪，人员装备等沉失之事十分常见。如乾隆年间：

> 议得闽浙总督郝玉麟疏称台湾水师右营澄字六号赶缯船一只，派拨赴厦，渡载福州城守班兵九十一名，于乾隆元年十一月二十八日放洋，至三十晚驶至外洋，将到西屿头洋面，突遭飓风，船柁被浪刮折，飘至八罩、水垵口外冲礁击碎，淹死班兵郭世华等三十五名；台协右营船内水兵陈祖等三名，得生班兵五十六名内陈日招一名冲礁被伤，续于十二月十三日身故，计淹死并续故班兵三十六名，台协水兵三名，共三十九名。其余班兵五十五名，并水兵二十二名，俱各扶板得生。所有各兵配执器械及防船军械，俱各沉失一案。③

---

① 胡建伟：《澎湖纪略》卷六，“台湾文献丛刊”第109种，台湾银行经济研究室，1961。

② 连横：《台湾通史》卷三十三，商务印书馆，2010，第693页。

③ 《台案汇录戊集》，“台湾文献丛刊”第179种，台湾银行经济研究室，1963。

还有一些是因公往来闽台两地，但借搭商船渡海而遭遇海难。此类事件发生较多，如乾隆八年（1743年）五月，福建台湾南路下淡水营兵丁林亨、陈玉麟、林绍、王福四名奉差运送盔甲旗帜赴省修理，配搭何全成商船，驶至外洋塔仔礁，遭风击破。林亨、陈玉麟、林绍三名淹死，仅有王福一人生还。[①] 又如乾隆八年十一月十八日夜台协中营外委把总周其贤因奉差委押运官盐，随带兵丁许文一名，附搭商船，在鹿耳门外洋遭风被飘遇难。[②]

西洋商船在造船技术、航海设备等方面应该说较中国商船更为先进，但在台湾海峡的航行仍然是危险重重，时有海难发生，据《台阳见闻录》载：

> 光绪十一年七月二十二夜，有英国夹板商船泊旗后洋面，忽被飓风冲断碇索，呼救甚急。经陈管带率勇会商各营局前往救护，幸炮勇许文先身先赴水用索牵住船只；林芳彩等相接援应，始得人物无伤，洵属勤奋可嘉。当由陈前道赏给六品功牌，以昭激劝。[③]

遭风的英国商船碇索被台风冲断，还好呼救及时（可见当时洋船的通讯救助设备较为完善），得到了台湾水师官兵的营救而顺利脱险。而光绪十八年（1892年）八月二十一日，另一起英国公司商船遇险则没有如此幸运了，当时死亡130余名，救起23名。事故原因是遭遇台风，罗镜、水表等设备损坏，导致无法辨

① 《台案汇录戊集》，“台湾文献丛刊”第179种，台湾银行经济研究室，1963。

② 《台案汇录戊集》，“台湾文献丛刊”第179种，台湾银行经济研究室，1963。

③ 唐赞衮：《台阳见闻录》，“台湾文献丛刊”第30种，台湾银行经济研究室，1958。

别方向，为礁石碰伤失事。①

实际上，台湾自然灾害的频发既有地理、气象等因素的影响，也与大规模的移民垦殖、人口增长导致的山林破坏、水土流失等密切相关，如清朝后期的铁路建设、开山挖煤等，对台湾的自然环境就造成了极大的破坏。在遭遇天灾引发大规模人员、财产伤亡之际，适当及时的灾难应对措施及对过往人类行为的理性反思是不容忽视的。

第二节　清代台湾自然灾害的社会影响及应对措施

台湾的自然灾害较为常见的是地震、风灾、水灾、旱灾和海难等，这些灾害都给人类的生存与日常生活带来极大的威胁与破坏，台湾居民的生命财产屡屡遭受严重的损失。可以说，自然灾害的社会影响是多方面的，有当前的损失，更有长久的伤害；既关乎社会经济的稳定与发展，更在文化习俗、社会制度等方面产生深远的影响。

一、自然灾害对台湾社会的影响

（一）粮价不稳，民心浮动

稳定粮价，自古及今都是政府社会经济管理中的重中之重，因为只有稳定粮食价格，才能稳定社会人心。

每次遭遇重大自然灾害之后，台湾的粮价就会面临飞涨的态势，如康熙五十七年（1718年）大旱，米价腾贵，穷民无所得食，台湾府人陈子庆即出谷二千五百石，分四坊以赈，存活甚众。②

---

① 唐赞衮：《台阳见闻录》，“台湾文献丛刊”第30种，台湾银行经济研究室，1958。

② 连横：《台湾通史》卷三十五，商务印书馆，2010，第746页。

乾隆六年（1741年）四月二十九日闽浙总督奏折："窃照闽省台湾地方原属产谷之区，缘上年收成稍逊，内地搬运过多，又本年入夏以来雨泽愆期，米价骤长，是以臣等先经批饬将本年应完钱粮暂行停比，并令开仓平粜在案。"① 嘉庆二十一年（1816年）大旱，饥荒盛行，"米贵至千钱"，刘日纯发廪以济。② 道光十六年（1836年）的旱灾，"再臣等于本年十一月间，接据台湾府详报：台邑入秋以来，雨泽愆期，虽经设坛虔祷，未沛甘霖。及至九月，风燥日烈，益形亢旱，晚收不免歉薄，粮价亦觉增长"③。同治六年（1867年），"大歉，谷价踊贵，先君采洋米千石平粜，穷者日以两升恤之，耗财数千金。越年凶，又如之"④。

又如澎湖，"澎地不生五谷，惟高粱、小米、地瓜、土豆而已"⑤。因该地不产大米，粮食皆从外地运来，运粮船时常遭遇海难，造成粮食短缺，人心惶惶：

> 按澎哨当运米之日，于乾隆二十二年十一月内宁字十一号哨船赴台运米四百四十石，在洋遭风飘至广东碣石地方，丢水粮米二百石五斗；是年十二月内绥字十三号哨船赴台运米四百四十石，全船飘没无踪，米石军器一尽沉失，淹殁兵丁二十二名；二十三年正月内宁字十四号哨船赴台运米四百四十石，在大屿洋面遭风击碎，米石军器一尽沉失。后来补造战船、补运米石、恤赏淹殁兵丁，虚縻国帑七八千金。且

① 尹全海等：《中央政府赈济台湾文献·清代卷》，九州出版社，2013，第48页。

② 连横：《台湾通史》卷三十五，商务印书馆，2010，第746页。

③ 《台案汇录甲集》卷三，"台湾文献丛刊"第31种，台湾银行经济研究室，1959。

④ 连横：《台湾通史》卷三十五，商务印书馆，2010，第744页。

⑤ 刘家谋：《海音诗》，见《台湾杂咏合刻》，"台湾文献丛刊"第28种，台湾银行经济研究室，1958。

尔时一连三个月，哨船无米到澎接济，即民船之杉板头亦因风阻滞，并无一船贩运米石来澎发卖。而澎地又不产米谷，人情惶惶，二千戍兵争买民间杂粮，以致民亦无食；地瓜干每斤卖钱五六十文，即番薯藤、绿豆皮亦争食殆尽。兵民交困，个个啼饥，地方几至不宁。至今澎民言之，犹令人心悸也，可不惧哉！①

故而灾后，不论是民众还是政府官员，最关心的莫过于粮食价格。如乾隆十二年（1747 年）十月十九日，巡视台湾监察御史汇报台湾县、凤山县遭遇旱灾，言及当时粮价：“目下郡城米价每石一两四钱有零，各属米价自一两一钱有零以至一两六钱不等，地方宁谧，番民安帖。……谨将收成分数、米谷价值确实情形缮摺奏报，仰慰圣怀。”② 乾隆二十二年十月十六日，福建巡抚就福建各地包括台湾县、凤山县境内的旱灾向上呈报灾情，特别汇报了当地的粮价问题。③

在中国传统观念中，天人之间是可以感应相通的，人事有变则天亦降示之。对政府方面而言，非常的灾害，“推原其故，或吏治民风均有不能感召天和之处”④。也即是说，天降灾异是在警告统治者某些方面可能没有顺天意而行，因此统治者必须对此深刻反省，改善作风，完善制度，抚恤民情。例如康熙六十年

① 胡建伟：《澎湖纪略》卷十，“台湾文献丛刊”第 109 种，台湾银行经济研究室，1961。

② 尹全海等：《中央政府赈济台湾文献·清代卷》，九州出版社，2013，第 91 页。

③ 尹全海等：《中央政府赈济台湾文献·清代卷》，九州出版社，2013，第 140 页。

④ 嘉庆十四年七月上谕，见夏德仪：《百吉撰台湾文献丛刊序跋选录》，厦门大学出版社，2010，第 135 页。

(1721年）十一月《台湾事件残档》：

福建总督满保、提督施世骠、巡抚吕犹龙摺奏台湾飓风大作，官兵商民伤损甚多，朕心深为不忍，前朱一贵等谋反，大兵进剿，杀戮已多，今又遭此灾，书云大兵之后必有凶年，兹言信然。总因台湾地方官平日但知肥己，刻剥小民，激变人心，聚众叛逆，及大兵进剿，征战数次，杀戮甚多，上干天和，台飓陡发，倒塌房屋，淹没船只，伤损人民，此皆不肖有司贪残所致也。[①]

也有认为天灾是对民间不良民风的惩戒，如周凯诗云：

天灾降有由，由民心所致。休咎徵《洪范》，贞祥详《礼记》。降吉与降凶，其理明且易。疠疾及干戈，灾眚无二义。侧闻濒海民，见海舶失事；拯物不拯人，乘危抢夺肆。呼号瞑不援，转因以为利。上干天心和，降罚垂昭示。中岂无善良，罚遂及孥稚。从井或救人，嫂溺尚拯臂。尔民痛改悔，天心亦欣喜。如或再遇之，慎勿萌故智。救人在所急，量才酬高谊。苍苍有明威，可一不可二，斯言共记取，切莫视儿戏。既感覆帱恩，思享升平瑞。[②]

当然，也有认识较为清醒者如姚莹，他在《台湾地震说》中即明确指出："余既行府县查勘抚恤矣，有言者云：据府志，地震主奸民为乱。余戒之曰：台地常动，非关治乱，为有司者，惟

---

① 尹全海等：《中央政府赈济台湾文献·清代卷》，九州出版社，2013，第4页。

② 连横：《台湾诗乘》卷四，"台湾文献丛刊"第64种，台湾银行经济研究室，1960。

当因灾而惧，修省政事耳。若必以为乱征，非也。台人好为浮言，以乱人心，今甫平靖，而为此言倡之，可乎？”[①]

对于民间社会来说，非常之灾、家破人亡之际，倘有一些不公正之事发生，或有一二人散布谣言，异端流行，这就为长久聚集未显的民怨民愤找到了爆发点，其后果是可以想见的。这点政府方面也是心知肚明的，故而早做筹划、严阵以待。如：

> 道光十九年九月十三日，内阁奉上谕：魏元烺等奏台湾地震，委员查办一折，嘉义县地方于五月十七、十八等日地震，城垣衙署，不无倒塌，并坍倒民房，伤毙人口，情殊可悯。亟应查勘抚恤，以惠灾黎。……至该郡孤悬海外，当此被灾之际，尤宜督饬地方文武员弁，加意巡查，如有匪徒乘间作奸，或造谣煽惑，或抢窃扰害者，立即严拿惩办，毋稍疏纵。钦此。[②]

台湾屡屡发生的民众暴乱，其中大部分与谣言惑众有关。道光年间闽浙总督程祖洛奏称：“台湾人情本极浮动，而又屡遭不靖，悉属惊弓之鸟；奸徒即乘其性而售其欺，凭空造作谣言，或称闽粤分类，或称匪徒竖旗，闻之者不问事之虚实，即纷纷迁避，惟恐或后。闽粤既各怀疑惧，棍徒遂乘机构煽，妖由人兴，每致激成事端。此实台湾致乱之由。”[③] 此奏缺少的就是姚莹那种统治者“惟当因灾而惧，修省政事”的反省罢。

---

① 姚莹：《中复堂选集》，“台湾文献丛刊”第83种，台湾银行经济研究室，1960。

② 《台案汇录丙集》，“台湾文献丛刊”第176种，台湾银行经济研究室，1963。

③ 《台案汇录甲集》卷二，“台湾文献丛刊”第31种，台湾银行经济研究室，1959。

（二）大量人员伤亡，民众流离失所，无家可归

每次自然灾害都会造成一定的人员伤亡，如雍正七年（1729年）七月台风灾害，南北一带海口溺死船户、水手200余人；台湾县溺死2人，安平镇溺亡失踪人员11人。又闰七月海风复起，府城外溺死水手12人，北路溺死11人，诸罗临海地方房屋倒塌，压死1人，水手溺亡3人，彰化压死妇人2人等。[①] 雍正十三年十二月十八日地震，造成大量人员伤亡，台湾县有房屋142间倒塌，歪斜12间，死亡106人，受伤9人；诸罗县房屋556间倒塌，歪斜235间，死亡266人，受伤120人。[②] 乾隆五年（1740年）闰六月二十二、二十三两日台湾府风灾，倒塌房屋多处，淹死海边渔民共计13人，房屋倒塌压死兵丁1人。[③] 乾隆五十七年六月二十二日全台大地震，颇为严重：台湾、凤山两县倒塌民房56间，死亡4人；嘉义县倒塌民房14425间，死亡251人，受伤414人，倒塌营房181间，死亡兵丁1人，受伤18人；彰化县城乡倒塌房屋9723间，死亡353人，受伤326人，倒塌营房178间，死亡兵丁5人，受伤23人。[④] 嘉庆二十年（1815年）九月十一日、十二日全台地震，其中嘉义县死亡18人，倒坏民房71间；彰化县倒塌民房32间，死亡2人；淡水厅倒塌民房13间，死亡93人。[⑤]

---

① 尹全海等：《中央政府赈济台湾文献·清代卷》，九州出版社，2013，第16页。

② 尹全海等：《中央政府赈济台湾文献·清代卷》，九州出版社，2013，第25、26页。

③ 尹全海等：《中央政府赈济台湾文献·清代卷》，九州出版社，2013，第41页。

④ 徐泓：《清代台湾自然灾害史料新编》，福建人民出版社，2007，第25—26页。

⑤ 徐泓：《清代台湾自然灾害史料新编》，福建人民出版社，2007，第34页。

从死亡人数来看，地震无疑是各种自然灾害中危害最大者。但风灾、水灾的破坏力也不容小觑。灾害过后，由于房屋倒塌、禾苗被毁，灾民流离失所，为寻求生计，很多人选择离开故地，迁徙流亡。《澎湖纪略》卷十云：

> 每逢岁底造报民数之期，将台地户口开明四柱，与内地另立一条，汇摺奏报，以昭慎重等因；历来遵行在案。查澎湖乃海外孤岛，稽查诚不可以不慎也。现在每年将一十三澳人户编列保甲，给予门牌，亲行查点一次。其查点时，书役饭食、纸笔之费，俱系官为捐备，并无丝毫扰累。其澳民尽皆土著，并无移居别地及别地流寓来澎，与他郡迁徙靡常者，情形迥不相同。且澎地率皆平衍，无崇岭密林可以藏奸聚匪，人亦安分守己，亦无为非作歹之事，颇称淳朴易治。官斯土者，随其俗而勿扰焉。如荀子所云，睹驱鸡而得御民之术也。则民安物驯，户盛丁增，人有乐土之歌，久之不成富庶之域也哉！①

澎湖户口按例每年稽查，此中提及“其澳民尽皆土著，并无移居别地及别地流寓来澎，与他郡迁徙靡常者，情形迥不相同”。足见台湾他处人口流动较大，迁徙靡常，但人口之迁徙并非全因为非作歹，当中不乏因遭遇各种灾难而迁移者。

据道光四年（1824 年），署兵备道方传穟上书总督孙尔准，力言业户之弊，谈及佃户的逃亡。书曰：

> 千万人垦之，十数人承之，而一人所给垦照，或千数百

① 胡建伟：《澎湖纪略》卷十，“台湾文献丛刊”第 109 种，台湾银行经济研究室，1961。

甲，淡水是也。万人垦之，千人承之，而地数千甲，给垦照者数千人，每人仅十甲，最多亦十数甲，并无业户，以民为官佃者，噶玛兰是也。夫业户之设，其弊无穷。其始豪强有力者十数人，出领垦照，名为自出工本，募佃垦荒，实则其人工本不多，鸠集朋党，私立约据。及其垦成报官升科，而业户一人，界广甲多，且易隐蔽。及赋已定后，或十余年，或数十年，遇有水旱偏灾，冲崩塌坏，亦任意影射。且征收供课，户只一人，实缺千万。一经破败，更换为难。请以淡水言之。其地南自大甲，北至鸡笼，绵长三百余里；自山至海，腹内所宽亦四五十里。较诸台邑，固自倍之；而考其正供，仅有台邑四分之一。业户编入征册者仅数十人。此所以地广赋少也。然则业户自宜殷富，每年自清国课；而每年实征，民欠犹十之二三。业户大半贫窭，何也？业户坐收其租，除完课外，别无所利，田园实非其有。历年既久，冲崩塌坏，渐就硗确，而佃户逃亡也。[1]

台湾佃丁皆系漳、泉、惠、潮之客民，因贪地宽，可以私垦，故冒险渡来。他们来台之后，由当地富豪出资本、给牛种，建庐凿圳，开垦田成，则纳其谷十之一二，谓之大租，或征圳租（是为充实维护水利工程如堤坝等经费而收取的租），谓之水粟。每甲应纳谷石，永久不替。但是一旦遇到灾年，“田下下，而赋上上，丰年尚可收抵，歉岁尤为足悯耳”[2]，他们无力偿还，就只好逃亡异地了。

（三）精神的创伤

自然灾害造成的直接影响是显而易见的，但灾害频仍也留给

① 连横：《台湾通史》卷八，商务印书馆，2010，第139—140页。

② 唐赞衮：《台阳见闻录》卷上，“台湾文献丛刊”第30种，台湾银行经济研究室，1958。

民众巨大的精神创伤，引发长期的不安全感和生存恐慌，而政府、社会在这方面所能提供的帮助是极其有限的，因此民众只能转向对未知的、具有超自然力量的神灵的信仰与祈求，这也是民间信仰在台湾各地盛行的原因之一。各种神灵信仰、各类祭拜活动，行之久远，渐渐成为当地一种特有的民俗，形成潜移默化的影响。

妈祖作为海上守护神，得到台湾各阶层普遍信仰。有关台湾民众受到妈祖庇佑逃过海难的记录不胜枚举，如《天妃显圣录》载康熙二十一年（1682 年）施琅事：

> 将军侯施于康熙二十一年十月舟次平海。因谋进取，于十二月二十六夜开船。一宵一日，仅到乌丘洋，因无风不得行，令驾回平海。未到澳而大风倏起，浪涌滔天，战舰上下，随涛浮漾外洋，天水淼茫，十无一存之势。次早风定，差船寻觅，及到湄州澳中，见人船无恙，且喜且骇曰："似此风波，安得两全?"答曰："昨夜波浪中，我意为鱼腹中物矣！不意昏暗之中，恍见船头有灯笼，火光晶晶，似人挽厥缆而径流至此。"众曰："此皆天妃默佑!"即棹回报上。将军侯因于康熙二十二年正月初四早，率各镇营将领赴湄致谢，遍观庙宇，捐金调各匠估价买料，重兴梳妆楼、朝天阁，以显灵惠。①

又如乾隆年间，福康安平定林爽文事件后，带兵东渡：

> 丁未五月，凯旋内渡。舟行四日，时将晚，已望见大旦

① 《天妃显圣录》，"台湾文献丛刊"第 77 种，台湾银行经济研究室，1960。

> 门矣。舟子曰："日将夕，未可入口；请寄碇，明早再进。"公相云："已望见厦门，尚欲在海中飘荡一夜耶！"下令进口。其时已近黄昏，清风徐来，舟乃旁行。顷刻，晦暗不知所向，舟人大恐，乃下二碇，舟竟不停。举船皆惶惧。正在危急间，舟子忽喜曰："前有火光，妈祖来也！"众前望，隐约之间，如有人坐小舟中，以火刀击石，碎火四出。舟子曰："速转舵向火行！"一瞬息而舟已进口矣。自古渡台，未有夜进大旦门者；盖门边多石，夜行难以趋避故耳。公相大悦，即时登岸。次晨赴天后宫进香，许愿在京师盖妈祖庙云。①

以上关于妈祖的灵异有两个共同点：一、都是在海上遭遇危难，紧急关头有火光示现，化解危机；二、危机过后，相关人员都前往妈祖庙宇进香，重谢妈祖，捐金建庙。这两方面在妈祖信仰中都是极为重要的，正因为有众多灵异事迹发生，所以庙宇林立、香火旺盛，而信仰的兴盛也产生出更多的灵验故事，共同推动妈祖信仰的发展。

再如台湾有无祀祠，主要就是为了收纳奉祀"孤魂"的，而很多地区无祀祠的修建往往就是因为重大的自然灾害造成了重大人员死亡，如澎湖无祀祠：

> 无祀祠者，盖仿古者泰厉、公厉之祭也……一祠在西屿内外堑，适中道左。乾隆三十一年，余与左营游府林云、右营游府戴福捐俸创建。盖有感于三十年九月二十三日大风覆没商船、淹毙商民一百二十余人之惨，立祠以祀，俾孤魂得

① 《天妃显圣录》，"台湾文献丛刊"第77种，台湾银行经济研究室，1960。

所依焉。勒石祠前，以垂永久。[1]

此事《澎湖纪略》卷十二再次提及：

国家于郡邑地方，咸建设无祀坛祠，每岁致祭，所以慰幽魂也。况风师鼓浪没命于波臣者，可不有以妥侑之乎？乙酉九秋二十三日，飓风陡发，浪同山涌，击碎通洋船只，数不胜指；而湾泊于澎湖西屿内外堑被难者，不下三十余船，淹毙人口至一百二十余人之多。此诚历年来所未有之奇灾异厄也。孤魂渺渺，永与波涛相上下，谁实祀之？[2]

在台湾的各类民俗活动中，很多就与自然灾害有直接的关系。如台湾的瘟神信仰，因每逢大灾瘟疫流行，死伤甚重，故而瘟神庙宇分布各地。再如刘家谋《海音诗》云：

通泉谁把堰渠开，旱魃如焚总可哀。百面麻旗千面鼓，五街簇簇戴青来。（久旱，乡村人皆入城，手执麻布旗，各书村名，首戴树叶，击鼓鸣钲，数步一拜，呼号之惨，闻者恻然。）[3]

这是与旱灾有关的。民众通过这种类似于“游街”的形式祈求风调雨顺。而台湾地区最重要的节日之一——中元节的普度仪式也

① 胡建伟：《澎湖纪略》卷二，“台湾文献丛刊”第109种，台湾银行经济研究室，1961。

② 胡建伟：《澎湖纪略》卷十二，“台湾文献丛刊”第109种，台湾银行经济研究室，1961。

③ 《台湾杂咏合刻》，“台湾文献丛刊”第28种，台湾银行经济研究室，1958。

是以超度各种孤魂野鬼为主的。此外，为应对频发的水灾等自然灾害，士绅也有提请拨银修建庙宇“镇灾”者，如《台阳见闻录》记光绪十六年（1890年），安平县士绅许南英等提议修建吕祖宫，供奉吕祖帝君，因为“窃惟古今祀典，御灾捍患有功德于民者，例得专建祠宇，俾资崇报。嘉庆十年，黄流泛滥，淮郡几成泽国。吕祖帝君云端现相，指挥冯夷，百万生灵，免遭鱼鳖。经河都徐据情入奏，俞旨加封‘燮元赞运’四字，并敕载入祀典；各直省建庙崇祀，绅民一体供奉”①。因台湾独无吕祖庙宇，故而倡议兴建之。

二、清代台湾应对自然灾害的措施

从科学角度而言，应对水灾（也包括风灾引发的水灾）、旱灾最好的对策就是兴修水利，这一方面可以疏通水道，防止河水泛滥成灾；另一方面，取多补少，合理利用水资源，加强缺水区域的灌溉。清代台湾的治理者早已注意到水利工程的重要性，而且善于根据台湾当地山水形势，或疏浚，或建筑堤坝：

> 农田系乎水利，当预备修浚也。台地水源，发自内山，而界外田园，高低不一。高居山麓、无泉可通者，虽披荆刈棘，仅堪成园。低处平阳、有源可引者，须开沟筑渠，方得成田。田之中又有远水近溪之别。如水源相近，沟壑常盈，每虞涨潦冲决。若溪流稍远，则来源微细，又虞引灌淤迟。各有形势之不同，均当未雨绸缪者。卑府于勘丈之便，与佃户、通事、业户人等随地相度，悉心讲求，或上源急而下流滞，应疏浚以达其势；或曲引难而直注易，应筑圳以蓄其

① 唐赞衮：《台阳见闻录》卷下，“台湾文献丛刊”第30种，台湾银行经济研究室，1958。

流。现在轻而易举之处，该业佃番丁等如愿合力修作，毋庸上动款项。倘或偶遇旱潦，必须大费工本。应饬地方官随时勘明实在情形，于余租内酌量详请动拨，务须潴泄得宜，湍流自若，不惟无水溢之患，而亦免旱涸之虞，则瘠壤渐成沃土，番民自益盖藏。[①]

有修建水利工程的地方较之埤圳缺乏之处，每年岁时收成是有很大差异的。《台阳见闻录》谓："曩读顾亭林先生《日知录》，其论水利有云：'水日干，而土日积，山泽之气不通焉。得无水旱！'又曰'雨者，水气所化；水利修，亦致雨之术'等语。安、嘉地方，时多熯旱。素有水圳之彰、淡，则雨水应时，丰歉迥别，益信水利致雨之术有征。"[②]

清代台湾的水利工程，很多是在吸取惨痛教训的基础上完成的。嘉庆十六年（1811年）九月初二日，噶玛兰地方发生洪灾，是日"大雨如注，山水陡发，又因东北风大作，海潮涨溢，一时宣泄不及……浊水溪源从叭哩沙喃绕员山流出，因水急并入清水溪，一直冲下至辛仔罗罕社止，沿溪两岸冲塌田园地亩一丈至四丈不等。又由下渡头南岸横冲一段，计长四丈余，西来之水遂由七结地段绕过五结，汇入六结无尾港，该处地势本低，向遇发水，均由浅澳通出大溪合流归海，因浅澳被沙壅成小埔，内低外高，水无可泄，以致日久未退"[③]。最终酿成水灾，晚稻歉收，民情拮据。就此次水灾，地方官员上奏请求："其浊溪源头应筑立

① 《台案汇录甲集》卷一，"台湾文献丛刊"第31种，台湾银行经济研究室，1959。

② 唐赞衮：《台阳见闻录》卷上，"台湾文献丛刊"第30种，台湾银行经济研究室，1958。

③ 尹全海等：《中央政府赈济台湾文献·清代卷》，九州出版社，2013，第237、238页。

一坝，使清浊二溪各归故道，不致□并。又于下渡头高筑堤坝，庶水不致泛滥，俾七结一带地亩可以无虞水患。”[①] 最后嘉庆十七年十二月上谕指出：“所有该处应行建坝筑堤，恳请借项之处，并准其于余租项内借给番银三千圆，饬令赶紧兴修，以资捍卫。”[②]

修建水利的费用，实际上很多是由民间与政府共同出资的，如噶玛兰厅的堤坝建筑：“惟是立坝筑堤约需工费银四千圆，各农民虽情愿捐办，但一时鸠凑未齐，吁请于余租银两暂借番银二千圆兴筑，分作四年捐缴归欵。”[③] 另外常见的方式是收取“圳租”，按田亩抽收水租，以为堤坝的修建、维护经费：“查台属直加弄水圳，系夏前道任内筹动公项开筑，引水灌溉农田；频年以来，用费钜万。又兼筑坝修圳以及辛工等项，按年需费二千余元。前因款无所出，深虞莫继。于光绪四年间，饬照台地各处水圳之式，按田抽收水租，以为岁需经费。”[④] 另据《台湾私法物权编》，官方为保证修建水利者的利益，对于他们收取水租一般会提供律法保障：

> （光绪十六年）闰二月初三日，据监生黄温和，即圳户金源和禀称：缘有职员周家麟，族正吴道中、黄振先，庄民陈九、黄阿荖、詹结等禀称：窃三皂保大礁溪内湖庄系是凶番出没处所，并枕头山、镇平、结首份、永广等庄概系砂砾

---

① 尹全海等：《中央政府赈济台湾文献·清代卷》，九州出版社，2013，第238页。

② 尹全海等：《中央政府赈济台湾文献·清代卷》，九州出版社，2013，第239页。

③ 尹全海等：《中央政府赈济台湾文献·清代卷》，九州出版社，2013，第238页。

④ 唐赞衮：《台阳见闻录》卷上，“台湾文献丛刊”第30种，台湾银行经济研究室，1958。

之地，虽有水源，沙漏地底，本欲垦开成田，乏水可灌，无奈栽种地瓜杂物，又被亢旱，少有收成，以致地段荒芜。迨前年清丈升科纳课，甚属艰难。兹麟等查监生黄温和亦有地段孔多在于该处，且此人诚实可靠，堪以自备工本，开凿圳道，疏通水源，以资灌溉。麟等在外互相妥议，邀其出资，开凿疏通，明议每甲逐年愿贴水租谷四石，分作早晚两季交纳，以资工本，不得抗欠。而黄温和称：开凿圳道，疏通水源，工本浩大，伊虽不惜工本，不辞劳苦，但未签请示谕存案，诚恐后日有土棍将圳头断绝水源，或有奸狡佃人抗纳水租，或有借端霸占，种种弊窦，贻累匪轻。麟等再四思维，惟有恳请赐准，谕令黄温和自备资本，开凿圳道，疏通水源；一面示谕存案，以垂久远，俾国课有赖，民食有资。爰敢相率沥情，佥乞恩准示谕等情一案，经蒙分别示谕等因。和遵即措备资本，多请工人，不辞劳苦，督工开凿。现已水道疏通，恳准给发圳照，并给长行谕戳等情到县。据此，除批示并给圳照外，合行给戳。为此，谕仰大礁溪内湖庄等处圳户金源和，即黄温和即便遵照，立将给发戳记，谨慎收藏，以便逐年盖用串单，向佃量收工本水租谷，以为执凭；倘有玩田抗纳，许即指名禀追。该圳户务须修理圳道坚固，巡视圳水充足，是为至要，凛之，慎之，切切，此谕。①

任职台湾的官员中，以兴修水利为人称道者甚多，如曹谨："曹怀朴（谨）令凤山时，开九曲塘，引淡水溪。垒石为五门，以时启闭，自东而西，入于海。计凿圳道四万三百六十丈，分筑十四坝，灌田三万一千五百余亩，岁可加收早稻十五万六千六百

---

① 《台湾私法物权编》，"台湾文献丛刊"第150种，台湾银行经济研究室，1963。

余石。逾一岁而功成，熊介臣观察（一本）名以‘曹公圳’。今则修筑不时，故道渐塞；而台、嘉二邑旱田居多，无堤防沟渠之利，为政者宜亟筹之！”[①] 曹谨，字怀朴，河南河内人，道光十七年（1837年）春正月知凤山县事，连横《台湾通史》卷三十四有传。[②] 还有一些地方士绅如施世榜，连横《台湾通史》卷三十一言其兴修水利：“初，半线初辟，平原万顷，溪流分注，而农功未启，荒秽于鹿豕之乡。五十八年，世榜集流民，以开东螺之野，并引浊水歧流以溉。……众以世榜力，名施厝圳。又曰八堡圳，以彰邑十三堡半之田，而此圳足灌八堡也。岁征水租数万石。施氏子孙累世富厚，食其泽。”[③] 当地的佃农还因为感念协助施世榜疏通水道的林先生功德（“指示开凿之法，曰：某也丘高宜平之，某也坡低宜浮之，某也流急宜道之，某也沟狭宜疏之。世榜从其言，流果通”[④]），将其奉祀为神，至今不替。

而针对旱灾、蝗灾等灾害导致的农民歉收，清代台湾地方政府一方面施予救济；另一方面，将来年播种的种子借予贫农。据乾隆二十四年（1759年）二月初八日福建巡抚吴士功的奏折《台湾偏灾各户酌借春耕籽种》云：

> 窃照台湾府属台、凤、诸三邑上年八月被风村庄经臣具疏题报……兹据台湾道府禀称台境土松气暖，一切地瓜、杂粮俱已随时种植源源接济，且已抚恤口粮，实无乏食之虞，但既晚稻减收，贫民储蓄有限，春耕不无拮据，现饬台、凤、诸等县照例借给等情前来。臣留心察访，该地原属一

① 刘家谋：《海音诗》注，见《台湾杂咏合刻》，“台湾文献丛刊”第28种，台湾银行经济研究室，1958。

② 连横：《台湾通史》卷三十四，商务印书馆，2010，第713页。

③ 连横：《台湾通史》卷三十一，商务印书馆，2010，第604页。

④ 连横：《台湾通史》卷三十一，商务印书馆，2010，第604页。

隅，轻伤抚恤之后，口食有资，番薯、杂粮长发又得接济，被伤各户均已得所，民间并无艰食之虞，惟春耕籽种应加酌借，除批令核实借给，务使贫农得资接济，毋任胥役地保稍有冒领遗漏致干严谴，仍令将实在贫农借给籽种数目造具册结详报察核。[1]

台湾是产粮重地，田赋每年按例征收，有时比大陆更重，“（康熙）六十一年，巡台御史黄叔璥以台湾田赋较重内地，台之一甲，得内地十一亩三分一厘有奇”[2]。不过，“每有水旱之灾，辄奏请蠲赋，故人民易于乐岁，而开垦日进，远入番地”[3]。例如，乾隆六年（1741年）豁免台湾多年积欠赋税：

据署福建布政司事按察使张嗣昌呈详：奉闽浙总督德部院案验，乾隆六年六月十五日，准户部咨为钦奉上谕事，福建司案呈，乾隆六年五月十五日内阁奉上谕：福建台湾地方，上年秋间缺雨，收成较常歉薄。闻今春以来米价日渐昂贵，小民谋食艰难，而纳课尤为竭蹶。查台湾县自雍正十三年起至乾隆三年未完人丁正杂钱粮饷税银共二千二百一十六两零，未完供粟共四万三千七百一十石零；凤山县乾隆三年未完人丁正杂钱粮饷税银共三百五十六两零，又未完四、五、六等年带征三年分被灾官庄银四百三十六两零，未完供粟五千一百四十七石零；诸罗县乾隆元年起至三年未完官庄银共四百三十九两零，未完供粟二千六百三十二石零；此皆多年旧欠，今若责偿于俭岁之后，民力未免拮据。朕心轸

① 尹全海等：《中央政府赈济台湾文献·清代卷》，九州出版社，2013，第145页。

② 连横：《台湾通史》卷八，商务印书馆，2010，第137页。

③ 连横：《台湾通史》卷八，商务印书馆，2010，第139页。

念，特沛恩膏，概行豁免。至乾隆四年以后未完银粟，统俟本年十月成熟之后再行征收。庶追呼无扰，力量宽纾，海疆百姓共受蠲免缓征之益。该部即遵谕行。钦此。钦遵于本月十八日抄出到部，相应行文福督、福抚钦遵办理可也等因，咨院行司。奉此，又奉署巡抚王都察院案验，准户部咨同前因行司。①

很多台湾地方官员就是因为能够在灾荒年月为民请命，奏请豁免赋税而得到当地百姓的拥护与爱戴。如胡邦翰，浙江余姚人，乾隆二十七年（1762年）调任彰化知县，整剔利弊，颇多建设："先是水沙连荒埔，开垦成田，已报科矣；叠遭水灾，多崩坏，岁又不稔，赋课未除，追逋日至。邦翰闻之，为陈大府，述苦状。已而总督巡台，复请之，导往诣勘。总督悯其诚，奏请豁免荒田数千甲、供课数万石，并请减则。诏至，业农大喜。为位于水沙连天后宫中，每逢诞辰，备礼以祝。"②

每逢大灾之后，粮价往往随之增长，清代台湾方面稳定粮价的措施主要是平粜。如《台案汇录丙集》载道光十一年（1831年）旱灾之后，处置的具体情况：

窃照道光十一年八九月间，澎湖迭被风灾，秋收歉薄，贫民生计日蹙。经该厅蒋镛将捐存办理义仓制钱三千四百余串，先行借给贫民，暂资糊口。臣等惟恐不敷周济，当即督同台湾府知府吕志恒筹借府库生息项下银三千两，先行购买地瓜干十万斤，易换制钱一千串，番银一千圆，饬委暂署台湾县事凤山县知县徐必观，带同巡检施模、沈长棻管解，配

---

① 《台案汇录丙集》卷一，"台湾文献丛刊"第176种，台湾银行经济研究室，1963。

② 连横：《台湾通史》卷三十四，商务印书馆，2010，第709—710页。

船飞渡澎湖，同该厅蒋镛，亲赴各乡查勘抚恤缘由，业经恭折具奏，于道光十二年五月初五日奉到朱批：依议，妥办，钦此。臣等查委员徐必观等管解银钱及地瓜干配船放洋后，旋奉臣行知奏委兴泉永道周凯，于厦防厅库酌带银二千两，饬买地瓜干一千石赴澎接济，一面确勘被灾实在情形，妥速酌办等因。并据台湾府知府吕志恒申报：据该厅蒋镛牒称：此次抚恤灾黎，约计须银七千余两，请即赶紧续发，以资散给。现又由府库动支生息银两易钱三千四百六十八串，解交该厅。又据该厅蒋镛禀称：各澳素鲜盖藏，加以上年入冬以后，北风劲发，商艘不通，乏食贫民，愈形困顿，不得已暂将碾备兵米，借给殷实铺户，定价出粜，俾得随时买食。现在商船俱已源源进口，当将借粜米石截数停止。计共借出仓米九百石，已据各铺户具限两易买运还仓各等情。……除委员徐必观等带得地瓜干十万斤外，不敷之数，查鹿耳门、笨港两处商贩，因闻澎湖歉收，均各贩有地瓜等项杂粮前往售卖，是贫民得有钱文，即可就近买食。经该厅按照市价，每斤折给制钱十六文，均匀搭放，共计用钱九千二百六十二串八百九十六文，已于三月初七日一律散竣。余钱五百一十五串七百四十四文，俟核明由厅散放脚费。分别造册具报。现在春深气暖，连得透雨，耕者及时布种，渔者照常采捕，均能自赡，民情甚属欢悦。……此次办理抚恤，实属无滥无遗，贫民均已普沾实惠。①

此中值得注意者有四：一、将捐存办理义仓制钱三千四百余串，先行借给贫民，暂资糊口；二、先行购买地瓜干十万斤，易换制

① 《台案汇录丙集》，“台湾文献丛刊”第176种，台湾银行经济研究室，1963。

钱一千串，番银一千圆，饬委暂署台湾县事凤山县知县徐必观，带同巡检施模、沈长棻管解，配船飞渡澎湖；三、之前暂将碾备兵米，借给殷实铺户，定价出粜，俾得随时买食，现停止；四、除委员徐必观等带得地瓜干十万斤外，不敷之数，查鹿耳门、笨港两处商贩，因闻澎湖歉收，均各贩有地瓜等项杂粮前往售卖，是贫民得有钱文，即可就近买食。也就是说，灾后采取各种措施压低粮食价格，从外地调入粮食，平粜粮价，使得贫民能够“就近买食”，无钱者可以向政府借钱，力求做到无滥无遗、普沾实惠。

灾后以平粜压低粮食价格之例不胜枚举，如吴性诚，字朴庵，湖北黄安人，嘉庆二十一年（1816 年）春署彰化知县，“适谷贵，盗贼窃发，性诚急劝业户平粜，发谷熬粥，以食贫民，故饥而无害”①。蒋镛，字怿弇，湖北黄梅人，道光元年（1821 年）任澎湖通判，“十一年春，复至。会咸雨，翌年大饥，禀请发帑赈恤。先捐义仓钱三千五百余缗，以贷贫民，借碾兵谷数百石平粜，存活颇众”②。

平粜所用之粮食除动用台湾本身的储备（台湾是主要产米区，丰年之时，如厦门、漳州各地都是从台运粮平粜③）之外，还从广东、湖北等地大量运粮入台。如乾隆六年（1741 年）闽浙总督奏折称：“粤省之潮州府由海道可直抵台湾，且彼地仓贮既属充盈，自应援照往例动帑委员星驰前往拨运平粜，以裕民食。”④ 而乾隆八年，福建省差委台湾府官员携银两万两前往湖北

---

① 连横：《台湾通史》卷三十四，商务印书馆，2010，第 712 页。

② 连横：《台湾通史》卷三十四，商务印书馆，2010，第 712 页。

③ 尹全海等：《中央政府赈济台湾文献·清代卷》，九州出版社，2013，第 45 页。

④ 尹全海等：《中央政府赈济台湾文献·清代卷》，九州出版社，2013，第 48 页。

买米平粜。[1]

清朝政府对于台湾的灾后赈济尤为重视，乾隆十三年（1748年）巡台御史伊灵阿奏折后朱批说："一切赈恤事宜，督率地方官善为之。台湾不比内地，更宜加之意也。"[2] 为应对台湾频发的天灾人祸，清政府允许台湾地方政府根据需要备银专款加以封贮，不得与府库纠缠，遇重大事件可以酌情拨给，具奏备案，事后归补即可。据道光二十六年（1846年）二月二十五日会奏：

> 惟念台郡孤悬海外，民情浮动，且近年来地震械斗以及风水之灾，层见迭出，必须库贮充盈，方可有备无患。所有此次刘韵珂等奏请续拨银十万两，准其即在捐监归补封贮银两内如数动拨，解台贮备，与前次归补实贮银两，一并责成台湾道专款加谨封贮，不得与府库纠缠，致滋弊混。如遇重大紧要事件，著该道一面酌拨，一面自行具奏，并报明督抚藩司存案，事竣分别归补。此外寻常事件，及垫发官兵俸饷等项，照旧由台湾府自行筹拨，不准擅动。[3]

如前所述，在抑制粮价及赈济灾民方面，及时发放贮备银两十分重要，而专门的应对重大灾难的备银制度一旦建立，对于救灾无疑是有极大帮助的。

在灾后救济的制度方面，清代一般是遵照定例行事，台湾亦不例外。如遭遇水灾之后，是否开仓放粮，即有定例遵从，不得

---

① 尹全海等：《中央政府赈济台湾文献·清代卷》，九州出版社，2013，第60页。

② 尹全海等：《中央政府赈济台湾文献·清代卷》，九州出版社，2013，第107页。

③ 尹全海等：《中央政府赈济台湾文献·清代卷》，九州出版社，2013，第304页。

随意动支仓谷：

> 至疏称被水乏食灾民，动支仓谷，照例先赈一月口粮之处，查乾隆五年六月内臣部议复都察院左都御史杭奕禄条奏内开，凡沿江海河湖居民猝被水灾，虽不比旱灾之以渐而成，该地方官亦必验看确实，酌定分数，方可开仓赈济。若令其一闻被水，立即开仓，恐顷刻之间，办理未能允协，遗漏者多，滥给者亦复不少，仓粮耗散，灾黎究未能均沾实惠。应行文各该督抚，凡沿江海河湖居民，有猝被水灾者，令该地方官一面通报各该管上司，一面赴被灾处所验看明确，照例酌量赈济，不得需迟时日，专候委员，亦不得冒昧开仓，至滋弊窦等因。通行直隶各省，遵照在案。今彰化县被水灾民，应令该抚潘思榘转饬该地方官遵照定例，妥协办理。①

虽然海上气候瞬息万变，但对于出海兵船海难事件的认定，清政府有一套严整的流程。为防止有人借海难侵吞器械或逃走，每次海难事件必须具情呈报，并派人调查事故的具体原因，特别是了解为何遭遇风浪击破、此次事件是否人为因素导致、被毁船只是否可以修复利用等。如闽浙总督那揭帖：

> 据福建布政司布政使高山呈详：奉闽浙总督那部堂牌，乾隆八年七月十五日，据署理台湾水师副将施必功呈，据中营游击林洛呈，据中军守备林金勇呈，据管队王荣报称：窃荣奉发给印照一张，配兵共二十四名，驾平字五号赶缯船一

① 尹全海等：《中央政府赈济台湾文献·清代卷》，九州出版社，2013，第 114 页。

只，渡载六兵赴厦，于乾隆八年五月十三日，蒙水师提标中军参将发配邵武城守营百总陈世全管带班兵六十五名来台换班，于五月二十七日由大担汛挂验出口，随潮放洋。缘班兵内周魁一名，在洋病故。二十八日收入厦港头巾礁地方收殓明白，随于六月初一日出口放洋。因洋中风信不顺，初二日收入铜山候风。至初十日由铜山放洋，十二日到澎湖点验。十三早天时晴明，由澎湖放洋驾驶。十三夜，洋中陡遇北风，台飓迅发猛烈，浪涌滔天。荣等舍命防护，无如天变异常，人力难施，突转西南狂风，飘至隙仔，冲搁铁板沙汕击破，器械沉失，水陆兵丁俱于沙汕得生。至十五日，飓风稍平，幸有渔船救援。内班兵陈满一名右腿被伤。荣随赴鹿耳门文武汛口报明外，理合奔回具报等情，转报本部堂。据此，合行饬查，备牌行司，即将平字五号船只因何遭风击破，是否管驾不慎，有无捏饰情弊，可否堪以修葺，所沉器械及该船杠椇等项有无捞获，应作何著落赔补之处，立速飞移，逐一确查，讯取在船弁兵切实供结，妥议详覆，以凭察夺等因。①

此事呈报之后，有司即前往事故地区查勘，并就幸存人员进行问询，最后递交详尽的报告：

驰赴该地方查勘，船身击破，板片、杠椇无存，只捞拾坏大桅一枝、坏头桅一枝、头鹿耳一块、坏舵一门、破杉板一只，并本船水兵鸟枪一十六杆、腰牌刀二十一口、藤牌四面、单刀一把、熕炮二位、竹篙钾四枝、割缭刀三把；其余

① 《台案汇录戊集》卷一，“台湾文献丛刊”第179种，台湾银行经济研究室，1963。

竹篙铫一只、割缭刀二把、火箭二箱、火浪四枝沉失无存。委因渡载班兵在洋陡遭飓风，冲汕击碎，并非管驾不慎，亦无捏饰情弊。讯取驾船得生兵丁、同配船班兵人等切实供结，该管将备加具无捏印结，同失船地方官印结，澳甲居民甘结，移请转详题销、造补、赏恤等因前来。①

值得注意的是，除了器械清单必须详明之外，最后还须有相应人员的“印结”，包括幸存人员、相关将领官员以及失船地方所属地方官员、居民等。

事故认定结束之后，对于遭遇海难的哨船、损失的器械等，政府会根据需要立即请人绘制新船图式、支银给发台湾道协承领购料补造，以补充新的船只。据《台案汇录戊集》卷一：

台湾水师右营澄字六号赶缯船一只、渡载班兵、遭风击碎、淹死兵丁、沉失军械一案……兹据署福建布政司布政使乔学尹呈详；查澄字六号船长阔丈尺，与从前经制船只不敷等事案内康熙三十四年间造补水师提标前营年字二号船长七丈、阔一丈八尺之例相符，随即援照准销实需工料银五百九十二两二钱六分二厘，于乾隆二年分地丁银内照数支出，给发台湾道协承领购料补造，业经台湾道副使尹士俍会同台湾协副将高得志承造澄字六号一船，领过工料银两购料，于乾隆三年正月二十二日兴工，至乾隆三年七月初九日完竣，交营领驾巡防，并称内有金鼓、旗帜等项，照例捐备，不敢请销，造具数册移司，转造清册呈送详请题销。并声明沉失军械等项，已经该营照数捐补明白。②

① 《台案汇录戊集》卷一，“台湾文献丛刊”第179种，台湾银行经济研究室，1963。

② 《台案汇录戊集》卷一，“台湾文献丛刊”第179种，台湾银行经济研究室，1963。

至于遭遇海难的各类公务人员，则由官员逐级报请按定例给予相应的抚恤：

又定例内沿海弁兵因公差委、遭风溺水、幸获生全者，官照军功加一级，兵照军功头等伤例赏给。其飘没身故兵丁，照阵亡例给与祭葬银两。又定例：兵丁阵亡给银五十两，如无妻子亲属，给奠银二两，遣官致祭；军功头等伤给银三十两各等因，遵行在案。今平字五号一船果系赴厦配载班兵回台更换，驾至外海遭风冲汕击破，沉失器械，洵与从前请销、造补、恤赏之例相符，相应循例保题请销、造补，以应巡防。所有飘失器械，饬营照例捐备。至溺水得生兵丁人等，造具花名清册送部，统听部议恤赏。拾回坏桅等项，照例变价。①

于此可知，当时抚恤的定例是：因公遭遇海难生还者，官员按例军功加一级；兵士照军功头等伤例（三十两银）赏给；阵亡者给予祭葬银五十两，无妻子亲属，另给奠银二两，遣官致祭。这一定例并不限于军用船只的海难，对于那些借搭商船遭遇海难者同样适用，如：

兹据福建布政使高山呈详：查定例内开，沿海弁兵因公差委，遭风受困，实出不意，所有溺故兵丁照阵亡例赏恤银五十两，浮水得生兵丁照头等伤例赏银三十两等因。今溺故兵丁林亨、陈玉麟、林绍三名，得生兵丁王福一名，果系奉差在洋遭风飘没，与恤赏之例相符。至林亨、陈玉麟、林绍

① 《台案汇录戊集》卷一，“台湾文献丛刊”第179种，台湾银行经济研究室，1963。

淹故，已经取有该兵亲属领结及该营将备加具印甘各结送司，应请溺故兵丁林亨、陈玉麟、林绍三名照例各恤银五十两，给与该故兵亲属承领，其得生兵丁王福一名，照头等伤例赏银三十两，共银一百八十两，照例在于乾隆十年地丁项下分别赏给，并声明击碎船只并非战舰，例无题报等由前来，臣覆查无异，相应具题，伏乞皇上敕部议覆施行，谨题请旨。①

此中特别提及“声明击碎船只并非战舰”，因为他们是差送盔甲旗帜赴省修理，于乾隆八年（1743年）五月内配搭商船渡海的。

实际上，就当时的科学技术程度而言，人们对于海难事故的发生远谈不上有什么应对措施，有的仅是善后的处理以及经验教训的吸取罢了。例如，对于哨船的建造、维修保养，特别是行船人员的培训等方面应予以加强。同时有人建议修改班兵制度，《论哨船兵丁换班书》云：

台澎水师换班之兵，自当悉数遣发，不使私留一人。谕旨当遵，令亦不敢违也。但哨船中舵、缭、斗、碇各兵，则有不可更易者。盖阖船性命，关系数人之手。而台、澎洋面，横截两重，潮流迅急；岛澳丛杂，暗礁浅沙，处处险恶，与内地迥然不同。非有十分熟悉谙练，夫宁易以驾驶哉！内地所来换班之兵，虽晓水务，毕竟礁脉生疏，不可依赖；而习熟可赖之舵工、水手，则内地水师各营俱欲留以自用，谁肯舍己让人？纵令换班于远，势必以疏劣尝试，苟且塞责。以朝廷战舰、官兵，供斯人美锦学制之具，希图侥幸

① 《台案汇录戊集》卷一，“台湾文献丛刊”第179种，台湾银行经济研究室，1963。

于万一，盖亦危矣。幸得苟安无事，以庶几港道渐熟，转瞬三年瓜期又至，终不能长有此人。不幸而中流风烈，操纵失宜，顷刻之间，不在浙之东、广之南，则扶桑天外，一往不可复返。即使收入台港，礁线相迎，不知趋避，冲磕一声，奋飞无翼。以朝廷战舰、官兵断送于换班舵、缭之手，是良法美意，适以倾人性命。斯亦当宁所恻然伤心不忍听闻者也。①

普通民众对于海难的恐惧引发了对神灵的祈告，在政府官方也有这类型的需求，特别是希望借助灵物的护持，海上航行能够顺利吉祥。乾隆五十三年（1788年），乾隆皇帝将班禅额尔德尼所进的右旋白螺特别赠予福康安，由其交予往来台湾海峡的官员，令其于航海之中供奉以佑平安，反映了这位皇帝对治理台湾的文武大员的关爱与祝福：

上年福康安前赴台湾，特赏给右旋白螺发带往，是以渡洋迅速，风静波恬，咸臻稳顺。今思闽省总督、将军、巡抚、提督等每年应轮往台湾巡查一次，来往重洋，均资灵佑，特将班禅额尔德尼所进的右旋白螺发交福康安，于督署洁净处敬谨供奉，每年督抚、将军、提督等不拘何员赴台湾时，即令带往渡海，俾资护佑，俟差竣内渡，仍缴回督署供奉。②

值得一提的是，康熙六十一年（1722年）以前，巡阅台湾之责主

① 胡建伟：《澎湖纪略》卷十二，“台湾文献丛刊”第109种，台湾银行经济研究室，1961。

② 尹全海等：《中央政府赈济台湾文献·清代卷》，九州出版社，2013，第399页。

要归台湾镇、道负责，此后有巡台御史之设，乾隆五十一年取消巡台御史。乾隆五十三年也就是赐班禅额尔德尼所进的右旋白螺那一年才规定福建省的将军、督抚、水陆提督五人，分年轮值，必须前往台湾实地稽查。[①]

对于外国遇难船只的救援，清廷较为重视，曾发布告示晓谕民间及各地官方组织救援，如闽浙总督英桂即声明，外国遇难船只可以扬示旗帜，“土人当尽以协助”，但对于那些无故登陆而遇险者，概不负责。[②] 为了对海上遇难的中外船只实施救援，清末台湾地方的救援制度逐渐完备，制定了《救护船只章程》（光绪十九年，即 1893 年），其内容如下：

> 一、定地段以专责成也。查沿海岛屿星罗，犬牙交错，非明定界址，必致彼此推诿。兹责成沿海厅县，会同营汛，定明所辖界限，每十里为一段，饬令就近公正绅耆保举地甲一人，其岛屿则保举耆老头目一名，列名册报，以专责成。凡遇中外船只漂撞礁浅一切危险收船，日则高挂白旗、夜则接悬两灯，以示求救。在地之居民渔户人等见有此等旗灯，即时首报地甲头目，一面飞报文武汛官，一面酌量船夫数目，集派助救。其文武汛官闻报后，亦即督率兵役亲往勘验救护，不得稍有迟误。其往来报信之人一切费用，皆由失事船主给还，惟官役不得勒索使费。
>
> 一、明赏罚以免推诿也。查沿海文武汛官，如有救护船货至一万两以上、中外人等救至十名以上者，一经该管上司查明申报及领事官照会关道有案，藩司立即注明，记功三功以上者，文武汛官详酌配记外奖，五品以上者分别详明题

① 许毓良：《清代台湾军事与社会》，九州出版社，2008，第 57 页。

② 李仙得：《南台湾踏查手记》，前卫出版社，2012，第 171、172 页。

升，以示优奖。其地甲头目亦分别上次劳绩，随时赏给顶戴匾额，以昭激劝。倘文武汛官不肯认真办理，照例参惩；地甲头目若有援救不力，甚至希冀分肥者，分别轻重严究。至于望见船只危险，先报知地甲头目及文武汛官者，应以初报之人为首功，由失事船主给与花红，大船多至三十两，中小船以十两为度。

一、定章程以免混乱也。凡遇险船只，其力尚可自存，船主并不愿他人上船者，则救援之人不得混行上船。倘船主须人援救，或系应先救船，或系应先救货，或系应先救人，均听船主指挥，不得自行动手。救起货物，应寄顿何处，亦由船主作主。其有擅行搬取或私自藏匿者，一经船主及地甲头目指明，查有确据者，即行由官追究治罪。倘有人出首确凿者，亦赏以应赏之款；诬捏者不准，并行反坐。

一、定酬劳以资鼓励也。凡救起之货，须候文武汛官验报。如系外国船货，即并报明附近领事官会同查核，将货估价，按照出力多寡难易抽拨充赏，多至三分之一，以赏援救之人。若有货无人，则须禀明就近地方官及领事官秉公将货酌赏；倘无货有人，则须将人救护。无论中国外国之人，均先行核给以衣食，就近送交地方官、领事官妥给船夫，分别资送回籍。倘系外国人无领事可交者，即报明通商局资给盘川，俾令自行归国。其小船出力救护，倘本人无力可以酬谢者，即就近禀报地方官，小船每救人一名，赏给洋银十元，就近由地方官先行核给，按月汇报通商局发还；虚捏者严究。至遇风涛汹涌，人力难施，或在大洋为救援所不及者，均宜各安天命，不得任意株连。

一、广晓谕以资劝戒也。凡海滨愚民，皆缘不知救船之有赏、不救船之有罚，是以坐视不救，或致乘机抢夺。此后所有沿海文武各官，均宜将以上告示条规，分别札行各汛，严加告诫；并将告示条规书写木牌，遍处悬挂，使一切渔户愚民，皆知遇险之船救护为有功、不救为有罪，庶人人有救船之念在其胸中，不致视为无足重轻之举矣。①

总之，台湾自然灾害的频发对台湾社会发展的影响较大，如何采取有效的应对措施，清代各级政府与民间各阶层都做出了积极的努力，只是限于时代条件，他们对自然灾害的发生缺乏科学的认识，在技术方面又较为落后，防灾、减灾的成效并不明显。

第三节　清代台湾的社会救济

清代台湾社会人口复杂，社会问题较为突出。械斗频发、族群关系紧张、自然灾害频仍，加上不时爆发的战乱，都给台湾民众的生命与财产安全造成极大威胁，这种情形之下，政府和民间的社会救济工作显得尤为重要。连横先生在论及社会治理之时曾指出："夫保甲之制，所以卫民，使之相安而无事，然而民不能永安也。水旱之不时，疫疠之间作，鳏寡孤独之无告，则必为之尽心力，先事而防之，后事而循之，而后得遂其生。夫均是人也，均是一乡一县之人也，出入相友，守望相助，疾病相扶持，则百姓亲睦。是故建义仓以平之，开医局以治之，设养济以恤之，而后可以收乡治之实，而后可以为治国平天下之道。"② 显然，做好社会救济对于社会的稳定发展具有举足轻重的意义。

---

① 《新竹县制度考》，"台湾文献丛刊"第101种，台湾银行经济研究室，1961。

② 连横：《台湾通史》卷二十一，商务印书馆，2010，第427—428页。

一、贫困救济

清代台湾的社会救济，除去应对灾荒年岁的特殊赈济之需，在针对普通民众日常生活的保障方面也设置了许多机构，使得日常救济工作得以开展，其针对的对象主要是贫困人员、鳏寡孤独以及重大疾病者。

首先是贫民救济。清代众多闽粤之民前来台湾谋生，这类人大都是无业贫民。如嘉庆元年（1796 年），漳人吴沙募三籍之氓，入垦蛤仔难，辟地数百里，乃建噶玛兰厅。[①] 还有一些人因为谋生不易，贫苦无业，只好流为盗贼。贫民生活有无保障，是影响社会安定与否的极重要因素。其时各种慈善机构，大部分是以救济贫困为主，这从各地普济堂、留养局的设立可见一斑。如《台湾通史》卷二十一云：

> 台湾普济堂：在县治县城隍庙内。乾隆十一年，巡台御史六十七、范咸命台湾县李闾权建，凡十二间，拨公款千余圆充用，以收养穷民。
>
> 彰化留养局：在养济院之左。乾隆二十九年，知县胡邦翰建，以收养穷民一百名，捐置田园，岁收租银一千二百八十四圆以为经费。
>
> 淡水留养局：原在竹堑城内。乾隆二十九年设，以收养穷民。
>
> 澎湖普济堂：道光六年，通判蒋镛筹建。捐款四百圆交妈祖宫董事生息，嗣以贫民尚可栖身，无庸建屋。……[②]

① 连横：《台湾通史》卷三十一，商务印书馆，2010，第 609 页。

② 连横：《台湾通史》卷二十一，商务印书馆，2010，第 429—430 页。

又《彰化县志》卷二：

留养局原案，因林逆之乱，焚毁无存。荡平之后，以当日承办之人，出为照碑记条目查收，养孤贫一百名。每名月给口粮钱四百八十文，逢闰加给，不扣小建。至冬寒时，加给绵衣钱八百文。如有孤贫病故者，每名给予棺木钱八百文。现存房屋二十四间，逐年给银补葺。所收租银，请给官串逐月造数报官查核。①

又云：

余维无告为皇仁所必矜，因审案查出公地与院基毗连，支俸买之。清出官税，捐置田租，建房四十三间，名曰留养局，岁可活百余人。交替之暇，条议具上列宪。惠养有加，则以俟后之君子。局地东至杨老园，西至陈志和竹围，南至养济院，北至街，计地一十二亩五分零四丝。府宪蒋，捐银三百元。知县胡，捐银三百一十六元。县丞张克明，巡检程镗、杜瀚，典史夏宗本，各捐银二十元。举人张源仁、州同杨志申、贡生施国义、监生张凤华，各捐银七十四元。监生周士显，捐银一百三十元。监生吴朝捷，捐银一百元。民人陈起、张训、张子开、陈佛佑、黄实、陈提等，共捐银三百元。民人赖妙、赖香、陈高等，共捐银三百元。民人苏四，捐银一百元。民人王生楚等一百八人，每年捐认田租银五百六十五元，又银三钱五分。民人庄群等一十七人，每年捐认田租银四十五元。民人汪阳、罗三江，每年捐认田租银四

① 《彰化县志》卷二，“台湾文献丛刊”第156种，台湾银行经济研究室，1962。

元，又银七钱八分。民人方义，每年捐认田租银三元，又银八分。另买下茄荖庄田五十甲零，年收租银四百八十元，又银五钱四分零。又买上茄荖庄田五甲六分，年收租银三十八元，又银三钱二分。又年收店地等税一百四十六元，又银六钱五分。以上岁捐收银一千二百八十四元。知县胡，另建房一座二间，额租银一十二元，归孤贫首，取为大士香灯。乾隆二十九年岁次甲申十一月日，倖满知县胡邦翰立。[①]

普济堂是清代普遍设立的社会救济机构，台湾及大陆各地皆有，“许多县城内都在1724年以后设立育婴普济二堂，在方志中有关这两堂的资料也有时被编放在‘公署’一卷中，与纯粹的官方机构如衙门、养济院等同列，可见此后这些机构的性质已被误解，不少人以为每县城之内必有育婴普济两堂，就如必有城隍庙、养济院一样，普育二堂几乎成为清代都市的特征之一”[②]。

就普济堂（包括留养局）来说，它主要施行的是贫民救济。对于何为贫民，历朝历代都有不同的认识，对于贫困也无法确切地加以定义，但作为救济对象的贫民主要指不能自存之人，这是没有疑义的。另外，各堂所收贫民是有名额限制的，如彰化留养局限定一百人，澎湖普济堂限定为三十人，淡水留养局为四十人等。

二、疾病救济

台湾沃野万亩，山林亦富，但文明未开之处甚多，人兽杂居，民众时为山林瘴气所毒致疾。据《诸罗县志》载：“台南、

① 《彰化县志》卷二，“台湾文献丛刊”第156种，台湾银行经济研究室，1962。

② 梁其姿：《施善与教化：明清时期的慈善组织》，北京师范大学出版社，2013，第98页。

北淡水均属瘴乡。南淡水之瘴作寒热，号跳发狂，治之得法，病后加谨即愈矣。北淡水之瘴，瘠黝而黄，脾泄为痞、为鼓胀。盖阴气过盛，山岚海雾郁蒸中之也深。又或睡起醉眠，感风而发，故治多不起。要在节饮食、薄滋味、慎起居，使不至为所侵而已。”①清末传教士马偕回忆录中言及台湾的疟疾（俗称瘴气）说：

> 人类的敌人——疟疾，它是覆盖在我们美丽岛上最黑暗的云。因为它的缘故，引起了许多疾病和死亡，造成居民莫大的损害。几乎各种疾病的来源，都与它有关。每三个月就会有一个或多个家庭受到它的侵袭。在炎热的季节里，本地人会突然被侵袭，并往往几个小时内就发作。霍乱和疟疾的细菌被风带着，像瘟疫一样，横扫全国。②

在清代台湾，居民因为瘴毒而死者不乏其例，如朱一贵事件时，官军入台，“时台中疠疫盛行，从征将士冒炎威、宿风露，恶气熏蒸，水土不服，疾病亡故者多。参将林政、王万化，游击许华，先后俱殁于军”③。道光八年（1828 年），淡水人吴全募噶玛兰人二千八百余至台东筑土城以居，开垦农田，兴修水利，数年渐成，而瘴气所侵，居者多病死。④除了瘴气，由于来台垦殖者大都来自闽粤地区，水土不服而致病者甚众。如黄阿凤，淡水人，咸丰元年（1851 年）集资数万募穷氓二千二百余，往垦歧莱

① 《诸罗县志》卷十二，“台湾文献丛刊”第 141 种，台湾银行经济研究室，1962。

② （加）马偕：《“福尔摩沙”纪事》，前卫出版社，2007，第 34 页。

③ 蓝鼎元：《平台纪略》，“台湾文献丛刊”第 14 种，台湾银行经济研究室，1958。

④ 连横：《台湾通史》卷三十一，商务印书馆，2010，第 610 页。

之野。然瘴气尚盛，阿凤以不服水土，数月病死。[①]

清代台湾还时常遭遇一些瘟疫及水痘、癫痫等疑难杂症。如嘉庆年间，漳浦人吴沙入台垦荒，“居无何，番患痘，枕藉死，阖社迁徙。沙以药施之，不敢食，强而服之，病立瘥。凡所活百数十人。群番以为神，纳土谢，未一年得地数十里”[②]。又如，台湾彰化的乐局在原定三十六名成员之外特意加备四名候补，“以备疫病事故更替之用”，足见瘟疫死亡之事在当地多有。[③]

三、遗骸掩埋

众所周知，台湾社会的特征之一就是移民众多，加之台湾地广人稀，这些移民离乡背井谋生于此，一旦发生病灾或自然死亡，就很有可能曝尸郊外。而中国人传统的观念之中，死者为大，并讲究入土为安，所谓“丰腴之家，随地择吉，不俟外求；可怜贫穷之家，一旦风水不虑，葬身无地，死而有知，咎将安归!”[④] 对于这些尸骸的处置，自乾隆二十四年（1759 年）开始有台湾县知县夏瑚倡导的捐资代运回籍之善政。[⑤] 这种主要由官方倡导的代运，其处理的也仅仅是有姓名籍贯之棺骸，对于其他没有人认领、不知来自何籍的尸骸，在清代台湾主要依靠“敬义园”等民间机构来掩埋。《彰化县志》卷二载：

敬义园：在鹿仔港街。乾隆四十二年浙绍魏子鸣同巡检

---

① 连横：《台湾通史》卷三十一，商务印书馆，2010，第 610 页。

② 连横：《台湾通史》卷三十二，商务印书馆，2010，第 640 页。

③ 唐赞衮：《台阳见闻录》卷下，“台湾文献丛刊”第 30 种，台湾银行经济研究室，1958。

④ 《北斗街义冢碑记》，见《台湾中部碑文集成》，“台湾文献丛刊”第 151 种，台湾银行经济研究室 ，1962。

⑤ 《续修台湾府志》卷二，“台湾文献丛刊”第 121 种，台湾银行经济研究室，1962。

王坦首捐倡，率绅士林振嵩及郊商等捐赀建置旱园，充为义冢。仍以赢余捐项，置买店屋租业，择泉、厦二郊老成之人，为董事办理。逐年以所收租税，作敬拾字纸、收敛遗骸、施舍棺木、修造义冢桥路之用。①

敬义园的设置是由地方士绅与商户共同发起，择泉、厦二郊老成之人为董事办理，其主要的职能是敬拾字纸、收敛遗骸、施舍棺木、修造义冢桥路。敬义园的经费来源除早期商户的捐赠之外，也有自己固定的来源，主要是置买店屋，收取租税，具体情况如下：

一、鹿港大街，三山国王庙右畔瓦店一座，年收税银四十元。

一、鹿港潮州街，瓦店一座，年收税银四十元。

一、鹿港中街，瓦店一座，年收税银二十元。

一、鹿港仑仔顶，瓦店二座，年共收税银九十二元。

一、鹿港大街，瓦店一座，年收税银七十二元。

一、茄荖沟等庄大租，年实收谷三百石。

一、鹿港菜市头至街尾东西两向，年收地基税钱四十千余文。②

另据《台湾中部碑文集成·敬义园碑记》：

敬义园者，鸣欲了素愿而首事建之者也。夫敬以持己、

---

① 《彰化县志》卷二，“台湾文献丛刊”第156种，台湾银行经济研究室，1962。

② 《彰化县志》卷二，“台湾文献丛刊”第156种，台湾银行经济研究室，1962。

义以及物；苟存敬义，则人己一体。见义之不容已者，必兢兢焉亟欲行之。予命不辰，奔走衣食数十年矣。癸巳，东渡台阳，寄足郡治；有时出郊，见字纸秽亵、骸骨暴露及道路桥梁之难行，每怦怦动念也。迨乙未年，为他人作嫁衣裳，复驻鹿港。忆曩时所触目动念者，港中犹是；顿觉欲了之愿，愈怦怦动焉。第客囊薄蓄无几，何若众擎易举；爰商诸东家王君坦、绅士林君振嵩及泉厦郊户，咸乐捐助汇集。数载得以有成。鸣喜且感，遂议条规，备案司牧，名曰“敬义园”，良以敬义立，则德不孤也。于是拾字纸、收遗骸、置义冢、修桥梁、平道路，鸠工兴事，次第具举。将未了之素愿，其得了于偶然者，实赖诸君子之共襄耳。然犹有未了者，无恒产，势难经久；无董事，责无攸归。乃置市廛以生息之，举老成以主持之，司其出入，谨其收发；无虚耗、无侵渔。按时会计，造册报官，历久勿替，庶乎未了之愿亦几可了矣。今鸣衰老将归，过此以往，其调剂得宜、终始如一，实望董事之大有造于敬义园也。爰叙颠末，勒诸片石。①

原碑已失，此据《彰化县志·艺文志》收录，撰者为魏子鸣。从碑记中可知，魏子鸣是设置敬义园的首倡者，得到地方士绅及泉厦郊户的赞助与支持。敬义园虽然不是官方组织，但“遂议条规，备案司牧”，是得到官方备案认可的机构，在经费的管理上也较为严格，“按时会计，造册报官”，设立董事主持其事，组织甚为严密。

敬义园之外，台湾各处还有众多的义冢，收葬无主棺骸：

---

① 《敬义园碑记》，见《台湾中部碑文集成》，“台湾文献丛刊”第151种，台湾银行经济研究室，1962。

台湾县义冢：一在宁南坊魁斗山（俗呼鬼子山），历年久远，邱冢垒塞；一在新昌里，康熙五十九年，监生陈仕俊买置园地数甲，与鬼子山毗连；一在水蛙潭，计园地八分，内葬无主棺骸二百八十具；一在北坛前，内葬无主棺骸一百六十具；一在海会寺前，内葬无主棺骸一百八十余具，俱乾隆十七年知县鲁鼎梅买置。

凤山县义冢：一在台湾县魁斗山后，久经垒塞；一在县治西门外蛇头埔，雍正十二年，知县钱洙置。

诸罗县义冢：一在诸罗山保，计七所；一在打猫保，计六所；一在盐水港保，计五所；一在他里雾保，计四所；一在下加冬保，计三所；一在哆咯嘓保，计三所；一在茅港尾保，计二所；一在麻豆保，计二所；一在安定里保，计六所。

彰化县义冢：一在快官山前，知县苏渭生置；一在八卦亭山下，计园地一甲四分，知县胡邦翰捐置。[①]

四、救济经费的来源

台湾慈善机构的救济经费主要来自民间筹集，或个人捐赠，或置备田产，依靠各种租税补充所需费用。如澎湖普济堂：“（道光）九年，澎湖绅商合捐二百十圆交盐课馆生息，续捐制钱四万七千五百文生息。又详准征收小船之费，岁入一万九千八百文，以充口粮。额定三十名，月给三百文。”[②] 再如淡水留养局：“及同治元年之乱，佃册纷失，收租渐减，仅养七十名。光绪十五年

① 《续修台湾府志》卷二，“台湾文献丛刊”第121种，台湾银行经济研究室，1962。

② 连横：《台湾通史》卷二十一，商务印书馆，2010，第430页。

分治之际，重设此局，以旧时局产拨充，并捐经费，额收四十名。”[①]《台湾私法物权编》详细记载嘉义育婴堂的收支情况，对我们了解台湾慈善事业的经济来源很有帮助：

从前嘉义四方贫民者多，而养育时家贫，生产女儿不舍抚养，由小儿自己抱埋。当时众绅商人等目击心伤，邑绅出为劝捐置业，大举行善，建设公堂一所，在本城隍庙左边，名曰育婴堂。告示达知四方贫民，如遇生产无力抚养者，抱送来堂，由堂管事转倩乳媪代养至十六岁。查贫民家无力娶妻，将婴女许配，或三四岁，五六岁，该乳媪自要为女为媳，先行通知管事，查实妥人许之。嘉庆初设起，历至道光、咸丰。于同治年间，因捐款不敷费用，蒙嘉义城内绅士陈熙年出首重振，禀官再兴，加捐置业，有千余租，为永远义举者。

一、管事前薪金十元，今降五元。

一、前外管事四元，今改书记五元。

一、堂丁一名前金三元，今加五元。

一、堂妇一名前一元五十钱，今加二元。

一、乳媪每月每名一元。

一、自养每月乳媪六十钱。

一、每年春、冬两季，堂女衣裙由管事给发。

一、每月堂内油火杂用，上月费用翌月造报。

一、每年如遇荒年旱时，收租照减。[②]

---

① 连横：《台湾通史》卷二十一，商务印书馆，2010，第430页。

② 《台湾私法物权编》，“台湾文献丛刊”第150种，台湾银行经济研究室，1963。

另外，新竹育婴堂递年应收各款及开销条目具体如下：

收项

一、三脚寮现佃傅天富，全年实小租谷四十□折银四十元。

一、北门街店一座，现税林水生，全年税银六十元。

一、新庄仔戴戆九，全年园租银十三元。

一、台北八甲庄地基银全年二十四元。

一、育婴堂边小厝一间，现税麦尧巴，全年税银四元八角。

一、盛德庄现佃古阿恩，全年小租谷五十石。又家屋十一间。

开销

一、育婴堂董事傅兆祥全年薪水银三十元。

一、育婴堂董事林亦图全年薪水银三十元。

一、育婴堂堂丁傅添福、许火全年辛工银三十元。

一、育婴堂内油香全年六元。

一、育婴堂年节牲醴金烛全年十二元。

一、育婴堂内七月普度银二十二元。

一、育婴堂内香油茶炭纸张杂费全年十八元。

查育婴堂前给婴儿，系由本城糖米出口抽分项下提给，每婴儿每月给洋一元，付与本生母，自行抚养。每婴儿按给六个月，计洋六元，系由官专派司事经理。嗣抽分由官改归厘金，而每月按给婴儿之项，莫从提给，由此截止。理合声明。大约二十二多年，育婴儿截止。董事林亦图、傅兆祥现今不在家。

一、台北府育婴堂田业全年九十六元，上下忙分纳。枋寮溪洲庄民魏桐初承贌。[1]

从以上细目中可知，育婴堂大都由士绅出首捐献并置业纳租，主要的开销除给婴儿、乳妇之外，还有工作人员薪水、日常生活消费甚至于相关宗教活动（七月普度等）。由于需要救济的人群庞大，台湾慈善经费严重不足，许多工作难以开展，或因为经费缺乏而终止。《台阳见闻录》卷上云：

查台郡育婴堂之设，始自咸丰四年。职员石时荣偕郡绅倡捐。银业创建，归于民办。同治八年间，黎道台提归官办。委派官绅设法整顿，并仿照他省一文愿捐收，未及几年，停止。经费短绌。同治十二年正月间，夏道台筹定洋药抽捐弥补。至光绪七年十一月，洋药抽捐截止，经费更属不敷。屡据该堂绅董禀请：堂中原有田租共一十二款，每年连充黄敬租息，年计收银一千元左右；而开销年约银二千六百余元，尚不敷银一千四五百元之谱。光绪八年十一月十三日，刘道台就于洋药厘余及海埔租息项下，提出六八洋银六千元，发商生息。又于十一年十二月，就提回台南司码平余银二千六百三十七两七钱六分，发商生息，所短无几。十四年间，清丈堂中所管凤属粤庄田业，未经定议，将来完粮而外，终恐比前短少。[2]

至于慈善机构的经费管理，大多实行轮值制或董事制，这是根据具体情形斟酌运用的。如澎湖普济堂就是将善款“交妈祖宫

① 《新竹县制度考》，“台湾文献丛刊”第101种，台湾银行经济研究室，1961。

② 唐赞衮：《台阳见闻录》卷上，“台湾文献丛刊”第30种，台湾银行经济研究室，1958。

董事生息”。

五、救济机构的设立

清代的社会救济主要以民间慈善组织为主，官方力量也积极介入。但实质上，更多的社会救济机构仍不属于真正的官方机构，而是官督民办的组织。[①] 诚如《噶玛兰厅志》编者按语所言："养民之政，其端甚多；而大指不外除弊以兴利、因地以制宜，固地方官者之所必究也。然此举多由好义绅衿、殷实家户共为施济，以裨化原，庶教养兼该，治人与治法相辅而行；而国家旌善之典，一一可备举于前矣。”[②] 清代皇帝中以雍正对于社会救济机构的推行最为有力，他曾说：“京师广宁门外，向有普济堂，凡老疾无依之人，每栖息于此。司其事者，乐善不倦，殊为可嘉，圣祖仁皇帝曾赐额立碑，以旌好义。尔等均有地方之责，宜时加奖劝以鼓舞之。”[③] 这也点明了普济堂的性质：以地方民间力量为主，政府官方加以承认与鼓励。就台湾地方普济堂来看，有些官方色彩还是较为浓厚的，如台湾普济堂是由台湾县官员李闻权建，并动用公款千余元设立。

对于贫民救济，台湾民间有名为“父母会”的互助组织，特别针对孤苦贫困之户，每逢丧葬大事，则集资为之：“家贫亲老者，或十人或数十人为一会。遇有大故，同会者醵金为丧葬之资，竞赴其家，助奔走焉，谓之‘父母会’。”[④] 另据咸丰二年

---

① 梁其姿：《施善与教化：明清时期的慈善组织》，北京师范大学出版社，2013，第99页。

② 《噶玛兰厅志》，“台湾文献丛刊”第160种，台湾银行经济研究室，1963。

③ 《清世宗实录》，雍正二年闰四月。

④ 刘家谋：《海音诗》，见《台湾杂咏合刻》，“台湾文献丛刊”第28种，台湾银行经济研究室，1958。

(1852年)《善养所碑记》，道光十二年(1832年)，民间建立善养所，救济病苦游子，并为死者安排善后之事：

窃维心存乐善，必重仁慈；德尚好生，莫先养济。念游子之久羁，止居靡所；□穷民之无告，疾病堪怜。欲使安身而利用，务须处置之得宜，庶几病者可依栖有定，不幸死者亦殡殓无虞也。伏思彰邑城南武庙及龙王庙，祀典攸关，肃清为贵。每有穷途孤客、患病旅人，无地栖身，投卧共处，直僵横偃、露体亵身，狎侮神灵，莫此为甚。盖雨阳蒸湿、寒暑感伤，致病恒多致死，可恶又甚可怜！道光十二年，吾宗爵人君，系生员名观澜尊翁也，素本乐施，好行善事。就于庙边始建瓦屋三间，名曰“善养所”。嗣因栖止者众，屋室窄隘，道光二十二年间，复与王以义堂、吴祝丰馆再为劝捐翻广，并设床铺器用，仍雇一人，常川在所，应接病人。又协族亲职员春崇君暨绅耆禀请前邑主魏，勒石示禁在案，以杜獘端。是有心创建，必立法周详。所分前后，男女各异其居；房判北南，死生亦殊其处。秽浊毋许相侵，调养自能渐愈。所谓以善养人者，义取诸此。第念投宿日多，输捐未定。彼夫疾病易疗，活固不少；即如膏肓难治，没亦甚多。棺木所需，谁殚喜舍！维好善之人，后先欣捐其数；慈心之士，多寡乐愿其输。然用多易竭、事久难继，现时纵有可资，后日恐无所藉。爵人君不吝己赀、不惜己力，倡邀江朝王君暨诸善士相劝捐题，为众穷人预筹久远。集腋成裘，可长存以费用；置田生息，俾永济夫孤贫。病危则分给赈济，身故则发付收埋。如或养成体健，实同再造之恩；苟其数已目瞑，亦感无疆之德！施济能敦行不怠，子孙必获福靡涯，是所谓积善之家有余庆也夫！至于病故瘗埋，墓则竖牌为号，所则设簿登记，载明籍贯、姓名，以便该亲识认。兴斯举者，皆爵人君恳□□□，留心创建，历始终而罔懈，海外周知其有功德于人，岂浅鲜哉！兹为捐赀以助成功，务宜勒石以彰善行，当刊补其芳名，用以垂诸不朽。是为序。监生阮廷焕，捐银一百大元；监生蔡启芳，捐施棺木□□□；州同吴春禄、生员陈江源、布经林友贤，以上各捐银□十大元；理问王江朝、理问黄国昌、州同吴荣椿、布经陈元吉，以上各捐银二十大元；通利号，捐银十六大元；鹿港林松轩，捐银十五大元；郡城谢景渊、嘉属监生吴继昌、监生刘文辉、苏客□、□□□、奇珍号、董事吴汇旋，以上各捐银十大元；监生杨廷瑞，捐银八大元；总理林捷高，捐银四大元；□□□□□□□，捐银十三大元。典王田水田一段价三百大元，收来碛地银二十大元，□□□□十大元（下阙）。咸丰二年二月□□日，生员吴桂芳谨序。[①]

从碑记来看，善养所之救济对象为穷途孤客、患病旅人，该所在建筑布局上，“所分前后，男女各异其居；房判北南，死生亦殊其处”，也就是说，男女异处，死生有别，对于病者，分给赈济，身故则发付收埋。从管理上看，所谓“有心创建，必立法周详”，雇用一人常住在所应接病人，又协族亲职员春崇君暨绅耆禀请前邑主魏，勒石示禁在案，以杜孬端。该所的经费除来源于捐赠之外，也是置田生息，“典王田水田一段债三百大元，收来碛地银二十大元，□□□□十大元（下阙）”。

对于疾病救济，台湾设立有养济院、善养所之类的机构。如彰化养济院主要针对麻风病人。连横《雅言》说：

① 《台湾中部碑文集成》，“台湾文献丛刊”第151种，台湾银行经济研究室，1962。

麻疯之病，俗称癌疴，其疾难治，所谓天刑者也。西历十八世纪间，英国始建医院医之。而台湾之设，早于英国者六十年，世界医学史多称誉，而台人弗知也。《台湾府志》载：彰化养济院，在县治八卦山下。乾隆元年，知县秦士望建，收养麻疯废疾之人而医治之，约四十人。此则文明之设施也。台湾僻处海上，开辟较后，三百年中之建设，其裨益人群者当亦不少。而今之学子震于西洋物质之文明，遂以陋自慊，是亦不知历史之失也。[①]

据《彰化县志》卷二：

养济院：在邑治东门外八卦山下，共房屋□间。乾隆元年，邑令秦士望建，收养麻疯残疾之人。

又云："邑养济院，例收麻疯残疾，孤老不与。"[②] 可知彰化养济院的收助对象是麻风残疾之人。

养济院之置还有台湾养济院、嘉义养济堂、凤山养济院等，[③] 这些养济院由地方官员建立，其具体职能不甚明了，应也是相近似的。另新竹有回春院，也属于医疗救济机构。《新竹县志初稿》谓："回春院：在县治东门内，一进三间。道光二十九年，以清冢余项创造。光绪年间，绅董重修。凡四方游客病笃无亲属可

① 连横：《雅言》第258条，"台湾文献丛刊"第166种，台湾银行经济研究室，1963。

② 《彰化县志》卷二，"台湾文献丛刊"第156种，台湾银行经济研究室，1962。

③ 连横：《台湾通史》卷二十一，商务印书馆，2010，第429页。

依，均入此院医治，雇工供养。没则埋之。”①

清代台湾后期还设立了西医为主的台北官医局，施行免费治疗，据《台湾通史》卷二十一：“台北官医局：在台北城内考棚。光绪十二年，巡抚刘铭传设，以候补知县为总理。招聘西人为医生，以医人民之病，不收其费，并设官药局于内。”② 此外，刘铭传还设立台北病院，但其服务的对象主要是兵勇：“台北病院：亦在考棚。光绪十二年，巡抚刘铭传设，以医兵勇之病。”③

以上普济堂、养济院并不是各地皆有，如淡水地区就未设这些机构。④ 在贫民、医疗救济之外，还有一些其他救济。

对于流民的合理处置，无疑是维护社会安定的重要因素。频发的自然灾害、械斗等人祸，造成台湾大量的流民，他们往往沦为乞丐。对此，台湾也有专门的救济机构——“栖流所”。据《苑里志》谓：“谨按栖流所，为鳏、寡、孤、老、残、疾无告者栖身之所；官给丐首戳，令约束。”⑤《新竹县志初稿》谓：“栖流所：树林头庄有鸭母寮一所，向系村人编茅为屋，以饲鸭母。后村人别徙，有乞丐居焉。日聚成群，男女约百余人，建草寮三十余间。咸丰三年，官给丐首戳；命约束在所穷民，并查外方逃匪。同治三年，草寮被盗焚毁；旋修。光绪年间，丐首不妥，改饬充当。后遂为成例。”⑥ 该所《淡水厅志》亦提及：“栖流所，在树林庄（即鸭母寮）。为鳏寡孤老残疾无告者栖身之所，男女

① 《新竹县志初稿》，“台湾文献丛刊”第 61 种，台湾银行经济研究室，1959。

② 连横：《台湾通史》卷二十一，商务印书馆，2010，第 428 页。

③ 连横：《台湾通史》卷二十一，商务印书馆，2010，第 429 页。

④ 《淡水厅志》，“台湾文献丛刊”第 172 种，台湾银行经济研究室，1963。

⑤ 《苑里志》，“台湾文献丛刊”第 48 种，台湾银行经济研究室，1959。

⑥ 《新竹县志初稿》，“台湾文献丛刊”第 61 种，台湾银行经济研究室，1959。

约百余人。咸丰三年，官给丐首戳，令约束在所穷民，稽查外方逃匪。同治三年寮为盗毁，旋修。”[①] 另外还有一些栖流所，如连横《台湾通史》载：“台湾栖流所：在县治圣公庙街。光绪十二年，知县谢寿昌禀设，以收流民，其款由普济堂拨用。”“澎湖栖流所：在妈宫。嘉庆二十四年，郊户德茂号等捐款置屋，以为难民栖宿，禀官存案。”[②]

在妇孺救济方面，有学者指出，清代第一所育婴堂设于顺治十二年（1655 年），自此之后，到雍正以诏令推动全国建立育婴普济堂的雍正二年（1724 年）之间，全国各地的育婴、普济等地方救济组织稳定增长。其中，雍正二年之前全国建立的育婴堂至少有 98 个，大部分集中于苏浙地区。[③]

台湾育婴堂的设置较迟，是在咸丰四年（1854 年）以后，而且性质屡有变更，由民办改为官办，其间因为经费短绌被迫停止运行。台湾育婴堂设置之所以较晚，与台湾特殊的社会环境及人口背景有关。有官员认为，台地户口未繁，婴孩从无弃者。据《续修台湾府志》卷二考证说：“直省各州、县，并设普济、育婴二堂。台郡以在海外，独阙。顾台地土著者少，户口未繁，婴孩从无弃者；惟流移孤独，恒不免转死沟壑。乾隆十一年，巡使六十七、范咸特命台湾县知县李闾权创建普济堂一所，计二十间，费千余金。”[④] 另据《台湾通史》卷二十一所载台湾各处育婴堂的设置情况如下：

---

① 《淡水厅志》，“台湾文献丛刊”第 172 种，台湾银行经济研究室，1963。

② 连横：《台湾通史》卷二十一，商务印书馆，2010，第 429、430 页。

③ 梁其姿：《施善与教化：明清时期的慈善组织》，北京师范大学出版社，2013，第73 页。

④ 《续修台湾府志》卷二，“台湾文献丛刊”第 121 种，台湾银行经济研究室，1962。此处与连横《台湾通史》所录有出入，《台湾通史》记有十二间。

台湾育婴堂：在县治外新街。咸丰四年富户石时荣倡建，自捐家屋充用，并捐五千圆，生息以为经费，又劝绅商集款数千圆，禀官批准，凡安平出入商船，抽税充用，而富户亦各捐田园铺屋，入款颇多。其后巡道黎绍棠以为义举，更劝绅士办理，并以洋药厘金提拨充用。及光绪八年，巡道刘璈乃废其例，以司库平余及盐课余款千余圆拨为经费。

嘉义育婴堂：在县治城隍庙内。同治七年绅商捐设，额收二十名。

彰化育婴堂：在县治，道光年间官绅合建，久而荒废。光绪七年，知县朱干隆乃劝绅富重设，以抄封家屋充用。

淡水育婴堂：在县治艋舺学海书院后。同治九年官绅合建，详拨三郊洋药抽捐每箱四圆之半，以充经费。

淡水保婴局：在县辖摆接堡枋桥庄，富绅林维源倡设，自捐五千圆，并劝富户集款二千圆，置田生息，以充经费。

新竹育婴堂：在县治龙王庙之右。

澎湖育婴堂：在妈宫，绅商捐设，后归厅办理。岁收租息三十二万四千文。每月又于盐课拨银五十两以充经费。约收女婴三十余名，每名月给八百文。又分恤养济院穷民，每名月给三百文。如病故者，别给四百文。①

台湾重男轻女、丢弃女婴的现象严重，育婴堂中的婴儿来源除健康不良而被丢弃者外，很大部分就是女婴。《台湾通史》卷三十三记载民间慈善人士文钦传云：

文钦字允卿，号幼山。性温和，善事父兄。林氏自迁阿罩雾以来，业农习武，而文钦独好学，勉为世用。光绪十年

---

① 连横：《台湾通史》卷二十一，商务印书馆，2010，第429—430页。

> 入泮，兵备道刘璈见而奇之。……十五年，河南荐饥，大府募赈，捐万金以恤。事闻，赐乐善好施之额。彰化旧有育婴堂，而款绌，不足济众，穷民生女，辄弃于涂，见而悯焉，割腴田，岁入谷三百石。福马刺桐之桥久圮，行者病涉，命工造之。又创湖日田中之渡。利人之事，知无不为，里党之人无不惠焉。①

文钦曾割岁入谷三百石之腴田支持彰化育婴堂的运转。此中提及，“穷民生女，辄弃于涂”，可见当时育婴堂中被遗弃的女婴不在少数。另据《安平县杂记》记载，育婴堂的工作主要是抵制溺女之风，但这些被送到育婴堂的女婴，其结局也并不容乐观：

> 台南乡妇常有溺女事。一生女孩，翁姑不喜，气迫于心，而溺女于水。故郡内绅商有好生之心，闻有此事，不忍坐视，公捐“一文缘”金，置买田产房屋出息，共设育婴堂于郡城。凡有乡妇生女不养，准投堂送入。堂设董事，日收女孩，付发乳母培养，每月给金一圆。乳养数月，俾爱女者到堂选取，回家抚养，为子、为媳听其自便。因是，而溺女之事始息。此乐善不倦之所为也。②

此中提及，这些女婴，“乳养数月，俾爱女者到堂选取，回家抚养，为子、为媳听其自便。”前引《台湾私法物权编》亦云：“查贫民家无力娶妻，将婴女许配，或三四岁，五六岁，该乳媪自要为女为媳，先行通知管事，查实妥人许之。”足见育婴堂只是救护了女婴的性命，但对于台湾社会流行的“养女为媳”习俗采取

---

① 连横：《台湾通史》卷三十三，商务印书馆，2010，第677—678页。

② 《安平县杂记》，“台湾文献丛刊”第52种，台湾银行经济研究室，1959。

默许甚至鼓励的姿态，无疑间接助长了社会丢弃女婴的风气。

值得注意的是，在淡水育婴堂之外，还有淡水保婴局的设置。淡水保婴局由淡水富绅林维源倡设。保婴会或保婴局运动在道光年间发起，并很快得到普及，各地的保婴会纷纷成立。保婴局与育婴堂属不同性质的慈善组织，不再以脱离家庭的弃婴为主要救济对象，它所要做的不单是救济婴儿性命，更是维护婴儿所在家庭的完整性。[①] 淡水保婴局即应属于此种性质的组织。

另外，18 世纪后期，江南地区还出现一种新的慈善组织，即专门救济年轻寡妇的恤嫠会（或者称为清节堂）。实际上，专门救济节妇的慈善组织早在乾隆时期就已经出现，恤嫠会在组织模式上与普济堂等没有太大差异，经费来自捐募或者个别地方官员的捐助，在救济对象上主要是以贫困寡妇为主，但是否贫穷未必是首要考虑的标准，是否符合“节妇”的标准才是第一位的。[②] 台湾由沈葆桢于同治十三年（1874 年）设立恤嫠局，据《台湾通史》卷二十一：

> 台湾恤嫠局：在县治，同治十三年，钦差大臣沈葆桢倡设。自捐千圆，命巡道夏献纶提拨公款，并劝绅富捐款九千圆，购置田园，生息以恤嫠妇。凡年三十以内，家贫守节者，邻右保结，每名月给二圆。[③]

又据《安平县杂记》载：

---

① 梁其姿：《施善与教化：明清时期的慈善组织》，北京师范大学出版社，2013，第 184—186 页。

② 梁其姿：《施善与教化：明清时期的慈善组织》，北京师范大学出版社，2013，第 150—151 页。

③ 连横：《台湾通史》卷二十一，商务印书馆，2010，第 429 页。

台南寡妇素重节义，每有夫死家贫而口腹难充、亦有夫死子幼而抚养难支者，节惟苦守，情实可怜。故绅商爰同义举，捐金恤公，置产业，设恤嫠局所，每名嫠妇月给一圆五角，以充口食，俾守节终身，而不改醮者，所以鼓励风俗也。①

可以说，清代台湾早期设置的育婴堂、普济院、养济院等慈善机构，往往隐含了民间通俗的救济观念，所谓天有好生之德；而后期出现的保婴局、恤嫠局则是在推动儒家家庭制度理想的实现，其中所包含的儒家伦理观、价值观更为显明。② 这些原本在江南地区普及发展的慈善组织被引入台湾，也显示了台湾从移民社会向定居社会转型，逐步与大陆社会缩小差距。

① 《安平县杂记》，“台湾文献丛刊”第52种，台湾银行经济研究室，1959。

② 梁其姿：《施善与教化：明清时期的慈善组织》，北京师范大学出版社，2013，第184页。

第六章

清代台湾的宗教与民间信仰

第一节　清代台湾的佛教与道教

一、佛教

随着闽粤移民陆续增多，清代台湾出家佛教在明郑基础上有所发展，这主要体现在寺院的修建以及出家僧人的增多上。

明郑时期台湾的佛教寺院，根据清代相关文献记载仅六处，即：宁南坊的观音堂、准提堂，镇北坊的观音亭、万福庵、赤山堡，六甲的龙湖岩。[①] 这些寺院的规模都远非大陆丛林模样，虽称“巨刹”，也少有山门、钟鼓楼、天王殿、大雄宝殿、法堂等

① 匡宇：《台湾佛教史》，《中国佛教史论集》，台北大乘文化出版社，1979。

诸殿结构俱全者。而到了清代，台湾所修筑的寺院，无论在数目上还是规模上都有所改观。

清代佛教寺院中规模较大的当属台南海会寺，即日后的开元寺，又曾名靖海寺。其佛像庄严，寺宇宽敞，建筑设置与大陆正规丛林较为相近。有关海会寺的历史沿革，《台湾诗录》卷四陈汉光注齐体物《海会寺》诗云："海会寺即今台南市之开元寺，原系明嗣王郑经所筑北园别馆。清康熙二十九年总兵王化行改建庙寺，名为海会寺，嘉庆五年始改今名。"① 王化行《始建海会寺记》记录建寺缘起云：

顾兹台湾版图新辟，德教覃敷，神人胥庆，典章无阙，惟少一梵刹，福祐海天。附郭大桥头有废舍一所，宏敞幽寂，跨海面山，修竹茂林，朝烟暮霭。诸同人瞻仰于斯，佥曰：是三宝地，何不就此立寺招僧伽以修胜果，亦盛世之无疆福田也。时兵巡王公，同声许可。会有僧志中者，自龆龀之年，皈依沙门，秉灵慧沉静之聪，函松风水月之味，从江右云游，来闻其事，愿募缘成之。于是同人各捐俸资，补葺门楹，重整垣宇，装塑佛像，始于庚午八月七日，成于明年四月八日，名曰海会寺。道场丕建，法筵宏开。瞻妙相之庄严，雷音寺见于东土；听法华之朗诵，祇树园来自西天。噫，善哉！②

于兹可见，海会寺开山是志中禅师。曾经的北园别馆改为寺后，还置寺产甚多，以为常住之业。据《续修台湾县志》载："海靖寺（旧名海会寺，亦名开元寺）：在永康里。其初为郑氏北园别馆，康熙二十九年，巡道王效宗、总镇王化行改建为寺。有碑

---

① 陈汉光：《台湾诗录》，台湾省文献会，1971，第 130 页。

② 《续修台湾县志》卷七，"台湾文献丛刊"第 140 种，台湾银行经济研究室，1962。

记，置田五十甲，坐寺后洲仔庄；园六甲有奇，坐寺后；又様园所，以供香灯。”① 到了乾隆四十二年（1777 年）知府蒋元枢重整该寺之时，寺产已多被盗卖，后陆续赎回，另置田亩，“每岁可得租银六百余元，住持之僧，无虑饥寒”②。海会寺寺产丰赡，住僧云集，故而有清代台湾佛教第一丛林之称。

海会寺第一任住持为志中禅师。据学者研究，志中法师为福建泉州人，号能禅师，别号行和，自幼出家，住泉州承天寺数年，喜游方参学，后渡海来台，因募缘建海会寺出力甚勤，遂被举为开山第一代住持。③ 另据郑卓云 1930 年手稿本《台湾开元寺志略稿》云：“自志中大师开山以来，代代皆禅宗一脉之相承，源源本本以传涅槃妙心系统，则由天童密祖法裔而之南海普济寺传之鼓山涌泉寺。”其中所言“由天童密祖法裔而之南海普济寺传之鼓山涌泉寺”实在令人费解。④

有关台湾佛教的法脉来源，连横《台湾通史》曾指明：“佛教之来，已数百年，其宗派多传自福建，黄檗之徒，实授衣钵。”⑤ 又言：“自是以后，移民愈多，佛教渐盛……徽音古德，代有所闻。而黄檗寺僧尤特出，岂所谓能仁能勇者非欤?”⑥ 足见福建临

① 《续修台湾县志》卷五，“台湾文献丛刊”第 140 种，台湾银行经济研究室，1962。

② 蒋元枢：《重修海会寺图说》，见《重修台郡各建筑图说》，“台湾文献丛刊”第 283 种，台湾银行经济研究室，1971。

③ 何绵山：《台闽佛教源流与互动》，台北中国佛教会，2010，第 30 页。关于志中法师的法派传承，有学者以志中禅师别号行和，将其对应于禅宗临济宗天童密云门下费隐通容禅师的“行”字辈弟子，称其为临济宗第三十二代传人。

④ 其意大概以志中禅师及其后人为天童一系临济传人，但说普陀山普济寺为临济传承尚有可能，何以又加上以曹洞宗祖庭著称的鼓山涌泉寺？其言莫非以为涌泉寺的临济法脉（在台湾自称来自鼓山的法脉大都属此）都是来自普济寺？此尚待考证。

⑤ 连横：《台湾通史》，卷二十二，商务印书馆，2010，第 438 页。

⑥ 连横：《台湾通史》卷二十二，商务印书馆，2010，第 439 页。

济宗祖庭——福清黄檗寺是台湾佛教的重要法源地，清初即有黄檗山部分禅僧来台建寺弘法。据《续修台湾县志》载：

> 黄檗寺：在大北门外。《旧志》云：唐沙门正干，莆田人，吴姓，从六祖曹溪得法。归至福州黄檗山，曰："吾受记于师，逢苦即住，其在此乎?"遂即山建寺，是为黄檗初祖。康熙二十七年，左营守备孟大志建。三十一年火。三十二年僧募众重建，竹木花果甚盛。乾隆五十六年里人修。①

清初台湾佛教还有另外一个源头，即浙江普陀山普济禅寺，而福州鼓山涌泉寺开始产生影响则是稍后的事情。② 据连横《雅言》载：

> 荷兰据台之时，普陀山僧释华佑与其友萧客偕游台湾，自蛤仔难入山，躬历南北。所至，图其山川、志其脉络。客，侠士也，腰弓佩剑，饥则射鹿以食，故无绝粮患。华佑既去，主于安溪李光地，未久圆寂。光地爱其书，秘以为宝；阅数世而为某所得，携至鹿港，某死遂散失。余得其下卷，有图十三，语多奇异。记云：诸山名胜，皆蝌蚪碑文，莫可辨识。唯里刘山有唐碑，上书"开元"二字，分明可辨。又云：巴老臣人多识字，有读《论语》《孝经》者，但茫然作菩萨诵耳。按"里刘"今作"理刘"，在木瓜溪北，其外则花莲港。巴老臣，未详何地。以图观之，在交里宛北，中隔一溪。交里宛今作加礼宛，番社也；则巴老臣当为今之鹊仔埔。余有《释华佑游记书后》一篇，考证颇详（载《文集》中）。③

---

① 《续修台湾县志》卷五，"台湾文献丛刊"第140种，台湾银行经济研究室，1962。

② 江灿腾：《台湾佛教史》，五南图书出版股份有限公司，2009，第27页。

③ 连横：《雅言》第137条，"台湾文献丛刊"第166种，台湾银行经济研究室，1963。

普济寺是南海观音道场普陀山的一大丛林，清初因为清郑战争而受到影响，寺宇颓败，康熙御制《普济禅寺碑记》提及："当年海寇猖狂，凡海禁之外，寺宇梵刹皆为灰烬。自康熙二十二年，荡平台湾，海波永息。故游方衲子，因旧基址，斩蓬蒿，割藜藿，而更新焉。"[①] 台湾归入清朝版图之后，海禁消除，普济禅寺则大兴土木。有关普济寺法脉在台传播的线索，可以从清末的一份台湾僧人戒牒中见之。《台湾私法人事编》所载一份戒牒，此应系名为广心的游台僧人所持，其牒文如下：

> 敕建护国永寿普陀普济禅寺戒坛
>
> 谨遵释迦遗教，据《梵网经》：佛坐菩提树下，成无上觉，初结菩萨波罗提本，又孝顺父母师僧三宝，孝顺至道之法，孝名为戒，亦名制止，若受佛戒者。国王、王子、百官、比丘、比丘尼、优婆塞、优婆夷及一切人非人等，但解法师语，尽得受戒，千华台佛，共嘱流传，况我真丹。钦奉历朝圣谕：按唐麟德年，诏终南山道宣律师于净业寺建坛。宝历大中年，敕上都、东都、荆扬、汴益等州为僧尼传戒。宋祥符年，诏天下诸路皆立戒坛七十二所。明洪武年，奉圣旨，天下寺院僧人行童愿要游方出外参学，或在寺院山林传诵戒律，所遇官司毋得禁他。又永乐年谕行脚僧人受戒，依善知识住坛说戒，若遇关津把隘官员人等，不许阻挡。又万历年，钦赐衣盂锡杖，就五台山传受千佛大戒。大清启运，复遇今上皇帝尊崇法道，赐帑重建，为此广行善法，依律传戒。今于宁波府定海县南海普济禅寺建坛说戒，内有广心字春来，福建漳州府诏安县铜山所人，于本所古来寺礼五典大师出家，于本年二月十一日就本戒坛，受沙弥十戒；十五日

① 《普陀洛迦新志》卷五，莆田广化寺印本，第 193 页。

进比戒丘；十九日圆菩萨大戒，永传戒法用国恩，诚恐冒滥无稽，为此具牒，各给一道，随身收执，游方参学，据此为验，须至戒牒者。

本坛传戒和尚真悟大和尚

羯磨阿阇黎银山嗣和尚

教授阿阇黎定性修律师

曾证阿阇黎三愿照宗师、广月圆宗师、三礼照宗师、性因宏宗师、惟清体宗师、妙峰雅宗师、东为妙宗师

引请阇黎显梁大师、卓峰和尚、肖岩法师、邱光大师

右牒给付菩萨戒弟子法名广心收执

从牒文中可知，广心字春来，福建漳州府诏安县铜山所（今东山县）人。说明当时闽南地区（包括台湾）很多出家人也会前往浙江普陀山普济寺受戒，普济寺也是台湾佛教戒法源流之一。

台湾佛教戒法另一大源流则是福建福州的鼓山涌泉寺。鼓山涌泉寺是明末曹洞宗寿昌系的重要道场，这里流传的禅法，史称“鼓山禅”（或“救儒禅”）。[①] 鼓山系同曹洞另一法脉（博山系等）共同开创了当时江西、福建和广东三省曹洞禅的兴盛局面，使之与江浙密云圆悟一系的临济禅形成了对峙的形势。[②]

鼓山涌泉寺在明末的兴盛不是偶然的，与鼓山在福建佛教中的地位密切相关：“昔鼓山之盛也，僧众万指，施者唯恐其后”[③]。“闽中诸刹，首必推雪峰，而鼓山实次之，岂以岩峦之秀丽，登

---

① “鼓山禅”系元贤对自己禅法的命名。按：从派系上说是“鼓山系”，从禅法名称上说又称为“鼓山禅”或“救儒禅”。

② 林子青：《元贤禅师的“鼓山禅”及其生平》，《现代佛学》，1958 年第 8 期。

③ 《鼓山志·田赋志论》，见《永觉和尚广录》卷十九，《卍新纂续藏经》第 72 册，第 495 页。

眺之奇伟哉？良以列祖之主斯席者，率皆慧光浑圆，足以辉映人天，而光大我觉皇之教也”[①]。涌泉寺至今仍是福州五大丛林之一，全国汉传佛教重点寺院，与台湾佛教法缘甚深。清代台湾在建省以前，一直隶属于福建管辖，故台湾僧人受戒时，必须到官方指定的福州鼓山涌泉寺去受戒和取得戒牒才可。[②] 据《敕赐鼓山涌泉禅寺戒坛同戒录》记载，乾隆三十八年（1773年）四月十六日曾颁布敕令云：

查闽省大小丛林，虽计二十有奇，惟闽县东关外鼓山涌泉禅寺，建自唐代，清朝康熙三十八、五十三等年及乾隆七年，历奉敕赐御书藏经，寺宇整肃，为全省名胜福区。该寺住持、方丈，道行优长，僧众亦皆恪守清规。应请通饬各属，按照庵、堂、寺、观，遍行出示，谆切晓谕，凡有僧尼，年在二十以上、六十以下，应行受戒者，即赴闽县鼓山涌泉禅寺受戒。其虽系丛林，未奉清朝敕赐字样，亦不得开坛秉戒。从前冒开戒坛之处，永行禁止。[③]

鼓山涌泉寺自明末清初以来，主要属曹洞宗道场，属曹洞宗寿昌系，因永觉元贤住持鼓山，其后法脉又称为鼓山系。[④] 鼓山系中曹洞宗法脉与授戒法脉并传，莲池大师传云栖戒本予闻谷广印大师，闻谷再传永觉元贤，元贤再下传。[⑤] 这种情形从《敕赐

---

① 《鼓山志·僧宝志论》，见《永觉和尚广录》卷十九，《卍新纂续藏经》第 72 册，第 494 页。

② 江灿腾：《台湾佛教史》，五南图书出版股份有限公司，2009，第 28 页。

③ 王见川等主编：《台湾宗教资料汇编》第一辑，第 23 册，博扬文化事业有限公司，2009，第 148—149 页。

④ 马海燕：《为霖道霈禅学研究》，宗教文化出版社，2012，第 30—41 页。

⑤ 具体传承情况见马海燕：《明清以来两岸佛教戒法源流探索》，《宗教学研究》，2014 年第 1 期。

鼓山涌泉禅寺戒坛同戒录》即可知之："本山自国师而后，禀遵莲池大师之戒，以永祖为莲池大师戒孙，永祖约其义而祖述之，诸佛子远来受戒，不可不知。"① 因而鼓山自明末以来就是禅宗授戒法系（与江苏宝华山千华系等律宗授戒法系并称）的典型。与其他不同的是，鼓山禅宗授戒法系的仪轨较为简便，受戒日期一般较短。② 据《台湾宗教调查报告书》，其授戒的情形如下：

> 鼓山留锡者，三年为一期，一年是沙弥戒，二年是比丘戒，三年是成就菩萨戒，修行无过失者，一年进一阶级是为惯例，三年之间允许退山。三年后，授戒满了者，称和尚，得住持资格，尚想当大和尚者，不可不再进一级。授戒费约要四五十圆，其时期定为每年阴历四月八日及十一月十七日，于鼓山涌泉寺预先广告之，所在的雏僧等参集之。授戒行状日数是七日，而于此间，教导僧侣行为二百五十戒。最后一日，在头上点炙称授戒记的三个乃至十二个。这是作为喜乐修行此三阶级，成为真正的佛弟子，发心欢喜的表现而点炙。……尚有于授戒中，想作戒元及都戒元者，不可不招待同期的受戒者。又想作大和尚者，约缴五百圆的纳金，且不可不披露。因为不堪于其费用的负担，得到此等称号者，极为稀少。尚有沙弥用五条、比丘用七条的黄色袈裟，菩萨戒用二十五条赤色袈裟，是为例规。③

---

① 王见川等主编：《台湾宗教资料汇编》第一辑，第 23 册，博扬文化事业有限公司，2009，第 145—146 页。

② 禅宗授戒法系、律宗授戒法系和革新授戒法系系笔者的提法，具体论述可以参见马海燕：《授戒法系与现代鼓山传戒改革论析》，《闽南师范大学学报》2014 年第 1 期；马海燕《明清以来两岸佛教戒法源流探索》，《宗教学研究》2014 年第 1 期。

③ 《台湾宗教调查报告书》，捷幼出版社，1993，第 73 页。

当然，清末以来，福建（包括台湾）僧人的受戒并不仅仅在鼓山涌泉寺，例如《台湾私法人事编》收录的护戒牒文就包括福建莆田南山广化寺、福建福州怡山西禅寺等寺院，说明当时僧人受戒之所并未被严格限制，各地得以广开戒坛。

不过，福建的这些戒坛传戒之仪轨应与鼓山涌泉寺大致相同，这从戒牒牒文上来看，就与上述普陀山普济寺的戒牒有很大不同。为资参照，另以律宗系寺院杭州大昭庆律寺的戒牒牒文作为比较：

	《大昭庆律寺志》所录清代《护戒牒文》	《台湾私法人事编》所录福州西禅寺清代《护戒牒》
第一部分	敕建大昭庆律寺护国万寿戒坛，钦承历朝圣旨。按唐麟德二年，诏终南山道宣律师于净业寺建石戒坛，受具足戒。又，宝历元年，敕两街建方等戒坛，择戒行者为大德。又，大中二年，敕上都、东都、荆、扬、汴、益等州建方等戒坛，为僧尼传受戒法。宋大中祥符二年，诏京师太平兴国寺立奉先甘露戒坛。① 又，庆历二年，诏允堪律师于杭州大昭庆寺建坛开戒，天下诸路皆立戒坛，凡七十二所，京师慈孝寺别立大乘戒坛。明洪武十年，礼部尚书张吕本等奉圣旨：天下各寺院僧人、行童，愿要游方参学，共相明经义，传诵戒律，所遇官司，毋得禁他。	原夫释尊设教，不外戒定慧三学，然定由戒入，慧由戒发；若不学戒，则定慧皆邪，总成魔外而已。故凡出家为僧，必须首崇戒法，不可斯须有失；如破魔军之利剑，如护慧命之铠甲，诚能如是，方可仰参三宝之教。钦奉历朝圣旨传戒。按唐麟德二年，诏终南山道宣律师于净业寺建坛受具足戒；宝历元年，敕两街建方等戒坛；大中祥符二年，敕上都、东都、荆、扬、汴、益等州为僧尼传受戒法；又大中祥符二年，诏天下诸路皆立戒坛，凡七十二所。

① 《宋会要辑稿》认为是大中祥符三年（1010 年），但笔者所见各寺戒牒，皆云大中祥符二年。《宋会要辑稿》云：“东京于太平兴国寺置坛，大中祥符三年，赐名奉先甘露戒坛（后慈孝建大乘祭坛）。诸州各置坛，听从地便往受。”见郭声波：《宋会要辑稿·蕃夷道释》，四川大学出版社，2010，第 650 页。

续表

第二部分	又，永乐五年，谕行脚僧人受戒，依善知识住处结坛说戒，讲演经典，若遇关津把隘，官员人等不许阻挡，任地集众，教化善法，如朕亲临，教训圆明无如佛上法宝，永为定例。又万历四十一年，御马监太监张然传奉圣旨：诏大沙门如馨律师，钦赐紫衣钵盂锡杖，于四十二年四月初一日至初八日，恭就五台山敕建圣光永明禅寺，传受千佛大戒。又，明末甲申年，敕大沙门寂光于南京大报恩寺演教传戒。至大清启运，于顺治十七年，世祖皇帝遣内使，敕降礼部制：受戒牒受戒僧人，凡传持戒律，原期广布佛法佐助太平，尔既习戒律，听教参禅，或在寺院，或在山林，须讲明经义，精严戒律，俾释教修明，僧规整饬等因在部，钦此钦遵。	明洪武十年，敕天下寺院僧人愿要游方参学禅教，或在寺院山林讲诵经律，所遇官司毋得禁他；永乐五年，诏行脚僧人依善知识住处受戒，若遇关津把隘官员人等不许阻挡，任他教化，流通善法。国朝光绪二年，蒙圣王敕赐怡山长庆禅寺御藏经全藏永镇山门，诏建传受具足三坛，① 按《梵网经》云：释迦牟尼佛初坐菩提树下，成无上觉，已初结波罗提本，又孝顺父母师僧三宝，孝名为戒，亦名制止，若受佛戒者，国王、王子、百官、比丘、比丘尼、优婆塞、优婆夷及一切人、非人等，但解法师语，尽受得戒，故知千佛流传，唯此一法为入道之基，六度之首，诸佛成道之根本，菩提修行之径路也。
第三部分	今于浙江省大昭庆寺万寿戒坛，依律开演戒法，内有某甲（籍贯）依某出家，于某年某月某日受某戒，弘传戒法，用报国恩。为此具牒各给一道，随身收执，游方参学。凡遇关津把隘处，执此验实，须至戒牒者。南山教主第一代澄照道宣律师，昭庆建坛真悟允堪律师，《资持记》主大智元照律师，中兴昭庆第一代宜洁书玉律师，本坛嗣法传戒和尚某，羯磨阿阇黎某，教授阿阇黎某，尊证阿阇黎某，年月日给。右牒给付某戒弟子某甲收执。	前据僧宗成，字妙慧，系福建省泉州府惠安县张氏子，年三十岁，投兴化府莆田县迎曦亭出家，礼瑞霖为师。年三十五岁来山，四月初四日授沙弥戒；初六日受比丘戒；初八日受菩萨戒。以此流通戒法功德，上祝今上皇帝圣躬万安，天下太平，民丰物阜，俾佛道同皇恩浩荡，金轮与法藏昌隆，填给戒牒，听许游方参学，勿令放逸，须至牒者。得戒大和尚传曹洞正宗第四十九代湛源禅师，羯磨阿阇黎性坚，尊证阿阇黎奕果、道妙、永静、宝池、至贵、能悯、体清，教授阿阇黎碧岳、引请大德净光、瑞光、宗智、景山、圆成、祥海镜泉。大清光绪二十九年岁次癸卯四月初八日付菩萨戒弟子宗成受持。本山监院圆顺、转福、镜明、西根、智照、珠光、英仁、志泉刊。

① 依此来看，西禅寺戒坛光绪年间始开设，此前福建省内只能在鼓山涌泉寺受戒。

以上护戒牒文虽然都论及戒坛设置情况，但律宗系的戒牒更重视律宗的传承，特别提到如馨律师在五台山圣光寺传受千佛大戒（即颇具历史意义的“重开皇戒”）一事；禅宗系的戒牒牒文则较为简单，特别引述《梵网经》要义，祖承方面非其所重。更值得注意者，律宗系得戒和尚为“宗师”[①]（即“本坛嗣法传戒和尚某”），而禅宗系则是“传曹洞正宗第四十九代”的“禅师”，且戒期只有短短几天。再看普济寺戒牒，牒文中提及“万历年，钦赐衣盂锡杖，就五台山传受千佛大戒”，且三师七证中以律师、宗师为多。通过比较可见，普陀山普济寺的戒牒与杭州大昭庆律寺较为接近，应是同一戒法的演变，而西禅寺戒法与鼓山涌泉寺戒法是一致的。

值得注意的是，鼓山系虽属曹洞宗寿昌系法脉，但鼓山在台湾的法脉却以临济为主。瞿海源在《重修台湾省通志》云：

> 明末来台之僧侣中以福州鼓山涌泉寺临济派僧侣为多。临济宗祖临济义玄，传至第五十一代名圣华字妙莲号云池禅师，中兴鼓山之祖。依据临济派字辈四十八字传承：“智慧清净，道德圆明；真如性海，寂照普通。心源广续，本觉昌隆；能仁圣果，常演宽弘。惟传法印，证悟会融；坚持戒定，永继祖宗。”依照字辈则基隆灵泉寺开山祖善慧和尚属五十三代常字辈。开元寺传芳和尚属五十八代传字辈，而大仙寺中兴祖师开参和尚属第五十七代惟字辈。台湾日前寺院之传承固属鼓山涌泉寺派下为多，惟明末来台之僧侣可考者不多。[②]

---

① “宗师”所指的是弘扬戒律且负责授戒事宜的律师身份，一般在律宗授戒法系中使用。详见马海燕：《五台山“宗师”考论》，《五台山研究》2014年第1期。

② 《重修台湾省通志》卷三《住民志·宗教篇》，台湾省文献委员会，1998。

此中“圣华”实为“地华”，字妙莲。近现代著名禅师虚云老和尚曾认为：“鼓山自明代以来，临济曹洞并传，妙莲老和尚即以临济而接曹洞法脉者也，莲老以两宗正脉付之老人。”[①] 慧严法师认为其说值得商榷，鼓山方丈之传承在达本和尚（1924—1929 年在任住持）之前应都是以曹洞宗法脉为主，两宗并传当是其后之事。[②] 关于在台鼓山临济宗法脉的具体来源值得再深入探讨。[③]

撇开佛教的法脉问题，仅就观音信仰来看，鼓山涌泉寺在清代与浙江普陀山一样为台湾佛教徒所重视。[④] 王凯泰《台湾杂咏续咏十二首》中云：

> 窑变早传鼓山异（福州鼓山有窑变观音像，祷雨辄应），又闻流水送观音（水流观音在东安坊清水寺）；从今不必朝南海（赴普陀山进香，俗称朝南海），到处慈悲是佛心。[⑤]

于兹可见，清代台湾佛教徒有朝南海之俗，他们前往浙江普陀山朝圣，但也有往鼓山礼拜“窑变观音”者，在台湾本地也形成了“水流观音”道场，它们都是信众心目中的观音圣地——普陀洛迦。

二、道教

连横曾说：“台湾之宗教杂糅而不可一者也。”[⑥] 台湾的道教

---

① 虚云：《虚云老和尚法汇》，黄山书社，2006，第 245—246 页。

② 慧严法师：《台湾与闽日佛教交流史》，春晖出版社，2008，第 48 页。

③ 这方面的讨论如慧严法师：《明末清初闽台佛教的互动》，《中华佛学学报》1996 年第 9 期，第 209—242 页。

④ 有关闽南观音信仰的源流与概况可以参见马海燕：《闽南观音信仰略论》，《“国文”天地》2014 年 11 月刊。

⑤ 王凯泰：《台湾杂咏续咏十二首》，见《台湾杂咏合刻》，“台湾文献丛刊”第 28 种，台湾银行经济研究室，1958。

⑥ 连横：《台湾通史》卷二十二，商务印书馆，2010，第 443 页。

尤其如此。连横称：

> 台湾巫觋凡有数种：一曰瞽师，卖卜为生，所祀之神，为鬼谷子，师弟相承，秘不授人，造蛊压胜，以售其奸；二曰法师，不人不道，红帕白裳，禹步作法，口念真言，手持蛇索，沸油于鼎，谓可驱邪；三曰红姨，是走无常，能摄鬼魂，与人对语，九天玄女，据之以言，出入闺房，刺人隐事；四曰乩童，裸体散发，距跃曲踊，状若中风，割舌刺背，鲜血淋漓，神所凭依，创而不痛；五曰王禄，是有魔术，剪纸为人，驱之来往，业兼医卜，亦能念咒，诅人死病，以遂其生。凡此皆道教之末流，而变本加厉者也。夫道家以玄默为主，尚真一，任自然。乃一变而为炼汞烧丹，长生久视；再变而为书符作法，役鬼求神；三变而为惑世诬民，如蛇如蝎，此其所以衰也。而台湾之道教更不振。[①]

道教是中国本土的宗教，其产生的过程较为复杂，结构庞杂交错，而且具有教派众多、教派间联系松散等特点。道教酝酿于汉代，诞生于汉末，是汉代社会的产物。早期道教有诸多来源：或来源于古代宗教和民间巫术，或来源于战国至秦汉的神仙传说与方士方术，或来源于先秦老庄哲学和秦汉道家学说，或来源于儒学及阴阳五行思想，或来源于古代医学等相关知识，等等。[②]要之，道教信仰杂而多端，与民间各种巫术、神灵信仰有着千丝万缕的联系。

大陆道士来台最早的记录是唐代。著名道士施肩吾（华阳真人）举族迁居澎湖："及唐中叶，施肩吾始率其族迁居澎湖。肩

---

① 连横：《台湾通史》卷二十二，商务印书馆，2010，第 438 页。

② 任继愈：《中国道教史》，中国社会科学出版社，2001，第 9—17 页。

吾汾水人，元和中举进士，隐居不仕，有诗行世。其《题澎湖》一诗，鬼市盐水，足写当时之景象。”①

台湾民众大都来自闽粤两地，道教因而也深受两地之影响，尤其是闽南道教。闽南道教兴盛，很早就有关于方士活动的记载，秦汉时期已经有神仙方士的传说。可以肯定，道教至迟在三国时期已经传入福建，而许多著名道士如葛洪等都曾经游历闽南。至五代时，闽南著名的道士有谭峭等。《泉州府志》称，谭峭，字景升，晋江人，博学能文，著《化书》。该书在道教史上具有重要影响。两宋时期，伴随着闽南文化的发展，借助闽南独特的地理优势，闽南道教臻于鼎盛，道教名家辈出，大型宫观得以修建，如漳州武庙，供奉关帝；晋江崇真殿，供奉玄天上帝。明清以来，闽南道教发展因缺乏鲜明的思想个性与思想创新，转入与佛、儒的合流之中，显示出衰微迹象。道教各派开始合流，很多闽南宫观是正一、全真并处。②

明清时期，福建漳州的闾山三奶派最先传入台南，其后，道教正一派、清微派等各派陆续入台，扎根民间，但唯独全真派没有传入台湾。③

《安平县杂记》言台湾有所谓“法官”者，该派有红头师、青头师之别：

> 法官者，自谓能召神遣将，为人驱邪治病，作一切禳解诸法（其派有红头师、青头师之分，其弟子均名曰法仔）。神佛出境、净油及踏火必用之，以请神焉（铺柴炭于庙前旷地，炽火极盛，执旗帜、锣少及扛神轿者，从炭上行过三次，名曰踏火）。为人治病，亦有时应验。谢货亦多少不一。

① 连横：《台湾通史》卷一，商务印书馆，2010，第8页。

② 詹石窗：《闽南宗教》，福建人民出版社，2007，第18—34页。

③ 詹石窗：《闽南宗教》，福建人民出版社，2007，第88页。

余若男巫、女巫，作种种幻法，亦近于师公者流，合附录焉。[①]

红头师即闾山三奶派，该派产生于福建东南沿海，以虚无缥缈的闾山为其圣地，以“三奶夫人”（即临水夫人陈靖姑、李三娘、林九娘）为主要崇拜对象。明万历十八年（1590 年），闾山派就传入台湾，俗称红头道士或红头师公。[②] 该派道士火居，在民间从事斋醮，凡动土、安胎等都头缠红布，故称。台湾有奉祀临水夫人的庙宇多座。如《续修台湾县志》载：

临水夫人庙，在宁南坊，今移在东安坊山仔尾，乾隆五十一年里人梁厚鸠众建。神名进姑，福州人，陈昌女，唐大历二年生，秉灵通幻；嫁刘杞，孕数月，会大旱，因脱胎祈雨，寻卒，年仅二十有四。诀云：吾死后必为神，救人产难。建宁陈清叟子妇怀孕十七月不产，神见形疗之，产蛇数斗，其妇获安。古田县临水乡有白蛇洞，巨蛇吐气为疫疠。一日，乡人见朱衣人仗剑索蛇斩之，诘其姓名，曰：“我江南下渡陈昌女也。”遂不见。乃立庙于洞上，凡禁魅、却魃、祝釐、祈嗣，有祷必应。宋淳祐间，封崇福昭惠慈济夫人，赐额“顺懿”，复加封天仙圣母青灵普化碧霞元君。[③]

《安平县杂记》还提及：“若临水夫人诞，凡家有子女年幼者，均抱之到庙叩祝。是日，焚香者拥挤不开，庙前法师登场作法，招儿童过关，当谢赀一百文。”[④]

---

① 《安平县杂记》，“台湾文献丛刊”第 52 种，台湾银行经济研究室，1959。

② 詹石窗：《闽南宗教》，福建人民出版社，2007，第 44 页。

③ 《续修台湾县志》，“台湾文献丛刊”第 140 种，台湾银行经济研究室，1962。

④ 《安平县杂记》，“台湾文献丛刊”第 52 种，台湾银行经济研究室，1959。

茅山宗（正一派）于清乾隆五年（1740 年）传入台湾北部。[①] 茅山宗原名上清派，与龙虎宗、阁皂宗并称为道教符箓科教派三大宗。茅山宗传授《上清经》，以出家居道馆修炼为主，信徒自称为上清弟子或三洞弟子，尊奉元始天尊为最高神。入元以后茅山宗与龙虎宗、阁皂宗一起归于正一派。清微派于道光三年（1823 年）传入台湾。[②] 该派产生于唐末，盛行于宋元时期，注重内丹和符箓的融摄，因自称其符箓雷法来自清微元始天尊，故称清微派。

清代台湾士人之中亦不乏修学道术者，如林若村，名汝梅。据《台湾诗乘》卷四云：

林若村观察汝梅，鹤山之弟也。负经济才，好道书，遂习焚符拜斗之术。曾赴江西龙虎山，谒张真人。归语乡里曰："五年之后，我台当遭天狗之厄，惟修德者可免。顾吾不及见，诸君勉之。"越乙未其言果验，而若村已于甲午逝世。天狗者，日人所号恶神也，其时军士所用烟草亦名天狗，奇矣！余游竹堑，竹人士示其自题书幅四首，亦足以见若村之洒脱矣。诗曰：

插架牙签胜石渠，芸香百合辟蟫鱼。一瓻拟就先生借，补读生平未见书。

几竿修竹一池莲，涤尽尘襟品欲仙。曲水流觞传癸丑，令人长忆永和年。

蒙蒙雨意酿芳堤，秋色排空半已迷。寻胜且携双不借，浇愁更有古偏提。

三白长教见蜡前，丰登太史已书年。今朝雪意千山霁，

① 詹石窗：《闽南宗教》，福建人民出版社，2007，第 88 页。

② 詹石窗：《闽南宗教》，福建人民出版社，2007，第 88 页。

> 絮压峰尖上接天。[①]

林汝梅信奉道教，习焚符拜斗之术，而且亲自前往江西龙虎山拜谒张真人并学习道术。

第二节　清代台湾的基督教

一、基督教在台湾的传播

基督教在台湾的传教事业始于荷兰殖民统治时期。荷兰殖民者以宗教作为达成其统治目的的手段，先后派出了大批传教人员入台，后因台湾归复而渐渐告终。连横《台湾通史》言："延平既至，荷人出降，牧师之在番社者，或留其间，而郑氏仍保之。……永历二十年，吕宋来聘，请传教。咨议参军陈永华不许，乃申通商之约。"[②] 基督教再次入台是在鸦片战争之后。

清代嘉庆以后对于基督教的管理以嘉庆年间谕旨为则例，严禁人民信奉天主教。《台湾私法人事编》收录道光二十年（1840年）年二月二十三日圣旨云：

> 嗣后传习天主教人犯，于赴官首明出教及被获到官情愿出教，俱着遵照嘉庆年间谕旨，将该犯等家内起出素所供奉之十字架，令其跨越，果系欣然试夸，方准免罪释放；如免罪之后，复犯习教，除该犯死罪外，余俱于应得本罪上加一

---

① 连横：《台湾诗乘》卷四，"台湾文献丛刊"第64种，台湾银行经济研究室，1960。

② 连横：《台湾通史》卷二十二，商务印书馆，2010，第442页。

等治罪；已至遇罪无可复加者，即在犯事地方用重枷枷号三个月，再行发遣。该部即纂入则例，永远遵行，钦此。[①]

道光二十六年（1846年）时则改变态度，以为天主教劝人行善，与其他“邪教”不同，准民众信奉，但仍然禁止外国人奔赴大陆传教：

> 前据耆等奏学习天主教为善之人，请免治罪；其设立供奉处所，会同礼拜，供十字架图像，诵经讲说，毋庸查禁，均已依议行矣！天主教既系劝人为善，与别项邪教迥不相同，业已准免查禁，此次所请亦应一体准行，所有康熙年间各省旧建之天主堂，除改为庙宇民居者毋庸查办外，其原旧房屋，如勘明确实，准其给还该奉教之人。至各省地方官接奉谕旨后，如将实在习学天主教而并不为匪者滥行查拿，即予以应得处分。其有借教为恶及招集远乡之人勾结煽诱；或别教匪徒，假托天主教之名，借端滋事，一切作奸犯科应得罪名，俱照定例办理。仍照现定章程，外国人概不准赴内地传教，以示区别。将此谕令知之，钦此。[②]

咸丰八年（1858年）《天津条约》规定：“不论新教或罗马天主教，皆得在中国传教。”受殖民主义本性与利益的驱动，基督教各派特别是英国长老会、加拿大长老会、西班牙多明我会等陆续登陆台湾，向台湾民众传播所谓“耶稣拯救世人”的“真理”或“福音”。

---

① 《台湾私法人事编》，“台湾文献丛刊”第117种，台湾银行经济研究室，1961。

② 《台湾私法人事编》，“台湾文献丛刊”第117种，台湾银行经济研究室，1961。

早期入台传教的人员因为语言不通，加之当地人处于长期的保守统治之下，对不同肤色、不同文化背景的外国人抱有排斥、猜忌心态，传教工作的开展并不容易。咸丰九年（1859年），西班牙神父郭德光、洪保律等从打狗港登陆，遭到驱逐。[①] 同治元年（1862年），有西班牙人在凤山力力社设立天主教堂，当时入教者有二百余人。凤山知县派员前往查办，以此地非通商口岸，外人不得居住为由，予以驱逐。[②]

首先入台传教的英国长老会人员是毕业于爱丁堡大学医学专业的马雅各医生。

长老会是宗教改革时期的产物，受加尔文影响最深。其得名源于教会的管理模式，它是根据《圣经》从信徒中推选出长老，由长老、牧师组成决定教会事务的长老会。道光二十二年（1842年）时，长老会已有6个教区，64所教堂。道光二十四年英国长老会设立外国传道局，并于道光二十七年派遣第一位海外传教士宾威廉来中国传教，分别于咸丰元年（1851年）建立厦门传教中心、1858年设立汕头传教中心。[③] 马雅各于1864年1月到达厦门，开始学习闽南语，并于是年秋陪同杜嘉德牧师前往台南部署传教前的准备工作，选定传教的据点——台南府，之后返回厦门继续学习语言。同治四年（1865年）5月，马雅各协同杜嘉德、英国圣经公会魏礼及三位助手陈子路、黄嘉智、吴文水等正式来台传教。[④] 实际上，杜嘉德牧师属于传教先锋，于咸丰十年入台，同年马肯士也到达淡水，他们发现这里很适宜传教，便修书报告，之后就有了同治四年马雅各的台湾之行。[⑤]

---

① 林金水：《台湾基督教史》，九州出版社，2003，第189—190页。

② 连横：《台湾通史》卷二十二，商务印书馆，2010，第443页。

③ 林金水：《台湾基督教史》，九州出版社，2003，第113页。

④ 林金水：《台湾基督教史》，九州出版社，2003，第114页。

⑤ （法）白尚德：《十九世纪欧洲人在台湾》，南天书局，1999，第77页。

马雅各精刀圭术，以药医人，而传其教。1865 年 6 月 16 日，他开始在台南府西门外看西街租房行医，在治病救人之时，不忘宣传基督教教义。随着影响的扩大，流言蜚语渐增，引起了当地士绅、官府的注意，马雅各被迫离开台南府。遂于次年夏在打狗建立第一座礼拜堂，还与到访的厦门传教士宣牧师一起为四位当地居民施洗，举行了圣餐仪式，这是自荷兰人被赶出台湾岛后由新教所实行的第一次圣餐仪式。①

为解决本地传教士不能直接为信徒施洗的问题，1867 年年底李庥牧师到达台湾。李庥，英格兰人，来台前为伦敦神学院学生，未毕业即受命前来台湾传教，足见当时海外传教人员的缺乏。李庥以打狗为据点向南部传教，其足迹遍及全台，是第一个在客家人地区建立教堂者。其夫人是长老会在台第一位女传教士，致力于台湾女子教育的开展，1884 年回国。②

1868 年，驱赶传教士的教案爆发。起因是传言马雅各医生杀死儿童来制药，台湾民众群起而攻之。部分信徒被抓捕，甚至被打致死。此案后经英国副领事插手，以清政府赔款放人并承认传教士在台的合法性告终。这一结局，反而吸引了大批民众加入教会，以求得到庇护。③

马雅各、李庥之外，在台较有影响力的长老会传教士还有甘为霖牧师。甘为霖，苏格兰人，毕业于格拉斯哥大学神学专业。他曾整理荷兰在台的资料，辑成《荷兰统治下的台湾》，另著有《台湾布教的成功》《英国基督长老教会在南台湾宣教纪事》等书，为后人研究台湾教会史提供了宝贵的资料。作为一个富于探险精神的传教士，甘为霖试图改变以往选取边远山地部落居民为主要传教对象的做法，将传教的重心转为人口众多的汉族移民城

① 林金水：《台湾基督教史》，九州出版社，2003，第 116 页。

② 林金水：《台湾基督教史》，九州出版社，2003，第 117 页。

③ 林金水：《台湾基督教史》，九州出版社，2003，第 117—118 页。

市。其选择的第一个城市是中部大城市——嘉义。嘉义传教的成功，使英国长老会在台湾传教迈入了新阶段。

1875 年之后，英国长老会对台湾基督教的传播事业进行了重大调整，由原来的注重入教人数转向对入教人员教义与信仰的培养。①

加拿大长老会原为自由长老教会，源于 1843 年成立的苏格兰自由教会，它是从苏格兰国家教会（苏格兰长老会）独立出来的。1872 年马偕牧师成为该教会组织的第一位海外传教士，其主要活动的区域就是台湾。

马偕，又名偕睿理，出生于加拿大安大略省，由于从小受到海外传教士宾威廉、达夫博士等的影响，他对海外传教事业深有兴趣。在多伦多大学洛士神学院、普林斯顿大学神学院、苏格兰爱丁堡大学研究院等进行系统学习之后，1871 年，马偕由美国旧金山出发，踏上了东方传教的路程，于 12 月 29 日下午抵达台湾打狗港。

马偕在台独立传教的第一站是台湾北部的淡水。在此，马偕宣讲的内容引起了部分文人士大夫的关注，一些人还与之进行激烈的辩论。不过，随着严清华等文人士大夫的归向，马偕在当地的影响与日俱增。严清华是马偕最看重的信徒之一，在信教之前，他就引起马偕特别的好感与注意："他聪明又有礼貌，而他真挚、直爽的态度，是他比别人更优异之处。我曾经求上帝让我得到的第一位皈依主的人，是一位聪明有活力的年轻人，这是我尚未到台湾以前就迫切向上帝祈求了很久的事。那晚，当我独自在房间时，这事又回到我心头，知道上帝听了我的祈求，这位年轻的陌生人就是我所求的。"② 信教之后，严清华对马偕的传教工

① 林金水：《台湾基督教史》，九州出版社，2003，第 131 页。

② （加）马偕：《"福尔摩沙"纪事》，前卫出版社，2007，第 127—128 页。

作大有帮助，他被任派为当地第一间教堂的传教师，“阿华的才能、善良、热心，事事以诚挚来对待的态度，使他对五股坑和附近的乡村都有很大的影响”①。

在淡水立定脚跟之后，马偕开始向台湾北部新区域扩展，在艋舺、噶玛兰和奇莱等地建立教会。

台湾传教士针对少数民族的传教由来已久，虽然地方政府多次警告，但“洋人引诱社番入教”之事还是屡禁不止：

> 同治五年，访闻凤邑港东上里万巾庄（即名力力社），有外国洋人开设天主教堂，引诱社番习教情事。遂即选派妥丁，协同下淡水县丞所派亲丁，驰赴确查，并传通事潘水泉、土目潘政山、隘首潘德安，详细询问。据称：该社向住番丁，离傀儡山仅止二里，自同治元年间，即有洋人到彼，用银勾骗社番，认为同宗，筑盖茅屋居住。至本年始□□土查看。该社盖有砖屋三间，坐东北、向西南，两边草屋二十余间；又搭盖楼屋一座。内有汉人，假充洋人，设堂传教。所有万巾、赤山、加匏朗三庄社番，约男妇二百余人听其所惑。每日在堂念经，名为礼拜。并称：去年亦有洋人到内山勾结生番，给予犒赏酒肉。旗后洋人，亦有进内山游玩，同行者仅止三四人。闽、潮、粤庄之人，均不信从入教。②

随着英国、加拿大长老会在台传教事业的发展，荷兰政府也曾希望再次派员来台传教，与英国诸国角逐，但因故而搁置。③总体上说，英国长老会和加拿大长老会是清代台湾基督教传教的

① （加）马偕：《“福尔摩沙”纪事》，前卫出版社，2007，第139页。

② 唐赞衮：《台阳见闻录》，“台湾文献丛刊”第30种，台湾银行经济研究室，1958。

③ 连横：《台湾通史》卷二十二，商务印书馆，2010，第444页。

主力，“自是以来，新教渐行，而旧教尚弱”[①]。它们在台湾传教各有自己的区域优势，“盖自大甲以南为伦敦教会，以北为坎拿大也”[②]。到1894年年底，计有20个已经设立的教会，另有18个教会尚待建立，已经受洗的信徒有1246名。[③]

来台湾的传教士为吸引信徒，不得不借鉴早期来华天主教传教士的经验或印度各地传教的教训，采用各种各样的手法，达到传教的目的。

首先，医疗传教是大部分来台传教士惯用的手法，因为以行医、救死扶伤为身份，能够很好地解除“异教徒”对基督信仰的偏见和警惕。如开设医馆为人看病的马偕牧师如是记述：“每天看病人，调剂医药给他们，并治好了若干人。有一个人来住院几天，他听到我们所读的，便说要再来。晚上的礼拜都有几十个人，有时候八十个人。我的房子如今成了礼拜堂、医馆和学校。”[④] 马偕还特别强调传教中医疗训练的重要性，他说：“我们一开始在台湾工作就特别强调上帝所做的事及所说的话，并透过医疗工作，而开启了马上可以助人的大门。在我所接受的各种预备训练当中，最实用助人的，莫过于在多伦多及纽约所受的医学训练。我发现人们因各种疾病而遭受痛苦，若能够解除其痛苦并医治其疾病，会使宣教工作获得朋友及支持者，并得到他们的感激。”[⑤] 而在实际的传教过程中，马偕也的确是如此做的：“我们在全国巡回旅行的习惯是，找一处空广的地方，往往是在庙宇的石阶上，唱一两首圣歌，然后开始拔牙，接着讲道传福音。”[⑥] 又

---

① 连横：《台湾通史》卷二十二，商务印书馆，2010，第444页。

② 连横：《台湾通史》卷二十二，商务印书馆，2010，第444页。

③ （加）马偕：《“福尔摩沙”纪事》，前卫出版社，2007，第315页。

④ 郭和烈：《宣教士偕睿理牧师传》，台湾宣道社，1971，第373页。

⑤ （加）马偕：《“福尔摩沙”纪事》，前卫出版社，2007，第297页。

⑥ （加）马偕：《“福尔摩沙”纪事》，前卫出版社，2007，第303页。

如马雅各，“既居府治，益尽心传教，设教堂于大东门之内，传授医术，于是西医之名闻遐迩”①。

其次是结合先进的自然科学知识等进行宣教。连横《台湾通史》言马雅各教授西学知识：“又以上海翻译西籍，颁之会中。教徒渐知天下大势，或派子弟肄业于福州、香港，攻英文，习西学，以造就人才。”② 马偕亦然，针对中国人科学知识的匮乏，马偕往往结合《圣经》教诲，宣讲有关地质、地理、植物、动物等各学科的知识，引人入胜。门徒柯维思回忆马偕的宣教时说：“先生讲道时非常活泼，生气勃勃。许多成年人都说‘我小时候曾听过偕牧师的讲道，至今其讲道的大部分还记得呢！’”③

再次是结合本地风土人情来宣教。这方面甘为霖较之于马雅各做得更好。连横批评马雅各“然其所学仅为景教之学，尚无益于人群也，教徒之中又多拘囿。台人敬天法祖，礼百神，而肆为抨击。欲举数千年历圣相承之纲纪而悉毁弃，此其所以凿枘也”④。他盛赞甘为霖能够体察民情，结合当地民众习俗传教，故而成就巨大：“为霖既居府治，察民情，习汉语，数年乃之埔里社，亦土番部落也。时尚未设厅，备尝险阻，以传其教，故得今日之盛。”⑤

当然，根据传教士个人的兴趣与能力可以采取一些别致的传教手法，如马偕的唱圣歌传教法。他在向台湾少数民族传教时就是以唱歌开始的，几个星期之后，圣歌唱遍了村中的每一个角落，渔民摇着橹，唱起“我认救主无惊见羞，好胆见证道理”。

① 连横：《台湾通史》卷二十二，商务印书馆，2010，第444页。

② 连横：《台湾通史》卷二十二，商务印书馆，2010，第444页。

③ 郭和烈：《宣教士偕睿理牧师传》，台湾宣道社，1971，第115页。

④ 连横：《台湾通史》卷二十二，商务印书馆，2010，第444页。

⑤ 连横：《台湾通史》卷二十二，商务印书馆，2010，第444页。

老人们织布，会唱“天堂永无苦难，永活无死”。[①]

基督教历来重视教育发展，开办各种教育机构，虽然本以培养信教人士为目的，但也间接促进台湾教育的发展。连横述及马偕办理教育之事说：

> （同治）十一年坎拿大长老教会亦派牧师偕里士至淡水传教。光绪八年八月，拟照中国义塾，延师设学，以教贫寒子弟。兵备道刘璈以外人设学育才，实为义举，特以教学与游艺不同，此端一开，诚恐逐渐推广，致歧趋向。且以中国之子弟，而受外人之栽培，官斯土者能无歉然？乃议延师束脩，岁由台北府支送，遇有甄别，会同领事官酌给奖赏，以存体制。[②]

1883年，英国长老会派遣余饶理牧师来台开办中学教育，因中法战争影响，该中学直至1885年9月才正式开学。招生对象限于12岁以上男孩，余担任第一任校长。与神学院不同，该中学实行一般教育，不过入学人数并不多。[③]

值得一提的是，基督教在台湾开始推行女子教育。最早的女子学校是由李庥夫妇开创的，但是进展并不顺利，1885年12月，朱约安与文安来台筹办女子学校，两年后开学。[④]

此外，基督教也进行一些其他慈善公益事业，如救灾捐赈等。《台阳见闻录》云：“光绪四年，准英国有领事先后照送台、凤、嘉、彰各处教民捐助晋、豫等省赈银四百余两，经何制军札

---

① 林金水：《台湾基督教史》，九州出版社，2003，第172页。

② 连横：《台湾通史》卷二十二，商务印书馆，2010，第444页。

③ 林金水：《台湾基督教史》，九州出版社，2003，第134页。

④ 林金水：《台湾基督教史》，九州出版社，2003，第135页。

饬地方官传谕嘉奖。”[1]

日本人所撰写的《台风杂记》中提及基督教在台的传播史及影响说：

> 台人信耶稣教。观十字会塔耸立于街上，又观信徒集合唱赞美歌，亦盛矣！问其起因，距今六十年，和兰陀国传教师布教于台南。其后二十三年，米国加奈太教会偕睿理者，开教于淡水县沪尾街，尔来英国每岁送布教资若干助之。是以耶稣之感化台民，不独土人，深入生番界。茂林中建会堂，唱赞美歌，淳朴之风可掬云。余曾观台人坐叛逆罪处斩首刑者，概从容就死，毫无鄙怯之态，窃怪焉。自今日思之，知宗教之力居多矣。[2]

作者又评论说，台湾民众“迷信成性”，不能得“佛、耶之真理”：

> 感化民心，莫善于宗教。佛教与耶稣，其所说虽相异，其所以使民乐为善者，理一也。唯台民所奉，失释迦、达摩之本分，拜天上圣母或城隍王等一种异样之偶像，未闻其说佛、耶之真理者。是以迷信成性，牢不可拔，动辄为土匪之横暴，为生番之嗜杀；宗教之力，未能普及于此，可叹矣。以道自任者，岂可不愤起乎哉？[3]

---

① 唐赞衮：《台阳见闻录》，“台湾文献丛刊”第30种，台湾银行经济研究室，1958。

② （日）佐仓孙三：《台风杂记》，“台湾文献丛刊”第107种，台湾银行经济研究室，1961。

③ （日）佐仓孙三：《台风杂记》，“台湾文献丛刊”第107种，台湾银行经济研究室，1961。

二、教案的频发与清政府对基督教的管控

清代台湾基督教的传播虽然借助各种不平等条约而有政治的强权干预和支持，但传教士的传教工作还是需要冒极大的风险。这一方面是因为台湾生存环境的恶劣。台湾并不是传教士们心目中理想的目的地，他们认为该地为盗贼土匪出没之地，且麻风病、疟疾、贫苦等遍及全台；另一方面，台湾与大陆一样对于外国人有着敌视的态度，“中国人囿于条约的束缚，更加深了他们赶走这些外国不速之客的欲望。”[①] 这从频频发生的各类教案中可见一斑。如与甘为霖、马雅各有关的凤山教案。连横《台湾通史》言：

> 初，为霖在嘉传教，从者少，至店仔口庄，庄豪吴志高嗾人夜袭之。为霖逃，伏丛莽中，数日始归府治。七年八月，前金庄教堂以讲教故，与村人龃龉，鸣金集众，围而攻之。乡耆恐偾事，趣出止。风声一播，凤治之人亦一呼而集，至者数十，拆屋毁物，杀教徒二，并捕堂丁高长以去。雅谷在旗后，闻警将往，而旗后教堂亦被困，商人乃出解之。始城中儿每遗失，或言洋人潜杀，剖其脑制药。雅谷固业医，县役猫角命人盗童骸埋之室中，计欲以实其事。翌日，知县凌定国往勘，观者如堵，猫角又力言，掘地及室，见白骨，信之，拘长严鞫。不服，下之狱，以状白郡，并照会英领事。领事以为诬，驰禀驻京公使，与总理衙门交涉，各执一辞。乃命兴泉永道曾献德偕厦门英领事吉普理渡台会办，谂为猫角所为，定其罪，流于泉州，偿工费千两，并恤

① （法）白尚德：《十九世纪欧洲人在台湾》，南天书局，1999，第81—82页。

> 死者之家，案始结。当凤山教案之起也，郡中莠民闻之快。越三日，亦毁小东门内天主教堂，神甫走逸民家，有司闻警弹压，众始散。嗣援凤山之例以偿，而民教稍安矣。[①]

此中提及，当时在马雅各医生处挖出了人骨，人们指控他不仅谋杀病患，而且在小孩身上做人体试验。民间普遍流传说，传教士偷偷地在居民身上使用某种药物以方便他们信教。[②] 这种谣言无疑加剧了冲突。

又《台阳见闻录》记载光绪十年（1884 年）的两起毁坏教堂案：

> 光绪十年八月十六日，据拳山保枧美街总理高敦义等禀称：是月十三日，法船闯犯沪尾口。该管新店街，素常教民甚多，而苏水与众教民，十四日突将家眷、物件倩船十余只，搬脱别往，以致民人怀疑教民必是勾引法人。本十六早，教民将家器、什物尚在搬移，众民人向阻不理，随将教民高霞嫂等家围抢。教民逃入教堂，亦被毁伤。当经地方官履勘，估计需赔偿九千余元。幸费领事颇知大体，因法国启衅，民心义忿，遂至玉石俱焚，与平常挟嫌情形不同，请给予一万元完案。又，十年九月，准额领事照会：日斯巴呢亚教士王铎德禀：凤属下淡水社老埤庄教堂，被潘幼党众围击，经代理凤山县李嘉棠责令庄众赔修，折价银一百二十六元，给领完案。[③]

一般而言，众多教案的发生都与各种谣言有关，由谣言而引

---

① 连横：《台湾通史》卷二十二，商务印书馆，2010，第 443—444 页。

② （法）白尚德：《十九世纪欧洲人在台湾》，南天书局，1999，第 105 页。

③ 唐赞衮：《台阳见闻录》，“台湾文献丛刊”第 30 种，台湾银行经济研究室，1958。

发群体的恐慌，进而演变为各种激烈的行动，如焚烧教堂、殴打教徒等。教案的发生既因文化上的冲突，以及各种现实的利益之争，从更深层的角度来看，它也是封建专制政权下民众的一种“权力幻觉”的产物：“只有非常的境况才会给无权无势者带来突然的机会，使他们得以改善自己的状况或打击自己的敌人。”①

在台湾遭遇外国袭扰之际，台湾的传教活动也受到一定程度的影响。如1884年法国曾经侵袭台湾，台湾民人一致对外，“因为传教士是唯一在台湾府居住的欧洲人，所以他们的处境即使没有立即的危险，至少也有些不安稳了”。当时法国封锁台湾西岸，安彼得、涂为霖在台湾府被困六周，而据马偕反映，当时台湾当地反基督教的大规模行动也随之而来，有人被刺死，被夷为平地的教堂多达7座。②

因为教案频发，清代台湾官府要求外国人员特别是传教士不得轻入少数民族各社，也不要卷入台湾民间族群械斗之中，以免遭到人身袭击时地方官无法给予保护：

> 查台湾南北两路，番社辽阔，人鲜明理。如入内山，生番凶顽更甚。外国传教士，如有前往，设遭不幸之事，中国地方官更难保护。嗣后应由领事官谕知传教士：如往各处游历，须请盖印执照注明赴何处字样，不可载入番社及内山一带。倘有不遵，轻入其地，致有别事，莫谓中国地方官不加保护也。再查台湾系闽、广两省之人居多。闽人中，又以漳、泉两府为多。向来各分党类。闽与广不和，漳与泉又不和；即泉州一府之中，如晋江、南安、安溪、同安亦均不

---

① （美）孔飞力：《叫魂：1768年中国妖术大恐慌》，生活·读书·新知三联书店，2012，第287页。

② （英）甘为霖：《素描“福尔摩沙”》，前卫出版社，2009，第145—147页。

睦，时有争斗之事。此三籍中，迩来俱有奉教者。如有争斗，自应仍照中国律例办理，不得牵涉教案，以昭允协。[①]

清代台湾地方政府对于在台设立教堂的地点、人员及传教士的行为要求等都做出了具体的规定，形成《教堂条约》：

光绪十三年八月初一日，准日斯巴尼亚国胡领事申陈：本年七月十一日，承准贵爵部院照复：以教士何铎德在大稻埕设堂传教，被该处绅民误指为法国教士一案，接准敝总领事申指各情，饬县遍行开导，群疑稍释。并据绅商人等佥禀：尚有数端，必须约明，日后方能民教相安。一、何铎德开堂设教，必须择僻静之所，不得在大街通衢，有碍居民地方。所传之教，务须同耶苏一样，劝人为善。教士须立品待人，堂内不得收养妇女及包庇匪类、不受尊长约束。一、凡遇教民家中婚丧之事，教士不得前往干预，以避嫌疑。彼此辑睦，而免滋事。佥恳据情禀复前来，照覆查照，转饬该教士遵办等因，到敝总领事。准此，查所约三事，应即准行转饬何教士一体遵照。[②]

就教堂土地、田产等经济上的问题，清政府也有一些特殊的要求。据《台湾私法物权编》载：

钦加监运使衔、补用道署理台南府正堂、军功随带加三级宋，为转饬事。光绪二十年十一月初九日，蒙县道宪陈札

① 唐赞衮：《台阳见闻录》，“台湾文献丛刊”第30种，台湾银行经济研究室，1958。

② 唐赞衮：《台阳见闻录》，“台湾文献丛刊”第30种，台湾银行经济研究室，1958。

开，光绪二十年十一月初三日，奏署抚宪唐案行，光绪二十年十月二十三日，准兵部火票递到钦命总理各国事务衙咨：照得各国教堂租买房地，建造教堂，向系照约办理；惟相沿日久，各省办理未能划一，或致滋生事端，自应申明旧章，以免民教讼累。溯查同治四年，本衙门与法国公使柏大臣议定天主堂买产章程内称：法国传教士如在内地置买田地房屋，其契据内写明立文契人某某，此系卖产人姓名，卖为本处天主堂公产字样，不得专列教士及奉教人之名。此议曾于是年函致江苏巡抚，并由江苏巡抚通饬各关在案。相应再为通行贵抚查照，转饬各关道及各处地方官申明旧章，遵照办理可也，等因，到本署部院。承准此，合就饬行。为此，仰该道即便转行，各属一体遵照办理，并行通商委员知照，毋违，须案，等因，到道。奉此，除分行外，合就札饬。为此，札府即便移行所属，一体遵照办理，并移通商委员知照，此札，等因。蒙此，除移饬外，合就转饬。为此，札仰该县立即一体遵照办理，毋违，此札。光绪二十年日札。①

也就是说，各地教堂要买田地房屋，“其契据内写明立文契人某某，此系卖产人姓名，卖为本处天主堂公产字样，不得专列教士及奉教人之名”。从光绪十五年（1889 年）一份传教士郭德光购买教堂公产的契约中可以见到实例：

立卖杜绝尽根田契字人前金庄颜门谢氏并男颜旺、颜泰、颜下，有承父明买过吴门高氏田一甲五分，坐址前金西势洋。今兹氏等踏得田二丘，南北相连，受种一分五厘，在

① 《台湾私法物权编》，“台湾文献丛刊”第 150 种，台湾银行经济研究室，1963。

前金西势洋，东至黄家田为界，西至周家田为界，南至教堂田头为界，北至黄家田圳沟为界；四至明白为界。带水堀水沟粟庭照配，历年带纳许家大租谷一斗二升五合一勺正，又带租银三钱五分正。今因乏银费用，愿将此田出卖，先尽问房亲人等各不承受，外托中人引就招得前金教堂传教士郭德光出头承买，当日同中三面言议，卖作本处教堂公产，并作起厝地基，时值价契面佛银三十大元六八正。其银、契即日同中两相交讫明白；其田随即踏明界址，交付银主掌管，起耕造厝，开井纳租等事，永为己业。一卖千休，日后子孙人等不敢言找言赎，阻当异言，生端滋事。保此田系氏等承祖父遗下物业，与房亲人等无干，亦无重典挂他人为碍，并无上手交加来历不明等情为碍；如有不明等情，系氏等出首抵挡，不干银主之事。此系二比甘愿，各无反悔，恐口无凭，今欲有凭，同立卖杜绝契一纸，付执为照。

批明：即日氏等执出红头契，批明抽出田一分五厘，卖过教堂郭德光掌管等语明白，再照。

批明：即日收过契面佛银三十大元六八正完足，再照。契内注“主”字、“契”字。

光绪十五年三月二十三日。

大竹里局验契给单讫郭德光领单。

为中人　许仕

代书人　蔡向

同立卖杜绝田契字人　颜门谢氏

男　颜旺、颜泰、颜下[1]

① 《台湾私法物权编》，“台湾文献丛刊”第150种，台湾银行经济研究室，1963。

除此之外，对于涉及信教民众的房屋田产买卖，其管控也更为严格，除要求契约中写明系由该教民买作住家，并非作为教堂，与教会毫无干涉字样外，还必须逐层禀报：

> 福建遇缺尽先候补道、前台湾府知府调补福宁府知府、代理台湾府正堂、加三级随带加五级周，为转饬事。光绪五年十二月二十九日，蒙福建通商总局司道宪札开，据署侯官县程乏起鹗禀称：窃照华民将屋地租给洋人例约，应俟租据写定，知会该管地保，据内盖地保戳记，将据呈由领事官照送地方官查明并无来历不明及关碍民居庐墓方向，盖印分别移还附案。又毋论何人，将产租给洋人，应责成该处地保先行禀报，查无来历不明及关碍民居方向等事，方准收价盖戳。……唯教民虽然奉教，仍属平民，故与平民买卖房屋悉属照常，本无用其区别，只以该教民一经承买，或开卖洋书店，或诵经礼拜，遇有滋事，该教士即挺身包揽，谓系由教会出钱承买，遂致轇轕不清，办理毋形棘手。兹据禀，嗣后华民卖与教民产业，毋论房屋地基，一律责成卖买业户告知该处地保于契内盖戳，并先责成该保禀报，查无来历不明及关碍民居方向等事，由县批准后，方准收价盖戳。倘业主瞒交价值，地保扶同滥戳，匿不禀报；或禀报未奉批准，擅盖戳记；或于契内匿写教民字样，迨后以教民掌管者，均将房屋一律入官，追契价一半充公，仍将卖买业户、地保分别拘究。系为预筹防范起见，应准照办。至于契内，仍应载明系由该教民买作住家，并非作为教堂，与教会毫无干涉字样，方免纠葛。……光绪六年　日札。[1]

① 《台湾私法物权编》，“台湾文献丛刊”第150种，台湾银行经济研究室，1963。

以上这些经济方面的要求也反映了基督教在台湾社会的影响力，一些传教士或教会借助外国势力干涉地方政府各种事务，导致纠葛不清，这也使得清政府不得不严加防范了。

总之，清代台湾基督教的传教活动，在客观上对台湾社会经济、风俗习惯以及文化教育等方面都产生了深远影响，但并不能因此忽视它所伴随的强烈的殖民主义性质。

第三节　清代台湾的民间信仰

一、台湾民间信仰的来源

闽粤人渡台，首先面临的是要跨越充满危险的台湾海峡，史书记载：台湾海峡的海道复杂，稍微偏离航向或遇到风暴，万幸者漂流异国他乡，一去不复返，不幸者船只沉没，葬身鱼腹。到达目的地后，要经受适应新环境，与当地居民、其他家族和族群争夺生存空间的考验，还要面对各种频繁的动乱、械斗、瘟疫等的侵袭以及乡愁的折磨。所以他们带去家乡的神明或香火，祈求神明保佑。据《重修台湾府志》记载，乾隆初年台湾各地较普遍奉祀的神灵除了土地公外，排在前几位的分别是：保生大帝、关帝、妈祖、玄天上帝，这几位神灵都是从福建奉祀入台的。

乾隆之后，台湾从移民社会逐渐向定居社会转化，大概在嘉庆年间才最后完成了这一转化过程，民间信仰也相应发生了一些变化。

首先，信仰偶像增加。如随着社会分工的形成，各行业的祖师神传入台湾；随着读书人的增多，文昌祠陆续兴建；随着城镇的兴起，文庙、城隍庙、社稷坛、昭忠祠等不断涌现。

其次，神灵来源多元化。随着闽西、福州和潮州等地百姓迁徙台湾，这些地区的民间神祇也传入台湾，如福州的临水夫人信仰、闽西的定光佛信仰、广东客家的三山国王信仰，在台湾都有较大的影响，从而改变了过去闽南民间信仰在台湾独尊的局面。

第三，宫庙的规模宏大。一宫一庙所供奉的神像往往有几个或几十个，儒道佛三教的神像往往同处于一庙中，共同接受信徒的顶礼膜拜。不少庙宇还设立神明会作为宫庙的经济依托。

第四，庙会的规模盛大。志称："台南郡城好尚鬼神。遇有神诞期，敛费浪用。"[①] 如所谓王爷出巡，其规模常超过闽南，志称："建醮请王，飨祀极其丰盛。或一庄一会，或数十庄一会。有一年举行一次者，有三五年举行一次者，有十二年举行一次者，择吉日而行之，为费不少。"[②]

清代台湾民间信仰的神明，多数是从福建传播过去的，1918年日本人曾经做过调查，祖祀神明的宫庙数量排列在前15名的分别是：福德正神669座，王爷447座，天上圣母320座，观音304座，玄天上帝172座，有应公143座，关圣帝君132座，三山国王119座，保生大帝109座，三官大帝72座，中坛元帅66座，神农大帝60座，释迦牟尼56座，开漳圣王52座，玉皇大帝51座。[③] 在这15种在台湾影响最大的主神中，除了三山国王、有应公神灵外，其余的均是随移民从福建传入台湾。吴瀛涛在《台湾民俗》一书中也指出：据民国十九年（1930年）调查，台湾有主神175种3580尊，其中：福德正神674尊，王爷534尊，妈祖335尊，观音329尊，此四神约占寺庙主神的半数。"而此

① 唐赞衮：《台阳见闻录》卷下，"台湾文献丛刊"第30种，台湾银行经济研究室，1958。

② 《安平县杂记》，"台湾文献丛刊"第52种，台湾银行经济研究室，1959。

③ 余光弘：《台湾地区民间宗教的发展——寺庙调查资料之分析》，《"中央研究院"民族学研究所集刊》，1983年第53期。

等祭神大部分都是由福建以分身、分香、漂流三种方式传来者，也有传入后再传播本省各地者。如北港的妈祖分出最多，其次则为彰化之南瑶宫、鹿港之旧妈祖宫等，均表示其灵圣兴盛”[①]。传教士马偕一到台湾即敏锐地觉察出，“台湾的汉人在宗教上和大陆的汉人是相连带的，特别是和福建省相关联”[②]。

二、台湾的主要保护神

台湾族群（或地域）保护神中，以清水祖师信仰、开漳圣王信仰、三山国王信仰、保生大帝信仰等较为典型。连横说：“夫台湾之人，闽、粤之人也，而又有漳、泉之分也。粤人所至之地，多祀三山国王，而漳人则祀开漳圣王，泉人则祀保生大帝，是皆其乡之神，所以介福禳祸也。”[③]

（一）清水祖师

民间称为“祖师公”，其名有陈昭、陈应、陈昭应、陈普足等说，生于宋代。据明嘉靖《安溪县志》载：“清水岩在崇善里，即蓬莱山岩也。宋绍兴间建，道人陈普足居此，岩之左有清泉四时不竭。”则祖师“清水”之名，源于所居住的地方有“清泉四时不竭”。清水祖师信仰到明代已经遍于闽中，在安溪更是得到普遍的尊奉，被视为“安溪境主”，闽南有谚语称：“有山就有岩，有岩就有祖师公。”

台湾的清水祖师庙宇亦有被称为“岩”者，如艋舺清水岩、淡水清水岩等。据《淡水厅志》载：“师祖庙（即清水岩），在艋舺街。泉州安溪分派，乾隆年间捐建。嘉庆二十二年重修。咸丰三年分类毁。同治六年重建。”[④] 信奉的人群和捐献者主要是祖籍

---

① 吴瀛涛：《台湾民俗》，众文图书股份有限公司，1984，第47—48页。

② （加）马偕：《“福尔摩沙”纪事》，前卫出版社，2007，第116页。

③ 连横：《台湾通史》卷二十二，商务印书馆，2010，第445页。

④ 《淡水厅志》卷六，“台湾文献丛刊”第172种，台湾银行经济研究室，1963。

泉州安溪者，在咸丰三年（1853 年）的分类械斗中遭到毁坏，这更显示了其信仰的族群或地域色彩。

当然，台湾之清水祖师庙也有建于康熙年间者。《澎湖纪略》载："祖师庙庙在厅治之西半里许。康熙年间建。乾隆二十九年，里人重修。所祀之神，称曰祖师。询之居民，云前于康熙年间有一和尚从泉州清水岩到此，与人治病，极有神效，不取药资，即送钱米亦不收受，甚有道行。去后，因立庙祀焉，所以云报也。"[①] 此中提及，清水岩与康熙年间"有一和尚从泉州清水岩到此"有关。很多记载中台湾清水岩的修建都与僧人有关，如淡水清水岩，传为道光咸丰年间，安溪清水岩僧渡海来台化缘，当地士绅以金留像而祭焉。[②] 这也使得祖师信仰是佛是道的争议不断。

台湾各地清水祖师庙中，彰化祖师庙以其环境之幽美、景色之殊胜著称，"清水春光"号称是彰化八景之一，以此之故，《彰化县志》在叙及该清水岩时，只是专注于该庙的环境描写："清水岩寺在其麓。丘壑林泉，颇饶幽趣，春日尤佳。为邑治八景之一，曰'清水春光'是也"[③]。"清水岩，在许厝寮山麓，乾隆初寺僧募建。嘉庆二十四年重修。岩左右青嶂环绕，树木阴翳，曲径通幽，丘壑之胜，恍似画图。春和景明，野花浓发，士女到岩游览，俨入香国中矣"[④]。

（二）开漳圣王

台湾开漳圣王的信众主要是漳州籍移民及其后裔。《噶玛兰

---

① 胡建伟：《澎湖纪略》卷二，"台湾文献丛刊"第 109 种，台湾银行经济研究室，1961。

② 辜神彻：《台湾清水祖师信仰》，博物文化事业有限公司，2009，第 35 页。

③ 《彰化县志》卷一，"台湾文献丛刊"第 156 种，台湾银行经济研究室，1962。

④ 《彰化县志》卷一，"台湾文献丛刊"第 156 种，台湾银行经济研究室，1962。

厅志》卷五载："威惠庙：俗号圣王庙。在厅治西后街，祀唐平蛮开漳左卫将军晋封威惠王陈元光神像。原在中街。道光辛卯年春，漳人以旧庙湫隘，移建于此。"①

开漳圣王原名陈元光，字廷炬，号龙湖，河南固始人。唐仪凤二年（677年）陈元光继承父职，率部平定福建之乱，垂拱二年（686年）担任首任漳州刺史。他在漳州开荒垦殖，兴修水利，推行教化，使得漳州这个蛮荒之地逐渐趋于文明，时称"治平"。其死后漳州民人"画像祀之"。历代对于开漳圣王都有追封，唐代赐封"颖川侯"，宋代赠"辅国将军""灵著顺应昭烈广济王"，明初封为"威惠开漳圣王"，故开漳圣王庙也多称为威惠庙。②

台湾的开漳圣王信仰正是随着漳州籍移民的大量入台而得到发展。清代康熙乾隆时期，漳州移民入台臻于高潮，他们开垦的区域主要是环境险恶的平原与丘陵交界处。这里瘟疫横行，时常遭遇当地民众的袭扰，生活情形与当年陈元光开发漳州十分相似。以"拓垦、兵战"为主要神力的开漳圣王自然得到移民们普遍的信仰。③ 他们携带威惠庙的香火入台，并开始建庙供奉。《彰化县志》记载："威惠王庙：王姓陈名元光，唐时人也。自河南光州来闽，开漳有功，敕封威惠圣王。漳人祀之，渡台悉奉香火。乾隆二十六年，建庙于县城西。每年二月十五日，演剧祝寿，灯烛烂若日星，匝月不休。嘉庆十二年重修。一在西门，陈姓合建，曰小圣王庙，一在沙连保社寮。"④ 此中提及，开漳圣王之圣诞在每年二月十五日，这日要举行盛大的庆祝典礼，有持续

---

① 《噶玛兰厅志》卷五，"台湾文献丛刊"第160种，台湾银行经济研究室，1963。

② 林国平：《闽台民间信仰源流》，福建人民出版社，2003，第169页。

③ 林国平：《闽台民间信仰源流》，福建人民出版社，2003，第170、171页。

④ 《彰化县志》卷五，"台湾文献丛刊"第156种，台湾银行经济研究室，1962。

时间较长的娱乐活动，如戏剧演出等。另外，因为开漳圣王也是陈氏的祖先，故而祭祀开漳圣王者除漳州籍的民人之外，陈姓也往往合建圣王庙，如彰化有称为“小圣王庙”者，这就使得开漳圣王信仰在族群（地域）色彩之外增添了宗族色彩。

值得注意的是，由于乾隆至同治初年，台湾分类械斗不断，开漳圣王作为漳州籍移民的保护神，在与外籍械斗过程中得到更为普遍的信仰，陆续有二十多座庙宇被建立起来。随着后期台湾由移民社会向定居社会转型，分类械斗逐渐减少乃至消失，开漳圣王的职能也出现了多元化发展，成为民间无所不能的神灵，庙宇数量也不断增加。[①]

（三）保生大帝

保生大帝原名吴夲，民间亦称吴真人，同安人（关于此有各种不同说法[②]），生于北宋太平兴国四年（979年）三月十五，卒于景祐二年（1035年）五月初二。吴夲医术高明，医德也得到民众的广泛认可，死后民间建庵立庙，肖像而敬事之。民间认为遇到病苦，只要求于吴真人庙，焚香饮水，就可治愈。[③]

台湾保生大帝的庙宇最早应是建立于荷兰殖民统治时期。[④]《重修台湾县志》记载：“荷兰据台，与漳泉人贸易时，已建庙广储东里矣。”[⑤] 台湾保生大帝的信奉者主要是闽省漳州、泉州籍人士。而且在清代台湾民间信仰中，保生大帝的庙宇为数众多。据蒋师辙《台游日记》载：

---

① 林国平：《闽台民间信仰源流》，福建人民出版社，2003，第171页。

② 范正义：《保生大帝信仰与闽台社会》，福建人民出版社，2006，第30—35页。

③ 林国平：《闽台民间信仰源流》，福建人民出版社，2003，第123—124页。

④ 此为台湾学者卢嘉兴的考证，见范正义：《保生大帝信仰与闽台社会》，福建人民出版社，2006，第88页。

⑤ 《重修台湾县志》卷六，“台湾文献丛刊”第113种，台湾银行经济研究室，1961。

二十五日，阅杂记，寺庙（台湾县二十二，凤山县八，诸罗县十四，彰化六，淡水厅三，澎湖厅五）。曰吴真人者，以神医祀也（按此庙最多，台湾十二，它县亦非一所。真人名夲，泉之同安人，生宋太平兴国四年，医术如神，景祐二年卒，里人祀之。部使者以庙额为请，敕为慈济，庆元间敕为忠显，开禧二年封吴惠侯。台多漳、泉人，故祀事独盛。或曰慈济宫，或曰保生大帝庙，或称真君，或称大道公，或曰开山宫）。[①]

蒋师辙是通过阅读各种方志的寺庙记录而得出“此庙最多”的结论。他还指出其中的缘由：“台多漳、泉人，故祀事独盛。”当时所论与蒋师辙相近似的还有刘良璧，在《重修福建台湾府志》中他也明确指出：“台多泉、漳人，以其神医，建庙独盛。”[②]而据现代学者的统计，各时期台湾方志中所记载的建于清代的保生大帝庙宇的确为数众多，其中以建于乾隆嘉庆朝的为最多。[③]

（四）观音

台湾还有以观音信仰著称的龙山寺，它们大都是泉州安海龙山寺在台湾的子寺，信奉者以泉州三邑（晋江、惠安、南安）人为多。“观音佛祖”是闽南民间奉祀最普遍的神明，观音菩萨源自佛教神祇，但在闽南已经溢出原属佛教的神学范畴，成为闽南民间各阶层广泛崇信的对象。[④]

---

① 蒋师辙：《台游日记》卷三，“台湾文献丛刊”第 6 种，台湾银行经济研究室，1957。

② 《重修福建台湾府志》卷九，“台湾文献丛刊”第 74 种，台湾银行经济研究室，1961。

③ 范正义：《保生大帝信仰与闽台社会》，福建人民出版社，2006，第 89—92 页表 1—8、第 94 页表 1—9。

④ 郑镛：《闽南民间诸神探寻》，河南人民出版社，2009，第 95 页。

安海龙山寺位于泉州晋江安海镇型厝村北山之麓，古名天竺寺、普现殿，俗称观音殿，乃是闽南著名的古刹之一。其始建年代有较多争议，据清康熙五十七年（1718 年）颜凤仪《安平镇龙山寺重兴碑记》云："龙山寺昉自隋，奉千手千眼佛祖，阅今千余载。……佛道设教，有自来矣。寺废兴不知凡几。"① 则该寺始建于隋。道光十八年（1838 年）朱淮《龙山寺重兴碑记》亦云："安平旧有龙山寺，崇奉千手眼观音佛祖，闻之父老，相传隋以前有樟树生井上，大数围，高数丈，夜发奇光，昼则香霭氤氲，远近咸异之。时有圣僧至止，募地建寺，即化树为旃檀千手眼佛祖像，而以其余为门、为鼓。迄今千余年，色相庄严如昔也。寺宇自隋皇泰间以来，有兴无废，为梵宫最古。"②

在台湾，泉州三邑人聚落大都有龙山寺的建置，故而安海龙山寺在台湾有众多的子寺。③ 传说清雍正时期，一来台垦拓的泉州人，某日因故将随身带来的安海龙山寺观音符挂在艋舺南郊一棵大榕树上，此符夜晚不时会发出异光。民众都认为这是观音显圣，因此在此立庙，这就是艋舺龙山寺的创建缘起。④

鹿港龙山寺建于乾隆五十一年（1786 年），是由泉州七邑士民合建的。据《彰化县志》卷五谓："龙山寺：前大殿祀观音佛祖，后祀北极上帝，在鹿港。乾隆五十一年，泉州七邑士民公建。"⑤ 道光十一年（1831 年）该庙宇重修，时任福建台湾府北路理番鹿港海防事王兰佩撰写重修碑记云：

---

① 《福建宗教碑铭汇编》泉州府分册上册，福建人民出版社，2003，第 236 页。

② 《福建宗教碑铭汇编》泉州府分册上册，福建人民出版社，2003，第 352 页。

③ 李奕兴：《台湾的龙山寺》，远足文化，2006，第 7 页。

④ 李奕兴：《台湾的龙山寺》，远足文化，2006，第 43 页。

⑤ 《彰化县志》卷五，"台湾文献丛刊"第 156 种，台湾银行经济研究室，1962。

始建曰创、重新曰修，创不可无修也。己丑冬，孝廉林君廷璋暨八郊率众修鹿港之龙山寺，以王君景福董厥工。落成，请记于余。余尝诣斯寺矣。其中观音殿，其内北极殿，殿左右设风神、龙神位。其廊腰缦回，其檐牙高啄，其禅室幽深，其山门宏整。其前后空潭印月，时写禅心，悠然有上方之胜焉。名龙山者，则谓本温陵龙山佛传瓣香处也。向有旧寺，因地稍窄，乾隆丙午，都阃府陈君邦光始偕其郡人改建今地；林君祖振嵩、许君乐三实经营之。厥后林君封翁文濬鸠庀缮完，遇警中止。今踵而修之，贯仍旧也，而美彰于前矣。顾余谓诸君乐善如此，生平事业必更有大可观者，当不仅于珠林祇树间好行其德也。诸君勉之！是为记。诰授奉政大夫同知福建台湾府北路理番鹿港海防事王兰佩敬撰。重修总理举人林廷璋、泉郊金长顺、厦郊金振顺，董事职员王景福、贡生陈大音，职员陈铨世、监生黄垂光、纪廷禧、陈忻、蔡鹏捷、陈国材、甘武略、陈卓世同勒石。道光十一年二月□□日立。①

此中“名龙山者，则谓本温陵龙山佛传瓣香处也”指明了该寺与泉州（也称温陵）龙山寺的渊源；“向有旧寺，因地稍窄，乾隆丙午，都阃府陈君邦光始偕其郡人改建今地”则指前引《彰化县志》所言乾隆五十一年（即丙午年，1786 年）新建龙山寺之事，可见原寺尚有旧址，丙午年只是移建新址。值得注意的是，龙山寺的兴建与重修都是与泉州籍民人有关的，其中出力最多的是鹿港的郊商，如泉郊金长顺、厦郊金振顺等。

---

① 《台湾中部碑文集成》，“台湾文献丛刊”第 151 种，台湾银行经济研究室，1962。

（五）广泽尊王

泉州籍民还有郭圣王信仰。郭圣王又称广泽尊王、郭王公等。原名郭忠福，安溪县清溪人（一说南安县郭山人），生于唐同光元年（923年），以孝闻名。道光十年（1830年）《鹿溪新建凤山寺碑记》提及："南安之有郭圣王，自闽通文中始也。溯其生而神异，十岁时蜕化于郭山；其后灭汤贼、逐岛倭、驱吕寇、救火皇宫，著灵于有宋。是以朝廷敕建威镇庙，累封广泽尊王，殆所谓能御灾、捍患则祀之者乎！"[①] 据台南《西罗殿志》记载：康熙元年，泉州府南安县郭氏六房祖先恭奉郭圣王分身，来到当时已经是台南经济重镇的五条港总水口镇渡头一带，以当码头工为生。他们特别团结，彪悍勇武，后来成了镇渡头的码头老大。供奉郭圣王的馆所，也由简陋的"圣公馆"，发展为规模宏大的西罗殿，而且随着时间的推移，一次比一次修建得富丽堂皇。当时，码头工人的经济收入不多，男孩子从小就必须在码头打零工、贴补家用，但必须满16岁才可以赚"大人钱"。所以当孩子满16岁时，父母便酬谢神明，宴请亲朋，形成了"做十六岁"的习俗，并得到他人的效仿，很快就在台南盛行起来。台南"做十六岁"的习俗，便是从这群南安郭氏后裔开始的。民间又传说这是为了纪念郭圣王，因为当年郭圣王是在16岁成神的。台湾的民众相信广泽尊王最善于庇佑移居外地的人，越是远方的人祈求越灵验。

台湾比较有名的广泽尊王庙是台北的凤山寺、玄安坛，台中的圣天宫、保安宫，嘉义的龙山寺、安和宫，台南的西罗殿、朝天宫，高雄的金山寺、龙凤宫，台东的慈善堂，鹿港的凤山寺，土库的凤山寺等，最负盛名的是台南西罗殿。

---

① 《台湾中部碑文集成》，"台湾文献丛刊"第151种，台湾银行经济研究室，1962。

（六）三山国王

三山国王信仰主要是与粤民有关。所谓“三山”指的是潮州的巾山、明山和独山。《台湾志略》云：“三山国王庙，在小北门内镇北坊水仔尾，祀粤潮州巾山、明山、独山之神。三山在揭阳县界，原庙在巾山之麓，赐额‘明贶’。潮之诸邑，皆有祠祀。粤人来台者，咸奉其香火，故建庙云。”① 《淡水厅志》卷六亦云：“国王庙，一在新庄街，乾隆四十五年粤人捐建。一在猫里街，道光元年刘兰斯等捐建。在祀三山国王，乃潮州人所奉。三山者，即潮之明山、巾山、独山也。”②

总之，以上各种民间神灵信仰，大都带有较为浓厚的族群、地域乃至于宗族信仰的色彩，在台湾移民社会中往往扮演着保护神的角色。尤其在大规模的分类械斗事件中，各种庙宇或成为械斗的指挥中心，或成为械斗的主要攻击目标，庙宇的兴废与族群发展可谓是密切相连。不过，随着台湾社会的转型与发展，很多神灵的职能日益多样化，成为跨族群的中性神灵。它们的角色也由原来地方守护神变为了全民的信仰。

三、妈祖信仰

在清代台湾民间信仰的众神之中，妈祖信仰可以说是较为独特的，她能够超越闽粤、漳泉等分类的影响，最早成为台湾大部分民众所共同信奉的女神。《台湾纪事》卷二谓：

> 闽、粤各有土俗，自寓台后又别成异俗，各立私庙，如

① 李元春：《台湾志略》，“台湾文献丛刊”第18种，台湾银行经济研究室，1958。

② 《淡水厅志》卷六，“台湾文献丛刊”第172种，台湾银行经济研究室，1963。

> 漳有开漳圣王，泉有龙山寺，潮有三山国王之类。独天妃庙，无市肆无之，几合闽、粤为一家焉。庙以嘉义北港为最赫，每岁二月，南北两路人络绎如织，齐诣北港进香。至天妃诞日，则市肆稍盛者，处处演戏，博徒嗜此若渴，猊糜财至不赀云。①

妈祖又称天上圣母、天妃、天后等，原名林默，福建莆田人，相传生于宋建隆元年（960 年），卒于雍熙四年（987 年）。据传说，她原是一位预知祸福的女巫，死后被奉为神灵，建庙立祀。从一开始，妈祖就作为海上保护神而得到尊奉，其后影响日广。南宋时期妈祖信仰得到统治阶级的大力扶持，先后赐封号达 14 次之多，等级也越来越高，由“夫人”晋升为“妃”，各地妈祖庙纷纷建立，已经不局限于福建地区了。元明以后，妈祖又作为漕运的保护神，并为朝廷使节、水师等护航，得到朝廷的重视，在众多海神之中，妈祖影响最大，逐渐占据主导地位。②

明清时期，妈祖祭祀还被载入国家祀典，清代台湾也不例外。官方会举办妈祖祭祀典礼，如《澎湖厅志》卷二提及春秋祭祀天后礼：“节孝祠：在天后宫西室。道光十八年正月署通判魏彦仪设。内祀：《纪略》所载十一人，《续编》所载百二十人，于春秋行祭天后礼毕后，同日附祭。”③ 实际上，天后祭祀是一年三次，文武官员参与。该卷“天后宫”条云：“每岁三祭，开支额外钱粮银一十七两零，物用太牢。祭日文武官行礼，与武庙

---

① 吴子光：《台湾纪事》卷二，“台湾文献丛刊”第 36 种，台湾银行经济研究室，1959。

② 林国平：《闽台民间信仰源流》，福建人民出版社，2003，第 147—149 页。

③《澎湖厅志》卷二，“台湾文献丛刊”第 164 种，台湾银行经济研究室，1963。

同，并致祭后殿，用少牢。是日行礼后，并致祭节孝祠。”[1] 在官方祭祀妈祖的典礼中，祭祀使用的祝文也有固定的文式，具体如下：

> 维年月日某官某致祭于敕封护国庇民妙灵昭应宏仁普济福佑群生诚感咸孚天后尊神曰：惟神菩萨化身，至圣至诚，主宰四渎，统御百灵。海不扬波，浪静风平，舟航稳载，悉仗慈仁。奉旨崇祀，永享尝蒸。兹届仲春（秋），敬荐豆馨，希神庇佑，海晏河清。尚飨。[2]

从祝文中可见，妈祖的封号为“护国庇民妙灵昭应宏仁普济福佑群生诚感咸孚天后”，而且妈祖是“菩萨化身”（传为佛教观世音菩萨化身），其“主宰四渎，统御百灵”，俨然是众神之主；而从“海不扬波，浪静风平，舟航稳载”及“海晏河清”来看，在职能方面，她还是以作为海（河）上保护神为主。

台湾著名的妈祖庙主要是澎湖天后宫、鹿港天后宫、台南天后宫、北港朝天宫、大甲镇澜宫、新港奉天宫等。其中澎湖天后宫是台湾最早创建的妈祖庙，约于明万历年间建立。妈祖信仰在台湾也有其特色，这就是区域性的妈祖信仰，如将妈祖划分为北港妈、新港妈、彰化妈、关渡妈等。

妈祖在清代台湾受到重视与传说她屡屡显圣协助清廷有关。《澎湖厅志》卷二“天后宫”云：“在妈宫澳。康熙二十二年我师克澎湖，潮水涨三尺，井涌甘泉，知为神助。事闻，敕建神祠于湄洲（勒文以纪）。次年，加封天后。六十年，台匪窃发，我师

---

① 《澎湖厅志》卷二，“台湾文献丛刊”第164种，台湾银行经济研究室，1963。

② 《福建通志台湾府》卷六十一，“台湾文献丛刊”第84种，台湾银行经济研究室，1960。

进攻鹿耳门，水涨数尺，七日克复；巡台御史禅济布奏闻，赐‘神昭海表’匾额。”[①] 康熙二十三年（1684年）还有御祭妈祖文，颂扬其在协助台湾战事中的神威感应：

> 二十三年，御祭护国庇民妙灵昭应宏仁普济天后圣母文：国家茂膺景命，怀柔百神，祀典具陈，罔不祇肃。若乃天休滋至，地纪为之效灵；国威用张，海若于焉助顺。属三军之奏凯，当专译之安澜。神所凭依，礼宜昭报。惟神钟灵海表，绥奠闽疆，昔籍明威，克襄伟绩，业隆显号，禋享有加。比者虑穷岛之未平，命大师之致讨；时方忧旱，光泽为枯，神实降祥，泉源骤涌；因之军声雷动，直捣荒陬，舰阵风行，竟趋巨险。灵旗下飐，助成破竹之功；阴甲排空，遂壮横戈之势。至于中山殊域，册使遥临，伏波不兴，片帆飞渡。凡兹冥佑，岂日人谋？是用遣官，敬修祀事。溪毛可荐，黍稷惟馨。神其佑我家邦，永著朝宗之戴；眷兹亿兆，益宏利赖之功。惟神有灵，尚克鉴之！[②]

在台湾，有关妈祖的灵验事迹的记载甚多，如《台湾杂咏合刻》提及：“曾门溪畔少行人，草地常愁劫夺频；何似春风香脚好，去来无恙总依神。（曾文溪为台、嘉二邑交界处；‘文’亦作‘门’，方音‘文’如‘门’也。近溪多匪人，渡者苦之。乡村曰‘草地’。进香北港天后者，不下数千人，谓之‘香脚’；往来盗不敢劫。劫者，辄遭神谴。）”[③] 而在平蔡牵事件中，据说妈祖亦

---

① 《澎湖厅志》卷二，“台湾文献丛刊”第164种，台湾银行经济研究室，1963。

② 《澎湖厅志》卷首，“台湾文献丛刊”第164种，台湾银行经济研究室，1963。

③ 《台湾杂咏合刻》，“台湾文献丛刊”第28种，台湾银行经济研究室，1958。

显圣助威，使得官军得利。郑兼才代作《鹿耳门天后庙额跋》即为此事，其文曰："予既奉命东征，即驰赴鹿耳门，督水陆军剿捕；而汕外惊涛溢涌，与炮矢交激，击沉贼船过半，生擒贼党数逾二百，皆逆首罪贯满盈，致干神怒。诛灭小丑，翊赞圣朝。欣感之余，敬献'神潮助顺'匾额，悬挂堂皇，并跋数言，以垂不朽。"①

妈祖信仰还衍生出其他的法物，如台湾行船的舟人有所谓的"妈祖杖"："舟人虔事天后，设妈祖杖以驱水怪。"②

妈祖是维系台湾海峡两岸信仰纽带的女神，她在台湾各地的庙宇大都与湄洲妈祖庙保持着紧密联系。如鹿港天后宫，"在鹿港北头，乾隆初，士民公建，岁往湄洲进香，庙内有御赐'神昭海表'匾额"③。

四、城隍信仰

台湾最早的城隍庙建于17世纪中叶，郑成功收复台湾即于台南建造城隍庙。城隍又称城隍爷，其职能原来主要是保护城池，但宋代以后扩大为主管本城的大小阴阳事务，明代列入国家祀典，以京都地区城隍为王，正一品；各府城隍为公，正二品；各州城隍为侯，正三品；各县城隍为伯，正四品。④ 清代台湾各地基本上都有城隍庙的建置。《东槎纪略》云："况城隍尊神，凡有府、州、县城池者，无不建庙，以便民间祈报。今噶玛兰收入

---

① 郑兼才：《六亭文选》杂著卷四，"台湾文献丛刊"第143种，台湾银行经济研究室，1962。

② 《海防同知孙元衡诗》，见《重修台湾县志》卷二，"台湾文献丛刊"第113种，台湾银行经济研究室，1961。

③ 《彰化县志》卷五，"台湾文献丛刊"第156种，台湾银行经济研究室，1962。

④ 林国平：《闽台民间信仰源流》，福建人民出版社，2003，第196、197页。

版图，设官分职，阴阳之道，理无二致，城隍尊神，不可无庙。卑职倡捐经费，买定本城北门内空地一所，择本年十月初八日兴工，建庙塑像，以顺舆情。”①

城隍据说还负有监察地方官吏的大权。清代台湾诸地方官员履新，都会亲自前往城隍庙进香。《台湾府志》卷六云：“城隍既祭于坛，而复崇之庙貌者，祀以人道也。凡新官入境，必致肃斋宿而后履任；祈祷水旱，必先牒告以及民间鸡豚操祝，神尤效灵焉。”②

城隍信仰也融入清代台湾民众的民俗生活之中，陈朝龙《竹堑竹枝词》写新竹地区七月十五日的城隍神绕境活动云：“满街香案热旃檀，报道爷来拱手看。笑煞娇柔好儿女，荷枷争上赈孤坛。（七月十五日城隍神绕境，街上均列香案。妇女有祷祈消灾解厄者，均荷纸枷到北城外厉坛烧化。）”③

在台湾移民社会的背景之下，部分城隍信仰也深受分类意识影响。本来与其他神灵相比，城隍的区域性特征尤为明显，城隍都有其固定的管理区域，即某府城隍管理某府内事务，某县城隍只管理某县内事务，应无所谓分灵、分香之说。但台湾的城隍信仰却较为特殊，很多城隍庙据说分灵于闽南地区。④ 这就不难理解为何在分类械斗中城隍庙也会成为攻击的对象，而且庙址随着人群迁移。如：“霞海城隍庙：原在大佳腊堡八甲街，为霞海人合建。咸丰三年械斗，街毁，移建于大稻埕。”⑤ 霞海城隍庙实即

---

① 姚莹：《东槎纪略》卷二，“台湾文献丛刊”第 7 种，台湾银行经济研究室，1957。

② 《台湾府志》卷六，“台湾文献丛刊”第 65 种，台湾银行经济研究室，1960。

③ 《新竹县志初稿》卷六，“台湾文献丛刊”第 61 种，台湾银行经济研究室，1959。

④ 林国平：《闽台民间信仰源流》，福建人民出版社，2003，第 199—200 页。

⑤ 连横：《台湾通史》卷二十二，商务印书馆，2010，第 451 页。

顶下郊拼事件中被击败的下郊人所建。他们逃离时背负城隍神像而走，在淡水河之下游大稻埕地方开始建立起新的聚落，并将从艋舺背来的神像供奉于此。[①]

更值得一提的是，在械斗之后官方往往会选择在城隍庙举行隆重仪式，让械斗诸方在此握手言和。如乾隆四十七年（1782年）漳泉械斗后，台湾知府告示中说："现据在城之漳泉民人具词求和，已定十九日在城隍庙修好，不敢再相伤害。"[②]

五、瘟神信仰

台湾一向被视为瘴疠之区，明清时期，初入台湾的移民由于水土不服，疫疠大作，病者、死者甚多。直至清代后期和民国时期，台湾的瘟疫仍时常发生，有关方志记载的大瘟疫即有20多次，如光绪三十四年（1908年）高雄地区鼠疫，死亡人数就有3673人。在这样特殊的环境下，瘟神信仰在台湾影响很大，其宫庙数量仅次于土地公庙，居第二位。

台湾的瘟神主要有五帝和王爷两种。关于五帝信仰，连横《台湾通史》卷二十二云：

> 台湾所祀之五帝有二：其一为五显大帝，庙在台南郡治之宁南坊。《夷坚志》谓五圣庙即五显之祖祠。《七修类稿》谓五通神则五圣。而《陔余丛考》谓五圣、五显、五通，名虽异而实则同。按五通之祀，宋时已盛。清初，汤斌巡抚江南，奏毁之，其害始绝。然台南所祀者，为像一，赤面三眼，则又别为一神，而为师巫所假藉，故亦称为五显灵官也。其一为五福大帝，庙在镇署之右，为福州人所建，武营

---

① 郑藩派：《开台进士郑用锡》，金门县文化局，2007，第63页。

② 《台湾知府苏泰在诸罗县劝和告示抄稿》，乾隆四十七年十月十八日。

中尤崇奉之，似为五通矣。然其姓为张、为刘、为钟、为史、为赵，均公爵，称部堂，僭制若帝王。岁以六月出巡，谓之逐疫。乔装鬼卒，呵殿前驱，金鼓喧阗，男女杂遝，倾钱酬愿，状殊可怜。越二日以纸糊一舟，大二丈，奉各纸像置船中，凡百器用、财贿、兵械，均以纸绸为之，大小靡不具。愚民争投告牒，赍柴米，舁舟至海隅火之，谓之送王。七月七日，又至海隅迎之，此瘟神尔，而与灵官皆窃五帝之号，是淫祀也。①

王爷信仰源自闽南地区，人数远不止 5 位，多达 360 位之众，② 王爷庙遍布闽南各地，以其供奉的尊数而有所谓三王府、四王府、五王府等。③ 各地祭祀瘟神的活动经常举行，祭典隆重不亚于七月的普度。在祭祀活动中，以所造王船入海送王是必不可少的仪式。仪式中的“王爷船”或“彩船”，多为木制，制作十分考究。当时福建大陆送王爷船出海，往往会漂至澎湖等地，澎湖随之也造王船、设王醮，形成风俗。《澎湖厅志》记载：

各澳皆有大王庙，神各有姓，民间崇奉维谨。甚至造王船、设王醮，其说亦自内地传来。内地所造王船，有所谓福料者，坚致整肃，旗帜皆绸缎，鲜明夺目；有龙林料者；有半木半纸者。造毕，或择日付之一炬，谓之游天河；或派数

① 连横：《台湾通史》卷二十二，商务印书馆，2010，第 434、435 页。

② 《台湾惯习纪事》谓：“今据台人云：号称王爷之瘟神即疫神，有三百六十神，然而举行瘟疫祭时，悉造神位三百六十，则祭主不堪经费之浩繁，故仅祀其数神，相沿为例。”见刘枝万：《台湾民间信仰论集》，联经出版社，1983，第 227 页。

③ 林国平：《闽台民间信仰源流》，福建人民出版社，2003，第 132、133 页。

人驾船游海上，谓之游地河。皆维神所命焉。神各有乩童，或以乩笔指示，比比然也。澎地值丰乐之岁，亦造王船，顾不若内地之坚整也，具体而已。间多以纸为之，然费已不赀矣。或内地王船偶游至港，船中虚无一人，自能转舵入口，下帆下碇，不差分寸，故民间相惊以为神。曰王船至矣，则举国若狂，畏敬特甚，聚众鸠钱，奉其神于该乡王庙，建醮演戏，设席祀王，如请客然。以本庙之神为主，头家皆肃衣冠，跪进酒食。祀毕仍送之游海，或即焚化，亦维神所命云。窃谓造船送王，亦古者逐疫之意，使游魂滞魄有所依归，而不为厉也。南人尚鬼，积习相沿，故此风特甚，亦圣贤所不尽禁。然费用未免过奢，则在当局者之善于撙节已。①

台湾王爷的职能很多，在祛除瘟疫之外，也是除暴安良之神，也具有保护航海安全的功能，更是医神、保境安民之神甚至万能之神。台湾王爷的形象一般造型英武，而非面目狰狞，这与作为北方地区的恶神瘟神有很大的差别。②

对于台湾王爷诸神的来历，众说不一。《澎湖厅志》卷二谓："大王庙：庙祀大王神，各有姓，《纪略》以为金龙大王之类，亦土神也"。"邑有称王公庙、大人庙、三老□爷庙者，不知何神。或云即澎湖将军澳之神也"。③ 连横则认为所谓王爷源于对延平郡王的敬奉，只是在清朝特殊的背景下，民间借王爷之信仰表达故国之思而已，此聊备一说：

---

① 《澎湖厅志》卷九，"台湾文献丛刊"第164种，台湾银行经济研究室，1963。

② 林国平：《闽台民间信仰源流》，福建人民出版社，2003，第143—145页。

③ 《澎湖厅志》卷二，"台湾文献丛刊"第164种，台湾银行经济研究室，1963。

唯台湾所祀之王爷，自都邑以至郊鄙，山陬海澨，庙宇巍峨，水旱必告，岁时必祷，尊为一方之神。田夫牧竖，靡敢渎谩。而其庙或曰王公，或曰大人，或曰千岁，神像俱雄而毅。其出游也，则曰代天巡狩。而诘其姓名，莫有知者。呜呼，是果何神，而令台人之崇祀至于此极耶？顾吾闻之故老，延平郡王入台后，辟土田，兴教养，存明朔，抗满人，精忠大义，震曜古今。及亡，民间建庙以祀，而时已归清，语多避忌，故闪烁其辞，而以王爷称。此如花蕊夫人之祀其故君，而假为梓潼之神也。亡国之痛，可以见矣！其言代天巡狩者，以明室既灭，而王开府东都，礼乐征伐，代行天子之事。故王爷之庙，皆曰代天府，而尊之为大人，为千岁，未敢昌言之也。连横曰：信哉！余尝游埔里社，途次内国姓庄，为右武卫刘国轩驻军之地，以镇抚北港溪番者。庄人数十户，皆祀延平郡王。又尝登火山，谒碧云寺，寺祀释迦，而前殿亦奉延平。顾此为有清中叶之事，法网稍疏。若在雍乾之际，芟夷民志，大狱频兴，火烈水深，何敢稍存故国之念？故府县旧志虽载开山王庙，而不言何神。东都之事，一切抹杀，且加以伪郑之名，此则桀犬吠尧也。夫台人之祀延平，固为崇德报功之举。后人不察，失其本源，遂多怪诞。而师巫之徒，且借以敛钱，造船建醮，踵事增华，惑世诬民，为害尤烈。①

六、其他神明信仰

在清代台湾纳入官方祀典的神灵中，妈祖、城隍之外，还有文昌、关帝。《彰化县志》卷五谓：“台虽僻处海外，其祀典岂或殊哉？设学官以祀先圣先师，所以报教育人才之本，使四民知所

① 连横：《台湾通史》卷二十二，商务印书馆，2010，第435、436页。

矜式。设文祠以祀文昌帝君，设武庙以祀关圣帝君，陆地则城隍有祀，海洋则天后有祀。功德在民，声灵赫濯矣。”[①]

另外，台湾还有“开台圣王”信仰，所谓开台圣王就是郑成功，也称开山圣王、延平郡王、延平王、国姓爷等。连横《雅言》说：“延平郡王肇造东都，保持明朔；精忠大义，震曜坤舆。台人敬之如神，建庙奉祀，尊之为开台圣王，或称国姓公，未敢以名之也。”[②] 如前述及，连横曾认为台湾部分王爷庙实为供奉郑成功，只是碍于清廷而偷偷改换面貌而已。最早的开山圣王庙建于康熙三十八年（1699 年），同治以后，清廷准许为延平王立祠，光绪后列为官方祀典，每年正月十六会举行隆重典礼。[③]

台湾民间还有各种信仰，这些神灵及其圣诞都是当时台湾民众耳熟能详的，这从台民将风暴日期与诸神圣诞相关联中可见一斑：

> 逐月风暴日期：正月初四日，诸神下降。初九日，玉皇圣诞（是日有风，则一岁暴期皆验，否则难准）。初十日、十三日，关帝降神。十五、二十四日，俗呼小妾暴。二十九日，龙神会（此暴最准，或前一日，俗呼洗炊笼；或本日连后三日，俗呼乌狗报白须）。二月初二日，即白须暴。初七日，春期暴。初八日，俗传张大帝诞。十九日，观音佛诞（一作二十一日）。二十九日，俗称龙神朝天。三月初三日，真武佛诞。初七日，俗呼阎王暴。十五日，吴真人诞。十七日，诸神会降。十八日，俗呼后土暴。二十三日，妈祖诞辰

① 《彰化县志》卷五，“台湾文献丛刊”第 156 种，台湾银行经济研究室，1962。

② 连横：《雅言》第 53 条，“台湾文献丛刊”第 166 种，台湾银行经济研究室，1963。

③ 林国平：《闽台民间信仰源流》，福建人民出版社，2003，第 176 页。

（俗云：真人多风，妈祖多雨）。二十八日，东岳帝诞。二十九日，诸神升天。四月初一日，俗呼白龙暴。初八日，太子佛诞。十四日，纯阳仙师下降。二十三日，太保神诞。二十五日，俗称龙神会太白。五月初一日，俗称南极星君下降。初五日，竞渡风。洋船最忌。初七日，俗传朱太尉忌。十三日，关帝降神。十六日，天地合日，防恶风。二十一日，俗呼龙母暴。二十九日，俗称威显暴。六月初六日，大禹王圣诞（前后共七日，宜谨防。俗云：六月防初，七月防半）。十二日，彭祖忌。十八日，彭婆忌。十九日，观音佛诞。二十三日，俗呼小姨暴。二十四日，俗呼雷公暴（最准，亦最狠）。二十六日，俗传二郎神诞。二十八日，俗呼大姨暴。二十九日，文丞相忌。七月初七日，牛女会。十五日，俗呼思子暴，最宜防。十八日，神煞交会。二十七日，天地合日，防恶风。八月初一日，俗传灶君朝天。初三日，防恶风。初五日，九皇圣诞。十四日，伽蓝神诞。十五日，龙神大会。九月初九日，落帽风。十一日、十五日，百神俱起。十六日，张良忌。十七日，俗呼金龙暴。十九日，观音佛诞。二十七日，冷风暴。十月初五日，小春风信。初六日，俗称天曹下降。初十日，水仙诞辰（是日无风，主多鱼）。十七日，俗称水府朝上帝。二十日，俗称东岳朝天。二十六日，翁爹神诞。十一月十四日，水仙忌。二十七日，普庵佛诞。二十九日，俗称西岳朝天。十二月二十四日，诸神升天，俗呼扫尘暴（自本日至二十九日，必有大风，名送年风）。二十九日，俗呼大盆暴。①

① 《重修台湾县志》卷二，“台湾文献丛刊”第113种，台湾银行经济研究室，1961。

从以上名单中来看，台湾的民众确实“有很多男女神明要拜，还有很多的宗教节日和迷信得守，所以生活中常得为这些操劳。各种神的名字若列下来，可以有好几页”[1]。当然，在普遍的鬼神信仰氛围之中，清代台湾也有一些民间自造的神灵，特别是女性神灵的信仰。前已述及，一些烈女常具备非同寻常的灵异行为，由此赢得民间尊奉与信仰。在马偕《“福尔摩沙”纪事》中他就提到“仙女娘”信仰。仙女娘原为光绪四年（1878 年）死于肺病的一位女孩，死后因为被人指为女神仙，遂立庙膜拜。[2]

综上所论，清代台湾的民间信仰神灵众多，其中大部分信仰是伴随着各籍移民入台而得到发展的。清代台湾社会的发展与变迁也深刻影响着民间信仰的分布与传播。各种民间庙宇在台湾的乡治社会中是集宗教活动、灾难救济、司法制裁、社交娱乐、文化教育等众多职能于一身的，它们是清代台湾社会中不可忽视的一部分。

① （加）马偕：《“福尔摩沙”纪事》，前卫出版社，2007，第 117 页。

② （加）马偕：《“福尔摩沙”纪事》，前卫出版社，2007，第 117—118 页。

第七章

清代台湾的文学与艺术

第一节　清代台湾的文学

清代台湾文学乃是中国文学的支流。人文荟萃的台湾，在整个中国文学的发展格局中具有特殊地位。清代台湾文学有一个发展的过程，连横说："台湾三百年间，以文学鸣海上者，代不数睹。"[①]《台湾府志》言："闽之台郡，无殊粤之琼州；而水秀山明过之。曩虽圣教未孚，与中州迥别，数年来式以宸翰、董以文衡、鼓以科目，家弦户诵，丘琼山海忠介之烈，当不让于将来也！名文佳章得之海外，坡公其明验矣！"[②] 台湾的少数民族虽然

① 连横：《台湾通史》卷二十四，商务印书馆，2010，第469页。

② 《台湾府志》卷十，"台湾文献丛刊"第65种，台湾银行经济研究室，1960。

有自己独特形态的文学，但主要是口耳相传，而真正意义上的台湾文学始于明末清初时期。当时随着清兵的节节南下，不少大陆士民先后渡海来台，在台湾播撒文化之种，著名者如陈永华、朱士桂、沈佺期、沈光文、徐孚远、王忠孝、卢若腾等。他们以传统诗文的形式创作了许多反映遗民故国之思、怀乡之愁的作品，文风渐开，出现了台湾第一个文学繁荣时期。康熙二十二年（1683 年），清政府统一治理台湾，海峡两岸政治形势的变化也带动了台湾文学的发展，清代台湾文学有了众多不同主题的作品，反映出新的变化、新的气象。

一、清代台湾文学中的正统观念

清代台湾文学在文学观念上，还是提倡“文以载道”，重视文学作品的教化功能。如高拱乾《台湾府志》卷十《艺文》所言：“文章经国之大业、不朽之盛事，六经、子、史之外，凡施诸政事、见诸讽咏，足以垂世励俗，皆所当尚。是以志集艺文，其中王言如綍，崇文德而振武功，蔑以加矣；至若章疏、移会、铭传、诗篇，有关世教，例得采取。然裴行俭有言：‘士先器识后文艺’，文虽工非品不传，犹视其人何如耳。”① 这种教化功能，从大的方面而言，首先即表现为王权意识及国家统一观念的宣扬。与明末遗民文学所表达的观念不同，清代台湾出现一些赞颂国家一统、反对抗清斗争的诗文作品。高拱乾《送台镇穆公擢掌禁军之京序》云：

> 国家大一统，威德丕鬯，将帅得人。其出奠封疆、入典宿卫，克膺心膂股肱之寄者，迈轶前古。我皇上圣神文武，

① 《台湾府志》卷十，“台湾文献丛刊”第 65 种，台湾银行经济研究室，1960。

削平吴、耿诸逆，如殪封豕，声灵震迭，重译献琛。台湾横峙海外，为伪藩郑氏逋逃薮；望风纳土，悉为郡县。滨海之民，莫不相庆于野。于是设文吏以治之；劲卒万人更番戍守，油幢玉帐之选最难称。大总戎穆公，由禁近出镇海坛，移副浙将军。康熙三十年春，台镇虚席。天子眷念四省藩蔽之地远人新附，宜拊以持重、大有为之将吏；知公昔在海坛得兵民心，复命都督台军。而谫庸如拱乾，亦于明年三月谬蒙特旨，来巡东土。与公和衷协力，共宣圣主绥柔荒服之德意。今公勋绩懋著，入掌禁旅；台之番民、部曲，渡海吁留不可得。节旄将行，群情依系。余受公教益良厚，何能恝然于怀也！……爰为吟《折柳赠别》之诗，以附铙歌之后：牙旗风正惜离群，岛屿全收万里云。鲸海长留铜柱烈，凤城新典御林军。功高阃外频推毂，别后天涯只忆君！何日平原春草绿，骅骝重骋五花文？①

高拱乾，号临九，陕西榆林人，康熙三十一年（1692 年）任分巡台厦兵备道，康熙三十三年至三十四年主持纂修《台湾府志》，三十五年刊行。该序以“国家一统”为背景，历述平台、治台之事。高另有《台湾赋》，其文略云：

繄洪荒之未辟兮，含混沌而茫茫。迨河山之既奠兮，爰画野而分疆。裂九州而成天下兮，谁不知乎海之为百谷王？维禹功之所不及兮，遂弃之于莽莽而苍苍。一自地借牛皮，谋成鬼伎；断发裸身，雕题黑齿。营赤嵌之孤城，筑安平之坚垒；隐楼橹于鲲身，藏火攻于鹿耳。贸易遍于三洲，资生

① 《台湾府志》卷十，“台湾文献丛刊”第 65 种，台湾银行经济研究室，1960。

凭乎一水。藉三保而标名兮，致怀一以不轨；哀商贾之何辜兮，聚魂魄于蒿里！嗣是荷兰煽虐，天赞成功。鹿门潮涨，瀚窟戍空；时移事去，兵尽矢穷；窜余生而归国兮，遂此地为蛟宫。非天心之助逆兮，盖劫运之未终。不谓寇我疆埸、焚我保聚；时乘无备而肆其鸱张，或因不虞而资其窃取。收亡命于淮南兮，聚无良于水浒。民不聊生，王赫斯怒；咨左右之夔龙，率东南之熊虎。定百计以安澜兮，果一战而纳土。于焉扩四千载之洪蒙，建亿万年之都邑。风既变为新裁，俗亦除其旧习；文武和衷，干戈载戢。谁肆志以行吟，岂有怀而靡及？①

台湾之有赋，是从明末入台遗民沈光文开始的。赋作为中国传统文学之体裁，以“铺采摛文，体物写志”为手段，以“颂美”和“讽喻”为目的。该赋从台湾历史谈起，提及荷兰占据台湾建赤嵌城及郑成功收复台湾等史事，但都是为清政府统一治理台湾之功绩做渲染和铺垫，其以清政府为正统的观念十分显明。

清代台湾诗作中，歌咏平台伟业或平定各种事变，“以颂有清武烈”之作较为常见，如朱伯韩有《新铙歌》四十章，其中有《战澎湖》一章，“则康熙平台事也”②。一些清代台湾诗人所作的咏郑氏遗事诗充满了对郑氏的批评，如彭夏琴《台湾七律四首》、陈昂《咏郑氏遗事四首》等。③

因不满于清政府的统治，入清以后台湾民众的抗争活动时有

---

① 《台湾府志》卷十，“台湾文献丛刊”第65种，台湾银行经济研究室，1960。

② 连横：《台湾诗乘》卷一，“台湾文献丛刊”第64种，台湾银行经济研究室，1960。

③ 连横：《台湾诗乘》卷一，“台湾文献丛刊”第64种，台湾银行经济研究室，1960。

发生，“台湾归清以后，人思故国，时谋光复，民变之役凡十数起”[①]。这种变乱情形在许多文学作品中亦有所反映，只是作者立足于官方立场。如道光间曾任台湾府学训导的刘家谋，有《海音诗》《观海集》等作品，其中《海音诗》有云：

草鸡长耳乱经年，饲鸭狂徒更可怜。君看纷纷群蚁斗，槐安一郡已骚然！（台地自入版图，奸民十数乱，然多赤子弄兵耳。其酿衅也有由，其烛几也不早；蔓延日久，致动大军，可胜浩叹！朱一贵居母顶草地，以饲鸭为生。）[②]

该诗言及“台地自入版图，奸民十数乱”，特别提及朱一贵的抗清起事。刘家谋此诗将朱一贵蔑称为“饲鸭狂徒”，其对这类抗争的批评与不满是显而易见的。同样，蓝鼎元《六月丙午大捷攻克鹿耳门收复安平露布》也是关于朱一贵事件的作品：

盖闻金屋瑶台，非穿窬可负而走；重洋天险，岂丑类可奄为巢？惟海国之台湾，乃王家之屏翰。地则龙蟠虎踞，屹立扶桑、暘谷之间；门开鹿耳鲲身，遥扼吕宋、荷兰之吭。我皇神武，远迈轩虞；日月照临，遐荒暨讫。既已披荆斩棘，消魑魅而入版图；亦且教稼明伦，化苍黔而跻文物。四十载噢咻生息，亿万年含哺鼓歌。朱一贵以饲鸭鄙夫，狡焉倡乱；杜君英以佣工客子，肆其狂谋。遂合两地贼兵，胆造滔天罪孽。周应龙赤山之败、苗景龙南路之禽，豕突狼奔，蹂躏郊郭。于是镇协血战，尽瘁以殉封疆；将弁捐躯，怀忠

① 连横：《台湾通史》卷三十，商务印书馆，2010，第579页。

② 《台湾杂咏合刻》，“台湾文献丛刊”第28种，台湾银行经济研究室，1960。

以报社稷。全郡陷没，万姓罹殃。尔乃沐猴而冠，欲仿人家拜跪；登场作戏，妄拟海外王公。据我仓廒，开我府库；居我官廨，朘我人民。草木为之怒号，山川于焉失色。本镇奉檄讨贼，总统水陆万军；遵制府之机筹，合提军之调度……宝刀怒舞，贼血溅红平沙；枪炮连环，僵尸填满水涘。飘乎狂风扫秋叶；快哉烈焰燔峰窠。遂登安平镇城，竖立大军旗帜。安平百姓箪壶迎师，载道欢呼，复见天日。本镇询问疾苦，嘉与维新，严饬弁兵秋毫无犯。一日三捷，猛气上腾层霄；二险连收，脚跟已踏实地。从兹城垒可据，进战退守皆安；港道得通，兵粮往来均便。旦日围剿，立见削平。灭杨么于洞庭，尸袁甫于东市。移山压卵，阃内不烦再举之师；覆海漂煨，军中共庆肤功之奏。谨大书露布，告中外闻知。[①]

蓝鼎元，字玉霖，号鹿洲，福建漳浦人，是亲自参与平定朱一贵事件的重要人物之一，也是清代闽台理学家代表之一，其《东征集》《平台治略》提出了许多具有远见的治台方略，成为后来治台者的重要依据。他“文章经济，久著儒林，而诗绝少”[②]。该文中的“王家”“教稼明伦”等词汇无不充斥着王权意志及理学家对于天下一统的追求。

除此之外，在《台湾诗乘》卷三中录有关于平定林爽文之役、陈周全之变等的诗文甚多，其中如“排灯闲看《平台记》，七日功成想故侯”[③]，大都充满了对“盛世武功”的溢美之词。

---

① 蓝鼎元：《东征集》，“台湾文献丛刊”第 12 种，台湾银行经济研究室，1958。

② 连横：《台湾诗乘》卷二，“台湾文献丛刊”第 64 种，台湾银行经济研究室，1960。

③ 连横：《台湾诗乘》，卷三“台湾文献丛刊”第 64 种，台湾银行经济研究室，1960。

二、清代台湾文学中的爱国情怀

当然，面对国家或台湾的危难，台湾文学中也激荡着爱国情怀，特别是光绪年间，台湾经历了激烈的动荡。法军、日军先后侵占，使得台湾民众的爱国主义热情大为高涨，形成大批的爱国文学作品。《台湾诗乘》卷五云："甲午之役，割地输金，为千古未有之奇局。及成，有鲁阳生辑《普天忠愤集》，欲以振兴民气。内附诗词，有前海疆四首、后海疆六首，不载作者。而后海疆则法人之役也，为录二首，以实《诗乘》。"[①] 又《台湾诗乘》卷六云："甲午之役，清师败绩，命北洋大臣李鸿章赴日讲和，约割台湾，并赔军费二万万两。台人大愤，奔走相告。时陈仲英观察文騄为兵备道，赋示诸将四首，以励士气。"[②]

姚莹，字石甫，号明叔，晚号展和，又自号幸翁，安徽桐城人，家学渊源深厚，系桐城派古文主要创始人姚鼐后人，在台湾所作有《东槎纪略》《东溟奏稿》等。《东槎纪略》记录作者在台的函件文稿及亲身经历，真实性较高，颇具史料价值。《东溟奏稿》中收录众多有关台湾防务的奏折批文，记录了当时台湾各界积极防范外国侵略并与侵略者展开顽强斗争的过程，如卷二《鸡笼破获夷舟奏》言：

> 奏为夷船攻击鸡笼炮台，我兵击沈夷船一只、杉板二只，生擒黑夷一百三十三人，斩馘白红黑夷三十二人，夺获夷炮图册，现提审办、恭折驰奏、仰祈圣鉴事。窃照台湾自上年六月英夷船至鹿耳门外马鬃隙洋面停泊，经臣等督率官

① 连横：《台湾诗乘》卷五，"台湾文献丛刊"第 64 种，台湾银行经济研究室，1960。

② 连横：《台湾诗乘》，卷六"台湾文献丛刊"第 64 种，台湾银行经济研究室，1960。

兵击走之后，台澎外洋时有夷船往来，经先后筹备兵勇防守，日益加严。本年八月初一、初五等日，据淡水、凤山各属禀报，北路之鸡笼、中港，南路之小琉球等外洋，有夷船游奕。当饬守口文武各员，相机防守。倘进口门，即开炮轰击。旋据护台湾水师副将江奕喜、南路参将余跃龙、署凤山县知县白鹤庆禀报，南洋夷船一只，将进口门，见文武兵勇人多，防守严密，立即窜驶北去。又据淡水厅营先后禀报，八月十三日申刻，有夷船在鸡笼口外之鸡笼杙洋面停泊等情。又经臣等飞饬厅营会督文武委员、义首人等严防去后，兹于八月二十五日，据艋舺营参将邱镇功、淡水同知曹谨、委驻鸡笼协防澎湖通判范学恒、委巡海口之即用知县王廷干禀报，该夷船于十五日辰刻移泊近口之万人堆洋面。该员等用千里镜照见一双桅大号夷船，拖带杉板多只，有夷人在桅顶张望。十六日卯刻，该夷船驶进口门，对二沙湾炮台运发两炮，打坏兵房一间。我兵尚无损伤。该参将邱镇功，督率调防鸡笼之署噶玛兰守备许长明、署艋舺守备欧阳宝等，在二沙湾，将安防大炮紧对夷船轰击。曹谨、范学恒、王廷干，督同艋舺县丞宓惟慷，在三沙湾炮墩，亦放炮接应。邱镇功并手放一炮。惟八千筋、六千筋大炮有准，立见夷船桅折、索断，船即随水退出。口外海涌骤起，冲礁击碎，夷人纷纷落水死者不计其数。或凫水上岸，或上杉板驶窜。邱镇功督同署守备许长明、欧阳宝，署千总陈连春、外委尤登和，带兵驾船赶往生擒黑夷四十三人。又割取格杀黑夷首级四颗。该令王廷干，遣派家丁，随同县丞宓惟慷，亦驾快船带领屯丁、乡勇出洋，生擒黑夷三十一人。总理谢集成、董事吴助友及屯弁义首人等，生擒黑夷二十五人，割取首级一颗。该同知曹谨之亲属郝芝，带领家丁，生擒黑夷五人。督

臣差委来台之候补从九周晋昭，亦经赶到，帮同出力。……[1]

施钰，字少相，原籍福建晋江，嘉庆八年（1803年）渡海来台，[2] 曾离台返乡，道光二十年（1840年）再度来台，身历抗英战事，并有诗文《台海防夷歌》等记述之。

光绪十年（1884年），法国军舰侵犯台湾，张景祈、李望洋、杨浚等都以诗文抒发悲愤之情，控诉侵略者的罪恶行径。如张景祈《秋霁（基隆秋感）》有“最断魂处，惟见莽莽神州，暮山衔照，数声哀角”句，催人泪下。

光绪二十一年（1895年），日本割台，台人悲愤不已，乙未之役震惊宇内，《台湾诗乘》卷六中收录有关此役的诗歌甚多。施士洁、许南英、郑鹏云、丘逢甲等皆有诗文以抒愤慨。

丘逢甲，字仙根，号蛰庵，祖籍广东镇平，唐景崧有联句“海上二百年生此奇士，胸中万卷佐我不能”赞之。从光绪二十年（1894年）年至二十一年，丘逢甲都是台湾抗日军民的领袖之一，后被迫离台，归籍广东，然不忘台湾被日侵占之恨，其念台之作沉痛令人不可卒读。《离台诗》六首云：

宰相有权能割地，孤臣无力可回天。
扁舟去做鸱夷子，回首河山竟黯然。

虎韬豹略且收藏，休说承明执戟郎。
至竟虬髯成底事，宫中一炬类咸阳。

① 姚莹：《东溟奏稿》卷二，“台湾文献丛刊”第49种，台湾银行经济研究室，1959。

② 《全台诗》第五册，台湾文学馆，2004，第13页。

卷土重来未可知，江山亦要伟人持。
成名竖子知多少，海上谁来建义旗。

从此中原恐陆沉，东周积弱又于今。
入山冷眼观世局，荆棘铜驼感慨深。

英雄退步即神仙，火气消暑道德编。
我不神仙聊剑快，仇头斩尽再升天。

乱世团圆骨肉难，弟兄离别正心酸。
奉亲且作渔樵隐，到处名山可挂单。

诗中用词激越，首句“宰相有权能割地，孤臣无力可回天”直指当时权贵人物。“卷土重来”之说更是他各种思台诗篇的常见语，如“十年如未死，卷土定重来”（《送颂臣之台湾》），“卷土重来心未已，移山自信事非难”（《秋怀》之六）。丘逢甲的爱国诗，充满反抗的精神和坚韧不拔的意志，情感真挚，激励仁人志士为国家的统一而浴血奋战。

三、清代台湾文学中的人文关怀

文学有其教化功能，从小的方面言之，即民风民俗的教化，针对民间的一些陋俗而做出批评与引导。清代台湾文学在这方面也有很好的展现，对台湾社会的文明开化其功不菲，“不觉民风已暗移”（刘家谋《海音诗》句）。

王凯泰，原名王敦敏，字补帆，江苏宝应人。光绪元年（1875 年）曾以福建巡抚移驻台湾，有《台湾杂咏》诗三十二首，谈及台湾社会风俗者甚多，兹列举其中数首：

有味青灯短榻横，米囊流毒到书生。痴心欲立回头岸，一一竽吹识姓名。（台属士子近多染食鸦片，令书院监院官择敦品之士各给一簿，将食烟者注名于上；悔悟自新，即行登注；按月呈送，以备查核。）

不采柔桑不种棉，女红辜负艳阳天。可怜曲巷三更月，弹破琵琶第几弦！（台多桑濮之风，皆缘妇女懒惰，不务本业。近给示劝谕，以挽积习。）

车马分排局阵新（赌具仿象棋式），场中热闹往来频。牧猪奴戏成风气，半是同袍同泽人。（营兵开场，汛弁得规；严禁彻查，以清其源。）

道场普度妥幽魂，原有盂兰古意存。却怪红笺贴门首，肉山酒海庆中元。（闽省盛行“普度”，台属尤甚。门贴红笺大书，庆赞中元，费用极侈；已严禁之。）

夭桃莫赋女宜家，韵事徒传竹里茶。少小为奴今老大，星星霜鬓尚盘鸦。（锢婢之习，台郡尤甚。）

五字编成百句歌，苦心甘作老婆婆。儿童几队同声调，朔望门前索赏多。（近将劝戒烟、赌并一切陋习，各编五言百句歌。十五岁以下儿童有能背诵者，赏青蚨十文；月之朔望验给。）①

此中第一首是说台湾士子染食鸦片者众，为此采取了相应的措施以禁之。第二首说台湾女子的轻薄，妇女多懒惰而不务正业，为改变积习，故予劝谕。第三首则说台湾兵民的好赌成性。第四首说台湾民间盛行的普度之风，费用极其奢靡，必须严禁之。第五首是关于锢婢之习。所谓锢婢指的是“买贫女为婢，凡男子劳

① 《台湾杂咏合刻》，“台湾文献丛刊”第28种，台湾银行经济研究室，1958。

役，悉以属之，婢有至无齿不嫁者”[①]。锢婢之习“从清代前期迄于清代晚期，由闽省内地至于闽省台地”，都未尝革除。[②] 最后一首则谈作者自己在台湾实行移风易俗的举措，即将戒烟、禁赌并一切陋习的劝诫用通俗易懂的百句歌形式，让儿童传唱，有能背诵者给予奖赏。

清代台湾文学的各类主题中，有关台湾生活或者描绘台湾寓居生活的作品占据很大部分。台湾孤悬海外，其特殊的地理位置产生了颇具特色的“寓台文学”。寓台文学较早的代表是沈斯庵为首的东吟诗社诸人。沈斯庵，名光文，字文开，浙江宁波人，1649 年入台，居台三十余年。连横《台湾诗乘》言：“清人得台，游宦渐集，斯庵亦老矣，犹出而结诗社，名曰‘东吟’，所称《福台新咏》者也。斯庵作序，中列十四人：曰无锡季蓉洲麒光、宛陵韩震西又琦、金陵赵苍直龙旋、福州陈克瑄鸿猷、无锡郑紫山廷桂、武林韦念南渡、福州翁辅生德昌、无锡华苍崖衮、会稽陈易佩元图、金陵林贞一起元、上虞屠仲美士彦、福州何明卿士凤、泉州陈云卿雄略、宁波沈斯庵光文。”[③] 又据《台阳见闻录》载，东吟诗社始于康熙二十四年(1685 年)，取谢太傅“山以东重”之意，“盖以台湾之山，在东极高峻，不特人迹罕到，且从古至今绝少有题咏之者。今与诸社翁共创始之，分题拈韵，择胜寻幽，可与王右军之茂林修竹、石季伦之流水长堤，并垂不朽。”[④]

寓台文学中有许多作品对台湾山川景致、历史文物、风土人

① 喻政：《福州府志》“张伯行”条，海风出版社，2001。

② 汪毅夫：《闽台妇女史研究》，海风出版社，2011，第 32 页。

③ 连横：《台湾诗乘》卷一，“台湾文献丛刊”第 64 种，台湾银行经济研究室，1960。

④ 唐赞衮：《台阳见闻录》卷下，“台湾文献丛刊”第 30 种，台湾银行经济研究室，1958。

情、气候物产等进行了深入细致的刻画，为后人了解台湾提供了翔实的资料。高拱乾的《台湾八景》诗，可以称为台湾景致诗中的代表作（“推为最古”[①]），也正因此而有所谓“台湾八景”之说：

安平晚渡

日脚红彝垒，烟中唤渡声。一钩新月小，几幅淡帆轻。岸阔天迟暝，风微浪不生。渔樵争去路，总是画图情。

沙鲲渔火

海岸沙如雪，渔灯夜若星。依稀明月浦，隐跃白苹汀。鲛室寒犹织，龙宫照欲醒。烹鱼沈醉后，何处晓峰青。

鹿耳春潮

海门雄鹿耳，春色共潮来。二月青郊外，千盘白浪堆。线看沙欲断，射拟弩齐开。独喜西归舶，争随落处回。

鸡笼积雪

北去二千里，寒峰天外横。长年绀雪在，半夜碧鸡鸣。翠共峨眉积，炎消瘴海清。丹炉和石炼，漫拟玉梯行。

东溟晓日

海上看朝日，山间听晓钟。天开无际色，人在最高峰。紫阁推妆镜，咸池骇浴龙。风流灵运句，灼灼照芙蓉。

西屿落霞

孤屿澎湖近，晴霞返照时。秋高移绛树，海晏卷朱旗。孙楚城头赋，刘郎江上诗。淋漓五彩笔，直欲补天亏。

澄台观海

有怀同海阔，无事得台高。仙忆安期枣，山驱太白鳌。

① 连横：《台湾诗乘》卷一，“台湾文献丛刊”第64种，台湾银行经济研究室，1960。

鸿蒙归紫贝，腥秽涤红毛。济涉平生意，何辞舟楫劳！

斐亭听涛

岛居多异籁，大半是涛鸣。试向竹亭听，全非松阁声。人传沧海啸，客讶不周倾。消夏清谈倦，如驱百万兵。[①]

台湾八景诗，于高作之外，还有王善宗、王璋、林庆旺等作品，使得八景美誉为人所熟知。[②] 但“台湾八景之诗，作者甚多，而少佳构”[③]，且形式古板，在文学价值方面稍有不足，兹不一一列举。另有大批文人以“台湾吟”“台湾杂咏”“台湾赋”等为题写成佳作传世。此外，台湾各地风景名胜之处的题咏更是数不胜数，这类写景诗虽然众多，但不乏雷同者。

寓台文学的创作者主要是宦台官员，很多作品都是唱和之作，对仗工整，押韵刻板，文学造诣参差不齐。此中最著名的是孙元衡。孙元衡，字湘南，安徽桐城人，康熙四十四年（1705年）任台湾海防同知，其《赤嵌集》最为著名。连横对其评价最高，谓其《飓风歌》《海吼吟》《日入行》等作品，“健笔凌空，蜚声海上，足为台湾生色”[④]。又谓：

台湾屹立海上，山川多秀，气候如春；眼底风光，足供吟料，而台人士未知收拾，宁不可惜！余读《赤嵌集》，宏篇巨制，既载于前，而断句之可采者，如“十洲遍历横洋险，

① 连横：《台湾诗乘》，“台湾文献丛刊”第64种，台湾银行经济研究室，1960。

② 《台湾府志》卷十，“台湾文献丛刊”第65种，台湾银行经济研究室，1960。

③ 连横：《台湾诗乘》卷一，“台湾文献丛刊”第64种，台湾银行经济研究室，1960。

④ 连横：《台湾诗乘》卷一，“台湾文献丛刊”第64种，台湾银行经济研究室，1960。

百谷同归弱水沉”（《黑水沟》）；“归营戍卒春逃瘴，阅世山翁夜咤霜”（《春兴》）；“林下学占争唤鸟，槛边闲译最深山”（《春兴》）；“四时气有三时夏，一日风生半日阴”（《病中》）；“两乳燕投孤垒宿，四时花共一瓶开”（《海上》）；“蛮嶂高低云亦险，鲸潮咫尺路方艰”（《留滞海外，追维所历》）。以上数联，皆为台湾诗界别开生面，所谓文章天成、妙手偶得者也。[①]

游宦人员虽然以能诗文者居多，但一些诗文内容贫乏，有粉饰太平的倾向，或猎奇成分较多，[②] 浮光掠影者不在少数，较有深度、广度的反映民间疾苦等百姓生活的作品较为缺乏。值得一提的是周凯及其诗作。周凯，字仲礼，号芸皋，浙江富阳人，工书画，素爱才，及门多英俊，著《内自讼斋集》等。《澎湖厅志》卷六有传云：

周凯，字仲礼，学者称芸皋先生，浙之富阳人也。道光初，由编修出守襄阳，设义学数百，教民蚕桑。迁汉黄德道，转兴、泉、永兵备道。礼士爱民，以兴养立教为己任。设义仓，修书院，辑金、厦二岛志，以诗古文词倡导后进，时有儒林丈人之望。道光十三年，澎湖大饥，奉檄查赈，中途遭风几殆，至澎湖蒔里澳，亟乘小舟登岸。时波浪拍天，从者危之。凯令渔人以蓑笠覆身，冒险径上，由蒔里一路勘灾，召父老周询疾苦，一时嗷鸿景况，悉于诗发之。诵者以

① 连横：《台湾诗乘》卷一，“台湾文献丛刊”第 64 种，台湾银行经济研究室，1960。

② 此中当然也有佳作在，如孙元衡，其《裸人丛笑篇》以奇人奇事入诗，王渔洋见而称之。见连横：《台湾诗乘》卷一，“台湾文献丛刊”第 64 种，台湾银行经济研究室，1960。

为《秦中吟》《舂陵行》之流也。抵妈宫澳，分别极贫、次贫，立时散赈，费帑九千余两，不假吏役，人人均沾实惠。其随从资斧，丝毫皆自备。又命外委黄金带小船，巡视外海各岛。虎井八罩，礁沙险绝，商船失事，渔人辄乘危抢夺；亟设法禁之。时有诸生蔡廷兰，呈诗请加赈。凯击节称赏，而惜其囿于偏隅，见闻未广，教以读书作文成法，于是廷兰文名大噪。越四年调台澎兵备道，兼提督学政，举廷兰为拔贡生。其后以甲科出宰江右，有声。人谓凯有知人鉴云。再任台湾，值张丙甫平，办理善后事宜，积劳卒于任。士民莫不流涕，至今思之。凯素工书画，得其寸楮者，珍逾拱璧。著有《内自讼斋诗文集》若干卷，刻行于世。①

传中提及周凯的赈灾诗作。道光十二年（1832年）八九月间，澎湖遭遇旱灾，饿殍遍野，次年周凯奉命前往赈济灾民，备尝艰辛。周凯一路询问民间疾苦，并将灾民的处境及自己的感受用诗作表露出来，“诵者以为《秦中吟》《舂陵行》之流也”。《秦中吟》《舂陵行》分别是白居易、元结所写的反映下层民众艰苦生活的名作。周凯诸诗在《澎湖厅志》卷十四亦有收录，兹录其《抚恤六首，答蔡生廷兰》之二云：

赖有贤司牧，劝民相赈贷。亟发义仓钱，户口资零碎。碾米借营仓，平粜付阛阓（蒋泽莾刺史发义仓钱三千串以济贫民，借碾兵米九百石以平市价）。劳劳相慰藉，教民且忍耐。些许奚足恃，家家食海菜。海菜亦可食，须杂薯与米。苟无薯与米，食之病且瘠。肢体日浮肿，耳目日昏眯。渐与

① 《澎湖厅志》卷六，“台湾文献丛刊”第164种，台湾银行经济研究室，1963。

鬼为邻，救死恐莫递。况自秋徂春，瓶罍罄如洗。卖儿无人收，卖女空泣涕。朝朝望海天，伏地首九稽。海舟其速来，皇恩尚可徯。①

除去文学上的成就，周凯在台湾最大的贡献应是教育学子，经他精心培育的门人，光大了台湾文教之业。周凯任职闽南期间，于道光中重修厦门玉屏书院，延请著名古文大家高澍然主掌该院。因厦门居漳州、泉州之交界，与台湾一海相隔，该院遂成为闽台文化交汇之地，来自闽南各地及台湾各地的士子都在此问学，其中杰出者如蔡廷兰、施龙文、吕世宜、黄应清等。蔡廷兰，字香祖，号秋园，台湾澎湖人，师从周凯。周凯《海南杂著序》中言其生平游历甚详，对其才华称赞备至。

四、台湾本土作家与民间文学

随着台湾儒学发展，书院林立，培养本土文化人的条件和能力皆已具备，台湾也产生了许多出色的本土作家，“开台进士”（即出身台湾的首位进士）郑用锡即是其中一位。郑用锡，字在中，号祉亭，乾隆五十三年（1788年）生，祖籍福建同安，其父崇和帆海渡台，在旧港设馆授童蒙。道光三年（1823年），郑用锡举进士，“晚年筑北郭园自娱，颇有山水之乐。好吟咏，士大夫之过竹堑者，倾尊酬唱，风靡一时，至今文学犹为北地之冠”②。

除了郑用锡，前文提及的周凯、蔡廷兰师徒也在台湾文坛占据一席之地。周凯有《再答蔡生》等诗，对蔡廷兰的诗作再加推崇，有“海外英才今见之，如君始可与言诗”句，谓蔡生是台湾

① 《澎湖厅志》卷十四，“台湾文献丛刊”第164种，台湾银行经济研究室，1963。

② 连横：《台湾通史》卷三十四，商务印书馆，2010，第728页。

本土文人中的佼佼者。周凯、蔡廷兰师生之作，蜚声文坛，在清代台湾文学史上应属上乘了，《澎湖厅志·艺文录总论》中特别提及：“他如《续编》所录周富阳、蔡秋园唱酬诸作，沨沨乎义心古调，可以观矣，其有《舂陵行》《秦中吟》之遗音者乎?”① 正因有两岸各地文人士子相互交流学习，台湾文学才得以迅速发展，自成风格。

清代之台湾女子亦有读书识字者，如《澎湖续编》所记蔡劝娘：“妇少读书，娴闺训，尤工针纫，刺绣皆精，自作花谱。奉姑抚子，皆取给于女工。复通书数，家事悉自裁决；督诸孙诵读，为正句读。性修洁，布素终身，以礼自闲，足不逾阈。”② 但台湾女性的文学作品并不多见。

清代台湾民间亦有文学在焉。各种谚语、童话、儿歌、童谣及讽刺诗，造句天然，不加修饰，以生活琐事及各种经验入文句中，流传民间。民间文学在意识形态上较为开放，如对施琅的评价就与主流意识相左：“施琅为郑氏部将，得罪归清；后授靖海将军，帅师灭台。清廷以其有功，诏祀名宦祠。祠在文庙棂星门之左，台人士以其非礼，为诗以诮之曰：‘施琅入圣庙，夫子莞尔笑。颜渊喟然叹：吾道何不肖！子路愠见曰：此人来更妙；夫子行三军，可使割马料！’可谓谑而虐矣。”③

实际上，文学与社会、经济的发展密切相关。台湾归入清朝版图之后，社会渐趋安定，在兵备、垦殖、渔产、海外贸易等方面均有长足发展，在不同的历史阶段、不同的地区，台湾的文学

---

① 《澎湖厅志》卷十四，“台湾文献丛刊”第164种，台湾银行经济研究室，1963。

② 蒋镛：《澎湖续编》，“台湾文献丛刊”第115种，台湾银行经济研究室，1961。

③ 连横：《雅言》第55条，“台湾文献丛刊”第166种，台湾银行经济研究室，1963。

发展也是有所侧重的。例如，1851－1885 年形成的新竹作家群，就是以台籍诗人为主体的，其成员渊源各异，别具风格，创作成果十分可观。在此期间，台湾的采风文学成为台湾文学的主流，楹联文学和笔记文学也是名家辈出，著作有数十种之多。[①] 而在台湾建省（1885 年）之后的数年间，台湾诗人结社的活动方兴未艾，形成一些初具雏形的文学流派，为台湾文学增色不少。[②]

综上所论，来台游宦人士的文学创作在整个清代台湾文学中都具有举足轻重的地位。清代前期的台湾文学重在歌功颂德，缺乏深刻的内容及生活气息；鸦片战争之后，台湾危急，文人对于采写台湾风俗、抗击侵略热情高涨，本土作家群体也逐渐成熟起来，台湾文学的发展走上独立、自觉的道路，成为中国文学大家园中重要的一员。

第二节　清代台湾的戏曲

一、台湾戏曲兴盛的原因

台湾戏曲之来源与早期移民有关，因台湾人口以来自福建漳州、泉州及广东潮汕地区的移民居多，这些地区流行的戏曲随之传入台湾，乃是情理中事。对于明清时期台湾戏曲之引入与发展，可以从以下三个方面加以说明。

首先是出于宗教信仰方面的需求。民间演戏酬神风气盛行，促进了戏曲的繁荣与发展。

闽粤居民都有好巫尚鬼传统，加之当时渡海来台，船只简

① 刘登翰等：《台湾文学史》第一册，现代教育出版社，2007，第 214—215 页。

② 刘登翰等：《台湾文学史》第一册，现代教育出版社，2007，第 243 页。

陋、技术不良，时常遭遇各种险情，而在台的生活又面临各种困境，诸多因素导致对于各种神明的信仰深入人心。清代台湾酬神之风所在皆是。马偕曾说："台湾的演戏差不多都是在户外搭戏棚，而且一般都与敬神有关。"① 清代台湾方志中有关此类记载甚多，如《重修福建台湾府志》卷六：

二月二日，各街社里逐户鸠金演戏，为当境土地庆寿，张灯结彩，无处不然，名曰"春祈祷"。……八月十五日曰中秋，祭当境土地，张灯演戏，与二月二日同，"春祈而秋报"也。是夜，士子递为燕饮赏月。制大月饼，名为"中秋饼"，朱书"元"字，掷四红夺之，取"秋闱夺元"之兆。山桥野店，歌吹相闻，谓之"社戏"。更有置笔墨、纸研、香囊、瓶袋诸物，罗列市廛，赌胜夺彩，负则偿值。②

又如《彰化县志》卷五记载：

岳帝庙：在县治东，协镇署前，俗讹称玉帝即岳帝也。乾隆二十八年间，泉郡士民捐建，嘉庆年间重修。每岁正月初九日祝诞，火烛辉煌，彻宵如昼。庙前筑台一座，演剧十余日，妇女焚香不绝，观者如堵。

威惠王庙：王姓陈名元光，唐时人也。自河南光州来闽，开漳有功，敕封威惠圣王。漳人祀之，渡台悉奉香火。乾隆二十六年，建庙于县城西。每年二月十五日，演剧祝寿，灯烛烂若日星，匝月不休。嘉庆十二年重修。一在西

① （加）马偕：《"福尔摩沙"纪事》，前卫出版社，2007，第110页。

② 《重修福建台湾府志》卷六，"台湾文献丛刊"第74种，台湾银行经济研究室，1961。

门，陈姓合建，曰小圣王庙，一在沙连保社寮。

保生大帝庙：在县治南门内。嘉庆二十二年，同安县士民渡台者鸠金公建。按大帝即真君也。姓吴名本，母梦吞白龟而孕，生于宋太平兴国间。长而学道，治疾多奇效。景祐二年卒，里人肖像为祠，水旱祈祷辄应。敕封慈济庙额，庆元间赐忠显，开禧二年，封英惠侯，俗呼大道公，又称保生大帝，未知何据。每年三月十五日，祝寿，灯烛辉煌，与圣王庙埒。一在大城厝街。[①]

《诸罗县志》卷八：

村庄神庙集多人为首，曰头家。庙虽小，必极华采，稍圮，则鸠众重修。岁时伏腊，张灯结彩鼓乐，祭毕欢饮，动辄数十缗，虽曰敬神，未免滥费。

神诞，必演戏庆祝。二月二日、八月中秋，庆土地尤盛。秋成，设醮赛神，醮毕演戏，谓之压醮尾。比日中元盂兰会，亦盛饭僧；陈设竞为华美，每会费至百余缗。事毕，亦以戏继之。[②]

其他文献中类似记载也比比皆是，如《台阳见闻录》载：

台南郡城好尚鬼神。遇有神佛诞期，敛费浪用。当赛会之时，往往招携妓女，装扮杂剧，斗艳争妍，迎春大典也。而府县各书差亦或招妓装剧，骑而前驱，殊属不成事体。他

① 《彰化县志》卷五，“台湾文献丛刊”第156种，台湾银行经济研究室，1962。

② 《诸罗县志》卷八，“台湾文献丛刊”第141种，台湾银行经济研究室，1962。

如民间出殡，亦丧礼也，正丧主哀痛迫切之时，而亲友辙有招妓为之送殡者。种种冶容诲淫，败坏风俗。余莅府任后，即出示严禁。如有妓女胆敢装扮游街者，或经访闻，或各段签首指名禀送，立准将该妓女拿办，其妓馆查封，招妓之家并分别提究，此风渐息。[①]

史蒂瑞在其19世纪关于台湾的调查笔记《“福尔摩沙”及其住民》中提及台湾汉人地区演戏的场景说：

我们在马公停留期间，碰巧看见一座庙宇前面搭了大舞台，上演着歌仔戏（Sing-song）。……这种歌仔戏似乎有点古希腊戏剧的神圣味道，至少它经常是在庙宇里面或前面演出，并且都选在宗教节庆的时候。庙宇前也摆设着各种动物的象征物，它们与实物大小一样，是以竹片为骨架，糊上各种色纸而制成的，底下则悬挂着石头，以免被风吹翻。[②]

可见，台湾民间各种神庙，或建或修，或于每年神明诞日等，必有演戏酬神之举，家家参与，户户竞争，鸠金备办供品，赛愿设醮，张灯演戏，甚至于极尽奢靡。

其次是宗族或地缘族群联络的需要。当时在台之民，大都依原有之族群聚集而居，或以地缘关系为纽带，团结一致，互相照应，并建立庙宇，以共同的信仰维系力量。《重修福建台湾府志》卷六云：

---

① 唐赞衮：《台阳见闻录》卷下，“台湾文献丛刊”第30种，台湾银行经济研究室，1958。

② （美）史蒂瑞：《“福尔摩沙”及其住民》，前卫出版社，2009，第131—132页。

台鲜聚族，鸠金建祠宇，凡同姓者皆与，不必其同枝共派也。祭于春仲、秋仲之望，又有祭于冬至者。祭则张灯结彩作乐，团饮祠中，尽日而散。常人祭于家，则不然：忌辰、生辰有祭，元宵有祭，清明有祭（或祭于墓），中元祭，除夕祭，端午则荐角黍，冬至则荐米圆。泉人日中而祭，漳人质明而祭；泉人祭以品羞，漳、潮之人则有用三牲者。此之谓祭祀之俗。俗尚演戏：凡寺庙佛诞，择数人以主其事，名曰“头家”；敛金于境内作戏以庆。乡间亦然。台俗尚王醮：三年一举，取送瘟之义也。附郭乡村皆然。境内之人，鸠金造木舟设瘟王三座，纸为之；延道士设醮，或二日夜、三日夜不等。总以末日盛设筵席演戏，名曰“请王”；执事俨恪，跪进酒食。既毕，将瘟王置船上，凡百食物、器用、财宝，无一不具；送船入水，顺流扬帆以去。或泊其岸，则其乡多厉；必更禳之。每一醮，动费数百金，省亦近百焉。虽穷乡僻壤，莫敢吝者。①

此事在《安平县杂记》亦有记载。

最后是日常休闲娱乐的需要。传统戏剧之主要目的既为酬神，亦兼有休闲娱乐之功能。台湾民众之“好戏剧”亦被一些道学家列为民风之玷：“间或侈靡成风，如居山不以鹿豕为礼、居海不以鱼鳖为礼，家无余贮而衣服丽都，女鲜择婿而婚姻论财，人情之厌常喜新、交谊之有初鲜终，与夫信鬼神、惑浮屠、好戏剧、竞赌博，为世道人心之玷，所宜亟变者亦有之。”②《台湾纪事》亦批评说：“盖台地最喜演戏，多以古人报赛田社之文，为

① 《重修福建台湾府志》卷六，“台湾文献丛刊”第 74 种，台湾银行经济研究室，1961。

② 《台湾府志》卷七，“台湾文献丛刊”第 65 种，台湾银行经济研究室，1960。

粉饰太平之具。然村野犹可言也，城市更豪侈相尚，遇吉凶大故，崇释道而矜布施，倾家赀以悦耳目。虚文日重，则真意日漓，此伤风败俗之尤者。书生口呐，难以家喻而户晓耳。”[①]

实际上，民间妇女一直是戏剧演出的主要参与者和观众，这也是“好戏剧”之台湾民风饱受道学家诟病的主要原因之一。《诸罗县志》卷八云：“家有喜，乡有期会。有公禁，无不先以戏者，盖习尚既然。又妇女所好，有平时悭吝不舍一文，而演戏则倾囊以助者。”[②] 又云：“演戏，不问昼夜，附近村庄妇女辄驾车往观，三五群坐车中，环台之左右。有至自数十里者，不艳饰不登车，其夫亲为之驾。”[③] 妇女们对戏剧的热衷于兹可见一斑。连横《台湾通史》对台湾民众好演戏之事亦持批评态度，他说：“演剧为文学之一，善者可以感发人之善心，恶者可以惩创人之逸志，其效与《诗》相若。而台湾之剧，尚未足语此。……夫台湾演剧，多以赛神，坊里之间，醵资合奏，村桥野店，日夜喧阗，男女聚观，履舄交错，颇有欢虞之象。又有采茶戏者，出自台北，一男一女，互相唱酬，淫靡之风，侔于郑、卫，有司禁之。”[④] 对于讲究男女之别的道学家而言，这种男女混杂的开放性活动，自然是伤风败俗之举。据说澎湖厅下惯行的公约有明文规定：祭祀之演唱，禁演淫戏，违犯者科罚一千文；观戏之际，不许男女杂居，违犯者严罚。[⑤] 不过，此类禁令只是徒具其文，未

① 吴子光：《台湾纪事》附录，“台湾文献丛刊”第36种，台湾银行经济研究室，1959。

② 《诸罗县志》卷八，“台湾文献丛刊”第141种，台湾银行经济研究室，1962。

③ 《诸罗县志》卷八，“台湾文献丛刊”第141种，台湾银行经济研究室，1962。

④ 连横：《台湾通史》卷二十三，商务印书馆，2010，第467页。

⑤ （日）伊能嘉矩：《台湾文化志》中卷，台湾省文献委员会，1991，第111页。

必都能实行。

古代戏剧的社会功能实际上也不尽在娱乐而已。周凯《厦门志》卷十五言："赛社演剧，在所不禁；取古人忠孝、节义之事，俾观者知所兴感，亦有裨于风教。"[①] 戏剧可以影响风化，下层民众借助演戏活动获得道德感化，这方面也不乏实例。在台湾的闽人之中流行一句谚语："做十三年海洋，看一出断机教，流目屎。"[②] 也就是说，做了十三年海盗的匪徒，因为看了一出孟母断机教子的戏剧而受到感化，悔过流泪不已，足见戏剧实有助于礼教也。而在外国传教士看来，当时台湾所搬演的这些戏剧"主题通常都与爱国有关，故事情节有历史性或虚构性。先是一个卖国贼他使用了各种的密谋和勾当来背叛国家，最后终于被发现、逮着和下监狱。这种戏通常是由政府赞助，为的是要激发民众对政府及其代表们的尊敬畏惧。中国剧作家的手笔下，当然少不了会包括爱情、婚姻和谋杀，而且行善者必受奖，行恶者必受罚。"[③]

当时台湾民间演戏的名目，除去酬神自娱之外，还有因道歉、打赌、处罚等而演戏者。例如，民间对偷盗者根据其所偷的量而处以惩罚，其中就有罚戏之说。台湾旧谚有云："一枝（甘蔗）放你去，二枝打竹刺，三枝罚一棚戏。"即是说此。另外，台湾地方自治较为发达，于官府律制之外，对于一些较小的纷争及涉及奸情等私人案件，各种民间乡约往往就以强制出钱演戏作

---

① 《厦门志》卷十五，"台湾文献丛刊"第 95 种，台湾银行经济研究室，1961。

② （日）伊能嘉钜：《台湾文化志》中卷，台湾省文献委员会，1991，第 110 页。

③ （加）马偕：《"福尔摩沙"纪事》，前卫出版社，2007，第 110 页。

为惩罚。[1]

从清代台湾各种方志乃至连横《台湾通史》来看，演戏之事都是归于《风俗志》而非《艺文志》，“难登大雅之堂”，诸家所记仅是片言只语，这也为研究清代台湾戏曲带来一定困难。史籍中台湾戏曲最早的记载与荷兰殖民统治时期的何斌有关，其造戏台，看竹马戏，穷极奇巧。[2] 完全有理由相信，在明郑时期，随着大量闽粤移民的进入、大量庙宇的修建，戏曲亦随之入台，并渐成风习。

二、台湾主要剧种

台湾戏剧以“下南腔”为多，郁永河竹枝词云：“肩披鬒发耳垂珰，粉面朱唇似女郎（梨园子弟垂髫穴耳，傅粉施朱，俨然女子）；妈祖宫前锣鼓闹（海舶演剧酬愿），咮囃唱出下南腔（闽以漳、泉为下南）。”[3] 但因为来源各异，台湾戏曲的种类实较为繁杂。连横《台湾通史》卷二十三即言：

> 台湾之剧，一曰乱弹，传自江南，故曰正音。其所唱者，大都二簧西皮，间有昆腔。今则日少，非独演者无人，知音亦不易也。二曰四平，来自潮州，语多粤调，降于乱弹一等。三曰七子班，则古梨园之制，唱词道白，皆用泉音，而所演者则男女之悲欢离合也。又有傀儡班、掌中班，削木

① （日）伊能嘉矩：《台湾文化志》中卷，台湾省文献委员会，1991，第110页。

② 陈耕：《闽台民间戏曲的传承与变迁》，福建人民出版社，2003，第25页。

③ 黄叔璥：《台海使槎录》卷四，“台湾文献丛刊”第4种，台湾银行经济研究室，1957。

为人，以手演之，事多稗史，与说书同。[①]

又说：

台湾之人，来自闽、粤，风俗既殊，歌谣亦异。闽曰南词，泉人尚之；粤曰粤讴，以其近山，亦曰山歌。南词之曲，文情相生，和以丝竹，其声悠扬，如泣如诉，听之使人意消。而粤讴则较悲越，坊市之中，竞为北管，与乱弹同。亦有集而演剧，登台奏技者。勾阑所唱，始尚南词，间有小调。建省以来，京曲传入，台北校书，多习徽调，南词渐少。唯台湾之人，颇喜音乐，而精琵琶者，前后辈出。若夫祀圣之乐，八音合奏，间以歌诗，则所谓雅颂之声也。[②]

可见，当时在台演出的剧种，除泉腔、潮腔外，还有所谓“正音”，即来自江南的昆腔、乱弹等，京曲的传入则是较迟之事。实际上，台湾所谓的“正音”就是相对于台湾方言（主要是闽南方言）的官音，早期以昆腔为正音，后来以乱弹为正音，清末又以京剧为正音了。连横在其《雅言》中提及台湾各种戏剧时又说：

台湾之剧凡数种：曰“乱弹”，即正音也；曰“四平”，则昆曲之支流也；曰“老戏”，即乐律似昆而曲为南词；曰“戏仔”，即七子班，犹古之小梨园也——唱词道白，皆用泉音，其所演者亦多泉州故事，如《荔镜传》《护国寺》等。

① 连横：《台湾通史》卷二十三，商务印书馆，2010，第467页。

② 连横：《台湾通史》卷二十三，商务印书馆，2010，第467—468页。

又有傀儡班、掌中班，亦泉剧也。[①]

而据现代学者之归纳，19、20 世纪之交台湾流行的剧种大致如下：大戏包括大、小梨园戏，京剧，四平戏，乱弹戏，高甲戏，潮剧；小戏包括车鼓戏、采茶唱、艺妲唱；偶戏包括傀儡戏、布袋戏、皮影戏。[②]

传入台湾的诸剧种中，以梨园戏最为流行，因为它是闽南最早的剧种，至清代在体制、声腔等方面发展已经甚为成熟，且使用的是“泉音”，更能够为广大移民所接受。[③] 七子班又称为七子戏、七色班等，其名称来源于七种角色或行当，以泉州为其大本营，主要流行于闽南地区和台湾诸地。[④] 前引连横《台湾通史》言，七子班“则古梨园之制”，他们所演者多为男女悲欢离合之事。另据清代周凯《厦门志》载：“闽中土戏，谓之‘七子班’；声调迥别。《漳州志》论‘其淫乱弗经，未可使善男女见信哉’。厦门前有《荔镜传》，演泉人陈三诱潮妇王五娘私奔事；淫词丑态、穷形尽相，妇女观者如堵，遂多越礼私逃之案。前署同知薛凝度禁止之。”[⑤] 又《澎湖厅志》卷九：“澎地演剧，俗名七子班，仍系泉、厦传来，演唱土音，即俗所传《荔镜传》，皆子虚之事。然此等曲本，最长淫风，男妇聚观，殊非雅道。是宜示禁，而准其演唱忠孝节义等事，使观者触目警心，可歌可泣，于风化不为

① 连横：《雅言》第 67 条，“台湾文献丛刊”第 166 种，台湾银行经济研究室，1963。

② 陈耕：《闽台民间戏曲的传承与变迁》，福建人民出版社，2003，第 33 页。

③ 陈耕：《闽台民间戏曲的传承与变迁》，福建人民出版社，2003，第 33 页。

④ 刘美芳：《七子戏在台湾的传承与变貌》，《戏曲学报》2010 年 6 月第 7 期，第 71 页。

⑤ 《厦门志》卷十五，“台湾文献丛刊”第 95 种，台湾银行经济研究室，1961。

无裨也。”[①] 以上皆提及闽南七子班的剧目《荔镜传》，其所讲述的就是男女之悲欢离合，特别是私奔一事，为道学家所不齿。康熙年间抄本《南曲指谱》收录有闽南七子班的25种演出剧目和曲文，剧目如下：《司马相如》《吕蒙正》《王魁》《陈三五娘》《刘知远》《王四与不花氏》《刘阮逢仙》《云英与刘珪》《王昭君》《王娇鸾》《梁意娘》《杜牧》《杨贵妃》《陈妙常》《朱弁》《秦雪梅》《朱寿昌》《薛瑗与南楚材》《张君瑞与崔莺莺》《苏盼奴》《聂胜琼》《高文举》《尹弘义》《真凤儿》《郭华》。[②] 此中未见《荔镜传》，但有《陈三五娘》。《陈三五娘》，全本共35折，包括《送嫂》《赏春提灯》《赏灯》《投井》《回潮投荔枝》等，至今在台湾依然进行演出。[③] 潮剧传统剧目中亦有《荔镜传》，其第六出为《五娘赏灯》，与《陈三五娘》故事相同，且是以闽南话演出。[④]

乱弹大致于乾嘉之际传入台湾。[⑤] 乾隆后期文献中通常将戏曲声腔分为花、雅二部，其中乱弹也称为花部，与雅部相对。李斗《扬州画舫录》卷五云：“两淮盐务例蓄花、雅两部，以备大戏：雅部即昆山腔；花部为京腔、秦腔、弋阳腔、梆子腔、罗罗腔、二簧调，统谓之乱弹。”[⑥] 花部名称包含了除昆山腔之外的一切声腔剧种。花部戏通俗易懂，而且多以历史演义、男女悲欢之

① 《澎湖厅志》卷九，“台湾文献丛刊”第164种，台湾银行经济研究室，1963。

② 廖奔、刘彦君：《中国戏曲发展史》，中国戏剧出版社，2013，第390页。

③ 刘美芳：《七子戏在台湾的传承与变貌》，《戏曲学报》2010年6月第7期，第73页。

④ 康保成、詹双晖：《从南戏到正字戏、白字戏：潮州戏剧形成轨迹初探》，《中山大学学报》2008年第1期，第28页。

⑤ 邱坤良：《台湾近代乱弹戏班初探》，见《民俗曲艺创刊10周年研讨会论文集》，1991，第11页。

⑥ 李斗：《扬州画舫录》卷五，中华书局，2007。

情为主题，情节紧凑，感情豪迈，不似雅部昆曲剧本出自文人，用词古雅，节奏舒缓，故而花部备受民间大众所喜爱。台湾的乱弹有福路、西皮两大系统，福路属于老梆子腔系统，也称旧路；西皮为新路。[①] 台湾的“乱弹”与所谓“花部”应亦有所变化，连横《雅言》云：

> 乱弹之戏，传自江西，故曰江西班。其所唱者，有京调，有徽调，亦有昆曲；如《费宫人刺虎》《百花亭赠剑》，尤其著也。昆曲文辞美丽、音韵悠扬，非村夫市侩所能领会；三十年来绝少唱者，今已为广陵散矣。庚子联军之役，西太后幸陕；秦中固有梆子腔，闻而悦之，召入供奉。及回銮时，从入京；流传津、沪。上海班之来台者遂唱此调，一时颇盛。然梆子声悲而厉，识者以为亡国之音；不及十稔而清社覆矣。[②]

此中言及，台湾乱弹之戏也称为江西班，且含有昆曲在内。乱弹从清代中叶直至20世纪60年代之间，除因日本严禁之外，在民间一直都很盛行，其间既有职业性的戏班（内行）存在，各种子弟团（以地缘关系为基础，或由同业、宗族为组织，与地方庙宇关系密切）也数不胜数，相互之间竞争激烈，足见乱弹在民间的活力。[③]

四平腔是由弋阳腔衍化而来，据明代顾起元《客座赘语》卷

---

① 邱坤良：《台湾近代乱弹戏班初探》，见《民俗曲艺创刊10周年研讨会论文集》，1991，第12页。

② 连横：《雅言》第68条，“台湾文献丛刊”第166种，台湾银行经济研究室，1963。

③ 邱坤良：《台湾近代乱弹戏班初探》，见《民俗曲艺创刊10周年研讨会论文集》，1991，第13页。

九载：“大会则用南戏，其始止二腔，一为弋阳，一为海盐。弋阳则错用乡语，四方士客喜阅之。……后则又有四平，乃稍变弋阳而令人可通者。”① 弋阳腔在明永乐间，已流传于云南贵州，其产生时代之早可想而知，至迟应在宋元间。其腔调最适合田间演唱，错用乡语，明白易晓，锣鼓喧天，深受农民欢迎。② 到了明代，弋阳腔中南京一支发展成为四平腔（南京附近句容有四平山，四平腔之名盖由此得）。③ 四平戏从明代以来一直盛行于南方各省，福建流行最为广泛，而到了清末，各省四平戏相继消失，或被其他剧种所兼容，唯福建仍有少数遗存。④ 各省大多数四平戏班都是属于宗族或村族戏班，内部机制较为保守，艺术传承较为封闭，即一般人很难拥有其他角色的剧本，也无法演其他角色，这也影响了四平戏的发展。⑤ 四平戏约在清代中叶传入台湾，⑥ 因其演唱剧目较为有限，后渐渐寥落。连横《雅言》云：“四平为昆曲支流，亦曰‘四平昆’。演唱之剧范围较小，所谓征番、报冤、扑虎、娶某也。三十年来渐就寥落，今已绝迹；唯民间乐社尚有习者。”⑦ 但连横《雅言》在谈及台湾丧礼之俗时又云：

台俗丧事之时，辄延僧道礼忏，以资冥福；非是，几不足以事父母。故里谚曰：“有孝后生来弄铙，有孝查某团来弄猴。”“后生”者，男子子也；“查某团”者，女子子也。

---

① 顾起元：《客座赘语》卷九，中华书局，1987。

② 钱南扬：《戏文概论》，中华书局，2009，第 65 页。

③ 钱南扬：《戏文概论》，中华书局，2009，第 66 页。

④ 叶明生：《濒危的四平戏》，《福建艺术》2006 年第 4 期，第 47 页。

⑤ 叶明生：《濒危的四平戏》，《福建艺术》2006 年第 4 期，第 48 页。

⑥ 陈耕：《闽台民间戏曲的传承与变迁》，福建人民出版社，2003，第 34 页。

⑦ 连横：《雅言》第 69 条，“台湾文献丛刊”第 166 种，台湾银行经济研究室，1963。

> 和尚诵经之余，择一广场，以弄铙钵，或以两僧竞之。而道士则扮演十出，如《目连救母》；因其鄙野，故谓之“猴”。乡曲土豪，至召四平班演秦桧夫妻地狱受刑之事，灯烛辉煌，锣鼓喧闹，吊者大悦。夫父母之丧，为人子悲痛之时，乃信僧道邪说，糊纸厝、烧库钱、打狱门、放赦马，损财费事，夸耀里闾！或告其非，则曰“瞒生人目，答死人恩”。夫生人之目虽可瞒，而死人之恩岂得答？安得二三君子出而矫正，以复于丧祭之礼也哉！①

台湾丧祭之礼，或有佛道两家弄铙钵礼忏“竞技”，或请四平班演戏，敲锣打鼓，热闹非凡。足见四平戏在民间还是有一定市场的。

高甲戏，又称为弋戏、九角戏、九交戏，主要流行于闽南方言区，包括台湾及东南亚一代。高甲戏地方韵味浓郁，颇具特色。高甲戏大约在清中叶以后传入台湾，被称为九角、交加、九家，甚至写成狗咬，不如在闽南那样盛行。②

潮剧是流行于潮方言地区的一种地方方言戏剧，因文献匮乏，有关潮剧的最早史料只能追溯至清代中叶。现在较为通行的说法是：潮剧是明代潮腔、潮调的发展和充实，而潮腔、潮调源于宋元南戏，也就是说，潮剧是南戏的地方化。③ 明清时期，大量的潮汕人入台，他们将自己家乡的民俗、音乐、戏曲也带入台湾。潮州歌册在台湾流传最早，当年随郑成功赴台的大量潮籍士

① 连横：《雅言》第 254 条，“台湾文献丛刊”第 166 种，台湾银行经济研究室，1963。

② 陈耕：《闽台民间戏曲的传承与变迁》，福建人民出版社，2003，第 35—36 页。

③ 陈韩星：《潮剧源流研究概述》，《汕头大学学报》2003 年第 19 卷增刊，第 64 页。

兵及移民就已带去很多，其中如《玉麒麟》《双白燕》《昭君和蕃》等。清乾隆至道光年间，据说至少有五个潮剧戏班前往台湾演出，深受当地民众的欢迎和喜爱。[1] 据乾隆年间朱景英《海东札记》卷三记载："神祠、里巷靡日不演戏，鼓乐喧阗，相续于道。演唱多土班小部，发声诘屈不可解，谱以丝竹。别有宫商，名曰下南腔。又有潮班，音调排场，亦自殊异。郡中乐部，殆不下数十云。"[2] 此中提及的潮班，所演应系潮剧了，其音调排场与"下南腔"迥异。

清末时期，傀儡戏、布袋戏、皮影戏并称为台湾三大偶戏。[3] 清代台湾民众在不同场合、出于不同目的，对所选用的剧种是有不同要求的。傀儡戏，即提线傀儡戏，又称线戏、嘉礼，俗称交肋。福建的傀儡戏历史十分久远，约传自汉代，兴于唐宋，流行于明清，至今仍广泛流传。[4] 傀儡戏传入台湾的时间应在清代早期，在台湾并未流行，只在祭祀天公酬神之时才有，基本上是专为酬神之用，娱神不娱人。连横《雅言》说："傀儡为祀神之剧。开演之时，连锣数次；乃请所祀之神曰相公爷者，绕场三匝。演者信口而念曰'路里令，里路令；路令、里令，路路令；里令、路令，里里令；路里令，里路令'，循环雒诵，凡数十语；此真有音无意义矣。《翻译名义集》谓咒语不翻，存其实也；故佛藏有显、密两部。"[5] 另据清代《安平县杂记》记载："酬神唱傀儡

① 陈骅：《海外潮剧概观之四：潮剧、潮乐在台湾传播述略》，《广东艺术》1996 年第 2 期，第 53 页。

② 朱景英：《海东札记》卷三，"台湾文献丛刊"第 19 种，台湾银行经济研究室，1958。

③ 邱一峰：《台湾皮影戏》，晨星出版社，2003，第 76 页。

④ 叶明生：《闽南傀儡戏与闽南人社会生活关系探讨》，《闽台文化研究》2014 年第 1 期，第 88 页。

⑤ 连横：《雅言》第 70 条，"台湾文献丛刊"第 166 种，台湾银行经济研究室，1963。

班。喜庆、普度唱官音班、四平班、福路班、七字班、掌中班、老戏、影戏、车鼓戏、采茶唱、艺妲唱等戏。”①

布袋戏也就是布袋木偶，“在各阶层里都极受喜爱，而且，无疑的是一种很奇巧的东西”②。演出时演员用一只手的手指和手掌操纵，俗称掌中戏，道具极为简易，可以一肩挑起，来去自如，故而又称肩担戏。清代李斗《扬州画舫录》卷十一云：“凤阳人蓄猴令其自为冠带演剧，谓之猴戏。又围布作房，支以一木，以五指运三寸傀儡，金鼓喧阗，词白则用叫颡子，均一人为之，谓之肩担戏。”③ 道光《晋江县志》云：“又如七子戏，俗名土班。木头戏，俗名傀儡。近复有掌中弄巧，俗名布袋戏。”④ 福建闽南的布袋木偶制作精细，雕刻精美，眼目皆能活动，活灵活现，较之他处，更为独特。布袋戏约于清代道咸年间传入台湾。⑤连横《雅言》第29条云：“台南有‘无端且出赵简子’一语，以喻事之唐突。盖掌中班演《窃符救赵》至平原君出台，报名之时误唱赵简子，闻者大哗。此百数十年前事，故老相传，留为笑柄；今时子弟已少知者。”⑥ 此中提及百数十年前有掌中班演《窃符救赵》，以连横生卒年而论，掌中班入台并流行大约是在道光年间了。又《雅言》提及：“掌中班有南、北曲之分，说白皆用

---

① 《安平县杂记》，“台湾文献丛刊”第52种，台湾银行经济研究室，1959。

② （加）马偕：《“福尔摩沙”纪事》，前卫出版社，2007，第110页。

③ 李斗：《扬州画舫录》卷五，广陵古籍刻印社，1984。

④ 道光《晋江县志》卷七十二。

⑤ 陈龙廷：《台湾布袋戏发展史》，前卫出版社，2007，第24页。

⑥ 连横：《雅言》第29条，“台湾文献丛刊”第166种，台湾银行经济研究室，1963。

泉语，诙谐尽致；作对吟诗，饶有趣味。且常演全本。雅俗咸喜观之。”[①]

皮影戏是利用光影效果而完成的一种表演剧种，除皮影戏外，还有手影戏、纸影戏等。有关影戏的起源，流传最广的是来自宋代高承《事物纪原》卷九中汉武帝思念李夫人的说法：“故老相承，言影戏之原，出于汉武帝。李夫人之亡，齐人少翁言能致其魂，上念夫人无已，乃使致之。少翁夜为方帷，张灯烛，帝坐它帐，自帷中望见之，仿佛夫人像也，盖不得就视之，由是世间有影戏，历代无所见。”入清以后，皮影戏在全国各地都很兴盛，并屡见诸史籍记载，北京、河北、山西、浙江、福建、四川、广东等地皆有。[②] 尤其是广东潮州，影戏最为盛行。据周硕勋《潮州府志》言：“夜尚影戏，价廉工省，而人乐从，通宵聚观，至晓方散。”关于潮州影戏的制作及其表演细节，李郧《说诀》卷十三所说最为详尽：“潮人最尚影戏，其制以牛皮刻作人形，切以藻绘，作戏者于纸窗内热火一盆，以箸运之，乃能旋转如意，舞蹈应节，较之傀儡，更觉优雅可观，说者谓此戏惟潮有之，其实非也。”[③] 皮影戏传入台湾的时间及来源，目前学者众说纷纭，据邱一峰先生的整理，主要有五种说法，略引如下：“潮州艺人阿万师，随着郑成功的军队来台南，清兵入台后，阿万师避居弥陀乡，不再演出，有弟子五人云云；同治初期，闽人许陀、马达、黄索等由闽南带到台湾高雄、屏东两地；太平天国时期，由海陆丰、潮州、汕头一带传到福建诏安、漳浦等，再传到台湾；一百多年前，从广东潮州一带传到台南；据《高雄县志

① 连横：《雅言》第71条，“台湾文献丛刊”第166种，台湾银行经济研究室，1963。

② 廖奔、刘彦君：《中国戏曲发展史》第四卷，中国戏剧出版社，2013，第218、219页。

③ 转引自邱一峰：《台湾皮影戏》，晨星出版社，2003，第67页。

稿·艺文志》所载，系两百多年前从大陆北方经广州，由许陀、马达、黄索等三人，自潮州一带传到台南。”[①] 台湾皮影戏的来源地有广东潮州说与福建漳州说，因为两地皆是台湾移民的主要来源地。邱一峰先生经过考证，比较倾向于台湾皮影戏是由福建漳州传入的说法，可供参考。[②]

官音班即京剧，在台湾也称为平剧。京剧正式形成于道光以后，舞台奇艳纷呈，名家辈出，颇受各阶层民众喜爱。其最初的名角有“老生三鼎甲”，以后又有“后老生三鼎甲”“同光十三绝”等。[③] 据说京剧传入台湾始于清朝光绪十七年（1891 年），当时的台湾布政使司唐景崧（也有说是台湾巡抚刘铭传[④]）为母亲做寿，特地从上海请来了一个戏班唱堂会，这是台湾目前可考最早的京剧演出。连横《雅言》中提及：

> 海海通以前，台之商业与泉州关连；“一府、二鹿、三艋舺”，亦多泉人贸易。故勾阑最重南词，以泉人之好之也。泉船载货，北自天津、牛庄，南讫暹罗、吕宋，一年数至，货物充积；操其奇赢，颇肆挥霍，故勾阑亦盛。及各国互市，轮船来往，泉船渐失其利；而艺旦亦唱北曲。然北曲流传既久，失其本真，士人复少知者。光绪十七年唐景崧任布政使司，为母介寿，特召上海班来演。当是时台北初建省会，游宦寓公簪缨毕至，大都中土人士，雅好京调；勾阑从

① 邱一峰：《台湾皮影戏》，晨星出版社，2003，第 74 页。

② 邱一峰：《台湾皮影戏》，晨星出版社，2003，第 77 页。

③ 廖奔、刘彦君：《中国戏曲发展史》第四卷，中国戏剧出版社，2013，第 139 页。

④ 张文彦：《漫话台湾京剧》，《中国京剧》，1992 年第 2 期，第 22 页。

而习之，而南词遂微微不振，是亦风气使然也。[1]

此次演出仅是私人堂会，观众大都为士绅、官员，并未扩及民间，因此，清代京剧在台湾影响并不大。

采茶戏传入台湾，与来自广东的客家人有关。采茶戏由采茶歌结合民间歌舞，形成采茶灯，以即兴表演为主，风格轻松活泼。二旦一丑的三脚采茶戏也称为三脚班，主要流行于江西南部、广东北部等地区。[2] 据清代吴震方《岭南杂记》记载：

潮州灯节有鱼龙之戏，又每夕各坊市扮唱秧歌，与京师无异。而采茶歌尤妙丽。饰姣童为采茶女，每队十二人或八人，手挈花篮，迭进而歌，俯仰抑扬，备极妖妍。又有少长者二人为队首，擎彩灯，缀以扶桑、茉莉诸花，采女进退行止，皆视队首。至各衙门或巨室唱歌，赏以银钱酒果，自十三夕至十八夕而止。余录其歌三首，有曰："二月采茶茶发芽，姊妹双双去采茶。大姊采多妹采少，不论多少早还家。""三月采茶是清明，娘在房中绣手巾。两头绣出茶花朵，中央绣出采茶人。""四月采茶茶叶黄，三角田里使牛忙。手挈花篮寻嫩采，采得茶来苗叶香。"颇有前溪子夜之遗。[3]

据学者推测，三脚戏是于清道光之后传入台湾的："根据历史上的记载，知道粤人大约于清乾隆年间移民到台湾桃竹苗一带，而且大多来自嘉应州，台湾客家三脚采茶戏所用的四县腔，也正是嘉应一带客家人所用。显然三脚戏是由嘉应州传到台湾的，只是

① 连横：《雅言》第 77 条，"台湾文献丛刊"第 166 种，台湾银行经济研究室，1963。

② 许常惠等：《台湾传统音乐之美》，晨星出版社，2002，第 153 页。

③ 吴震方：《岭南杂记》卷上，商务印书馆，1936。

时间上是在道光之后。”[①]

台湾演戏戏台的设置，多在民间。然官员住处亦有戏台之设，如台湾道署有鹤驯堂，建有戏台。《台阳见闻录》卷下云：“道署鹤驯堂，建有戏台，无额；余题曰‘可以观’。《易》有云：风行地上，先王以省，方观民设教。盖古者天子亲行巡狩以察四方，则命太史陈诗以观民风。所谓观者，民生之休戚、风俗之美恶、吏治之得失，皆系之；故曰‘观我生、观民’也。余忝护道篆，固有观察之责，思观我而观民，因观今以观古，则作剧观可也，即不作剧观亦可也。鹤驯堂东有澄台，可以观海。每值演剧，管弦之声与潮音相答。余撰联云：听沧海狂涛，可淘千古风流人物；观澄台秋月，好奏一部乐府霓裳。”[②] 也有一些地方士绅，自备家班，每逢佳日则演戏娱乐：“文钦字允卿，号幼山。性温和，善事父兄。林氏自迁阿罩雾以来，业农习武，而文钦独好学，勉为世用。……素慕莱子斑衣之志，筑莱园于雾峰之麓，亭台花木，境极幽邃。自畜伶人一部，春秋佳日，奉觞演剧，所以娱亲者无弗致。”[③]

除了戏剧外，台湾民间歌舞也盛行。台湾乡村中有以跳鼓娱神者，连横《雅言》云：“乡村之间，有所谓‘跳鼓’者，犹今之跳舞也。春秋佳日赛会迎神，广场之外，绿阴环绕，以一男子抱鼓而立，四人持锣侍四隅，又有一人举红伞；锣声一鸣，鼓声应之，或前或后、或俯或仰、或开或合、或疾或迟，举伞者随其进退，伞影缤纷，锣鼓并作。观者喝彩，历时始罢；其所以娱神

① 许常惠等：《台湾传统音乐之美》，晨星出版社，2002，第154页。

② 唐赞衮：《台阳见闻录》卷下，“台湾文献丛刊”第30种，台湾银行经济研究室，1958。

③ 连横：《台湾通史》卷三十四，商务印书馆，2010，第678页。

者至矣。”①

而在一些重要的活动之中，鼓乐也是必不可少的，据《安平县杂记》记载：“迎神用十欢、八管、四平军、太平歌、郎君曲、青锣鼓、小儿乐鼓乐。喜事用三通鼓吹八音。丧事用蓝钹鼓满山闹棺后送鼓乐。”② 再如迎请妈祖：“三月二十日，安平迎妈祖。是日，妈祖到鹿耳门庙进香，回时庄民多备八管鼓乐诗意故事迎入绕境，喧闹一天。是夜，禳醮踏火演戏闹热，以祈海道平安之意。一年一次。郡民往观者几万。男妇老少或乘舟、或坐车、或骑马、或坐轿、或步行，乐游不绝也。”③

另外，清代闽南地区还有“平话”供人消遣，周凯《厦门志》言：“又有说平话者，绿阴树下、古佛寺前，称说汉唐以来遗事；众人环听，敛钱为馈，可使愚顽不识字者为兴感之用。”④ 这里的平话与台湾所谓的讲古大致相近。据佐仓孙三著《台风杂记》记载：“占坐于街头一方，高声谈古事，听者如堵，是为讲古师。所讲三国志、水浒传类，辩舌夸张，抑扬波澜，使人起情；我所谓‘辻讲释’者。唯彼见书而讲之，我则记臆谈之，其感情稍异。台人欲激励士气，则往往用此方云。”⑤ 台湾讲古所说

---

① 连横：《雅言》第81条，“台湾文献丛刊”第166种，台湾银行经济研究室，1963。

② 《安平县杂记》，“台湾文献丛刊”第52种，台湾银行经济研究室，1959。

③ 《安平县杂记》，“台湾文献丛刊”第52种，台湾银行经济研究室，1959。

④ 《厦门志》卷十五，“台湾文献丛刊”第95种，台湾银行经济研究室，1961。

⑤ （日）佐仓孙三：《台风杂记》，“台湾文献丛刊”第107种，台湾银行经济研究室，1961。

大都是《三国志》《水浒传》等，可见其与厦门的平话当属同一类型。[①] 讲古之外，台湾还有“讲善”之艺，重在道德伦理的通俗教化，《台风杂记》言：“讲古之外，有讲善者。在稠人广坐之中，谆谆说彝伦道德慈善之理。引证虽鄙近，不流谑；辞气虽不高尚，不失邪。使听者自发慈悲仁爱之心，而已未曾受一钱。是我所谓‘心学道话会’之类耳。其劝善惩恶之效，亦不鲜少。是以除秀才、绅董之有学者之外，受其感化甚多云。”[②]

台湾之戏曲虽多有酬神开演者，但无专门的祀神之曲，唯有文庙释菜须要有专门的音乐。《雅言》第 65 条云：“台湾无祀神之曲，唯文庙释菜，须歌‘四平之诗’；其谱颁自礼部，各省皆同。文庙之乐，谓之古乐；八音协奏，温厚和平，饶有肃雍之象。台南文庙旧为全台首学，故设乐局以教乐生。而士人之习乐者，别设乐社，以时演奏，谓之‘十三腔’。十三腔者，以小钲十三面调节音律；其乐器与古乐略同，唯无钟、鼓、柷、敔，而多丝、竹之属。其谱传自中华；若‘殿前吹’‘折桂令’‘紫花儿序’则台南自制，与各地不同。”[③]

总之，清代台湾的戏曲发展大抵与闽粤两地相关联，戏曲种类的多元化、内容的多样化适应了台湾各阶层民众的不同需求，戏曲艺术在台湾有着广阔的市场，既是人民寻求精神信仰、酬神谢祖之际必备的节目，也是辛勤劳作之余难得的娱乐休闲活动。

---

① （日）伊能嘉矩：《台湾文化志》中卷，台湾省文献委员会，1991，第 109 页。另据《闽南民俗过台湾》一书，闽南盛行的是方言讲古，现已列为国家级非物质文化遗产。闽南讲古仙（即讲古艺人）经常讲的故事有《三国演义》《封神榜》《古今奇观》等。见《闽南民俗过台湾》，文物出版社，2012，第 8 页。

② （日）佐仓孙三：《台风杂记》，“台湾文献丛刊”第 107 种，台湾银行经济研究室，1961。

③ 连横：《雅言》第 65 条，“台湾文献丛刊”第 166 种，台湾银行经济研究室，1963。

它融入民俗，贴近生活，传承着中国传统的文化与精神，对台湾文化发展具有极为重要的意义。

第三节　清代台湾的艺术

中国艺术适应的是中国传统的审美风尚，表达着中国特有的美学思想。清代台湾的艺术与文学、戏曲一样，都是中国文化这一有机体中不可分割的组成部分，故而对台湾艺术的探讨同样离不开中国文化大背景。

一、书法、绘画

书法和绘画是中国传统的艺术形式。书法经由文字独特的结构、灵动的线条，表现出一种特殊的美。中国书法源远流长，各个时代有不同的风格面貌，此中形成“书法五体”，即篆书、隶书、草书、行书、楷书。五体并行，随书法家个人喜好而有所擅长。中国的绘画首重“气韵”，有其持续的传统，但风格亦较为多元。从类型上说，中国绘画有山水、花鸟、人物等。

台湾较为杰出的艺术作品中，由流寓台湾的官员、士大夫所作占有很大比例。此中名家，诚如日本学者尾崎古村在其著作中所言：“台湾流寓名士，于文余推周凯，诗推杨雪沧，书推吕西村，画推谢琯樵。”[①] 周凯不仅善于为文，其绘画亦常有佳作。《台湾诗钞》卷五有林豪《富春江怀周芸皋先生》序云：

> 先生讳凯，富阳人。道光间，由编修出守襄阳，历官兴

① 转引自谢忠恒：《谢琯樵之书法艺术浅析》，见《苏峰男教授服务公职四十年退休纪念·书画艺术论文集》，第 429 页。

泉永道。所至，有惠政。能诗、工书画，晚治古文；著有《内自讼斋诗文集》。尝延先人入署，撰《金厦二岛志》，刊行于世。先君子遂执贽门下，传受诗、古文学；小子所闻，其余绪也。先生驻厦六年，迁台澎提学道。自绘《富春江捞虾翁图》以见志，图今藏金门吕姓处。豪生也晚，未获追随杖履，而渊源所自，极不能忘。今过富春，忆图中之风景、想先生之旧游，率尔成吟，以志景仰云。①

此诗序中提及周凯“工书画”，自绘《富春江捞虾翁图》。林豪，字卓人，号次逋，清福建同安金门人，同光之际，数游台湾，尝主于竹堑潜园，并两度掌教澎湖文石书院。他对于《富春江捞虾翁图》的来历了然于胸，当非虚辞。连横《雅言》亦说：“清代宦游之士，大都能诗、能书；而周芸皋观察尤善画。芸皋名凯，字仲礼，浙江富阳人。道光十三年，由兴泉永道调台湾。所作山水，笔与神会；尝自署‘富春江上捞虾翁’。”②

周凯之外，清代台湾最具影响力的画家当推谢琯樵。谢琯樵，福建漳州诏安人，原名颖苏，字管樵或琯樵。据《雪溪诗钞》，“若琯樵先生，生负灵异，九岁善画，十岁能诗书，篆刻无不精妙”③。连横《台湾诗乘》卷四云：

台湾流寓之士，若蓝鹿洲、陈少林之诗既载之矣。近代如谢琯樵、吕西村，皆有名艺苑。琯樵之画、西村之书，乡人士

① 连横：《台湾诗钞》卷五，“台湾文献丛刊”第280种，台湾银行经济研究室，1970。

② 连横：《雅言》第109条，“台湾文献丛刊”第166种，台湾银行经济研究室，1963。

③ 转引自周明聪：《谢琯樵的书画艺术成就及对台湾书画的影响》，《美术研究》2009年第4期，第16页。

至今宝之，而诗皆少。琯樵名颖苏，号懒云，漳之诏安人；父声鹤亦能诗。少负奇气，工技击，精书画，尤善水墨兰竹。壮年游台湾，历主巨室。嗣入彰化林刚愍戎幕，殉于漳州之役，士论壮之。余得其题画两首，皆琯樵手书者。画菊云："半生落拓寄人篱，剩得秋心只自知。莫笑管城花事淡，笔头还有傲霜枝。"画竹云："榕坛风月本双清，十笏山斋构竹成。添写筼筜千万个，夜深同此听秋声。"按榕坛在台南海东书院，琯樵南游曾寓于此；今已荒废，唯老榕一株尚存。[①]

琯樵约于咸丰五年（1855年）十一月抵达台湾，咸丰十年三月离开台湾，前往福州。[②] 在台期间，琯樵交游甚广，上至达官贵人，下至平民百姓，这从《台湾诗钞》所录文人诗中即可见一斑。

《台湾诗钞》卷七林鹤年《偕时甫太仆登万松关吊家刚愍宫保、谢琯樵军谘，兼寄家荫堂方伯》提及谢琯樵："零落人间老画师（谢君善画），十年帅幕燕巢危。书生一旅临关夜，半榻松风读旧碑（谢君殉节前夕，犹手拓林文穆万松关碑寄先观察）。"[③] 万松关在漳州龙海，《台湾通史》卷三十三《林文察》传云："十一月，驻洋州，踞城三十里，分饬所部策应。十二月，移驻万松关。太平军进攻，先以羸卒诱，击走之。已而围合，文察督勇奋斗，所部死伤略尽，援兵不至，遂阵殁。幕客谢颖苏方食，闻报，投箸起，策马略阵，亦殁。颖苏，绍安人，字琯樵，善画兰竹，书亦秀逸，久游台湾，慷慨有烈士风；士

---

① 连横：《台湾诗乘》卷四，"台湾文献丛刊"第64种，台湾银行经济研究室，1960。

② 周明聪：《谢琯樵的书画艺术成就及对台湾书画的影响》，《美术研究》，2009年第4期，第20页。

③ 连横：《台湾诗钞》卷七，"台湾文献丛刊"第280种，台湾银行经济研究室，1970。

论壮之。”[①]

谢琯樵的书法师法米芾、颜真卿二大家，行草则以二大师之风融汇之；绘画造诣高超，山水、花鸟、人物皆善，笔致高昂，气韵深厚，不专一家，自出机杼，堪与华喦（号新罗山人，福建人）、郑板桥媲美。可以说，谢琯樵的书画艺术备受台湾士人推崇，后辈画家争相模仿学习，珍藏品评者亦不在少数，影响巨大。[②]

除书画作品之外，谢琯樵在绘画理论方面亦有所建树，《谈画偶录》中录有谢琯樵的题画序和题画诗，文情并茂，而且颇具理论功底。如《题梅花图序》结语云：“写梅要有一种坚劲不屈之气，虽霜压雪摧，无憔悴衰弱之态，所谓穷益坚也。物各有品，况人乎？”[③]

与谢琯樵并称的名家还有吕世宜、叶化成。吕世宜，名大，字可合，号西村，又号种花道人、顽皮汉子等，素有台湾金石学宗师之称。祖籍福建同安，游踪多在福建，曾主漳州芝山书院、厦门玉屏书院。《台湾诗乘》卷四云：

吕西村名世宜，字可合，又字不翁，泉之同安人，道光二年举乡荐。精金石，尤工分隶。受淡水富室林氏之聘，居板桥别墅垂二十年，著《爱吾庐文集》三卷、《爱吾庐题跋》一卷、《古今文字通释》七卷、《笔记》三卷，而诗未见。唯《温陵诗纪》载其一首，移录于此，以觇梗概。《题吴藟畦春

---

① 连横：《台湾通史》卷三十三，商务印书馆，2010，第674页。

② 以上参考周明聪先生之论。见周明聪：《谢琯樵的书画艺术成就及对台湾书画的影响》，《美术研究》2009年第4期。

③ 转引自刘登翰：《台湾文学史》第一册，现代教育出版社，2007，第234页。

江载酒图》云："葡萄美酒木兰舟，乘兴春江事胜游。人世风波多不管，且浮绿蚁且盟鸥。"①

吕受淡水富室林氏之聘，居板桥别墅垂二十年，此事在《台湾通史》卷三十四同样提及：

吕世宜，字西村，泉之厦门人。博学多闻。富阳周凯任兴泉永道，见而奇之。居于玉屏书院，与庄中正、林焜煌等有名庠序间，嗣举乡荐。性爱金石，工考证，精书法，篆隶尤佳。家藏碑版甚富，见有真迹，辄倾资求之。当是时，淡水林氏以豪富闻里闬，而国华与弟国芳皆壮年，锐意文事，见世宜书慕之，具币聘，且告之曰："先生之志诚可嘉，先生之能亦不可及。今吾家幸颇足，如欲求古之金石，敢不唯命是从。"世宜遂主林氏，日益搜拾古代鼎彝、汉唐碑刻，手摹神会，悠然不倦。林氏建枋桥亭园，楹联楣额，多其书也。又求善工刻所临篆隶，未竣而卒，归葬于里。是时诏安谢颖苏亦主林氏，以书画名。②

于兹可见，吕世宜是周凯的得意门生，在闽南文人中有盛名。吕世宜好金石碑刻，能古文，时人对其艺术造诣评价甚高。③ 今人周明聪论其书法造诣："师法自西汉与东汉初期摩崖刻石、墓记题字及砖瓦铜器铭文等俗称'古隶'书迹之风格，经过汲取转化

① 连横：《台湾诗乘》卷四，"台湾文献丛刊"第 64 种，台湾银行经济研究室，1960。

② 连横：《台湾通史》卷三十四，商务印书馆，2010，第 720 页。

③ 蔡清德：《玉屏书院与清代闽台文人交游考述》，《福建师范大学学报》（哲学社会科学版）2012 年第 4 期，第 14 页。

融合而成自出新意之风貌。”[①] 吕世宜对台湾书法深有影响，在台湾美术史上占有重要地位。

叶化成，其曾游于周凯门下，后由凯介绍至板桥林家为西席，与吕世宜、谢琯樵并称三先生。以上三先生在台时间长短不一，“谢不如吕之久，而叶又不如谢之久”[②]。

三先生之后又有许筠，号纶亭，福建泉州人，是咸光年间流寓台湾的书画家，足迹遍及三台，继三先生之后任林本源西席，其书法隶、楷、行、草皆具，其画清新脱俗，山水、人物、花鸟皆能，足可谓一时名家。[③]

除以上名家之外，考诸各种传记、诗钞，清代台湾还有一些善书画者，虽然影响较为有限，但不可埋没。如蔡推庆，号称“海外画笔第一”，其在连横《台湾通史》卷三十四有传：“蔡推庆，晋江人，或曰某总戎之第六子也。来台，居彰化县治，洒落不羁。尝学画，不得其趣，刻意覃思。一日风雨大作，只身走山崖间，会意烟景，逼肖入神。有大宪募致千金，一语不合，拂袖竟去。居恒独处斗室，咏歌自乐。寒暑唯著一袍。殁后，邑人葬之八卦山上，题曰‘处士蔡推庆之墓’。”[④]《台湾诗乘》卷四亦有传：“画工蔡推庆，失其里居。尝风雨大作，走山崖间，会意烟景，画遂入神。有大宪幕致千金，一语不合，拂衣竟去，其高如此。诗曰：‘海外数画笔，蔡君推第一。如何断三餐，不受千金值。脱屣视公卿，风尘谢物色。自非逢高人，不肯留真迹。曾闻

① 周明聪：《清代吕世宜的书艺成就及对台湾书坛的影响》，《福建师范大学学报》（哲学社会科学版）2014 年第 2 期，第 69 页。

② 陈秀良：《光绪画家许筠及其来台行止试探》，《台北文献》第 182 期，第 244 页。

③ 陈秀良：《光绪画家许筠及其来台行止试探》，《台北文献》第 182 期，第 228 页。

④ 连横：《台湾通史》卷三十四，商务印书馆，2010，第 719 页。

大风雨，山林昼昏黑。只身赤荒崖，性命了不惜。乃知画入神，妙不关笔墨。大造具化工，从前取自得。丘壑罗心胸，云水荡魂魄。半颠半迂间，此意谁能测？’”[①]

又司马廉，清同治时期曾任职台湾，善山水长幅，有《富春山水图册》。《台湾诗乘》卷四云：“符兆纶字雪樵，江西某县人，以孝廉出游闽中，著《卓峰诗草》。同治间，佐其乡人兴宜泉司马幕，来游台湾。司马名廉，任鹿港海防同知，政绩无考。惟画甚高雅，尤善山水长幅，至今得者珍如拱璧。曾作《富春山水图册》，雪樵为题绝句。今此册虽不得见，而读其诗犹想见藻绘之工。”[②]

余文仪，字宝冈，浙江诸暨人，乾隆二年（1737 年）进士，乾隆二十五年任台湾道，曾有《渡海图》之作。[③] 又有吴兴孙武水以乾隆初于役台湾，绘《渡海图》征咏。[④] 乾隆年间，杨双梧观察有《观海图》之作。[⑤]

龙溪萧竹，精于堪舆之术，嘉庆初来台，曾绘十六景图：“龙溪萧竹精堪舆术，性好游，嘉庆初来台，远涉至蛤仔难。时吴氏方事开垦，客之。乃遍览全势，标为八景，且益为十六景，绘图赋诗；所谓兰城拱翠、石峡观潮、平湖渔笛、曲岭汤泉、龙

---

① 连横：《台湾诗乘》卷四，“台湾文献丛刊”第 64 种，台湾银行经济研究室，1960。

② 连横：《台湾诗乘》卷四，“台湾文献丛刊”第 64 种，台湾银行经济研究室，1960。

③ 连横：《台湾诗乘》卷三，“台湾文献丛刊”第 64 种，台湾银行经济研究室，1960。

④ 连横：《台湾诗乘》卷二，“台湾文献丛刊”第 64 种，台湾银行经济研究室，1960。

⑤ 连横：《台湾诗乘》卷三，“台湾文献丛刊”第 64 种，台湾银行经济研究室，1960。

潭印月、龟屿秋高、沙堤雪浪、浊水涵清者也。”①

南海徐庆超，乾隆甲寅（1794 年）举于乡，雅好金石，道光间，因用兵台湾有功而绘《春波洗砚图》，遍征名流题咏。《台湾诗乘》卷四云：“南海徐星溪都督庆超，乾隆甲寅举于乡。雅好金石，家藏端溪紫砚一方，长尺有一寸，上广一尺，下八寸，砚史所谓风字样者，宋制也，有眼十，棋布砚池，皆正圆，名曰民岩。星溪自铭云：天只人只，十目所视。完璞自珍，薄冰是履。祖泽在田，臣心如水。清斯濯缨，永佩此旨。末署‘春波’二字。道光间，星溪以用兵台湾有功，因绘《春波洗砚图》，遍征名流题咏，成手卷二。余友闽县施君景琛得其一，复以重价购此砚，因将题咏汇抄寄余。他日有修台湾金石志者，可作一段佳话也。”②

其他如《石房樵唱画册》，不知何人所作，只知有施霄上题词。施霄上，晋江人，寄籍淡水，道光间贡生，有《石房樵唱》等诗文作品。③

《台阳诗话》中所载清末台湾善书画者有：杨希修茂才（学周），工书法，为时所重；节孝萧母陈太君，苗栗人，父沛霖上舍，以文章书画名一时；吴名葆荣，兼工书画；彭雅夫，善书画，工诗赋，受前学使彭蕴章相国之知，著有《竹里馆集》。④

此外，书画之事当然也少不了方外人士。如海会寺住持澄声法师，《重修台湾县志》载：“释澄声，号石峰，海会寺住持也，

---

① 连横：《台湾诗乘》卷三，“台湾文献丛刊”第 64 种，台湾银行经济研究室，1960。

② 连横：《台湾诗乘》卷四，“台湾文献丛刊”第 64 种，台湾银行经济研究室，1960。

③ 题词见连横《台湾诗乘》卷三。

④ 王松：《台阳诗话》，“台湾文献丛刊”第 34 种，台湾银行经济研究室，1959。

戒行素著。善书画，好吟咏，尤善手谈。有司闻其名，多就访之。”① 还有弥陀寺照明法师：“号喝若，漳州人。驻锡弥陀寺，日夜课诵不辍。时写兰菊，飘逸绝伦。”②

另检录连横《台湾通史》诸列传，清代台湾及来台人士中善书画艺术者甚多，兹条列如下表：

人物	籍（居）地	年代	擅长
施世榜，字文标	凤山	康熙三十六年（1697年）拔贡	性嗜古，善楷书
查元鼎，字小白	浙江海宁	道光年间游幕台湾，同治元年（1862年），彰化戴潮春起事，淡水同知郑元杰礼聘之	曾绘《竿笠跨犊图》，征诗纪事
查仁寿，字静轩	竹堑		能诗，工篆刻，闻有百寿章，为竹人士所得
王之敬，字笃夫，一字莲峰，自号竹冠道人，为太学生	台湾县治		工诗文，兼擅书画。每下笔悉入妙品，当道器之
许远，字程意，邑庠生			精书画
孙朱寔，字非叔，邑庠生			精书画
徐元，字凯生	台湾县治		精书画

① 《重修台湾县志》，“台湾文献丛刊”第113种，台湾银行经济研究室，1961。

② 《重修台湾县志》，“台湾文献丛刊”第113种，台湾银行经济研究室，1961。

续表

人物	籍（居）地	年代	擅长
卢周臣	台湾县治		精书画
张钰，字质坚，号彬园	台湾县治	中雍正十三年（1735年）武闱	通六艺，善草书，工画，尤精绘龙虎。大幅巨帧，蓬勃有生气。悬之壁间，风云坌涌，人多宝之
陈必琛，字景千，自号一崖道人			工八分书，山水人物亦臻其妙，而丹青尤佳。宦台者多求其舆地风俗图，以资考察。雅好彝器，凡古昔金石篆刻，靡不鉴别无讹
马琬，字琰伯，号梅村	台湾县	乾隆三十二年（1767年），澎湖通判胡建伟始创文石书院，延主讲席	晚年益肆情诗酒，间作水墨画，自题以见志
马琬母	台湾县		年且百岁，犹能绘水墨芦雁
庄敬夫，号桂园	台湾县治西定坊	嘉庆初年卒	以水墨绘事著名。凡山水、人物、花鸟，意到笔随，各臻其妙。每有作，得者辄秘为家珍，以是人争仿之，然无有及其工者
徐恢缵，字逊斋，邑增广生	西定坊		工山水、花鸟、人物
林觉，字铃子	县治	嘉庆间，薄游竹堑	曾作壁画，见者称许，遂刻意研求。善绘花鸟，而人物尤精。嘉庆间，薄游竹堑，竹人士争求其画，今犹保之

续表

人　物	籍（居）地	年　代	擅　长
林朝英，字伯彦	台邑		工墨画，潇洒出尘，书亦奇秀，多作竹叶形。善雕刻，竹头木瘿，一经其手，靡不成器
陈维英，字迂谷	淡水大隆同庄		以善书闻
吴鸿业，字希周	淡水艋舺		博览群书，工琴，精秦汉篆刻。顾善画，尝绘百蝶图，设色传神，栩栩欲活。鸿业画蝶，传之门人，皆无其精。而百蝶图藏之家，后流落，为里人洪雍平所得
王献琛，字世希，号宝堂	台南府治		能作水墨画，而画蟹尤得其神，饶有江湖之兴

以上共计 19 人，其中以台湾当地人士居多，且有一位是女性。连横在《雅言》中曾对以上诸人作一总说，其言：

> 台人士之书画，旧志所载，若王之敬、陈必琛、庄敬夫、张钰、马琬、徐元等皆有名艺苑，琬之母某氏尤善水墨芦雁；顾多不传。余所见者，有黄本渊、陈维英之书，吴鸿业之画蝶，王献琛之画蟹，林觉之人物，林朝英之花卉，皆足珍贵；但恨少覯耳。夫以台湾山川之奇秀、风涛之喷薄、珍禽怪兽之游翔、名花异木之蔚茂，璀璨陆离，不可方状；台人士之生斯、长斯者，能举当前之变化而蕴蓄之，发之胸中、驱之腕底以自成其艺，岂不美欤！①

① 连横：《雅言》第 112 条，“台湾文献丛刊”第 166 种，台湾银行经济研究室，1963。

连横的这一段感慨，主要是针对生于斯、长于斯者。艺术在台湾的发展，仍需台湾人士的努力，以“自成其艺”，形成自己的优势与特色。在《雅言》中他还分析了清代台湾善书法者少的原因：

海桑以后，士之不得志于时者，竞为吟咏，以写其抑郁不平之气，而潜心书画者较少。曩者科举之时，学书者咸习欧、赵小楷，以符功令；擘窠大字，每不能书。今则非其时矣；然新进之士视为无用，弃而不学。即欲学矣，而无师承，且无佳帖。夫学书程序，当以临帖为准绳；帖之优劣，关系实宏。台人素吝购书，谁复肯以重金而买一帖？此其所以不进也。[①]

可见，在科举时代台湾学人只是为功名之需而学书法，以中规中矩为上，往往缺乏艺术气息。

还有一些碑刻文字，书法亦佳，可惜书写者名字不传，如《雅言》所载：“五妃庙内旧有墓志一方，嵌于壁上；石大仅尺余，色黑而泽，刻小楷甚佳。乙未之役，无人管顾，遂被窃。惜从前不抄其文，竟忘其为何人所撰也。”[②]

二、雕刻

台湾之雕刻以石刻、木刻为主，台湾建筑所使用的石材其实也大都从闽粤输入，尤其是泉州。泉州出产的白石质地坚硬，抗风化能力较强，因而最受台湾工匠的欢迎。木材则在福杉之外，

① 连横：《雅言》第113条，“台湾文献丛刊”第166种，台湾银行经济研究室，1963。

② 连横：《雅言》第146页，“台湾文献丛刊”第166种，台湾银行经济研究室，1963。

以本地所产肖南木及龙眼木、乌心石木等为主。[1]

清代台湾匠人中很多来自福建闽南（特别是泉州），或是闽南匠人之徒。据不完全统计，明清时期由闽南入台的工匠不下五百人，乾隆四十九年（1784年）因开放晋江蚶江港与台湾鹿港对渡，大批的泉州工匠涌入台湾，另一方面，台湾的各种建筑，大都延请闽南工匠雕造，或在闽南加工后组装运往台湾。[2] 如《雅言》载官署门前石兽，大都就是泉州工匠的作品：

> 台湾官署、庙宇大门之外，辄置石兽，雌雄对立，谓之抵牾，为抵灾御患之意；而世人呼为石狮，语其形也。庙之大者，每用盘龙石柱，雕刻精美，大都成于泉人之手，两柱须费数百金。台南之天公坛、天后宫皆有此柱，而台北重修之保安宫、龙山寺尤为庄丽，则美术之不可湮灭也。龙山寺之石刻尚有佳者，是壁间雕琢之物。[3]

日本人所著《台风杂记》记载光绪年间台湾风土，其中亦言：

> 工匠之精巧者甚鲜，是以富豪筑屋造器，大抵聘良工于对岸，以台匠为之助手。初我总督府佣工筑屋造物，迟缓不应急设，就而视其工具，种类甚少，而钝脆不足用。其使用锯刨，向前方而推之，全与我工匠相反，宜其劳力多而成功少。独怪我文具之远来于清国者，大抵多精致可观者；而台

① 李乾朗：《台湾建筑史》，五南图书出版公司，2008，第53页。

② 李豫闽：《闽台民间美术》，福建人民出版社，2009，第23页。

③ 连横：《雅言》第156条，“台湾文献丛刊”第166种，台湾银行经济研究室，1963。

匠今如此，其所由来果何如？[1]

从上可见，台湾建筑工匠精巧者很少，富豪建造屋舍往往从对岸（即闽粤地区）聘请工匠为之。闽南匠人的典型作品有康熙四十四年（1705 年）建造的凤山龙山寺、嘉庆元年（1796 年）的淡水福佑宫、乾隆二十七年（1762 年）彰化的元清观。[2]

除闽南漳州、泉州匠人之外，粤东潮州的建筑工匠亦是台湾建筑史上不可忽视的。潮州之文化与闽南文化虽有相近之处，但从建筑来说，它们在构造形势、雕刻风格等方面有着自己的特色，例如，潮州建筑的雕刻更为细致，甚至有些失于烦琐，台南三山国王庙、彰化孔庙等就是潮州派建筑的典型。[3]

目前所知的清代台湾著名的雕刻工匠主要有林朝英、叶王、马奇、陈瑞宝等。

林朝英，字伯彦，台邑人，工画、善雕刻，连横《台湾通史》卷三十四有传，言其乾隆五十四年（1789 年）贡成均，以资授中书衔，热心于地方公益，曾出钱修县学文庙，得到有司嘉奖，建坊赐"重道崇文"匾。[4] 朝英曾自筑"一峰亭"，雕刻精美："一峰亭在三界坛街，为林朝英所建。朝英字伯彦，乾隆五十四年拔贡生。善书画，精雕刻。曾购蓝拔树头数百担，择其盘根错节可为器用者，遂得'一峰亭'三字（字大径尺，笔画天然，骨瘦而劲，深得颜、柳之神），嵌为榜额，悬之亭上。"[5] 一

① （日）佐仓孙三：《台风杂记》，"台湾文献丛刊"第 107 种，台湾银行经济研究室，1961。

② 李乾朗：《台湾建筑史》，五南图书出版公司，2008，第 51 页。

③ 李乾朗：《台湾建筑史》，五南图书出版公司，2008，第 51 页。

④ 连横：《台湾通史》卷三十四，商务印书馆，2010，第 735 页。

⑤ 连横：《雅言》第 117 条，"台湾文献丛刊"第 166 种，台湾银行经济研究室，1963。

峰亭匾额中“一峰亭”三字“大径尺，笔力劲秀，悉为朽木所成”[①]，可惜已经被盗走，下落不明了。林朝英的作品还散见于海会寺：“海会寺大殿上有木莲一瓶，高二尺余，花一、房一、菡萏二、叶三，或舒或卷，不事修饰；亦为朝英所供养，而今亡矣。”[②] 海会寺在县辖永康里，内供奉释迦牟尼佛。

叶王，嘉义县治人，曾从大陆陶工学烧瓷之法。善雕刻，造神像及龙虎等，有作品留存于嘉义丹霞宫：

> 庙宇大门之内两旁壁上，分塑龙虎，谓之龙虎井，为神教一种之装饰。台南庙宇，如兴济宫、灵佑殿、温陵祖庙均有此物。兵燹之后，每遭毁坏。今其存者，唯嘉义丹霞宫之龙，为名匠叶王所造；旁书“道光癸卯葭月吉旦和云叶王自手喜作斗谢”，是叶王少时之作也。叶王，嘉义县治人，生于道光二年；曾从中国陶工学烧瓷之法，渲染五彩，色泽分明，如关壮缪、观世音、文殊、普贤之像，高仅尺余，尤为精美，名曰“嘉义交趾”，以交趾亦有此造像也。壁间龙虎，则仿北京烧制琉璃瓦之法而成之，拿腾飞跃，神采奕然；此其所长也。叶王性敦厚，善雕刻。各地庙宇多请造像，乘舆而往，尝竭数日夜之力以成一物；否则，虽悬重金而不就也。光绪元年卒，弟子数人虽习其艺而不能精。[③]

马奇，居台南，光绪初著名工匠，善刻木；陈瑞宝，亦善刻木，但名声不及马奇：“光绪初，台南有名匠马奇者，善刻木，

① 连横：《台湾通史》卷三十四，商务印书馆，2010，第736页。

② 连横：《雅言》第117条，“台湾文献丛刊”第166种，台湾银行经济研究室，1963。

③ 连横：《雅言》第158条，“台湾文献丛刊”第166种，台湾银行经济研究室，1963。

居做针街。北极殿祀玄天上帝，庙董委造神舆。奇乃选石柳之美者，雕三十六天罡之像，附以花木鸟兽；两面透澈，接洽无痕。竭三年之力始成，观者以为全台第一。乙未之役有兵驻此，锯为数片，携之而去。其后有陈瑞宝者，居北势街之横街，亦善刻木，然不及奇。”①

当然，还有一些不知名的能工巧匠，这从当时屋宇的修造即可想见。清代台湾文武官员的廨宇都十分讲究，常有亭台楼阁之建造与修葺，这些建筑都是中国的传统样式，符合中国人的审美情趣，朱景英《海东札记》卷四《记丛琐》言及：“郡中文武廨宇，布置四坊中，历有修葺。近时章镇帅绅辟大树园，构清荫堂、倚青亭于署侧；蒋观察亦于署后构禔室，又创延熏阁、挹爽廊、檥月楼、鱼乐槛、接叶亭、花南小筑、花韵栏，复辟丛桂径、得树庭、小仇池、瑞芝岩、叠云峰、醉翁石，仍增饰澄台旧迹，更移构斐亭于其东偏。郡署鸿指园，往时蒋观察所辟者，邹太守应元复葺治之。城守白参将世俒构凝香居；左营余游击大进构镜清堂、岸舫；右营任游击承恩构师慎堂、栋花书屋，又辟俗桐园；台湾王令右弼构古春小筑；而余亦就署后隙地构澹怀轩、研北书屋；皆一岁中兴工蒇事者，颇增海外之胜。”② 也正因此，连横对于旧时的建筑最为欣赏，以为结构宏伟，制度精美，富于气象，故而对于近世之欧式建筑颇有微词：“台湾文学传自中国，而美术亦受其熏陶。台南之北极殿、弥陀寺，郑氏之时之建筑也；而天后宫为宁靖王故宅，海会寺则北园别墅，结构之宏、制度之美，犹见当时气象。近来各地寺院重修之际，至有改为欧式者。夫寺院而用欧式，已为变态；况不为欧式而为觅觅式，更为

① 连横：《雅言》第118条，“台湾文献丛刊”第166种，台湾银行经济研究室，1963。

② 朱景英：《海东札记》卷四，“台湾文献丛刊”第19种，台湾银行经济研究室，1958。

丑态。台南竹溪寺，胜境也：清溪一曲、修竹万竿，入其中者，翛然无虑。乃为野僧所处，东涂西抹，失其本真；而名刹变为俗窟矣，可痛可恨！”①

台湾又有善于雕刻桃核者，技艺精湛，观者叹为鬼斧神工：“余少时尝过西辕门街，见一老匠以桃核刻猴，用为扇坠；又能以胡桃雕十八罗汉，须眉毕现，叹为奇绝。曩读《觚賸》，载明宫中藏有胡桃一枚，一面刻东坡游赤壁图、一面刻《前赤壁赋》，惊为神工鬼斧。台湾所刻虽不及其精微，而亦一种之美术也。”②

① 连横：《雅言》第154条，“台湾文献丛刊”第166种，台湾银行经济研究室，1963。

② 连横：《雅言》第119条，“台湾文献丛刊”第166种，台湾银行经济研究室，1963。

第八章

清代台湾的方言与民俗

第一节　清代台湾的方言

一、清代台湾方言的分布

清代台湾人口，除少数民族之外，主要是来自福建和广东两省的移民及其后代，其中，来自福建的泉州府移民入台最早，多分布于沿海平原；来自福建漳州府者则主要在施琅平定台湾之后大量迁入，分布于距海较远的丘陵地带等；另有来自广东的客家人，入台时间较迟。连横《雅言》言："台湾语音有漳、泉之分，轻重稍殊。大体而论：沿海多泉，近山多漳；以泉人重商而漳人业农也。台南为郑氏故都，漳、泉聚居，故语音混合。”①

倘若以方言区为中心进行统计，则清代入台移民（不限于渡台始祖，也包括其后代）总数为375.16万人，其中闽南方言区（包括泉州府、漳州府、永春州、龙岩府和潮州府）入台移民最多，高达317.22万人，占总人数的84.56%。客家方言区（包括汀州府、嘉应州和惠州府）移民49.4万人，占总人数13.17%；福州方言区2.72万人，莆仙方言区0.93万人，其他方言区4.89万人。② 也即是说，依人数比例，台湾方言中以闽南方言为主，客家方言次之，其他方言居少数。

而据学者研究，台湾汉语方言主要是闽南方言和客家方言，其中闽南方言又有泉州腔、漳州腔、漳泉混合腔之别。③ 如再细分，泉州腔还可分为三邑（包括晋江、南安、惠安）、同安、安溪、厦门等不同口音。客家方言也是如此，有四县、海陆、饶平、长乐、诏安、汀州等不同口音。

根据洪惟仁所著《台湾方言之旅》中台湾汉语方言分布图，台湾方言大致的分布如下表：④

所属方言	分布区域
海陆腔客语区	台湾西部北侧，包括新屋、杨梅、竹东
四县腔客语区	台湾西部北侧、南侧的丘陵地区，包括中坜、苗栗、东势、国圣、美浓

① 连横：《雅言》第285条，“台湾文献丛刊”第166种，台湾银行经济研究室，1963。

② 马重奇：《闽台方言的源流与嬗变》，福建人民出版社，2003，第43页。

③ 张振兴：《台湾闽南方言记略》，福建人民出版社，1983，第2页。

④ 洪惟仁：《台湾方言之旅》，前卫出版社，1994。此表根据马重奇《闽台方言的源流与嬗变》（第44—45页）所录而制。

续表

所属方言	分布区域
偏泉腔闽南语区	台湾西部沿海平原，包括新竹、大甲、清水、陆港、福兴、社口、溪湖、大城、麦寮、台西、褒忠、北港、水林、蒜头、东石；台北盆地，包括淡水、林口、三重、艋舺、三峡、新店、七堵、坪林
偏漳腔闽南语区	西部内陆平原，包括丰原、台中、埔里、员林、南投、西螺、虎尾、竹山、斗六、新港；东北沿岸地区，包括石门、金山、万里、士林、基隆、贡寮、大城、礁溪、宜兰、罗东、冬山、苏澳、花莲；桃园、大牛椆等地
漳泉混合区	位于中央山脉东北麓及西麓的“偏漳区”和台北盆地、西海岸狭长地带的“偏泉区”中间及嘉南平原、花莲寿丰以南的一大片地区属于混合区。包括竹南、后龙、白沙屯、通宵、彰化、嘉义、朴子、布袋、白河、新营、东山、学甲、下营、安定、平安、台南市、左旗、关庙、茄定、岗山、高雄、凤山、屏东、潮州、林园、东港、恒春、台东等地

二、台湾方言韵书

台湾闽南方言的语言系统与福建闽南方言基本相同，无论是语音、词汇还是语法，与福建闽南方言基本相同。台湾现存最早的方言韵书是1895年编撰的《台湾十五音字母详解》，1901年又出版《订正台湾十五音字母详解》。与反映泉州方言音韵的《汇音妙悟》及反映清代漳州府漳浦县音系的《汇集雅俗通十五音》对比，可以认为《台湾十五音字母详解》反映的不是泉州腔，而属于偏漳州腔的。[①] 漳州方言韵书对清代以后台湾闽南韵书的编写影响最大。[②]

① 马重奇：《闽台方言的源流与嬗变》，福建人民出版社，2003，第92页。

② 马重奇：《闽台方言的源流与嬗变》，福建人民出版社，2003，第102页。

三、民间谚语、歌谣

方言韵书之外，能够较好地展示清代台湾方言的语法、词汇特征的当属民间谚语、歌谣，尤其是保存在清代人著述之中的各类“台歌”。如黄逢昶《台湾杂记·竹枝词》有两首云：

游人莫漫解轻衫，沪尾（海口）风寒水更咸。若问波涛谁敢涉，惟凭忠信挂征帆。（台歌云：艋舺女，沪尾风，鸡笼雨，郎去郎来容易死。）[①]

台城郁郁水迢迢，满目蚨飞海上桥。毕竟有钱归不得，千金都付客中消。（台歌云：台湾赚钱台湾洒，台湾不洒，不得过海。）[②]

此中“艋舺女，沪尾风，鸡笼雨，郎去郎来容易死”和“台湾赚钱台湾洒，台湾不洒，不得过海”就是典型的清代台湾民间谚语。再如《台湾杂咏合刻》中有：

有孝男儿来弄铙，有孝女儿来弄猴。生天成佛犹难必，先遣爷娘黑狱投。

凡亲丧必忏佛；僧于中午飞钹，谓之“弄铙钹”。谚曰：“有孝后生来弄铙，有孝查亩来弄猴。”弄猴者，以猴演杂剧也。俗谓男曰“后生”、女曰“查亩”。按“查亩”二字，无

① 黄逢昶：《台湾杂记·竹枝词》，《台湾文献汇刊》第五辑第八册，九州出版社、厦门大学出版社，2004，第315页。

② 黄逢昶：《台湾杂记·竹枝词》，《台湾文献汇刊》第五辑第八册，九州出版社、厦门大学出版社，2004，第323页。

谓；当是“珠母”音讹，犹南海之言“珠娘”也。①

其中“有孝后生来弄铙，有孝查亩来弄猴”② 亦是当时谚语，“后生”“查亩”就是典型的闽南方言。

四、台湾方言的文化内涵

较早重视台湾方言研究者当属连横先生，其著作《台湾语典》及《雅言》都涉及台湾方言问题。其之所以热心于台湾方言的整理与研究，乃是出于强烈的爱国心和民族意识，他说：“余惧夫台湾之语日就消灭，民族精神因之萎靡，则余之责乃娄大矣。”③ 又说：

余既整理台语，复惧其日就消灭，悠然以思、惕然以儆、怆然以言。乌乎！余闻之先哲矣，灭人之国，必先去其史；隳人之枋、败人之纲纪，必先去其史；绝人之材、湮塞人之教，必先去其史。……乌乎！吾思之、吾重思之，吾能不惧其消灭哉！今之学童，七岁受书，天真未漓，咿唔初诵，而乡校已禁其台语矣。今之青年，负笈东土，期求学问，十载勤劳而归来，已忘其台语矣。今之缙绅上士乃至里胥小吏，遨游官府，附势趋权，趾高气扬，自命时彦，而交际之间，已不屑复语台语矣。颜之推氏有言：“今时子弟，但能操鲜卑语、弹琵琶以事贵人，无忧富贵。”噫！何其言

① 《台湾杂咏合刻》，“台湾文献丛刊”第28种，台湾银行经济研究室，1958。

② 连横《雅言》中亦提及该谚语，作“有孝后生来弄铙，有孝查某团来弄猴”。

③ 连横：《台湾语典》，“台湾文献丛刊”第161种，台湾银行经济研究室，1963。

之婉而戚也！余以僇民躬逢此厄，既见台语之日就消灭，不得不起而整理；一以保存、一谋发达，遂成《台语考释》，亦稍以尽厥职矣。曩者余惧文献之亡，撰述《台湾通史》；今复刻此书，虽不足以资贡献，苟从此而整理之、演绎之、发扬之，民族精神赖以不坠：则此书也，其犹玉山之一云、甲溪之一水也欤！①

台湾被日本割据后，语言、文化之变更攸关民族精神之留存，连横先生借研究整理台湾方言、文献等以保存台湾文化与民族精神，增强两岸文化认同感，其远见卓识，令后之学者肃然起敬！

连横认为，台湾方言中“有为中国今日所无者”，也即是说其中保存着众多中国古音，其《台湾语典》自序中说：

余台湾人也，能操台湾之语而不能书台语之字、且不能明台语之义，余深自愧。夫台湾之语，传自漳、泉；而漳、泉之语，传自中国。其源既远、其流又长，张皇幽渺、坠绪微茫，岂真南蛮鴃舌之音而不可以调宫商也哉！余以治事之暇，细为研究，乃知台湾之语高尚优雅，有非庸俗之所能知；且有出于周、秦之际，又非今日儒者之所能明，余深自喜。试举其例：泔也、潘也，名自《礼记》，台之妇孺能言之，而中国之士夫不能言。夫中国之雅言，旧称官话，乃不曰泔而曰饭汤、不曰潘而曰淅米水。若以台语较之，岂非章甫之与褐衣、白璧之与燕石也哉！又台语谓谷道曰尻川，言之甚鄙，而名甚古。尻字出于《楚辞》，川字载于《山海经》，此又岂俗儒之所能晓乎！至于累字之名，尤多典雅：

① 连横：《台湾语典》，“台湾文献丛刊”第161种，台湾银行经济研究室，1963。

糊口之于《左传》、搰力之于《南华》、拗蛮之于《周礼》、停困之于《汉书》，其载于六艺、九流，征之故书、雅记，指不胜屈。然则台语之源远流长，宁不足以自夸乎！①

又连横《雅言》第15条云：

余之研究台湾语，始于“查甫”二字。台人谓男子为“查甫”，呼“查埔”，余颇疑之，询诸故老，亦不能明。及读钱大昕氏《恒言录》，谓“古无轻唇音，读甫为圃”。《诗·车攻》：“东有甫草。”笺：“甫草，甫田也；则圃田。”因悟“埔”字为“甫”之转音。《说文》：“甫为男子之美称”。《仪礼》：“伯某甫、仲、叔、季以次进”。是“甫”之为男子也明矣。顾“甫”何以呼“埔”？试就闽、粤之音而据之，则可以知其例。福建莆田县呼蒲田县、广州十八甫呼十八铺，是“甫”之为“圃”、“圃”之为“埔”，一音之转耳。章太炎《新方言》谓从“甫”之字，古音皆读“铺”或若“逋”。查，“此”也，为“者”之转音；“者个”则“此个”。所谓“查甫”，犹言“此男子”也。②

关于闽南方言中的“查甫”，连横之后的语言学家们多有讨论。有学者认为，“查甫”是“唐部”发音演变而来的，因为闽南人之祖先来自中原，唐末迁徙到闽南而被当地人称为“唐部”；也有学者认为“查甫”是“查捕”，因为负责追捕者都是男人，故

① 连横：《台湾语典》，“台湾文献丛刊”第161种，台湾银行经济研究室，1963。

② 连横：《雅言》第15条，“台湾文献丛刊”第166种，台湾银行经济研究室，1963。

而“查甫”即表示“男人”。但有学者指出，一般人如连横，都只是从古汉语中寻求渊源，但该词与古代闽越语之间的关系常常被忽视。[①]

连横曾推论台湾方言的来龙去脉说：“台湾之语既有古音古义，又有中土正音，如‘纪纲’之呼‘起江’、‘彭亨’之呼‘搓风’、‘高兴’之呼‘交兴’、‘都好’之呼‘诛好’，则其明著者也。夫台湾闽南方言传自漳、泉，而漳、泉方言传自中土。晋、唐之际，闽南渐启，中土人士之宦游者日多，则其语言必有存者。以今考之，且有各地方言，若关中语、若蜀中语、若河朔语、若沅湘语，尚杂于台湾语中；特无人为之分析耳。野史谓郑氏居台之时，中土士大夫奉冠裳而渡鹿耳者，盖七百余人。是此七百余人之子孙，必有尚居台湾；而台湾语中之有正音，固其宜也。”[②] 也就是说，台湾闽南方言来自漳州、泉州，而漳泉方言来自中原，台湾闽南方言中保留着众多中原古音，也正因此，连横认为，台湾闽南方言不是鄙陋不堪的，[③] 而是高尚典雅之语言。既是高尚典雅之语言，则台湾闽南方言亦可入诗：“唐人作诗每用方言，宋人之词尤多用之。而台湾方言之可入诗者，若‘骑秋’、若‘禅雨’、若‘海吼’、若‘回南’、若‘双冬’、若‘九降’、若‘蒋鹊’、若‘潮鸡’，皆隽语也。我台诗人，当有取而用之者。”[④] 清代台湾闽南方言入诗者当不在少数，如王凯泰有一

---

① 吴文文、李弢：《闽南方言中“查甫”和“查某”》，《第十一届方言国际学术研讨会论文集》，厦门大学出版社，2013，第114—115页。

② 连横：《雅言》第20条，“台湾文献丛刊”第166种，台湾银行经济研究室，1963。

③ 连横：《雅言》第17条，“台湾文献丛刊”第166种，台湾银行经济研究室，1963。

④ 连横：《雅言》第91条，“台湾文献丛刊”第166种，台湾银行经济研究室，1963。

首诗云：

> 方言曾亦说台员，古塔嵯峨拂五云。斑竹至今悲烈妇，甘棠自昔爱参军。野牛驯后犁春雨，蒋鹊飞来噪夕曛。闲却朱提无用处，洋钱买得达戈纹。①

此中“蒋鹊”即方言，据说与一位来台的蒋姓官员有关，《海东札记》卷三云：“蒋观察以海外无鹊，从中土笼致十数枚，载海舶来，亦复营巢伏卵，意必蕃息，甫逾年无一存者。”②《台阳见闻录》下亦有记载。③

台湾方言虽多来自闽粤语，但其中有同亦有不同，相同者，可举例如下：

> 台湾方言有沿用漳、泉者，如“恁厝”“阮兜”“即搭”“或位”。若以转注、假借之例释之，其义自明。何以言之？“恁，汝等也”；“厝，置也”，引申为居。“阮，我等也”；“兜，围也”，引申为聚。“即，就也”；“搭，附也”，附则为集。“或，未定也”；“位，犹所也”。虽属方言而意可通。又如“那是”“安仍”“藉会”“即款”“忽喇”“佳哉”“敢采”“薪然”，凡此八语，有音有义，较诸他处方言为文雅。④

---

① 连横：《台湾诗乘》卷五，“台湾文献丛刊”第64种，台湾银行经济研究室，1960。

② 朱景英：《海东札记》卷三，“台湾文献丛刊”第19种，台湾银行经济研究室，1958。

③ 唐赞衮：《台阳见闻录》，“台湾文献丛刊”第30种，台湾银行经济研究室，1958。

④ 连横：《雅言》第24条，“台湾文献丛刊”第166种，台湾银行经济研究室，1963。

其不同者，亦有如下之例："台湾有特别之语而与诸夏不同者，台人谓畜生曰'清生'、犬曰'觉罗'、豕曰'胡亚'。觉罗氏以东胡之族，入主中国，建号曰清；我延平郡王起而逐之，视如犬豕。而我先民之奔走疏附者，渐忠厉义，共麾天戈，以挽落日；事虽未成，而民族精神永留天壤，亦可为子孙之策励也。"①此中谓台湾民众以狗为"觉罗"、猪为"胡亚"，这是出于对明郑的怀念、对清廷的蔑视。要之，很多台湾方言词语的形成、演变与台湾特殊的历史背景有关。

当然，台湾方言中还有一些词语是吸收外来语（如荷兰语、梵语等）或本地少数民族的语言而来，由此形成了台湾方言中不同于闽粤地区方言的特有语汇。如"达戈纹"，它来自少数民族语言，《台阳见闻录》云："达戈纹，一名卓戈纹；《凤山邑志》云：分以为二，非也。《瀛壖百咏》云：番妇以狗毛、苎麻为线，织成布，染以茜草，错杂成文，朱殷夺目。或云：系取树皮细捣擦为线，以织成布。予所见系褐色、蓝色，方阔三尺余，质类布毯，土人又名番包袱。番人织以为衣，土人买之以为衣袱。"②除了"达戈纹"，在《台阳见闻录》中所列少数民族语言还有很多，如："番童头梳两髻，谓之对对。"③"番谓美妇为底六。"④其他少数民族语言，清代《诸罗县志》卷八记载甚多：

方言（各社音多不同，略举其概）：天为务临。日为咿

① 连横：《雅言》第26条，"台湾文献丛刊"第166种，台湾银行经济研究室，1963。

② 唐赞衮：《台阳见闻录》，"台湾文献丛刊"第30种，台湾银行经济研究室，1958。

③ 唐赞衮：《台阳见闻录》，"台湾文献丛刊"第30种，台湾银行经济研究室，1958。

④ 唐赞衮：《台阳见闻录》，"台湾文献丛刊"第30种，台湾银行经济研究室，1958。

喇哈。月为咿达。夕为务阑。星为萨哈阑、为暖萨拿夕。风为麻哩。雨为喇麻拿、为乌达。云为喇漠。雷为临萨哈。电为力吧力吧。虹为打利包该。霜为乌弗打。露为喇漠哈。雾为萨喇吗、为吗喧。天明为吗喇吗哈。日午为喇丹入。夜为煞火。寒为吗哈喇夕。暑为吗喇辣。旱为猫勺喇摩拿。久雨为乌屯者喇麻拿。地为乌吻。山为箻、为木艮。水为喇淋。海为地淋，为麻滃。……①

再如荷兰语，《雅言》云："荷兰语之存于台湾文献者，尚有'甲螺'一语。《台湾府志》曰：'甲螺郭怀一作乱'；又曰：'甲螺何斌负债走厦'。作者以为通译。然郭怀一为开垦业户、何斌为收税吏，则'甲螺'当为官名，如今日东印度华人之为'甲必丹'也。"② 据《台阳见闻录》卷下，"甲螺"一词是少数民族用来称呼头领者："番头为甲螺，其部落悉隶归其管束。"③ "甲螺"之外，荷兰语保留者还有"甲万"一语，指的是一种木制或铁制的坚固小柜，类似今日的保险箱。④ "甲"，也是一种特定的丈量单位："台湾量地之名曰甲，荷兰语也。郑氏因之、清代沿之，至今未替。凡方一丈二尺五寸为一戈，二十五戈为一甲；约当中国十一亩三分一厘零，而得日本二千九百三十四坪零。"⑤

① 《诸罗县志》卷八，"台湾文献丛刊"第141种，台湾银行经济研究室，1962。

② 连横：《雅言》第286条，"台湾文献丛刊"第166种，台湾银行经济研究室，1963。

③ 唐赞衮：《台阳见闻录》卷下，"台湾文献丛刊"第30种，台湾银行经济研究室，1958。

④ 连横：《雅言》第192条，"台湾文献丛刊"第166种，台湾银行经济研究室，1963。

⑤ 连横：《雅言》第193条，"台湾文献丛刊"第166种，台湾银行经济研究室，1963。

在台湾地名、物名之中，多有夹杂少数民族语言、外来语或各类方言者，《海东札记》引各书说："《使槎录》云：郡中鴃舌鸟语，全不可晓。如刘呼涝，陈呼淡，庄呼曾，张呼丢，吴呼袄；黄无音，厄影切，更为难省。《小流求志》云：台地字多意造，为字书所不载。……不一而足，尤难枚举。愚谓形声舛异，此类尚多；二书特举其概耳。"[①] 连横《雅言》亦云："台湾地名多沿番语，有译其音者、有译其音而改为正音者、有取其一音而变为华言者。"[②] 兹检各书所见，条列如下：

报头：谓风信也，亦作暴。《台湾府志》有天公暴、妈祖暴、白须暴、乌狗暴等。[③]

堵：亦防番之地，筑堵以守。台湾地名有五堵、八堵，则其迹也。

埔：草原也。呼如晡。字书无。台湾地名有林圯埔，为郑氏部将林圯所垦。

埕：曝谷场也。呼如呈。字书无。台湾地名有大稻埕，为中外互市之所。[④]

蟒甲则独木舟，番语也。台北之艋舺，其语源实出于此。乾隆间，大佳腊渐次开拓，华人设肆河畔；摆接番每驾独木舟至此交易，因呼其地为蟒甲。后书艋舺，尚文也；艋

① 以上二条，见朱景英：《海东札记》卷四，"台湾文献丛刊"第 19 种，台湾银行经济研究室，1958。

② 连横：《雅言》第 294 条，"台湾文献丛刊"第 166 种，台湾银行经济研究室，1963。

③ 连横：《台湾语典》，"台湾文献丛刊"第 161 种，台湾银行经济研究室，1963。

④ 以上二条，见连横：《台湾语典》，"台湾文献丛刊"第 161 种，台湾银行经济研究室，1963。

艕书院称曰文甲。[①]

檨子亦称番蒜，或作檨，字书无此字也。树高大，叶尖长，浓可荫亩。花微白，小朵有香。结实，肤绿肉黄，味酸甘，盛夏大熟，人争啖之。又或蘸盐以代蔬，切片用糖罨之，名曰蓬莱酱。土人压担堆筐，鬻诸通市，果之最繁富者。

扶留藤即蒟也，俗名荖，字书无此字。蔓生，叶如田薯而小，枝柔细，长延十余丈。土人食槟榔，或用叶、或用藤、或用根和食之。纳币仪以红丝系叶百束压盒，不解何义。[②]

南无知否是菩提（《府志》：菩提果，其色白，其实中空，状如蜡丸，与南无相似。俗名染雾），一例称名佛在西（台中果名多用梵语）。不染云霞偏染雾，慈航欲渡世人迷。[③]

此中很多可以称为方言字，这类字包括不见于字书的新造字，也包括古字今用（用古代已有字但与古字义无关），[④] 如上所引“埕”“埔”等。

又如“颱”字，《海东札记》卷三谓：“具四方之风谓之颶，字从具。今群然作颶，讹从贝，呼亦贝音，且转为暴音矣。字书

① 连横：《雅言》第195条，“台湾文献丛刊”第166种，台湾银行经济研究室，1963。

② 以上三条，见朱景英：《海东札记》卷三，“台湾文献丛刊”第19种，台湾银行经济研究室，1958。

③ 王凯泰：《台湾杂咏三十二首》，见《台湾杂咏合刻》，“台湾文献丛刊”第28种，台湾银行经济研究室，1958。

④ 蔡淑玲：《台湾闽南语地名之语言研究：兼论其文化意涵与演变》，花木兰文化出版社，2013，第84页。

无飐字，亦土人臆撰者，呼为台音，风大而烈，尤甚者为飐。”①《重修台湾县志》亦对此专门考证说：

> 府志又云：飓之甚者曰飐。飓倏发倏止，飐常连日夜。飓骤而祸轻，飐缓而祸久。考六书无飐字，所云飐者，乃土人见飓风挟雨四面环至，空中旋舞如筛，因曰风筛。谓飓风筛雨，未尝曰飐风也。台音筛同台，加风作飐；诸书承误，今删之。按《韵会》：海中大风曰颶。《投荒杂录》云：岭南诸郡皆有颶风，以四面俱至也。《南越志》：颶风具四面之风，常以五六月发，永嘉人谓之风癞。陆放翁曰：岭表有瘴母，初起圆黑，久渐广，谓之颶母。韩文公《赴江陵诗》：颶起最可畏，訇哮簸陵邱。注：《岭表录异》云：岭峤夏秋雄风曰颶。又云：南海夏秋间有云物如虹，长六七尺，见则颶风必发，故曰颶母。其风一发，鸡犬不宁，并从具，音惧。《康熙字典》载《韵笺》引杨升庵说：飓作颶，音贝。佛经云：风虹如贝。柳柳州诗：颶母偏惊估客船，补入七队逸字中。又《六书故》：飓，补妹切，海之灾风也。俗书讹作颶。《正字通》复云：飓字即颶字之讹。又《艺林伐山》云：颶风之作，多在初秋。《南越志》亦云：颶母即孟婆，春夏间有晕如虹是也。又李西涯讥许氏从具，谓具四方之风，乃北人不知南人之候，误以颶为飓耳。西涯博学，必有所据。且闽粤诸儒皆云颶风。今韵书多作飓，并志以备考。②

清代台湾汉族和少数民族之间被严格地划分开来，以便于政

---

① 朱景英：《海东札记》卷三，“台湾文献丛刊”第19种，台湾银行经济研究室，1958。

② 《重修台湾县志》，“台湾文献丛刊”第113种，台湾银行经济研究室，1961。

府控制，但台湾汉人之中也多有学习少数民族语言者，并因此在对少数民族的贸易中充当重要角色，但时常也被视为喜欢搬弄是非的乱民："沿山一带，有学习番语、贸易番地者，名曰番割；生番以女妻之，常诱番出为民害。"[1]

台湾方言的使用十分广泛，清代台湾民间童蒙读物也有用方言者，如《千金谱》中就用方言以便教学。连横《雅言》说："贫家子弟无力读书，为人学徒；以数钱买《千金谱》一本，就店中长辈而读之，可识千余字。是书为泉人士所撰，中有方言；又列货物之名，为将来记帐之用。若聪颖者，可再读他书及简易尺牍并学珠算，不三四年可以略通文法，而书算皆能矣。"[2]《千金谱》是一种民间字书，主要流行于闽台两地。

据《雅言》所载，在台传教士有根据方言字典而学习语言者："台湾语中有所谓食教话者，别成一种。盖教会牧师学习台语，根据《厦门字典》；而《字典》所载多用文言，于是牧师操之、传道者亦操之、入教者复操之，遂成别调。其最坏者，则称英国为祖家，谓英国之货为祖家货，竟自忘其为何国人，哀哉！"[3]《厦门字典》应是甘为霖所编《厦门音新字典》。

然而，实际上清代来台传教士之学习方言更多的是借助与当地人的交谈，与甘为霖齐名的马偕即是如此，他说："在这同时，我不断从英汉字典上学习汉字……这样，我白天和牧童们学台湾话，晚上从书上学汉字，而且都很大声的练习，以训练自己的发

---

① 刘家谋：《海音诗》，见《台湾杂咏合刻》，"台湾文献丛刊"第 28 种，台湾银行经济研究室，1958。

② 连横：《雅言》第 284 条，"台湾文献丛刊"第 166 种，台湾银行经济研究室，1963。

③ 连横：《雅言》第 280 条，"台湾文献丛刊"第 166 种，台湾银行经济研究室，1963。

音和听力。”[①] 另外，他回忆录中提及台湾和中国的其他地方：

> 说的话虽然非常不同，但却都使用同样的文字书写，这一点西方人很难了解。每个字的写法对所有的汉人都是一样并具有同样的意义，不过，字的说法在不同的省份各不相同。不仅如此，在台湾，事实上得学二种语言，一种是文学上的读音，一种是日常说的口音。譬如，人这个字，读音是罗马拼音的 jin，而口音是 lang。不过，汉语并不像西方语言一样有格或词的变化，他们主要是靠声调的不同来辨识。像台湾口语就有八个声调。对说英语的人听起来像是同个音，但这个音在说的时候，因其是快、高、低或八个声调的其他任何一声，就可能代表八样不同的事物中的任何一样。而每个声调都有自己的字，因此，汉文有六万多个字。还有其他一些不同和复杂的地方，使得学汉文不是一件简单的事。要想在公众之前能说流利的汉语，学习时就得耳尖、舌巧，而且模仿能力很强。许多外国人虽然一直无法把汉语说得流利，不过在其他工作场合，还是派得上用场。[②]

清代台湾民间戏剧演出，亦多用方言，自可无疑。连横《雅言》提及：“掌中班有南、北曲之分，说白皆用泉语，诙谐尽致；作对吟诗，饶有趣味。且常演全本。雅俗咸喜观之。”[③] 不过，作为以闽南方言为道白的地方剧种，虽说是以闽南语为主，很多却有“文言白”与“嘴口白”之分，以适应剧中不同人物的阶层身

---

① （加）马偕：《“福尔摩沙”纪事》，前卫出版社，2007，第 126 页。

② （加）马偕：《“福尔摩沙”纪事》，前卫出版社，2007，第 96 页。

③ 连横：《雅言》第 71 条，“台湾文献丛刊”第 166 种，台湾银行经济研究室。

份，如高甲戏即是如此。[1] 这就使得当时民众不大能够听懂。马偕谈及台湾演戏之事说：“演员所说唱的台词都不是白话而是以读音来说唱，所以听众都听不太懂。要不是有旁白或有对故事熟悉的人在旁边加以解说，对大部分的观众来说，看戏等于是在看默剧一样。”[2]

第二节　清代台湾的岁时节庆

台湾民众多来自闽粤等地，故岁时节庆之俗与大陆大致相似，《台湾府志》云：“凡此岁时所载，多漳、泉之人流寓于台者，故所尚，亦大概相似云。”[3]《海东札记》卷三亦谓台湾之俗与闽粤土风相同：“台湾本岛夷境，只今林林总总，皆漳、泉、潮、惠之人，占居于此。凡岁时婚丧诸议节，率沿其土风，要不得目为台湾习俗也。”[4] 当然，随着台湾土地开发与海上贸易的发展，汉人文化与少数民族文化相互交融，也形成一些台湾特有的习俗，这是我们需要特别注意者。

一、春节

狭义上的春节指的是农历正月初一，这是中国传统最为重要的节日之一。广义上的春节有从腊八开始者，所谓“喝了腊八粥，就把年来数”。不过，闽南人则稍有不同，他们的春节活动

① 白勇华等：《高甲戏》，浙江人民出版社，2010，第61页。

② （加）马偕：《“福尔摩沙”纪事》，前卫出版社，2007，第110页。

③ 《台湾府志》卷七，“台湾文献丛刊”第65种，台湾银行经济研究室，1960。

④ 朱景英：《海东札记》卷三，“台湾文献丛刊”第19种，台湾银行经济研究室，1958。

实际上是从农历十二月十六日的“尾牙”开始算起，一直持续到正月十五元宵节，这段时间内称为“年兜时节”，期间有形式多样的庆祝活动，内容极为丰富，洋溢着节日的喜庆。清代台湾也大致如此。

（一）尾牙

在闽南，农历十二月十六日俗称尾牙。尾牙祭拜土地公，祈求来年风调雨顺、国泰民安，而商家也不例外，视其为自己事业的守护神，尤其隆重。尾牙当日晚上有晚宴，亲朋相聚，十分热闹。清《厦门志》卷十五云：“十二月十六日，商贾皆祭土神，牲醴极丰（晚宴亲朋，谓之尾牙）”[①]。实际上，尾牙只是“牙期”的结束，农历二月初二称为“头牙”，也是祭祀土地公的日子，从头牙到尾牙的这段时间，即是牙期。[②]

台湾的尾牙也是十二月十六日，而且此日商家也要宴请员工，与闽南之俗相同。据《安平县杂记》载：“十二月十六日，各铺户商业及人家皆备牲醴以供神，名曰做尾牙。凡商业雇工，任其豪饮尽醉。计一年之间，二月二日、八月中秋、十二月十六日三次而已。”[③]不过，台湾的“做头牙”有在正月十六日者，如《安平县杂记》云：“正月十六，市餍酒肉，曰做头牙。十二月十六日，曰做尾牙。”[④]

台湾民众在尾牙前后，要洒扫庭除，准备过年。“十二月尾牙前后数日，各家厝室均用竹竿扫去尘垢，棹椅亦一律拂拭洁

---

① 《厦门志》卷十五，“台湾文献丛刊”第95种，台湾银行经济研究室，1961。

② 厦门市博物馆：《闽南民俗过台湾》，文物出版社，2012，第76页。

③ 《安平县杂记》，“台湾文献丛刊”第52种，台湾银行经济研究室，1959。

④ 《安平县杂记》，“台湾文献丛刊”第52种，台湾银行经济研究室，1959。

净，惟有服之家则否”[①]。而且尾牙开始，据说各路神仙也开始“封印休假”，各庙封门，到正月初一日始开庙门：“自是日（按，即尾牙）起，各庙宇中门皆闭而不开，谓神已于十五封印不莅事。至明年正月初一日始开庙门。”[②]

尾牙之后，闽南人在农历十二月二十三日或二十四日祭拜灶神——灶公、灶妈，据说此日灶神升天述职，正月初四日才被迎回。《厦门志》卷十五云：“二十四日，祀灶送神（俗谓：灶神是夜以一家所行善恶，上奏于天。又言：百神有事上帝，画舆马仪从于楮，具牲馔，焚而送之。至正月四日，乃迎还。）”[③] 台湾的情形也近似，《台湾府志》云：“腊月二十四日，各家拂尘。俗传百神将以是夕上阊阖谒帝，凡神庙及人家各备仪供养，并印幡幢、舆马仪从于楮上焚而送之，谓之送神。至来岁孟陬四日，具仪如故，谓之迎神。”[④]《安平县杂记》亦云：“正月初四日，烧纸礼神，曰接神。十二月二十四，烧纸扫尘，曰（有脱字）。”[⑤] 其中脱字的部分应是讲送灶神之事。又如《澎湖纪略》卷七：“初四日，澎人自为接神节，各家俱备牲醴祭品供奉。谓是日灶君自天而回，故虔诚以接之也。”[⑥] 可见，清代闽台两地在正月初四日

① 《安平县杂记》，“台湾文献丛刊”第52种，台湾银行经济研究室，1959。

② 《安平县杂记》，“台湾文献丛刊”第52种，台湾银行经济研究室，1959。

③ 《厦门志》卷十五，“台湾文献丛刊”第95种，台湾银行经济研究室，1961。

④ 《台湾府志》卷七，“台湾文献丛刊”第65种，台湾银行经济研究室，1960。

⑤ 《安平县杂记》，“台湾文献丛刊”第52种，台湾银行经济研究室，1959。

⑥ 胡建伟：《澎湖纪略》卷七，“台湾文献丛刊”第109种，台湾银行经济研究室，1961。

都有接神活动。民间俗语称“送神早，接神晚”，也就是说，送神在早上，接神则应该晚一些，故而接神仪式一般在晚间举行。[①]

此外，台湾于十二月二十五日又须斋戒，并在除夕数日前制作“隔年茶”：“十二月二十五日，各家斋戒焚香，莫敢狎亵，俗曰天神下降。除夕数日前，以各种生菜，以沸水泡瓮中，以供新岁之用，名曰隔年茶。”[②]

（二）除夕

除夕在闽南俗称年兜、大年夜、廿九暝。除夕前家家户户购置年货。除夕日张贴春联、年画或一些“春帖”，上书神名或吉祥物名；燃放爆竹；以糕点等物品赠送亲朋，称为“馈岁”；祭拜祖先及神，名曰辞年。而最为高潮的活动就是晚上的年夜饭，闽南俗称“围炉”，全家聚集，品味着丰盛的菜肴，围着火炉，温暖无比。年夜饭的菜肴一般具有象征意义，如长年菜，即用芥菜为之，因其叶长、丝长。清代《厦门志》卷十五云：“除夕，家更春帖（厦之春帖，书河图洛书、神荼郁垒、麟凤龟鹤诸字），燃爆竹。舂米麦，为糍粿、饽饽之属。以糕、豚相遗谓之馈岁。祭先及神，曰辞年。炙炉炭，团聚饮酒，曰围炉（焚灯檠，视其红、黑，以卜来年晴雨）。留宿饭于明日，曰隔年饭。以生菜沃沸汤、簪红花供神，曰长年菜。”[③]

《台湾府志》卷七云：“岁除，前数日亲友各以牲羞相饷，谓之馈岁。是夕，祀先、礼神，爆竹之声不绝，谓之辞岁。焚香张

---

① 厦门市博物馆：《闽南民俗过台湾》，文物出版社，2012，第81页。

② 《安平县杂记》，“台湾文献丛刊”第52种，台湾银行经济研究室，1959。

③ 《厦门志》卷十五，“台湾文献丛刊”第95种，台湾银行经济研究室，1961。

灯，老少围炉坐以待曙，谓之守岁。”[①]《澎湖纪略》云：“除夕，家家守岁，与内地无异。惟是夕以滚水炮青菜盛以磁碗，簪春花其上，供在神前，谓之长命菜，又谓之隔年菜。又煮白饭一盆，亦插春花其上，供在神前，谓之压年饭，以为明年丰岁之兆。各家不论贫富，俱宰鸡煮肉，团年祀祖。祭毕，阖家男女老少俱同一席围饮，置火炉于席下，围住饮酒，谓之围炉。又做年糕相送，谓之一年高一年。其糕一块，约有二三十斤重，俱以糯米粉为之。此澎湖之俗也。”[②]

与闽南稍有不同者，台湾民众于此日杀黑鸭祭神，称为“压俗”。《安平县杂记》谓：“又杀黑鸭以祭神，谓之压俗；置鸭血、猪血、生肉于门外烧之，以除一年不祥之灾。”[③]《续修台湾县志》卷八则有诗云：“宰鸭书符压岁凶，松盆燎火煖芙蓉。千茎爆竹通宵响，贾岛精神酒一钟。”其中“宰鸭书符压岁凶”说的就是压俗，其自注云：“除夕，杀黑鸭祭神，谓压一岁凶事；为纸虎，涂以鸭血或猪血于门烧之，以禳除不祥。又用瓦盆置松柴燃之，火光烛天。”[④]“松盆燎火煖芙蓉”所反映的即是围炉的情形，真是气氛热烈，温暖如春。

在董天工的《台海见闻录》中还将杀黑鸭之俗称为“压灾”，以之作为台湾特有的习俗之一：“除夕杀黑鸭以祭神，谓之压灾。为纸虎实以鸭血，烧之门外。范巡方有诗二截：‘阶前金薄印於菟，燃火烧香达九衢。好趁春前辟虚耗，新年事事要欢娱’。‘死

① 《台湾府志》卷七，“台湾文献丛刊”第65种，台湾银行经济研究室，1960。

② 胡建伟：《澎湖纪略》卷七，“台湾文献丛刊”第109种，台湾银行经济研究室，1961。

③ 《安平县杂记》，“台湾文献丛刊”第52种，台湾银行经济研究室，1959。

④ 《续修台湾县志》卷八，“台湾文献丛刊”第140种，台湾银行经济研究室，1962。

虎犹能致毒龙，精诚大府慰三农。闾阎莫怪还驱鬼，压煞迎神重季冬’。”①

（三）开正

开正，也称为开春，新年伊始，为讨吉利，闽南民众在正月初一会选择吉时，全家老少集合一处，用清茶、红柑等祭拜祖先及敬神，然后开门，燃放鞭炮。开正仪式之后，用过早餐，然后祭拜村庙和祠堂，之后互相串门，道贺新春，此为拜正、贺正。②《厦门志》卷十五所言更为详尽，包括一些具体的程式，如：“元旦，焚香纸、放爆竹，开门即闭。少长序拜，戚友相贺（其疏者，以小红刺粘门上）。午祀其祖先（以红柑供几案，至元宵乃彻）。市不列肆（别择吉开市），粪土不除者三日。”③

清代台湾的民俗也大致相同，《台湾府志》卷七载：“此日早起，少长咸集，礼神、祭先、饔饭后，诣所亲及朋友故旧贺岁；主人出辛盘相款洽，俗谓之贺正。过此日为常。”④《安平县杂记》谓：“正月元旦，亲友拜贺，俗曰拜正。”⑤ 从正月初一开始，一直到元宵，台湾民众都沉浸于节日的喜庆之中，其间会有一些人专门组织各种表演，沿门求赏，俗称“闹厅”：“元旦起至元宵止，好事少年装束仙鹤、狮马之类，踵门呼舞，以博赏赉，金鼓

① 董天工：《台海见闻录》卷二，“台湾文献丛刊”第129种，台湾银行经济研究室，1961。

② 厦门市博物馆：《闽南民俗过台湾》，文物出版社，2012，第80页。

③ 《厦门志》卷十五，“台湾文献丛刊”第95种，台湾银行经济研究室，1961。

④ 《台湾府志》卷七，“台湾文献丛刊”第65种，台湾银行经济研究室，1960。

⑤ 《安平县杂记》，“台湾文献丛刊”第52种，台湾银行经济研究室，1959。

喧天；谓之闹厅。”[①]

（四）元宵节

正月十五的元宵节也称为上元节。中国古代以正月十五、七月十五、十月十五为“三元”（即相应为上元、中元、下元）。元宵节是三元之首，热闹非凡，在闽南素有“小年兜”之称。

元宵节最重要的当然是灯会和各种烟火表演了。在闽南语中，由于“灯”与“丁”音近，象征着人丁兴旺，因而举办灯会是民众最为热衷的。灯会中的各种花灯不仅品种繁多，而且制作技艺精湛，制作花灯遂成为闽南一种独具特色的传统工艺。借助灯会的举办，男女老幼皆可出行，走亲访友，增进交流。如道光本《晋江县志》卷七十五有一则旧事就与元宵灯会有关：“晋江蔡公沙塘一槐，年六岁往姑夫家看灯，姑夫试以对曰：‘元宵灯火满街衢。’即应声曰：‘大地文章连斗柄。’”足见元宵灯会洋溢着浓厚的亲情和丰富的文化色彩，可以成为中国人记忆中极为重要的一个典型意象。

清代台湾的元宵节，从正月初十即开始放灯，直至正月十五日止，门外高挂花灯，另有众多的娱乐节目，如闹伞、放烟花等。《台湾府志》云：“初十放灯，逾十五夜乃止，门外各悬花灯。别有闲身行乐善歌曲者数辈为伍，制灯如飞盖状，一人持之前导遨游，丝竹以次杂奏，谓之闹伞。更有装束昭君、婆姐、龙马之属，向人家有吉祥事作歌庆之歌，悉里语俚词，非故乐曲；主人多厚为赏赉。神祠，俱延僧道设醮祈安；醮毕，迎神。迎毕，置酒庙中，社众集饮，谓之食供。大抵数日之间，烟花火树之属，在在映带。又有一种豪门，挟鼠炮以角胜负，延烧衣履；

① 《台湾府志》卷七，“台湾文献丛刊”第65种，台湾银行经济研究室，1960。

人亦顾而乐之。”①

除放灯、烟火之外，台湾的元宵夜还有很多节目，如弄龙之戏、弄狮之戏：“元宵，有弄龙之戏。好事者以篾片缚龙，张以罗，绘鳞染色，长者九节或七节，节下有杆，中然炬。人持杆而弄，高下蜿蜒，火光掩映，和以鼓吹，状极曼衍。有时广场之上两龙竞舞，各展身手，尤为热闹。又有弄狮之戏，习技击者为之，乡村颇盛。”② 赛花：“台南旧有赛花之举。每岁元宵，各以所养水仙陈于三山国王庙，互夸奇丽。”③ 踩高跷及肩头戏：“踏跷即高跷，以双木缚足而行。高四五尺，装演故事。……又有肩头戏。以龆秀男女屹立肩上，沿街演剧，步武自如，亦一技也。”④

另外，每逢元宵佳节，台湾各寺庙张灯结彩，青年夫妻往往会前来求子嗣（添灯即添丁之意），《澎湖纪略》卷七：“庙中札有花卉人物，男妇有求嗣者，在神前祈杯，求得花一枝或亚公仔一个，回家供奉。如果添丁，到明年元宵时，另做新鲜花卉、人物以酬谢焉。”⑤

又台湾元夜有“偷窃”他人物品之俗，如未婚女子“窃花”。据《台海见闻录》载：“正月元夜，未字之女偷折人家花枝、竹叶，为人诟詈，谓异日必得佳婿。范巡方咸有诗二截：‘女郎元

---

① 《台湾府志》卷七，“台湾文献丛刊”第65种，台湾银行经济研究室，1960。

② 连横：《雅言》第237条，“台湾文献丛刊”第166种，台湾银行经济研究室，1963。

③ 连横：《雅言》第238条，“台湾文献丛刊”第166种，台湾银行经济研究室，1963。

④ 连横：《雅言》第239条，“台湾文献丛刊”第166种，台湾银行经济研究室，1963。

⑤ 胡建伟：《澎湖纪略》卷七，“台湾文献丛刊”第109种，台湾银行经济研究室，1961。

夜踏苍苔，攀折青枝笑落梅。底事含羞佯不采？月明犬吠有人来’。‘难将心事语人知，暗祝灯前有所思。为是倾城颜色好，不教开到落花时’。”① 又如《澎湖纪略》卷七记载，未婚女子偷葱，未婚男子则以偷他人墙头老古石为吉：“是夜男女出游，以窃得物件为吉兆。未字之女，必偷他人的葱菜。谚云：‘偷得葱，嫁好公；偷得菜，嫁好婿。’未配之男，窃取他家墙头老古石。谚云：‘偷老古，得好妇。’又妇人窃得别人家喂猪盆，被人咒骂，则为生男之兆，周年吉庆云。”②

二、迎春、清明、冬至等

在古代，岁时主要强调的是“敬天顺时”，即人与自然节律的和谐相应，顺时而动，这对农业社会而言是十分重要的。中国的二十四节气之说，就是顺应自然发展农业的一套时间系统，其完备的形态出现在汉代，雏形则早在春秋战国时期已经出现。清代台湾民众亦采用二十四节气分辨自然气候，安排自己的生产活动，如《台湾府志》卷七云：“清明以后，地气自南而北，则以南风为常风；霜降以后，地气自北而南，则以北风为常风。若反其常，则台飓将作，不可行舟。”③

清代立春日举行“迎春”仪式，“各省会府州县卫‘遵制鞭春’”④。可见这一活动带有很强的官方色彩。清代台湾在二十四节气之一的立春前一日有迎春之俗，此日男女出游看春，万人空

---

① 董天工：《台海见闻录》卷二，“台湾文献丛刊”第129种，台湾银行经济研究室，1961。

② 胡建伟：《澎湖纪略》卷七，“台湾文献丛刊”第109种，台湾银行经济研究室，1961。

③ 《台湾府志》卷七，“台湾文献丛刊”第65种，台湾银行经济研究室，1960。

④ 钱散文：《中国民俗史·明清卷》，人民出版社，2008，第289页。

巷，十分热闹。此举主要是出于官府的倡导："立春前一日，有司迎春东郊，备仪仗、彩棚、优伶前导。看春士女，蜂出云集，填塞市中，多市春花、春饼之属，以供娱乐。"[①] 澎湖地区本无迎春之习，自乾隆三十八年（1773年）之后，由于官府的提倡而开始有迎春之举。《澎湖续编》卷上云："惟澎湖向未迎春，自乾隆三十八年前厅李棠始行迎春礼于文澳之东作牛埔，及前厅陈铨任内仓书吕静请至东卫乡庙口迎春，各营队目、妈宫街盐馆铺户及各乡耆民皆备彩旗、台阁，鼓吹，先后集会随春牛芒神而行。士民环观如堵，咸以为丰年之兆。"[②]

迎春仪式有一定的程序，《淡水厅志》卷六所言甚详：

> 先立春一日，正官率属，俱盛服诣东郊，设案于芒神春牛前，陈香烛鼓酒，布拜席。通赞导至拜位，行一跪三叩礼，三献爵，复行三叩礼。属官先行，长官次之。乃舁芒神土牛，随后迎置厅头门外。土牛南向，芒神西向。届立春时，各官执采杖排立，乐工击鼓，赞鞭春，各官击牛者三，揖退。[③]

其中土牛、芒神的式样也十分讲究，例如，土牛胎骨用桑拓木，身高四尺，这与四时相应；长三尺六寸也是与一年三百六十日相对应；尾长一尺二寸，是与十二时相对应；鞭春之鞭用柳枝，长

---

① 《台湾府志》卷七，"台湾文献丛刊"第65种，台湾银行经济研究室，1960。

② 蒋镛：《澎湖续编》卷上，"台湾文献丛刊"第115种，台湾银行经济研究室，1961。

③ 《淡水厅志》卷六，"台湾文献丛刊"第172种，台湾银行经济研究室，1963。

二尺四寸，与二十四节气相对应。[①]

立春之后与节气相关的最重要的节日是清明、冬至。清明在农历三月，其主要的活动就是踏青扫墓、祭祀祖先，一些地区还有放风筝之俗。清代台湾清明节，主要是祭祖扫墓，《台湾府志》卷七："清明日，人家展谒坟墓；舆步壶浆，络绎郊原。祭毕，藉草衔杯，递为酬劝，薄暮乃归。"[②] 又据《澎湖纪略》卷七，在清明节扫墓之时，新结婚的媳妇必须参加："清明节，澎人俱于节之前后五日内拜墓祭祖，邀请亲友，壶浆殽核络绎于原野之间。祭毕，藉草而饮，相为劝酬，必薄暮而返。或人家有新娶子妇者，即同新妇往祭，诸女客陪焉。"[③] 或有"插青"之俗："清明前后，妇女俱适墓。淡妆素服，三五成群；随柳傍花，男女不避。祭毕，摘树归；或簪之，谓之插青。"[④] 但实际上，闽台地区的祭祖扫墓也有安排在三月三的。《台湾府志》卷七："三月三日，采鼠曲草合粉为粿；荐祀之余，以相赠遗。"[⑤] 又据乾隆时期郑大枢诗并注，台湾三月三活动较有特色，此日除制作米粿祭祖外，人们在衣着方面还颇有讲究："宜雨宜晴三月三，糖浆草粿祀先龛。凤头龙尾衣衫摆，踏遍郊垧酒已酣（三日节，捣鼠曲草合米粉为粿以祀祖先；裤出衫外曰龙摆尾，袜不系带曰

---

① 《淡水厅志》卷六，"台湾文献丛刊"第172种，台湾银行经济研究室，1963。

② 《台湾府志》卷七，"台湾文献丛刊"第65种，台湾银行经济研究室，1960。

③ 胡建伟：《澎湖纪略》卷七，"台湾文献丛刊"第109种，台湾银行经济研究室，1961。

④ 刘家谋《海音诗》，见《台湾杂咏合刻》，"台湾文献丛刊"第28种，台湾银行经济研究室，1958。

⑤ 《台湾府志》卷七，"台湾文献丛刊"第65种，台湾银行经济研究室，1960。

凤点头）。”①

冬至日台湾的习俗与宋元以前相近，《台湾府志》卷七：“冬至，人家作米丸祀众神及祖先，举家团圞而食之，谓之添岁；即古所谓亚岁也。门扉器物各粘一丸其上，谓之饷耗。是日，长幼祀祖、贺节，略如元旦。”② 在宋元以前，冬至即被称为“亚岁”“小年”，它作为一年中极为重要的时间节点，其意义与新年不相上下。③

三、端午、七夕、中秋、重阳节

清代台湾的端午节、重阳节等大致与其他地区相似，七夕、中秋则有一些闽南特色。

端午节在五月初五，一般都有吃粽子、饮菖蒲酒、插艾草于门及龙舟竞渡等节俗，台湾也不例外，《台湾府志》卷七：“端午日，昔人取艾悬户，采蒲泛酒；今合艾蒲共悬之，谓蒲似剑也。以五色长命缕系儿童臂上，复以茧作虎子帖额上，至午时，脱而投之。所在竞渡，虽云吊屈，亦以辟邪；无贵贱，咸买舟出游。中流箫鼓，歌舞凌波。游人置竿船头，挂以锦绮，捷者夺标而去。人家递为角黍食之；按《风土记》，取阴阳包裹未分之义也。”④ 系长命缕之俗与《风俗通》所记相同，足见其源甚为久远：“《风俗通》云：五月五日以彩丝系臂，辟鬼及兵，令人不病瘟。一名长命缕，一名续命缕。”⑤ 《风俗通》为东汉学者应劭所

① 连横：《台湾诗乘》卷二，“台湾文献丛刊”第64种，台湾银行经济研究室，1960。

② 《台湾府志》卷七，“台湾文献丛刊”第65种，台湾银行经济研究室，1960。

③ 钱菽文：《中国民俗史·明清卷》，人民出版社，2008，第289、332页。

④ 《台湾府志》卷七，“台湾文献丛刊”第65种，台湾银行经济研究室，1960。

⑤ 富察敦崇：《燕京岁时记》，北京古籍出版社，1981。

著，常为古今人士所征引。另外，台湾与闽南一样，门首一般也插榕树叶，《澎湖纪略》云："门首家皆插榕叶一枝，谓之老而弥健。"① 端午有纪念诗人屈原的说法，但其实端午之俗重在辟邪、避毒，消除瘟疫，不论是艾草还是给儿童系上五色长命绳，都有这方面的意义。菖蒲形如利剑，能够斩妖除魔；艾草则具有天然的驱虫效用。

七夕节在七月初七，民间传说此日牛郎织女在天河相会。明清时期，七夕会的节俗主要是女子乞巧："七月七日，是夕人家女儿罗瓜果、线针于中庭，为乞巧会。"② 不过，据《台海见闻录》等，清代台湾七夕节也成为士子聚会的日子，因为据说这天也是魁星的生日："七夕为乞巧会，家家设牲醴、果品、花粉之属，夜向檐前祝七娘寿。或曰魁星于是日生，士子为魁星会，竟夕欢饮。张巡方有诗：露重风轻七夕凉，魁星高燕共称觞。幽窗还听喁喁语，花果香灯祝七娘。"③ 连横《台湾诗乘》卷二郑大枢诗并注："今宵牛女度佳期，海外曾无鹊踏枝。屠狗祭魁成底事，结缘煮豆始何时（七夕，士子杀狗首以祭魁星，或煮豆和糖相赠，谓之结缘）。"④

中秋节在八月十五，也是中国传统最为重要的节日之一。与其他地区不同，闽南地区在中秋佳节流行一种称为"博状元饼"的民俗游戏。据说博饼与郑成功的部下洪旭有关。当时郑成功军队驻扎于厦门，每到中秋士兵们思乡心切，为安慰众人，洪旭发

---

① 胡建伟：《澎湖纪略》卷七，"台湾文献丛刊"第109种，台湾银行经济研究室，1961。

② 《台湾府志》卷七，"台湾文献丛刊"第65种，台湾银行经济研究室，1960。

③ 董天工：《台海见闻录》卷二，"台湾文献丛刊"第129种，台湾银行经济研究室，1961。

④ 连横：《台湾诗乘》卷二，"台湾文献丛刊"第64种，台湾银行经济研究室，1960。

明了博饼游戏进行娱乐，郑成功亲自批准从农历十三至十八前后六夜军中士兵赏月博饼。[①] 此节俗也从闽南流入台湾，日渐风行。《台湾府志》卷七："中秋，祀当境土神。盖古者祭祀之礼，与二月二日同；春祈而秋报也。是夜，士子递为燕饮赏月；制大面饼，名为中秋饼，以红朱书一元字，用骰子掷四红以夺之，取秋闱夺元之义。山桥野店，歌吹相闻；谓之社戏。"[②]

重阳节在九月初九，明清时期的江南地区，重阳节登高的节俗主要是文人士大夫的雅趣，乡村之间很少流行，[③] 台湾也是如此。《台湾府志》卷七："重九，士大夫载酒为登高之会。菊樽萸佩，竞为潦倒。台地菊花早开，至此鬻得一二本，价可数倍。"[④] 此外，台湾于重阳节有放风筝的习俗，《澎湖纪略》卷七："重阳节，各澳塾馆备酒殽请社师燕饮，谓之登高会。又放风筝，札为人物、鸾凤以及河图八卦之类，色色都有俱挂响弦，乘风直上，声振天衢。夜则系灯于其上，恍如明星熠耀。彼此相赛，以高下为胜负。此虽游戏之事，然亦足见太平之乐也。"[⑤]

四、中元普度

七月十五中元节是闽台岁时节庆之中极为重要的节日。中元节是道教三元节之一，民间称为七月半，佛教则称为盂兰盆节，是中国儒释道三教交互影响下的一个极具典型意义的节日。

---

① 厦门市博物馆：《闽南民俗过台湾》，文物出版社，2012，第 101 页。

② 《台湾府志》卷七，"台湾文献丛刊"第 65 种，台湾银行经济研究室，1960。

③ 钱敌文：《中国民俗史·明清卷》，人民出版社，2008，第 289、335、326 页。

④ 《台湾府志》卷七，"台湾文献丛刊"第 65 种，台湾银行经济研究室，1960。

⑤ 胡建伟：《澎湖纪略》卷七，"台湾文献丛刊"第 109 种，台湾银行经济研究室，1961。

连横曾说："南人尚鬼，漳、泉尤甚。盂兰之会，日縻万金，习俗相沿，牢不可破。"[①] 闽台各地在中元节要举行普度仪式。所谓普度，特指普度孤魂野鬼。民间传说七月初一凌晨，地府鬼门大开，孤魂野鬼因而得以赶回阳间受用后世祭拜。这些孤魂野鬼在闽南被称为"好兄弟"，故而七月初一之后，各村镇轮流普度，拜祭好兄弟。

祭拜好兄弟之仪式，分为"私普"和"公普"。"私普"以家庭为主，"中元，人家各祀其先；以楮作五色绮绣之状焚之，云为泉下作衣裳"[②]。"公普"则是以寺庙为中心，集村落或地方大姓等联合举行的隆重仪式。如《澎湖纪略》卷七云：

> 七月十五日为中元节，亦为盂兰会；澎人最喜祀鬼祭孤。澳中必推一二人为头家，敛钱做会，延道五人作道场功果，或三昼夜、或一昼夜不等。每道场至夜必放焰口祭幽，又有破地狱、打鬼门之名，总谓之普度；会中人各书生年月日时于道士疏内焉。其陈设饼粿时果诸品，约有十数色不等；堆在盘中叠起高三四尺，夸奇竞富。又有猪羊牲醴各色，先将方桌搭起高台约有丈余，置祭品于其上。祭毕，任人攘攫抢夺以为戏乐。其强而有力者，每多获焉。甚至于相争相殴，在台上跌下地来伤人者亦有之，实为恶风。妈宫一澳，兵民错处，尤为特甚。余抵任即访闻其弊，届期出示严禁，并亲身前往阻止；饬令祭品论人分派，不许仍前攘夺，此风遂息。然普度祭孤，例所不禁，仍准其照旧做道场，亦不许其做破地狱、打鬼门之事。道场毕后一二日，各会请戏

① 连横：《台湾诗乘》卷三，"台湾文献丛刊"第64种，台湾银行经济研究室，1960。

② 《台湾府志》卷七，"台湾文献丛刊"第65种，台湾银行经济研究室，1960。

演唱为乐，谓之压醮尾。如是者，必月尽方止。[①]

此中所记主持普度法会的是道士，也有以僧人来主持者，则称为盂兰盆会，如《台湾府志》卷七："所在为盂兰盆会，每会一老僧主之；黄昏后登坛说法，撒物食羹饭，谓之普施。"[②]

盂兰盆的含义，据《燕京岁时记》："中元日各寺院设盂兰会，燃灯唪经，以度幽冥之沉沦者。按释经云：目连以母生饿鬼中不得食，佛令作盂兰盆会，于七月十五日以五味百果著盆中，供养十方大德，而后母得食。目连白佛，凡弟子行孝顺者亦应奉盂兰盆供养。佛言大善。后世因之。又《释氏要览》云：盂兰盆乃天竺国语，犹华言解倒悬也。今人设盆以供，误矣。"[③] 盂兰盆会的举行与佛教经典《佛说盂兰盆经》有关。该经中目连为救度陷于地狱之中的亡母孤魂，请求佛开示解救之方，佛因此说此经。经中提及：

佛告目连：十方众生，七月十五日，僧自恣时，当为七世父母及现在父母厄难中者，具饭、百味五果、汲灌盆器、香油锭烛、床敷卧具、尽世甘美以著盆中，供养十方大德众僧。当此之日，一切圣众，或在山间禅定、或得四道果、或在树下经行、或六通自在教化声闻缘觉、或十地菩萨大人，权现比丘，在大众中，皆同一心，受钵和罗饭，具清净戒，圣众之道，其德汪洋。其有供养此等自恣僧者，现世父母、六亲眷属，得出三涂之苦应时解脱，衣食自然；

---

① 胡建伟：《澎湖纪略》卷七，"台湾文献丛刊"第109种，台湾银行经济研究室，1961。

② 《台湾府志》卷七，"台湾文献丛刊"第65种，台湾银行经济研究室，1960。

③ 富察敦崇：《燕京岁时记》，北京古籍出版社，1981。

若父母现在者，福乐百年；若七世父母生天，自在化生，入天华光。①

由此之故，在中元节举办盂兰盆会，一般都会上演目连救母戏。

台湾的盂兰盆会持续三天或五天、七天不定，期间高搭木台，排列各种供品，燃放纸灯："中元盂兰会，延僧建醮，名曰普度，或三、五、七昼夜不定。高搭木台，排列瓜果饼饵之类，以纸灯千百种燃放水中，头家捐番钱藏第一盏内，渔舟争攫，以为顺利。"② 又如董天工《台海见闻录》卷二："中元醵金为盂兰会，延僧作道场，陈设猪羊肉饭、饽饽饼果等，费金数十，堆积如山。僧甫登坛施食，众拥纷抢，谓之普度。夜分放水灯，谓水陆会。"③

据说闽台地区的"放水灯"之俗中，也有请人新造一舟，并由闲人一名坐于其中，家家备办食品放于舟内，任其飘荡。清代黄逢昶《台湾杂记》云："台俗：中元新造一舟，家家备办粮食百盘，食品俱全。公请一闲人坐于其中，任风飘泊。及止其处，其人登岸还家，舟中食品任穷民分取，舟亦听其争夺。此风不独台湾，闽中多有之。"④

此外，盂兰盆会往往极尽奢靡，"乡城费用，须数十万金"⑤。

---

① 《佛说盂兰盆经》，上海书局，1996。

② 连横：《台湾诗乘》卷二，"台湾文献丛刊"第64种，台湾银行经济研究室，1960。

③ 《台海见闻录》卷二，"台湾文献丛刊"第129种，台湾银行经济研究室，1961。

④ 黄逢昶：《台湾杂记·竹枝词》，《台湾文献汇刊》第五辑第八册，九州出版社、厦门大学出版社，2004，第315页。

⑤ 黄逢昶：《台湾杂记·竹枝词》，《台湾文献汇刊》第五辑第八册，九州出版社、厦门大学出版社，2004，第317页。

“闽省盛行普度，台属尤甚。门贴红笺大书，庆赞中元，费用极侈”①。清末传教士马偕在其《“福尔摩沙”纪事》中就曾详尽叙述了一次七月节的祭拜活动：

> 七月要祭拜所有的亡魂，是很重要的祭拜月份。台湾每个城镇都会找一个空旷的地方，用竹竿搭建锥体型的架子，底部直径约五到十尺，高度有时可到五十或六十尺。在这架子的四周，从上到下挂满着成串要供给神吃的食物，包括有死鸭或活鸭，或较小只的家禽、猪肉、鱼、糕饼、香蕉、凤梨等，以及各种美食，而场地四处都挂着数百个串成的鞭炮。有一次，我在艋舺甚至看到搭建有五十座这样的架子。②

中元节的热闹程度甚至超过上元节，故而常为一些士人所诟病，如彭廷选（清代淡水人）《盂兰竹枝词十二首》即意在惩戒，兹录其诗四首，从另一个视角以见当时台湾中元节之盛况：

祀典原来肃厉坛，民间禳醮祝平安。
若云冤鬼须超度，何必森罗设判官？

七宝灯明结彩花，金身丈六曳袈裟。
相传孝子方成佛，底事当年早出家？

冥府缘何不赈灾，鬼犹饥饿亦堪哀。
生前想必饕贪惯，又向人间乞食来。

---

① 王凯泰：《台湾杂咏三十二首》，见《台湾杂咏合刻》，“台湾文献丛刊”第28种，台湾银行经济研究室，1958。

② （加）马偕：《“福尔摩沙”纪事》，前卫出版社，2007，第120、121页。

处处笙歌彻夜喧，香车宝马烂盈门。
河灯万点飞星斗，应改中元作上元。[①]

马偕还提及，台湾巡抚刘铭传将七月节祭典给废除了，使得台湾不会再见到这种场景。[②] 其说当然不确了，中元普度之俗至今犹然，从未断绝。

五、其他岁时节庆与节庆美食

二月二日，俗称“龙抬头”。清代《燕京岁时记》：“二月二日，古之中和节也。今人呼为龙抬头。是日食饼者谓之龙鳞饼，食面者谓之龙须面。闺中停止针线，恐伤龙目也。”[③] 对于此日，南北方的重视程度是不一样的，北方农村常以此为年节结束的标志，活动也较为多样化，如一些地区有“迎富”活动，鼓乐喧天，士女同欢；而南方地区普遍不够重视，有些地方以此日为土地公诞辰，作土地会。[④] 清代台湾也是以二月二日为土地公生日，举行一些祭祀活动：“各街社里逐户敛钱宰牲演戏，赛当境土神，名曰春祈福”[⑤]。当然，这天也是商家宴请员工的日子。[⑥]

花朝，时间在仲春二月。刘家谋《海音诗》云：“火树千丛映绛霄，年年菜市闹花朝。路旁掩泣谁家子，失却鬓边翠玉翘。”

---

① 连横：《台湾诗乘》卷三，“台湾文献丛刊”第64种，台湾银行经济研究室，1960。

② 马偕：《“福尔摩沙”纪事》，前卫出版社，2007，第121页。

③ 富察敦崇：《燕京岁时记》，北京古籍出版社，1981。

④ 钱敬文：《中国民俗史·明清卷》，人民出版社，2008，第289、297—298页。

⑤ 《台湾府志》卷七，“台湾文献丛刊”第65种，台湾银行经济研究室，1960。

⑥ 《安平县杂记》，“台湾文献丛刊”第52种，台湾银行经济研究室，1959。

其注曰："莱市坡放烟火，常以花朝前后。是夕妇女皆出游，堕珥遗簪，填衢塞巷；守土官亲弹压之，以防奸徒。"[1]

四月八日，这是汉传佛教节日，汉地佛教以四月初八日为佛祖释迦牟尼的诞辰，故而此日称为佛诞日，又因在此日举行盛大的浴佛活动，也称浴佛节。《台湾府志》卷七："僧童舁佛作歌，沿门索施；俗谓之洗佛。"[2]

六月一日，"各家以米粉涂红为丸供神，俗呼为半年丸，亦颂祷团圆之意"[3]。《澎湖纪略》云："六月一日，人家俱用米粉和红曲为圆，以祀其祖先。祭毕，阖家饮酒，食汤圆，名曰半年圆。"[4] 乾隆初郑大枢诗并注云："六月家家作半年，红团糖馅大于钱。娇儿痴女频欢乐，金鼓丁冬闹暑天（六月朔，以红曲杂于米粉搓之为丸，曰半年丸。街坊金鼓喧闹如新年）。"[5]

台湾民间信仰繁多，三教神灵皆为民众所信仰，故而神灵诞辰活动（俗称迎神赛会）较多，其中比较重要的几位神灵诞辰列举如下。

关圣帝君诞辰六月二十四日，据《燕京岁时记》："六月二十四日致祭关帝，岁以为常。"[6] 台湾亦是如此，以此日为关帝圣诞，民众结伴进香礼拜。三月二十三日是妈祖圣诞，《天妃显圣

① 《台湾杂咏合刻》，"台湾文献丛刊"第28种，台湾银行经济研究室，1958。

② 《台湾府志》卷七，"台湾文献丛刊"第65种，台湾银行经济研究室，1960。

③ 《台湾府志》卷七，"台湾文献丛刊"第65种，台湾银行经济研究室，1960。

④ 胡建伟：《澎湖纪略》卷七，"台湾文献丛刊"第109种，台湾银行经济研究室，1961。

⑤ 连横：《台湾诗乘》卷二，"台湾文献丛刊"第64种，台湾银行经济研究室，1960。

⑥ 富察敦崇：《燕京岁时记》，北京古籍出版社，1981。

录》云："宋太祖建隆元年庚申三月二十三日方夕，见一道红光从西北射室中，晶辉夺日，异香氤氲不散。俄而王氏腹震，即诞妃于寝室。"[1] 另外，二月十九、六月十九、九月十九都是观音佛祖（或观音）的重要节日。在这些日子中，各庙都会举行相应的活动，《海东札记》卷三云：

> 俗喜迎神赛会。如天后诞辰、中元普度，辄醵金境内，备极铺排，导从列仗，华侈异常。又出金佣人家垂髫女子，装扮故事，舁游于市，谓之抬阁，靡靡甚矣。每举尚王醮设坛，造舟送迎，俨恪縻费，尤属不赀。[2]

当然，还有一些只是官府的例行祭祀，如《淡水厅志》卷六称："直省府州县岁三月寒食节，七月望日，十月朔日，祭厉坛于城北郊。前期守土官饬所司具香烛，公服诣神祇坛以祭厉，告本境城隍之位。至日，奉请城隍神位，入坛设于正中。守土官行礼毕，仍奉城隍位，还神祇坛，退。(淡水惟七月祭)。"[3] 再如每年正月十五、十月初一日的乡饮酒礼，台湾亦推行之："顺治初，令直省府州县，每岁正月十五日、十月初一日，于儒学之讲堂，举乡饮酒礼。"[4]

台湾之美食与岁时节庆相关者，主要是各种糕点、米丸等，不同节日有不同的做法与称呼，代表不同的祈愿与祝福。连横

---

① 《天妃显圣录》，"台湾文献丛刊"第77种，台湾银行经济研究室，1960。

② 朱景英：《海东札记》卷三，"台湾文献丛刊"第19种，台湾银行经济研究室，1958。

③ 《淡水厅志》卷六，"台湾文献丛刊"第172种，台湾银行经济研究室，1963。

④ 《淡水厅志》卷六，"台湾文献丛刊"第172种，台湾银行经济研究室，1963。

《雅言》说："新正之年糕、上元之元宵、清明之薄饼、端午之肉粽、七夕之糖粿、中秋之月饼、重阳之麻粢、冬至之菜包，皆年节供祭之物也。而六月十五各家屑米为丸，煮汤食之，谓之半年圆；圆、丸音同，以取团圆之意。"① 而对于通常的祭祀则较多采用"红龟"作为供品，并用其赠送亲友："年节祭祀之时，每制红龟，以馈戚友；台语呼龟如居，谓可居财也。红龟有二：曰米龟，雕木为龟形，以糯米之粽印之，裹糖及豆沙、麻仁之类；曰面龟，以麦粉作之，其馅同。祝寿用红桃，丧用馒头，吉凶之礼固有异也。"②

第三节　清代台湾的民间习俗

民间习俗，简称民俗，它不仅是一种传承久远的生活文化，也是一种活生生的相沿不衰的生活模式，充分展现了一个社会群体在语言、行为、心理诸方面的集体习性。清代台湾的民俗主要展现于生活民俗、人生仪礼民俗等各方面。数百年来，广大的台湾人民在民俗方面都与祖国大陆一脉相承，从台湾的民俗风情之中，我们不难看出两岸在文化上的亲缘关系，这是任何人都无法否认的。

一、衣食住行

清统一台湾后，对民众在着装上的要求与大陆当然是相同的，例如男子须剃发，着长衫、马褂等，连横《雅言》云：

---

① 连横：《雅言》第178条，"台湾文献丛刊"第166种，台湾银行经济研究室，1963。

② 连横：《雅言》第177条，"台湾文献丛刊"第166种，台湾银行经济研究室，1963。

东都肇造之时，中土士大夫奉冠裳而渡鹿耳者盖七百余人。及明亡后，始用清制。清之章服，红缨、马蹄、朝珠、补褂，状颇诡异。剃发之令，不从而死者数十万人，所谓“头可断而志不可夺”也。朱一贵、林爽文等之起事，皆以光复为号召；汉官威仪，一时重见。今清社已屋，而长衫、马褂尚流行于汉族之间，且远被外国；固知衣服之适宜，不以华夷而判也。①

据说清兵入关前与明遗臣有约定，“故老有言，清人入关时，明之遗臣与约三事，则生降死不降、男降女不降、官降吏不降也”②。故而在女性着装上特别可以看出一些民族或地方特色。有关清代台湾的服饰特别是女性服饰，诸书所载较多，如《台阳见闻录·衣服》：

缠首：台人畏风，恒以布缠首；或以蓝黑绉纱长丈余环绕五六匝，以为美观。

龙摆尾：裤之露于衫外者，宽长约尺有半，曰龙摆尾。

凤点头：袜不系带，任其脱覆足面，曰凤点头。然未晚即除，往不耐也。

苏裾：男子短衣，每过膝，襟多直下，曰苏裾。其实，苏人之衣不尔。

瓜子领：领则不论颈之肥瘦，多上圆下尖，半露其胸，曰瓜子领。

盖面：台俗妇女多靓妆入市，携小盖障面，迤逦而行。

① 连横：《雅言》第165条，“台湾文献丛刊”第166种，台湾银行经济研究室，1963。

② 连横：《雅言》第166条，“台湾文献丛刊”第166种，台湾银行经济研究室，1963。

张鹭洲诗云："一队新妆相掩映，红渠叶底避斜曛。"情态毕肖。

足钏：女子裹足，衵一银钏，重叠至三四行，丁当有声。

发束：妇女多以银炼缠发，有至十余条者。[①]

此中提到妇女以银炼缠发作为装饰。又台湾有草名曰龙舌兰，"龙舌草形如舌，旁有刺，中液如膏；闺人取以润发，鲜泽可鉴"[②]。足见台湾妇女之爱美风尚。董天工《台海见闻录》卷二中列出台湾不同于大陆之习俗，其中关于服饰者有此中提到的盖面（董书称为"蒙面"）、龙摆尾和凤点头。[③] 但实际上，这些习俗可能不见于闽南以外地区，很多和闽南之俗还是相近的，比如蒙面，连横就说："旧时妇女出门，无论晴雨，必持一伞自遮，曰含蕊伞；犹漳州文公兜之遗意也。"[④] 又清道光七年（1827年）林枫在漳州客居时一首描写漳州妇女观看梨园戏的诗中有"礼俗犹蒙面，公巾制未乖"[⑤] 句，足见清代漳州妇女蒙面之俗犹在。

台湾服饰一般不尚华丽，这和台湾自己的生产条件有关，《澎湖纪略》卷七言："地不产桑麻，女人无纺绩之工；所有棉、

---

① 唐赞衮：《台阳见闻录》卷下，"台湾文献丛刊"第30种，台湾银行经济研究室，1958。

② 朱景英：《海东札记》卷三，"台湾文献丛刊"第19种，台湾银行经济研究室，1958。

③ 董天工：《台海见闻录》卷二，"台湾文献丛刊"第129种，台湾银行经济研究室，1961。

④ 连横：《雅言》第170条，"台湾文献丛刊"第166种，台湾银行经济研究室，1963。

⑤ 林枫：《听秋山馆诗钞》卷二。

夏布匹，俱取资于厦门。”[①] 台湾绫罗绸缎都需要依赖江浙地区购进，机器织布则始于咸同年间，据连横《雅言》说：“台湾无蚕桑之利，绸、缎、绫、罗之类皆来自江浙。咸同间，台南上横街有蔡某者设云锦号，始有机织；所出之货，不逊中土。盖其捻丝染色，花样翻新，别出心裁，非他人所得而比也。”[②] 但随着生活水平的提高，台湾妇女的服饰也由素朴而向奢华转变，刘家谋《海音诗》注云：“三十年前，妇女出门者虽内着美衣，必袭以布；犹诗人尚䌹之遗也。今则绮罗照耀矣。”[③]

与大陆一样，台湾尊师重教之风盛行，民间普遍尊重读书之人，故而读书之士在穿着上较一般人更为郑重。《澎湖纪略》卷七即言：“且亦最重读书之人，不特绅矜、秀士为凡民所敬，即训蒙社师，澳中人亦加礼焉。其士子亦能知自爱，遵守卧碑，并无武断乡曲、出入衙门之事。至童子就塾读书者，务必穿著衣履，不肯露体赤足，余人则否。故望而知其为业儒之士也。”[④]

柴米油盐，乃是民众日常生活之所需。台湾是产米区，故而大部分台湾民众一日三餐以米饭为主食，他们所产的大米还一直供应厦门等地。[⑤] 而一些贫瘠地区则多有用番薯作为补充者：“台

① 胡建伟：《澎湖纪略》卷七，“台湾文献丛刊”第109种，台湾银行经济研究室，1961。

② 连横：《雅言》第169条，“台湾文献丛刊”第166种，台湾银行经济研究室，1963。

③ 《台湾杂咏合刻》，“台湾文献丛刊”第28种，台湾银行经济研究室，1958。

④ 胡建伟：《澎湖纪略》卷七，“台湾文献丛刊”第109种，台湾银行经济研究室，1961。

⑤ “厦门孤岛，春日非产米，日食悉仰资台湾。”见乾隆十二年（1747年）福建水师提督陈谢勇题奏。转引自徐泓：《清代台湾自然灾害史料新编》，福建人民出版社，2007，第131页。

湾为产米之地，一日三餐，大都一粥二饭。濒海贫瘠之区，多食番薯；而澎湖岛中且食干薯签，以其不堪播谷也。”[①] 番薯，一名地瓜，产自吕宋，明朝万历年间始传入漳州种植，其后由漳州随闽南人入台，广为种植，台南地瓜有“斗六种”者，十分肥美，深受台湾民众喜爱。[②]《澎湖纪略》记述澎湖地区柴米盐诸事说：

> 台郡志称：澎湖居民煮海为盐、酿秫为酒，采鱼虾、螺蛤以佐食云。查澎湖并无煮盐、晒盐之处，其盐政俱系台府管理，贩运至澎，散卖民食。至酿秫为酒，澎地并无秫酒。妈宫铺以糖酿酒，名曰糖烧；以薯酿酒，名曰地瓜烧。人家有宴客，俱乐饮此。然澎民嗜酒特甚，每日三顿不离饮酒者，十室而九；竟有饮成酒病而不悔者，何沉湎至此极也！每日饭三餐，阖闽皆然，无足怪者。澎人之饭，并无稻米甑饭，惟用薯干煮粥而食，名曰薯米。爨无薪木，以牛粪干炊爨，名曰牛柴。薯米、牛柴，名亦新颖可听。澎亦不产茶，采买亦贵。澎人饮茶者绝少，惟饮水一瓢以解烦渴而已。澎之人，盖亦苦矣哉！[③]

澎湖地区是台湾各地人民中生活比较艰苦者，除了用薯干煮粥代替较为缺乏的大米之外，澎湖民众绝少饮茶，而饮茶恰恰是大部

① 连横：《雅言》第 175 条，“台湾文献丛刊”第 166 种，台湾银行经济研究室，1963。

② 连横：《雅言》第 176 条，“台湾文献丛刊”第 166 种，台湾银行经济研究室，1963。

③ 胡建伟：《澎湖纪略》卷七，“台湾文献丛刊”第 109 种，台湾银行经济研究室，1961。

分台湾民众的饮食习惯之一。《台湾诗乘》卷四云：

> 台人品茶与中土异，而与漳、泉、潮三府相同，所谓功夫茶者也。顾茗必武夷，壶必孟臣，杯必若深，三者弗备，不足自豪，且不足供客。余曾作茗谈一篇，载于《台湾漫录》，以余素嗜茶，又能判其风味也。近阅《阳美名陶录》，载周静澜观察之诗，亦言台人品茶之精。[①]

好茶之外，台湾民众尤其喜欢槟榔，“摘其鲜者，用扶留藤和蛎灰食之”[②]。实际上，台湾民众之喜好槟榔是出于适应水土的需要，因为槟榔可以解暑：“夏日则赤日炎热，无高山樾荫，暑气袭人与瘴厉相似，土人多嚼槟榔以解之。”[③] 据说槟榔还可以作为上门道歉之礼物使用，可消除双方争讼、化解纷争。《台海见闻录》卷二云：“台地闾里诟谇，辄易构讼，亲到其家送槟榔数口，即可消怨释忿。张巡方有诗：睚眦小忿久难忘，牙角频争雀鼠伤。一抹腮红还旧好，解纷惟有送槟榔。”[④]《海音诗》注：“里闾构讼，大者亲邻置酒解之；小者馈以槟榔，不费百钱而消两家睚眦之怨。”[⑤]《海东札记》亦言：“土人啖槟榔，有日费百余钱者，男女皆然，行卧不离口；啖之既久，唇齿皆黑，虽贫家日食不继，惟

---

① 连横：《台湾诗乘》卷四，“台湾文献丛刊”第64种，台湾银行经济研究室，1960。

② 朱景英：《海东札记》卷三，“台湾文献丛刊”第19种，台湾银行经济研究室，1958。

③ 胡建伟：《澎湖纪略》卷一，“台湾文献丛刊”第109种，台湾银行经济研究室，1961。

④ 董天工：《台海见闻录》卷二，“台湾文献丛刊”第129种，台湾银行经济研究室，1961。

⑤《台湾杂咏合刻》，“台湾文献丛刊”第28种，台湾银行经济研究室，1958。

此不可缺也。解纷者彼此送槟榔辄和好，款客者亦以此为敬。”[①]

另一方面，台湾民间亦好吸食鸦片：“台湾人士嗜鸦烟，甚于食色。大抵男子自十七八岁吃烟，至老尚不废。每家寝台，列置烟器，横卧噏之；有客亦供之。”[②] 此种陋习深为有识之士所痛斥，《海东札记》言：

> 鸦片产外洋咬留吧、吕宋诸国，为渡海禁物。台地无赖人多和烟吸之，谓可助精神，彻宵不寐。凡吸，必邀集多人，更番作食，铺席于地，众偃坐席上，中燃一灯以吸，百余口至数百口为率。烟筒以竹为管，大约八九分，中实棕丝头发，两头用银镶首，侧开一孔，如小指大，以黄泥掏成壶卢样，空其中以火煆之，嵌入首间，小孔上置鸦片烟于壶卢首，烟止少许，吸之一口立尽，格格有声。饮食顿令倍进。日须肥甘，不尔肠胃不安。初服数月，犹可中止；迨服久偶辍，则困惫欲死，卒至破家丧身。凡吸者面黑肩耸，两眼泪流，肠脱不收而死。凡游台者，荡子癖狭斜之游，败类耽摴蒱之戏，贪毒烟以自朘其膏，比匪人而甘罄其橐，以致生归无日，赍恨埋沙。纵令绵息仅存，含羞托钵，习之不臧，辙胡勿鉴，至于斯极，悔何及哉！[③]

《台海见闻录》《台海使槎录》等都言及台湾民众好吸鸦片烟之恶习。而最可惊诧者在于台湾妇女亦是如此，刘家谋《海音

---

① 朱景英：《海东札记》卷三，“台湾文献丛刊”第19种，台湾银行经济研究室，1958。

② （日）佐仓孙三：《台风杂记》，“台湾文献丛刊”第107种，台湾银行经济研究室，1961。

③ 朱景英：《海东札记》卷三，“台湾文献丛刊”第19种，台湾银行经济研究室，1958。

诗》注云："妇女吸生烟、吃槟榔，日夜不断。"[①] 更可悲的是，这种风气也影响到台湾的精英士子："台属士子近多染食鸦片，令书院监院官择敦品之士各给一簿，将食烟者注名于上，悔悟自新，即行登注。按月呈送，以备查核。"[②]

台湾物产丰富，动植物种类繁多，但药品多为《本草纲目》所不载："药品多《本草》所不载者。旧志及《赤嵌笔谈》诸书所录甚伙。如羊甘乌、甜鸡骨、鸭嘴、鼠尾、鲎壳与夫四时春、半天飞、过江龙、铁马鞭之属，名既不典，性亦难识，虽主治各有方味，刀圭当勿轻试也。"[③] 台湾横山跨海，烟瘴弥漫，忽晴忽雨，湿热不定，故而容易使人生病。这些药品可以发挥重要的作用，黄逢昶《台湾杂记》留有医方，主要针对来台不服水土者。[④]

实际上，很多台湾民众更相信神灵，因此得病通常是不看医而通过求神问卜来解决。《澎湖纪略》卷七："澎湖之人信鬼而尚巫；凡有疾病，不问医药，只求神问卜而已。"[⑤]《重修福建台湾府志》卷六："俗尚巫，疾病辄令禳之。又有非僧非道，名曰客仔师，携一撮米，往占病者，谓之米卦，称说鬼神，乡人为其所愚，倩贴符行法而祷于神，鼓角喧天，竟夜而罢。病未愈，费已

---

① 《台湾杂咏合刻》，"台湾文献丛刊"第28种，台湾银行经济研究室，1958。

② 王凯泰：《台湾杂咏三十二首》，见《台湾杂咏合刻》，"台湾文献丛刊"第28种，台湾银行经济研究室，1958。

③ 朱景英：《海东札记》卷三，"台湾文献丛刊"第19种，台湾银行经济研究室，1958。

④ 黄逢昶：《台湾杂记·医方》，《台湾文献汇刊》第五辑第八册，九州出版社、厦门大学出版社，2004，第359—361页。

⑤ 胡建伟：《澎湖纪略》卷七，"台湾文献丛刊"第109种，台湾银行经济研究室，1961。

三五金矣。”[①] 刘家谋《海音诗》注亦言：“俗重㧐神，有病请神医之。神舆两辕，前一人肩其右、后一人肩其左，其行颠簸不定。病家用糠或米置箕中，前左辕忽低忽昂，点注糠、米间作画字状，以为神方；即医死不悟也。”[②]

台湾民众日常所居住的房舍，与闽南近似。因为沿海风大，建筑材料以石材为主，屋顶用烧制的瓦片覆盖，而且大部分瓦片采用闽南地区所出产者。《澎湖纪略》卷七云：

> 泉郡志载：澎湖居民以苫茅为庐舍，今则全易以瓦。由忠质而渐至文明，此亦理势之必然也。其屋宇俱结于山凹之内、水隈之处，故不名曰村，而名曰澳，即书所谓“四隩既宅”者是也。墙壁俱用老古石所砌，其石乃海中咸气所结，取去之时石犹松脆；迨风雨漂淋，去尽咸气，即成坚实。价廉而取便，澎湖之房屋，悉皆用此。其屋亦高不过一丈一二尺之外者；非为省工价，为因海风猛烈，不敢高大，以防飘刮故耳。其木植瓦料，俱由厦门载运而来。本地亦有烧瓦，然火色不好，且亦脆裂不可用。近日妈宫市有开设瓦料铺，以资民间采买焉。[③]

台湾之屋舍门前，皆垂帘或竹篁，这是闽南一带流传至今的习俗。据《台阳杂咏》言：“路狭仅留天一线（街市甚仄，郡城西门一带，仅留一线天矣），帘垂权作户双扉（此间皆垂帘或竹

① 《重修福建台湾府志》卷六，“台湾文献丛刊”第74种，台湾银行经济研究室，1961。

② 《台湾杂咏合刻》，“台湾文献丛刊”第28种，台湾银行经济研究室，1958。

③ 胡建伟：《澎湖纪略》卷七，“台湾文献丛刊”第109种，台湾银行经济研究室，1961。

篁，藉以当门）。”①

清代前期，台湾日常交通工具主要是牛车，而且车轮以圆木板为之，适应于台湾多雨的气候，《海东札记》卷四云：

> 南北路任载及人乘者，均用牛车，编竹为箱，名曰笨车。轮圜以木板，板心凿孔，横贯坚木，无轮与辐之别。盖台地雨后潦水停涂，有辐辋障水难行，不如木板便利也。车辙纵横衢市间，音脆薄，如哀如诉，侵晓梦回时，尤不耐听。②

除了牛车之外，船当然也是台湾民众常见的交通工具，商人或公务人员往来闽台之间，就需要通过渡船。而且一些地区，如澎湖地区的学生们需要坐船前往台郡赴考，故而有人奏议稍做变通，就地考试，以方便士子：“澎湖地方系台湾县管辖，岁、科两试童生向由该县录送。只缘澎湖孤悬海岛，距台郡相隔大洋，各童领照渡台，由县而府，阅卷发案、造册录送，道考竣日，始得回澎，动逾半载。”③

车船之外，就是肩轿：“台岛道路狭且险，往往不通车马，是以贵人大抵乘肩轿。”④

洋务渐兴之后，台湾也有了铁路，而且路线渐多，据当时全台铁路商务总局所出的告示，铁路车票的价格及注意事项略举如下：

---

① 《台阳杂咏》，见《台湾杂咏合刻》，“台湾文献丛刊”第 28 种，台湾银行经济研究室，1958。

② 朱景英：《海东札记》卷四，“台湾文献丛刊”第 19 种，台湾银行经济研究室，1958。

③ 胡建伟：《澎湖纪略》卷二，“台湾文献丛刊”第 109 种，台湾银行经济研究室，1961。

④ （日）佐仓孙三：《台风杂记》，“台湾文献丛刊”第 107 种，台湾银行经济研究室，1961。

（一）台北至锡口，搭客一等座，洋三角；二等座，洋二角；三等座，洋一角。

（一）小孩五岁以内，不出车价，五岁外至十岁减半。

（一）台北至锡口，客货行囊每石洋一角；五十斤减半，多寡照算。

（一）搭客车内，不准携带物件，致占地步。

（一）客货行囊凭票另载货车，装满封锁；到时，由验票司事凭票验发。

（一）细重货物，按轻重取价；粗松货物，按方位取价。

（一）搭客必先向票房买票，凭票发车。

（一）搭货行囊，亦由票房买票，发给牌记二个。一系于货物装车，一交客执，以便到时验取货物。

（一）凡客位及货物，有票方准上车。倘有人货无票者，一经查出，人货皆加倍示罚。倘验票司事舞弊，亦从重议罚不贷。

（一）搭客未至码头，不准下车。缘火车驰行甚速，关系匪轻，违者加倍示罚。

（一）每处派书票一人、收钱一人；开车时，则发票；车到时，则收票；以便互相稽查。

（一）车中派验票司事一人，专管装卸货物、稽查客车，倘或瞻徇情面，有淆定章，查出究办。

（一）火车须守定章，中途不许停车，致生弊窦；违者，议罚司车洋人。

（一）每日载客与货若干，按日报明票根，车价一并呈交总局，以凭稽核。

（一）洋银按时作价，不许浮收；查出弊端，立即重罚。

（一）客位货物，不准以多报少；倘有此弊，定即议罚革退不用。[①]

台湾民众多好客，保留着中古传统的民风。连横《雅言》云："好客之风，台湾为盛。盖我先人皆来自中土，辟田庐、长子孙，以建立基业；故中土人之来者，多礼待之。"[②] 又说："乡村之间，待客尤殷。建醮迎神，每多盛设；远地之来者，无论知与不知，咸喜款待，以多为荣：此美俗也。从前交通未便，行旅之过其地者，日暮途远可以借宿，待之如家人。番社亦然。"[③]

由是之故，清代台湾旅馆客栈行业不佳，民众出行一般寄住熟人之家，甚至有自带寝具者。《台风杂记》云："台岛无旅馆。非无旅馆，无足宿者也。今夫台北市者，城之内外，户不下七八千，而旅馆甚少。偶有之，陋隘不洁，如我所谓木赁宿。是以台人旅行，大抵宿知友之家，或购薪米而自炊，甚则有携寝具、食器而行者。"[④]

二、人生礼俗

人生礼俗主要是指针对人生中值得重视的几个阶段而举行的各种仪式活动，它一般有固定的程式表达固定的意义，通过完成这些仪式将个人融入传统的社群之中，以获得周围人的承认，并由此加深人与人之间的联系。

台湾新生儿的诞生礼，《澎湖纪略》卷七所言最详，兹引

---

① 唐赞衮：《台阳见闻录》，"台湾文献丛刊"第30种，台湾银行经济研究室，1958。

② 连横：《雅言》第255条，"台湾文献丛刊"第166种，台湾银行经济研究室，1963。

③ 连横：《雅言》第256条，"台湾文献丛刊"第166种，台湾银行经济研究室，1963。

④ （日）佐仓孙三：《台风杂记》，"台湾文献丛刊"第107种，台湾银行经济研究室，1961。

如下：

凡生育男女之家，是日必宰鸡一只，以熟酒煮好，送外家报更。到三日后，外家富者备鸡十只、糯米二斗、粘米二斗、酒一埕、布一匹到来送更；主家于鸡、米则受半，酒、布全收。外家贫者不能全备，或鸡数只、糯粘米一斗、酒或一樽、布或半匹不等，随人力量办送。到十日后，各亲亦有送鸡、米者，亦谓之送更。主家亦必宰鸡十余只或数只，贫富不等，将麻油和姜屑盐煮饭，分送与送更之人。又备酒席油饭，请男女客。到满月剃头，主家则分送鸡蛋，亦仍前宰鸡煮油饭请客。是日，外家备米粉和红曲做丸一百枚送来，邀新外甥到家。其亲朋于满月时，亦有送银牌、手镯如内地者，亦有送月饼、桃面者。至周岁，外家送红绫衣一领、帽鞋袜俱备及桃面红鸡等物，亲朋亦有致送者，主家亦备酒席以酬谢云。[①]

于此可见，清代台湾的诞生礼主要包括以下几个内容：第一，报更、送更，实际上就是相互道喜，赠送礼品。第二，过满月，满月之时的主要活动就是为新生儿剃头、宴请宾朋，庆祝弥月之喜。此间，外家备送米粉和红曲做丸一百枚邀新外甥到家，其余亲朋于满月时，可以送银牌、手镯，也可以送月饼、桃面等。第三，过周岁，外家送红绫衣一领、帽鞋袜及桃面红鸡等物，亲朋也有礼物送来，大家相聚再次宴饮庆贺。台湾过周岁之时应也有举行抓周之礼，只是称呼不同。《雅言》云："儿生周岁曰度晬：度，过也；晬呼济，周年也。俗以笔墨书算及钱银、红龟、香蕉

① 胡建伟：《澎湖纪略》卷七，"台湾文献丛刊"第109种，台湾银行经济研究室，1961。

之物凡十二，置儿前（女子则易以脂粉、刀尺），任儿择取，以验意向，谓之试周。是日亲朋馈物致贺，设宴酬之，谓之晬盘。”①

诞辰礼主要就是送礼点烛、留食寿面、设席谢客等事，但澎湖地区与台湾其他地区多有不同。《澎湖纪略》卷七云：

> 生辰祝寿致贺者，送礼点烛、留食寿面、设席谢客诸事，澎俗亦与内郡相同，无足异者。惟澎人于生辰之日，必以米粉和红曲做红鸡与面包相仿，以为祀神之敬，并惠送亲戚。其富家，即于是日于买备在家之棺木，雇工人做棺。工人用斧尽力一劈，其木屑飞去得远，即以为长寿之兆，主家喜不自胜；飞得近者，即以为去路无多也。做好将棺竖起，放在厅上，以俟将来之用；名曰做寿，又曰赞寿。赞之为言站也，以其竖起棺寿之谓也。此则澎俗之与内郡不同者也。②

自秦汉以来，汉族婚俗在礼制上是有规定的，一般分为六个阶段，称为“六礼”，即纳采、问名、纳吉、纳征、请期、亲迎等。清代台湾的婚嫁礼俗亦大致如此，《台风杂记》言：“台地行婚有六礼：曰问名、曰订盟、曰纳采、曰纳币、曰请期、曰亲迎，是定法也。今人不全行，唯行其首尾而已。”③《澎湖纪略》卷七所言更为详尽：

---

① 连横：《雅言》第253条，“台湾文献丛刊”第166种，台湾银行经济研究室，1963。

② 胡建伟：《澎湖纪略》卷七，“台湾文献丛刊”第109种，台湾银行经济研究室，1961。

③ （日）佐仓孙三：《台风杂记》，“台湾文献丛刊”第107种，台湾银行经济研究室，1961。

> 结婚之始，媒人送庚帖到家，必三日内家中无事，然后订婚；如三日内家中偶有误毁器物，即送还庚帖，另卜别姓。如二姓允诺，即行纳采之礼。富者或备手镯一双、检婚钱二百文，贫者即备头簪一对或戒指一双、检婚钱一百二十文，托媒人送至女家为定。若聘金，澎俗不论家之贫富、女之美恶，定例用番银三十六圆；女家回三圆，以为折买鞋袜之礼，实收三十三圆。又备礼一担，内猪腿一肘重十六斤，轻亦须十二斤并鸡面糖枣等物共十色、婚书一纸、礼烛一对约重数斤、小烛一对以及槟榔礼香启书等仪。其槟榔只用四个，用木雕成，上刻百年偕老四字以金箔贴之；系在铺租来应用，故女家亦璧还焉。所云三十三圆聘金者，亦不是一次送足；乃自结亲之始、以至将娶之时陆续送完，或将粮食、牛羊他物抵兑者亦有之。如不足此数，即男至三十岁，女家亦不肯完婚；甚至有自知家贫无措、情愿退婚者，实为陋俗。①

实际上，这里的礼俗相对于六礼已经大大简化，纳采、问名、纳吉等都合而为一，而且一切从简，媒人送庚帖（上书生辰八字），以三日为验（实即为纳吉的一种方式），如三日内家中偶有误毁器物则表示此婚姻不吉，不可成婚。如一切顺利则行纳采礼，直接订婚。纳采礼根据贫富不同所有差别。

由于聘金需番银三十三圆，这对贫困家庭来说是一个沉重的负担，因此有人希望改变这种陋俗：

> 余于抚宪崔《札谕条禀地方事宜》内，将此一节备禀，

---

① 胡建伟：《澎湖纪略》卷七，“台湾文献丛刊”第109种，台湾银行经济研究室，1961。

蒙批：澎俗婚娶惟利是尚，惟在官斯土者劝谕化导，自能变易也。此缴。随即遵批出示晓谕：嗣后结婚随人所便，聘礼多寡量力而行，不得额定取盈三十三圆之数。既已聘定者，男女二十以上，限半年内尽行迎娶毕婚，不得藉勒留难。澎民无不称便。以后应无怨旷之虞矣。①

当然，官员和官府的提倡对民间相沿已久的陋习并不能有多少实质性的影响。

澎湖地区称请期为“压定”，于婚期前数月备办礼物，开列婚期送往女家，然后至期迎娶：“请期之礼，澎俗名为压定。于某月迎娶，先期数月备礼一担，亦用猪腿、鸡面、糖枣等物十色并礼烛，婚期逐一开列，送往女家。其礼物或受一半不等。至期，乃迎娶焉。”② 迎娶之时，澎湖地区的程序是：

澎俗无亲迎之礼，于一岁之中择吉迎娶者有之。俗例多以腊月除夕成婚，谓此日甚吉，不用择日云。即漳、泉之人，亦多如此。澎俗娶亲无轿，俱用牛车。其车用青蓝帐盖住，前面挂红绸一条或红布一幅；牛角亦用红布裹住，赶车之人必著袍帽。车前两人打锣，两人放爆竹，两人执提灯。其执事人役，必凑双而往，到女家门首，就有亲人迎接入内；先奉茶汤，次奉汤丸点心。新人穿大红衣打扮好了，父母把盏醮而遣之，媒人同父母人等扶掖上车。及到男家门首，小叔在新人车前请下车，媒人扶行至中庭。新郎手持米筛，上画红八卦，擎盖在新人头上，携手进房；两人对揖，

① 胡建伟：《澎湖纪略》卷七，“台湾文献丛刊”第109种，台湾银行经济研究室，1961。

② 胡建伟：《澎湖纪略》卷七，“台湾文献丛刊”第109种，台湾银行经济研究室，1961。

新郎将厘戥尾揭其包头乌巾，藏在暖肚内，然后就坐。其厘戥尾揭乌巾之说，余问之士人，亦以为相习成风，不知其何所取义也。[①]

值得注意的是，澎湖地区迎娶之时，新郎并不前往亲迎。不独澎湖如此，即在台中也是如此。连横《雅言》言及：

台中娶妇之时，以一男子持生竹一枝上系豚肉，前导而行，谓可制煞，台北亦然。此则蛮野之俗也。台中娶妇鲜行亲迎之礼，谓亲迎者不幸妻死则不得续娶，故忌而不为。然闻林荫堂观察曾行亲迎，而夫妻偕老，子女成行，处富安荣，为众所美，则里俗之言诞矣。[②]

而在台南则多是亲迎："亲迎之礼，台南士绅家多行之；其不行者谓之俟堂。"[③] 迎娶之后，拜堂成亲，行合卺之礼，其中程序颇为复杂但充满情趣。《澎湖纪略》卷七云：

合卺之礼：是夕备席一筵，在房中男女对酌。饮毕，即备汤圆二碗，每碗汤圆六枚，先男女各执一碗，各食二枚；次即男女交碗，又食二枚。每碗各剩二枚，男即以所执之碗盖住新娘之碗，放在床下，然后就寝。先是，遣嫁之时，母亲为新娘备暖肚一个。内藏历书一本，取押煞之义；桔饼二

---

① 胡建伟：《澎湖纪略》卷七，"台湾文献丛刊"第109种，台湾银行经济研究室，1961。

② 连横：《雅言》第252条，"台湾文献丛刊"第166种，台湾银行经济研究室，1963。

③ 连横：《雅言》第251条，"台湾文献丛刊"第166种，台湾银行经济研究室，1963。

个，取大吉之义；冰糖一包，取甜和之义；小镜一面，取光明之义；洋银一圆，取团圆之义；犁头铁彩一块，取铁心不移而有光彩也；生炭一块（炭字土人读作摊字，取生子摊出愈多之义也）束在新娘肚中。定情之后，新娘取出各物与新郎在帐中共食焉。①

婚礼完成后，新人在新家庭中还有很长一段适应的时间，她必须在房中住三日，至第三日才可以出房。出房后，先拜天地祖宗，次拜公姑，其伯叔、兄弟、婶母、妯娌等以次相见拜揖。当天中午备办宴席，请新人首坐，诸女客陪坐；新人饮至三杯，即起立告辞不敢当，乃执妇礼。而且这天新娘家由小舅送花油来"探房"，并发帖请新婚夫妇回娘家。此日小舅可以收到探房礼（银钱多少不定）。② 婚后第五日，新郎新娘回门，程序如下：

第五日回门，外家香花蜡烛，铺毡结彩以待，新娘与婿俱驾牛车同往。及门，小舅先迎入；行至门内，则有大舅迎入中庭，对揖而坐。小舅捧送鸡蛋汤、次奉莲子点心、后奉茶三次；婿皆有礼三封，或银、或钱轻重不等，谓之押盘礼。婿与新人亦先拜天地祖宗，次拜丈人、丈母，其伯叔、嫂婶以及大小舅等以次相见揖拜，亦如新人进门时一样。其丈人、伯叔、大小舅等，各有礼仪相奉，或用番银、或头簪手镯，轻重厚薄不等，谓之答拜礼。丈人备席，请婿首坐，丈人把盏安位，丈人退，婿才就坐。亦饮至三杯，婿起立固

① 胡建伟：《澎湖纪略》卷七，"台湾文献丛刊"第109种，台湾银行经济研究室，1961。

② 胡建伟：《澎湖纪略》卷七，"台湾文献丛刊"第109种，台湾银行经济研究室，1961。

辞不敢当，亲人及陪客挽留再坐，终席成礼而散。婿与新人俱留住母家三日，夫妇同床共寝。夜半，丈母遣人送婿点心或猪腰煮酒、莲子汤不等；次日早，又送四果汤；午间，又备席请会亲酒。三日之后，婿与新人同回，丈人备盘四色、面饼圆枣并席一筵送回。此回门之礼也。[①]

当然，亦有地方略有不同，《海音诗》注谓：“娶妇三日后，拜堂；新郎望前叩头，新妇望后倒仰，谓之亚亚腰。既成昏三日，小舅来探房；四日，夫妇回车；弥月日，做满月；四月日，做四月，女家皆馈鸡鸭豚蹄以献于姑，曰大家烧。大家，俗谓姑也；烧，热也。”[②]

总之，经过以上这些程式，结婚的礼仪就算基本完成了。

中国传统的丧葬文化十分完备，规矩严整，程序繁复，但大体上有送终、停丧、报丧、做七、吊唁、入殓、出殡、下葬等。中国传统以土葬为主，佛教出家人则大都实行火葬。台湾的丧葬之礼，与大陆基本相同，只是一些细节上有所差异，如澎湖地区：

惟澎湖之人，临敛之时，必取六姓灶灰以填棺底。做七一节，内地则逢七日做七一次，七七四十九日祭毕；澎人则计死者之年岁以为做七之期，如死者八十岁，即派八十日做七个七祭之类。末七之日，是夜延道士到家，做开路醮并拜忏，尽一夜而止。富室即延道士五员做普度功果，彻三昼

① 胡建伟：《澎湖纪略》卷七，“台湾文献丛刊”第109种，台湾银行经济研究室，1961。

② 《台湾杂咏合刻》，“台湾文献丛刊”第28种，台湾银行经济研究室，1958。

夜；以为死者则阴间必开路，然后能行云云。此实无益之费，余每谆切晓谕，近有遵改者。惟随死即葬，贫者葬于三日之内、富者亦不出百日之外，并无惑于风水停棺不葬之弊。又无草葬、火葬之惨。此尤风俗之美也。①

佛教认为，人死之后，进入中阴身状态，中阴身乃是化身，其寿只有七日，故而最长也是经历七死七生，四十九天之后一定投入六道轮回之中。“做七”就是针对中阴身的这种特点而进行的一种法事活动，但民间掺杂很多非佛教的思想，故而佛道杂糅。台湾民间于此更是奢靡：“亲丧礼佛，必糊纸屋焚之；屋中器物悉备，雕镂之精、绘绣之美，常费百余缗。”② 由于丧礼用费不菲，饱受有识之士的诟病。

此外，台湾送终之礼特别隆重，贵重物品较多，时常遭遇抢劫：“台地饰终皆从厚，被劫所以多也。”③

台俗于葬后仍有许多讲究。首先是对生者居丧有一定的要求：“台人君父之丧，三年不著文绣，百日不饮酒、不入戏场、不列宴席、不剃头发，而辫发绾丝用白色，帽之顶子又用黑色。唯兄弟之丧，绾子用蓝色以表哀情。”④ 其次是三四年后开圹检骨：“台人之丧，先选良材制棺椁，形如刳木舟，藏尸于其中。凿地仅二三尺置棺，粘土涂其上，如土馒头。经过三四年，而开棺洗骨，改葬于圹穴，建碑标。但贫者经数年犹不能改葬，土馒

① 胡建伟：《澎湖纪略》卷七，“台湾文献丛刊”第109种，台湾银行经济研究室，1961。

② 《台湾杂咏合刻》，“台湾文献丛刊”第28种，台湾银行经济研究室，1958。

③ 《台湾杂咏合刻》，“台湾文献丛刊”第28种，台湾银行经济研究室，1958。

④ （日）佐仓孙三：《台风杂记》，“台湾文献丛刊”第107种，台湾银行经济研究室，1961。

头没于草莱之间，颇极凄凉，可谓戾古圣追远之教矣。”① 《台湾杂记》亦言：“闽中风俗，人死埋葬后，必检骨于瓮坛。”② 仕宦人家则未必如此，《台阳见闻录》谓：“台俗人死埋葬后，必检骨于瓮坛；富者用石灰窑砖封于土面，贫者即以瓦瓮置诸山中。然仕宦秉礼之家，不尽如此。”③

台湾的粤民在婚丧喜庆中也是极尽靡费，《新竹县志初稿》谓：“凡遇喜庆及丧吊，贫者勿论，若家资稍有赢余，亲朋结伴相邀，数家合备一薄礼，以为庆吊之仪；群率妻子移榻于主人家，主人必备酒殽，供庆吊宾客聚饮连日而后已。夫以一主而供众宾，中财者多至破家荡产；其陋俗正难以尽言。”④

三、杂俗

台湾的粤民有“义民会”之组织：“每年七月二十日，于义民亭致祭孤魂。设值年炉主，办理祭品，搬演杂剧；富家争选羊、豚重大者以为牺牲。是日，四方聚观，人山人海；其炉主预备白米数十石，炊饭以供游客。各款费用，由义民会积项公租支给。倘逢气候不顺，皆盛陈金鼓、旗帜，恭迎义民爷绕境镇压，每日以三餐祝之。其酷信有如此。”⑤

敬字风俗，在清代台湾具体表现为建敬圣楼、敬字亭，举行

① （日）佐仓孙三：《台风杂记》，“台湾文献丛刊”第 107 种，台湾银行经济研究室，1961。

② 黄逢昶：《台湾杂记·竹枝词》，《台湾文献汇刊》第五辑第八册，九州出版社、厦门大学出版社，2004，第 316 页。

③ 唐赞衮：《台阳见闻录》，“台湾文献丛刊”第 30 种，台湾银行经济研究室，1958。

④ 《新竹县志初稿》卷五，“台湾文献丛刊”第 61 种，台湾银行经济研究室，1959。

⑤ 《新竹县志初稿》卷五，“台湾文献丛刊”第 61 种，台湾银行经济研究室，1959。

送圣迹仪式等。敬字风俗是随着台湾的开发而得到传播的。《重修福建台湾府志》施世榜传云：“施世榜，字文标；凤山人。拔贡生。乐善好施，闾党姻族贫者多所周恤。尝建敬圣楼于南门外，以拾字纸。”[①] 又据该志卷九云：“敬圣楼：在南门外。雍正四年，拔贡施世榜捐建。祀文昌帝君。”[②] 可见敬圣楼祀文昌帝君。敬字风俗大都与文昌帝君信仰有关，《续修台湾县志》卷三就论及：“自元、明二代，以梓潼县陷河神，为文昌帝君……今郡县学皆祀文昌，而南中二社惜字敬圣者，克勤克慎，其说皆本于梓潼。”[③]

但实际上，敬字习俗与仓颉造字有关。郑兼才《捐建敬字亭记》言：“祀仓圣者，盖因敬惜字纸，追敬于字所自出。”[④] 该文还道出了敬字风俗的深意说：“字纸其迹者也，返诸圣人之所以作字之故，则欲人知忠孝信义之事，故笔于书，使触于目而警诸心，求其解以归于用，则在朝为正人、在乡为善士，必皆自识字起。其为敬孰大？于是吾愿登斯堂者，由其迹以观于深得圣人制字之意，务无虚敬圣之心。则仓圣之祀，与文昌、魁星且并光学校，徒区区字纸乎哉？”[⑤]

敬字亭或名惜字亭，其修建更为普遍。郑兼才《捐建敬字亭记》谓：“先是郡中字迹秽亵，人鲜知敬。自创斯举，而敬字亭

---

① 《重修福建台湾府志》卷十七，“台湾文献丛刊”第74种，台湾银行经济研究室，1961。

② 《重修福建台湾府志》卷九，“台湾文献丛刊”第74种，台湾银行经济研究室，1961。

③ 《续修台湾县志》卷三，“台湾文献丛刊”第140种，台湾银行经济研究室，1962。

④ 《续修台湾县志》卷七，“台湾文献丛刊”第140种，台湾银行经济研究室，1962。

⑤ 《续修台湾县志》卷七，“台湾文献丛刊”第140种，台湾银行经济研究室，1962。

之造，及今凡八所；出于街众自造者凡七所。焚贮字灰，汇归敬字堂。至期，备鼓敬乐，无分士庶，虔送付诸长流，以为常。其相慕成风，自郡城及南北村舍胥仿行焉。”①《台风杂记》：“官衙及街上，处处以炼瓦筑小亭，形如小灯台，题曰惜字亭。收拾屋外及路上所遗弃字纸，投亭火之；可谓美风矣。”②

与敬字有关的还有送圣迹仪式，一般是将字纸捡回，虔送付诸长流。《澎湖厅志》卷九谓：“士民最重圣迹，鸠资合雇数人，每月赴各乡拾取字纸，积贮书院中，每岁送之清流，沿为成例。”③《树杞林志》中有《恭迎圣迹小启》，所言更为详尽：

> 盖闻绿字赤文，灿球刀而共宝；龙章鸟迹，皆彝鼎以齐珍。一字一珠，荷圣贤之至教；万言万选，皆经传之洪谟，故国家治世不离文字，而吾人进身亦重诗书。总之，士、农、工、商，无一时不用字，亦无一时不藉字者。胡为敬重时少、玩忽时多，甚至残篇拭棹、断简踏泥。浸淫风雨，和败絮之飘零；剥落窗棂，伴飞花而入柏。苟经目击，宜亦伤心。兹我一堡，虽山僻村墟，亦既聿崇文化；幸际太平盛世，自当重按文风。搜蝌文于凤泊，尽付鸿炉；出鱼篆于鸡埘，应归鸥渚。是以我同人捐题缘金，恭迎圣迹。凡所经过之处，预须打扫清洁，毋得亵慢。若有神心敬圣、乐意增光者，或鼓乐、或旗队，各随所好；或诗意、或景阁，任展所长。总祈各庄殷绅人等，各宜踊跃、各尽诚敬，懔遵约束。

① 《续修台湾县志》卷七，“台湾文献丛刊”第140种，台湾银行经济研究室，1962。

② （日）佐仓孙三：《台风杂记》，“台湾文献丛刊”第107种，台湾银行经济研究室，1961。

③ 《澎湖厅志》卷九，“台湾文献丛刊”第164种，台湾银行经济研究室，1963。

切切毋违。光绪壬午年□月□□日，文林阁诸同人启。[1]

还有一些其他习俗：

猫狗死葬。刘家谋《海音诗》注："猫狗骨得溺生毛，便能为祟；故猫死挂之树、狗死投之水，必送以纸钱。"[2]

新进诸生游街俗。刘逢昶《台湾杂记·竹枝词》注："闽台新进诸生游街、拜客，轿前二人各持竹竿，竿头不去枝叶，以红绫缠挂，高举前行。"[3]

尚古卑新。《台风杂记》："台人承清朝尚古之风，器物皆尚古卑新。"[4]

清代台湾的民风习尚，其核心部分无疑是从福建、广东等地移民移植而来的，但是由于在台湾开发垦殖的数百年时间里，从不同区域移民来的汉民之间、汉民与少数民族之间，均产生了甚为密切的族群互动。这些不同族群、不同民族的文化交流与生活、生产习俗交流，起到潜移默化的相互渗透作用；加上16至17世纪间西方殖民者在台湾的活动，这一系列的特殊经历与社会变迁，势必使得台湾的民风习尚呈现出多元的混合型特征。经过数百年的演变，这里的民风习尚与大陆原乡的习俗，有了一定的差异。

① 林百川：《树杞林志》，"台湾文献丛刊"第63种，台湾银行经济研究室，1960。

② 《台湾杂咏合刻》，"台湾文献丛刊"第28种，台湾银行经济研究室，1958。

③ 黄逢昶：《台湾杂记·竹枝词》，《台湾文献汇刊》第五辑第八册，九州出版社、厦门大学出版社，2004，第326页。

④ （日）佐仓孙三：《台风杂记》，"台湾文献丛刊"第107种，台湾银行经济研究室，1961。

后　记

《台湾通史》六卷本的出版，是各位热心台湾历史文化学术研究的同仁们通力合作的成果。在此，我要向以下参加本书撰写的各位先生，致以衷心的感谢！

第一卷：宋光宇（台湾“中研院”）、刘慧钦（厦门大学）、刘益昌（台湾“中研院”）

第二卷：陈启钟（龙岩学院）

第三卷：王尊旺（福建中医药大学）、李颖（闽江学院）、庄林丽（福建工程学院）

第四卷：林国平（闽南师范大学、福建师范大学）、马海燕（闽南师范大学）

第五卷：王日根（厦门大学）、苏惠苹（闽南师范大学）

第六卷：施沛琳（闽南师范大学）、赵庆华（天津外国语大学）

全书台湾少数民族部分：徐泓（南开大学、厦门大学）

福建人民出版社编辑在承担本书出版的过程中，付出了艰辛的劳动，对此，一并致以衷心的感谢！

陈支平

图书在版编目(CIP)数据

台湾通史．第四卷，清代．下/陈支平主编；林国平，马海燕著．--福州：福建人民出版社，2020.11（2022.1 重印）
ISBN 978-7-211-08104-2

Ⅰ.①台… Ⅱ.①陈… ②林… ③马… Ⅲ.①台湾—地方史—清代 Ⅳ.①K295.8

中国版本图书馆 CIP 数据核字（2019）第 245792 号

台湾通史·第四卷·清代（下）
TAIWAN TONGSHI·DISIJUAN ·QINGDAI（XIA）

作　　者：陈支平　主编　林国平　马海燕　著
责任编辑：郑翠云
美术编辑：白　玫
出版发行：福建人民出版社　　**电　　话**：0591—87533169（发行部）
网　　址：http://www.fjpph.com　　**电子邮箱**：fjpph7211@126.com
地　　址：福州市东水路 76 号　　**邮政编码**：350001
印　　刷：上海中华印刷有限公司
地　　址：上海市青浦区汇金路 889 号、889 号 7 幢 B 区、C 区
开　　本：700 毫米×1000 毫米　1/16
印　　张：29.25
字　　数：380 千字
版　　次：2020 年 11 月第 1 版　　2022 年 1 月第 2 次印刷
书　　号：ISBN 978-7-211-08104-2
定　　价：89.00 元

本书如有印装质量问题，影响阅读，请直接向承印厂调换。